대전환 시대
변혁의
교육학

대전환 시대
변혁의
교육학

초판 1쇄 발행 2022년 8월 18일
초판 2쇄 발행 2022년 12월 12일

지은이 진보교육연구소 교육과정연구모임
펴낸이 김승희
펴낸곳 도서출판 살림터

기획 정광일
편집 조현주·송승호
북디자인 꼬리별

인쇄·제본 (주)신화프린팅
종이 (주)명동지류

주소 서울시 양천구 목동동로 293, 2215-1호
전화 02-3141-6553
팩스 02-3141-6555
출판등록 2008년 3월 18일 제313-1990-12호
이메일 gwang80@hanmail.net
블로그 http://blog.naver.com/dkffk1020

ISBN 979-11-5930-232-9 93370

대전환 시대
변혁의 교육학

유네스코
OECD의
교육 패러다임
전환을
중심으로

진보교육연구소 교육과정연구모임 지음

살림터

차례

대전환 시대,
교육혁명과 사회 변혁을 향하여

시대가 변하면 교육도 변한다. 대전환 시대라는 거대한 역사의 파도 속에서 교육 패러다임이 근본적으로 변화하고 있다. 현재 교육 패러다임 전환을 주도하는 것은 유네스코와 OECD 등 국제기구들이다. 이들은 '사회와 교육의 구조적 변혁'을 촉구한다. 한마디로 시대 변화에 조응하는 '변혁적' 교육론이라 할 수 있다. 변혁을 촉구하는 내용적 파격도 놀랍지만 그것을 주류 자본의 입장에 서 온 OECD까지 포함된 국제기구에서 주도하는 것은 더욱 놀라운 일이다. 이러한 이례적 상황이 벌어지는 이유는 명확하다. 지금 이 시대가 사회와 교육을 변혁하지 않고서는 지속가능한 미래 건설로 나아갈 수 없기 때문이다. 시대 전환에 대한 확고한 인식과 태도는 다음과 같은 선언적 표현에서 그대로 묻어난다.

> "우리는 실존적 선택에 직면해 있습니다. 지속할 수 없는 길을 계속 가거나, 아니면 경로를 근본적으로 바꾸는 것입니다. 현재의 길을 계속 간다는 것은 비양심적인 불평등과 착취, 다양한 형태의 폭력의 소용돌이, 사회적 결속 및 인간 자유의 침식, 지속적인 환경 파괴, 위험하고 아마도 재앙적일 생물다양성 손실을 수용하는 것입니다." "우리의 미래를 함께 상상하고, 그것을 실현하기 위한 행동이 시급합니다. 지식과 배움은 혁신

과 변혁의 기초입니다." – 〈유네스코 교육의 미래 2050〉 '서론'에서

세계 교육 패러다임의 전환, 그것도 단순한 변화가 아니라 사회와 교육의 근본직 변화를 촉구하는 변혁적 교육론의 대두는 한국 교육에서는 하나의 '사태'이다. 미처 예기치 못했던 상황의 도래이며, 앞으로 한국 사회와 교육에 커다란 영향을 미칠 것이기 때문이다.

어쩌면 국제기구들의 변혁적 교육론이 '먼 나라 이야기'처럼 들릴지도 모른다. 아직 한국 사회에서는 '지속가능' 의제를 현실의 주요한 의제로 제대로 다루어 본 적이 없고, '사회와 교육을 근본적으로 바꾸자'라는 것이 치열한 경쟁의 현실에서 그저 낭만적인 구호로만 여겨질 수도 있기 때문이다. 아마도 한국 사회와 교육이야말로 유네스코의 표현을 빌리자면 '현재의 잘못된 길'을 가장 열심히 걸어온 나라일 것이다. 하지만 바로 그러한 이유로 새로운 변혁적 교육론은 우리에게 가장 필요하고 또한 현실적 적실성을 지닌다고 할 수 있다. 실제로 유네스코와 OECD에서 지적하는 많은 문제와 오류들이 우리 사회와 교육에 그대로 해당한다. 그런 점에서 새로운 변혁적 교육론은 조금만 살펴보면 실천적으로 우리 현실과 너무도 가까운 교육론이다. 그리고 무엇보다 '지속가능' 문제는 이제 더는 먼 나라 문제, 미래의 이야기가 아니다.

유네스코, OECD의 변혁적 교육론은 두 가지 차원의 의미로 다가온다. 하나는 한국 사회에서 꾸준히 제기되어 왔던 '교육혁명' 혹은 '교육대전환' 운동의 명분과 근거, 전망을 크게 확대할 것이라는 점이다. 유네스코, OECD 교육론의 기본 관점과 방향은 그동안 한국 교육의 근본적 변화를 제기해 왔던 주장과 상당 부분 그 맥락을 같이한다. 다른 하나는 미처 당장의 문제로 생각지 않았던 근본적인 과제를 제기한다는 점이다. 유네스코와 OECD는 단지 교육을 바꾸자는 데서 그치는 것이

아니라 지속가능한 미래를 건설하기 위해 교육을 변혁해야 한다고 이야기한다. 즉 세상을 변혁하기 위해 교육을 변혁해야 한다는 것이다. 이는 우리가 왜 교육을 바꾸어야 하는지, 무엇을 위해 바꾸어야 하는지를 더욱 명확히 하는 것이며, 바람직한 세계 건설의 문제를 직접적인 실천적 과제로 제기하는 것이다. 이제 교육혁명과 사회 변혁은 서로 연결된 하나의 과제가 되어야 한다.

이 책의 목적은 두 가지다. 우선은 유네스코, OECD의 변혁적 교육론의 주요 내용을 제대로 소개하는 것이다. 유네스코 2050과 OECD 2030은 관점과 방향의 타당함만이 아니라 이론적, 내용적으로 매우 훌륭한 체계적 교육론, 교육과정론이다. 아마도 그동안 현대 교육에서 논란이 되어 왔던 사안과 쟁점들에 대해서도 가장 잘 정리한 최신의 논의라고 할 수 있다. 그럼에도 불구하고 신자유주의에 찌든 교육 당국과 주류 학계에서는 내용조차 제대로 소개하고 있지 않다. 따라서 두 보고서의 내용을 올바로 소개하는 것이 우선 필요하다고 보았다. 지면의 한계로 모든 내용을 다 소개하기는 어렵지만 핵심적인 의제와 문제의식을 많은 사람에게 알리고자 하였다. 이 책을 시작으로 더 많은 내용 소개와 논의가 확산되길 기대한다.

두 번째는 유네스코, OECD의 새로운 교육론을 우리 교육과 관련하여 어떻게 이해하고 적용할 것인가에 대한 논의를 함께 전개하는 것이다. 이 책에서는 한국 교육 대전환 운동에 주는 의미, 한국에서의 교육 목적 전환 문제, 그리고 그동안 한국의 교육 담론을 주도해 온 구성주의의 편향을 극복하는 문제를 다루었다. 새로운 교육론의 한국적 이해와 적용 문제는 앞으로도 무궁무진할 것이다. 더욱 많은 실천적 논의가 창출되길 바란다.

유네스코, OECD의 변혁적 교육론의 힘은 단지 그들이 세계적으로 교육 분야에 영향력이 가장 큰 기구라는 데 있지 않다. 무엇보다 정당한 시대 인식과 그에 입각한 방향과 과제 설정에 있다. 다시 말해 사회와 교육의 변혁을 요청하는 시대적 상황 자체가 변혁적 교육론의 근거이자 힘이다. 물론 세계 교육 패러다임이 변화한다고 해서 또 그것이 내용적·시대적 정당성을 지닌다고 해서, 대학서열-입시체제와 신자유주의에 찌들어 온 한국 교육을 당장에 바꾸기는 쉽지 않을 것이다. 그를 위해서는 새로운 변혁적 교육론을 우리 사회 내적으로 소화하고 확산, 공유해 가는 과정이 필요하다. 그런 점에서 향후 몇 년은 기존의 낡은 신자유주의 교육 패러다임과 새로운 변혁적 교육 패러다임이 부딪치는 격동의 시기, 교육 대토론의 시기로 규정될 수 있다.

〈OECD 교육 2030〉과 〈유네스코 교육의 미래 2050〉에서 '2030'은 "지금부터 교육을 바꿔 2030년에 성인이 되는 새로운 세대가 지속가능 미래 건설을 위한 변혁적 주체가 되도록 하자"라는 의미이고 '2050'은 "2050년까지는 지속가능한 미래 건설을 이루어 내자"라는 의미라고 한다. 우리는 조금 늦었지만 '한국 교육혁명 2030'을 현실적 과제와 목표로 설정해 볼 수도 있을 것이다. 대학서열-입시체제 해체, 대학교육 무상화 등을 포함한 교육혁명은 사회적 논의와 합의를 거쳐 제도적으로 실현하는 데까지 일정한 시일이 걸릴 수밖에 없다. 2030년에는 대입자격고사를 거친 이 땅의 청소년이 평준화된 대학에서 무상교육을 받으면서 변혁적 주체로 성장하고 있는 상황을 그려 본다.

마지막으로 새로운 교육론의 의의를 저희에게 처음 알리고 보고서 번역 작업에도 큰 기여를 하신 과학기술평가예측센터 신명호 박사님께 특별한 감사의 말씀을 드린다.

1부

대전환 시대
세계 교육 패러다임의 '대전환'

1부에서는 유네스코와 OECD의 새로운 교육론이 제기되게 된 배경과 주요 내용, 그 의의를 다룬다.

1장에서는
대전환 시대 인식을 중심으로 유네스코와 OECD에서 교육과 사회의 변혁을 촉구하는 새로운 교육론이 제출되는 과정과 배경을 살펴본다.

2장에서는
새로운 교육론에서 제기하는 주요 의제들을 유네스코와 OECD의 〈공통 의제〉와 나중에 발표된 유네스코의 〈새로운 의제〉로 구분하면서 그 내용과 맥락을 소개한다.

3장에서는
교육 패러다임의 전환이라는 차원에서 유네스코와 OECD의 새로운 교육론이 지니는 이론적, 실천적 의의에 대해 논의한다.

1장

세계 교육 패러다임
전환의 배경

- 1절 | 유네스코·OECD의 새로운 '변혁적 교육론'
- 2절 | 교육 패러다임 전환의 배경: 대전환 시대 도래와 교육 실패

1절
유네스코·OECD의 새로운 '변혁적 교육론'

최근 유네스코United Nations Educational, Scientific and Cultural Organization, UNESCO와 OECDOrganization for Economic Cooperation and Development 등 세계적으로 교육 분야에 큰 영향력을 가진 국제기구들에서 비중 있는 교육 보고서를 연이어 발표하고 있다. OECD는 2018년 〈OECD 교육 2030〉(이하 OECD 2030)[1]이라는 교육 보고서를 발표했으며 유네스코는 더욱 최근인 2021년 11월 〈교육의 미래 2050〉(이하 유네스코 2050)[2] 교육 보고서를 발표했다. 이 보고서들은 이들 기구에서 많은 역량을 투여해 작성한, 위상이 상당히 높은 보고서다. OECD 2030은 1997년 '데세코'[3] 프로젝트 보고서에 이어 20여 년 만에 발표한 교육 보고서이고, 유네스코 2050은 커다란 시대적 변곡점의 시기마다 '국제위원회'라는 특별 기구를 구성해 발표해 온 보고서로 창립 이후 3번째이며 1996년 〈학

---

1. 정식 명칭은 'The Future of Education and Skills: Education 2030'이다.
2. 정식 명칭은 'Reimagining our futures together: A new social contract for education'이다.
3. 'DeSeCo'는 1997년 OECD에서 발표한 'Definition and Selection of Key Competences'의 줄임말로 '핵심역량의 정의 및 선정' 프로젝트이다. 데세코 프로젝트는 핵심역량 선정 작업이 2003년까지 진행되었고 전 세계적인 핵심역량 논의를 불러일으키면서 큰 영향을 미쳤다. 현재 한국의 교육과정도 '역량 중심 교육과정'으로 그 성격이 규정된다.

습: 그 속의 보물〉[4] 보고서에 이어 25년 만이다. 두 보고서 모두 많은 나라의 학자, 교사와 청소년 등 교육 주체들이 참여하여 수년에 걸쳐 작성되었다. 3년이라는 시차는 있지만 큰 흐름에서 본다면 동시대 비슷한 시기이고, 이 유수한 국제기구들에서 새로운 내용을 담은 교육 보고서를 연이어 제출하고 있다는 것은 대전환 시대를 맞이하여 세계 교육론이 크게 변화하고 있음을 보여 준다.

실제로 두 보고서가 제출하는 내용은 기존의 관점에서 본다면 매우 파격적이다. 두 보고서 모두 '교육과 사회의 변혁'을 강조한다. 기존 체제의 문제점들을 지적하면서 단순한 개혁이 아니라 사회와 교육의 근본적 변화를 촉구한다. 두 보고서는 내용적으로 유사한 취지와 방향을 지닌다. 그것은 무엇보다 '대전환 시대'라고 하는 공통된 시대 인식에 같이 기초하고 있기 때문이다.

OECD 2030과 유네스코 2050에서 제출하는 교육론은 교육 패러다임의 변화를 보여 준다. 시대 인식에서부터 교육목적, 교육과정 구성 문제에 이르기까지 새로운 방향으로의 총체적 전환을 담고 있다. 기존의 주류 교육론에서 제시해 왔던 '정보화, 세계화의 무한경쟁' 시대 인식에서 '지속가능 위기를 넘어 새로운 사회로의 대전환'을 요청하는 시대 인식으로, '개인적 성공, 국가 경쟁의 수단'에서 '개인과 공동의 웰-빙', '지속가능한 미래 건설'이라는 목적으로, '엘리트 인재상(신지식인, 창의융합 인재 등)'에서 '협력적, 변혁적, 주체적 인간'이라는 교육적 인간상으로의 전환 등 시대관과 교육관 모두 새로운 내용을 제출하고 있다. 요약하자면 경쟁과 성공, 효율성 등을 추구해 오던 '신자유주의 교육 패러다임'으로부터 지속가능과 웰-빙, 협력 등을 강조하는 '대전환 시대 변혁적 교육 패러다임'으로의 전환이라고 할 수 있다.

---

4. 원 제목은 'Learning: The Treasure Within'이다.

■ OECD 2030

"사회를 변혁하고 미래를 만들어 갈 때 필요한 역량."(입장문)[5]

"더 나은 삶을 위해 사회를 변혁하고 미래를 형성하는 데 필요한 지식, 기능, 태도 및 가치의 유형으로 '변혁적 역량'을 정의한다."(개념노트 '변혁적 역량')

■ 유네스코 2050

"이 새로운 사회계약은 과거의 불의를 고치고 미래를 변혁transform할 우리의 기회입니다."(유네스코 사무총장 머리글)

"우리가 원하는 미래를 만들기 위해서는 교육 자체가 변혁되어야 합니다."
"교육은 우리 사회의 혁신과 변혁을 위한 기초입니다."
"자신과 세상을 변혁하기 위해 함께 일할 수 있는 개개인의 역량을 구축하는 '협력과 연대의 교육(학)'을 요청합니다."(서론)

"세상을 변혁하기 위해 신뢰 속에서 함께 일할 수 있는 학생과 교사의 능력을 구축해야 합니다."(3장)

그런데 유네스코와 OECD가 말하는 '교육과 사회의 변혁'에서 '변혁'은 어떠한 의미일까? 유네스코와 OECD가 말하는 '변혁'은 'revolution'

---

5. OECD 2030의 주요 문서에는 기본 입장을 정리한 'Position Paper'(2018)와 주요 개념들의 설명서에 해당하는 'Concept Note Series'(2019)가 있다. 이 책에서는 'Position Paper'를 '입장문'으로, 'Concept Note Series'는 '개념노트'로 표현하였다.

이 아니라 'transform'의 번역으로 더 정확한 의미의 우리말은 '(형태)전환'이라고 할 수 있다. 그렇지만 '교육 전환', '사회 전환'은 어색하기 때문에 가장 적절한 표현으로 삼은 것이 '변혁'[6]이다. 따라서 우리말로 '변혁'이라고 할 때 때때로 지니게 되는 '정치 혁명'과는 그 의미가 다르다. 그렇다면 유네스코와 OECD에서 이야기하는 '변혁'을 어떻게 이해하는 것이 적절한가. 그것은 그 취지와 내용적 맥락에서 이해해야 할 것이다. 'revolution'은 아니지만 OECD 2030과 유네스코 2050에서 제기하는 'transform'은 개혁reform을 뛰어넘는 구조적이고 근본적인 변화를 의미한다. 그것은 다음과 같이 '새로운 경제적, 사회적, 제도적 모델 창조'를 강조하거나, 대전환을 요청하는 현재의 총체적 위기가 '사회, 정치, 경제 시스템' 차원의 문제임을 지적하는 것에서 알 수 있다.

> "지금이야말로 우리 모두의 보다 나은 삶을 위해 새로운 경제적, 사회적, 제도적 모델을 창조해야 할 때이다."   - OECD 2030 입장문

> "그것은 대부분 인간 스스로의 선택 및 행위의 결과입니다. 그것들은 우리가 만든 사회, 정치, 경제 시스템에서 생겨난 것이며, 이 시스템에서는 단기적인 것이 장기적인 것보다, 소수의 이익이 다수의 이익보다 우선시됩니다."   - 유네스코 2050 서론

구조적 차원의 사회 변화를 지향한다는 점에서, 또한 그를 위한 교육의 근본적 변화를 추구한다는 점에서 좀 더 넓은 의미에서 '변혁적'이라고 규정할 수 있다고 본다. 또한 이들이 제기하는 새로운 교육론의 문제

---

6. 대부분의 관련 논의 문서와 유네스코한국위원회, 교육부 문서에서도 '변혁'으로 표현하고 있다.

의식을 적합하게 나타내는 것이라 할 수 있다. 이들이 말하는 '교육 변혁'의 핵심은 경쟁과 차별, 경제정책에 대한 교육의 종속을 강요해 온 '경제성장 중심의 근대화 발전 패러다임'으로부터 '협력과 연대의 교육'으로의 전환이다. 그리고 '사회 변혁'은 '지속 불가능'에서 '지속가능'한 새로운 시스템으로의 전환을 의미한다.

"평화롭고 정의롭고 지속가능한 미래를 만들기 위해서는 교육 자체가 변혁되어야 합니다." — 유네스코 2050 요약

"너무 오랫동안, 교육 자체가 경제성장 위주의 근대화 발전 패러다임에 기초해 왔습니다." — 유네스코 2050 2장

"교육 시스템은 우리가 공유하는 미래를 위협하는 바로 그 조건들-차별과 배제 또는 지속 불가능한 생활 방식을 막론하고-을 재생산하고 영속화함으로써, 교육의 진정한 변혁적 가능성을 제한합니다." — 유네스코 2050 서론

2절
교육 패러다임 전환의 배경:
대전환 시대 도래와 교육 실패

새로운 변혁적 교육 패러다임이 제출되는 배경은 크게 두 가지 측면에서 살펴볼 수 있다. 우선 대전환 시대 인식이 가장 근본적인 배경이 된다. 그와 함께 기존의 교육이 지속 불가능의 한 원인이며 따라서 대전환 시대의 교육적 과제를 이룰 수 없다는 교육 실패에 대한 반성 또한 주요 배경이다.

1. 대전환 시대 인식

유네스코와 OECD에서 변혁적 교육론을 제기하게 된 이유는 이들이 제출하는 시대 인식에 따르면 매우 명확하다. 그만큼 시대적 상황이 절박하고 따라서 근본적이고 긴급한 교육 변화를 요청한다는 것이다. '이대로 두어서는 이 사회/세계가 더 이상 지속될 수 없다'는 것이며 따라서 '구조적 변혁이 불가피하다'는 입장을 분명하게 제출한다.

> "기후변화와 자원고갈 문제는 그러한 변화에 빨리 적응하는 것만이 아니라 긴급한 조치와 행동을 요구한다."

"지금이야말로 우리 모두의 보다 나은 삶을 위해 새로운 경제적, 사회적, 제도적 모델을 창조해야 할 때이다."　　　　－ OECD 2030 입장문

"이제 우리는 인류의 진로를 바꾸고 더 심각한 혼란으로부터 지구를 구하기 위해 긴급 조치가 필요하다는 것을 그 어느 때보다 잘 알고 있습니다."－ 유네스코 2050 사무총장 오드레 아줄레(Audrey Azoulay)의 머리글

2015년 유엔 '지속가능발전목표' 결의:
새로운 변혁적 교육 패러다임 형성의 직접적 계기

유네스코, OECD에서 새로운 변혁적 교육론을 제출하게 된 직접적 계기는 2015년 유엔의 '지속가능발전목표' 결의라고 할 수 있다. 이때 제출된 시대 인식과 이후 유네스코, OECD의 시대 인식은 같은 맥락에서 있다. '세계 변혁Transforming our world' 혹은 '사회 변혁Transform our society'[7] 개념도 이때 제출되었다. 2015년 유엔 '지속가능발전목표SDGs'는 '세계의 변혁Transforming our world: 2030 지속가능발전 의제' 결의문 중 '오늘의 우리 세상' 단락에서 다음과 같은 상황 인식을 제출했다.

우리는 지속가능발전에 대해 거대한 도전을 받는 시기에 모였다. 수십억의 시민들이 가난 속에 살아가며, 존엄한 삶을 누리지 못하고 있다. 국가 내 그리고 국가 간 불평등은 확대되고 있다. 기회, 부, 권력에 대한 막대한 격차가 존재하고 있다. 성 불평등은 핵심적인 도전과제로 남아 있다. 실업, 특히 청년실업은 중대한 문제이다. 글로벌 보건에 대한 위협, 더욱 빈번하고 극심해진 자연재해, 급증하는 분쟁, 폭력적 극단주의, 테러

---

7. 유엔은 'Transforming our world', OECD는 'Transform our society', 유네스코 2050은 두 가지 모두 사용한다.

리즘과 이와 연계된 인도적 위기 및 사람들의 강제 이주는 최근 수십 년 간 이룩한 개발의 성과를 상당 부분 되돌릴 위험이 있다. 천연자원 고갈 과 사막화, 가뭄, 토지 황폐화, 담수 부족, 생물다양성 손실 등 환경 악화 에 따른 부정적 영향은 인류가 직면한 도전과제를 늘리고 이를 더 어렵게 한다. 기후변화는 우리 시대의 가장 큰 도전과제 중 하나로서, 그 부정적 영향은 모든 국가들의 지속가능발전 달성 능력을 약화시킨다. 지구 온도 와 해수면의 상승, 해양 산성화 및 기타 기후변화는 해안지역과 많은 최 빈개도국, 군소도서개도국을 포함한 저지대 해안 국가들에 심각한 영향 을 주고 있다. 많은 사회 그리고 지구의 생물학적 지원 체계의 생존이 위 험에 처해 있다.

2015년 유엔 결의문에서는 불평등, 분쟁과 극단주의로 인한 인도적 위기, 환경 악화와 기후변화로 인한 '지속가능의 위기'를 제기하고 있다. 이러한 상황 인식은 2018년 〈OECD 교육 2030〉의 시대 인식으로 그대 로 이어졌고 유네스코 2050에서는 더욱 확장되고, 체계화된 형태로 심 화, 발전한다.

당시 한국에서는 대부분 2015년 유엔 결의를 그저 지나가는 선언적 행사로 이해하는 경향이 컸었다. 심지어 2015년 당시 유엔의 '지속가능 발전목표' 결의와 연계된 '유네스코 교육 2030'을 발표하는 행사가 우리 나라 인천[8]에서 개최되었지만 거의 주목조차 받지 못했다. 그러나 세계 적 차원에서 2015년 유엔 결의는 시대 인식의 대전환을 보여 주는 역사 적 의미를 지닌 큰 사건이었다. 이전부터도 유엔은 '지속가능 위기' 문제

---

8. 유네스코는 2015년 5월 19일 한국 인천에서 '2015 세계교육포럼'을 개최하였고, '유 네스코 교육 2030'을 발표하였다. '유네스코 교육 2030'은 이번 '교육의 미래 2050'과 같이 교육론을 체계적으로 담은 보고서가 아니라 주로 교육권 확대, 생태 교육의 정 립 등에 대한 선언적 내용이어서 큰 반향을 불러일으키기는 어려웠다.

를 제기해 왔었지만 2015년 '지속가능발전목표' 결의는 이전과는 다른 수준의 결의였다. 새로운 차원의 위기 인식과 이전 과정에 대한 실천적 반성 속에서 이루어진 것이기 때문이다. 새로운 세기로 접어들던 2000 년도에 유엔은 지속가능 위기에 대한 문제의식을 담은 '새천년개발목표'를 결의한 적이 있었다. 그러나 느슨한 결의와 집행력으로 인해 목표들이 제대로 달성되지 못했고, 그에 대한 냉철한 반성 속에서 더욱 확고한 형태로 제출된 것이 2015년 결의였던 것이다. 이 시기를 즈음해 "기후위기는 과학의 문제"라는 분명한 인식이 확산되기 시작했다. 즉 '지속 불가능'의 문제가 해석의 문제가 아니라 과학적 증거에 근거한 객관적 사실로서 수용되기 시작한 것이다. 지난 과정에 대한 반성과 위기의식의 심화 속에서 이루어진 2015년 '지속가능발전목표' 결의는 그 이전에 비해 한층 강화된 규정력과 영향력을 발휘하는 힘으로 작용하기 시작했다. 당해인 2015년 12월 기후위기에 대한 대응 목표와 규정성을 강화한 파리협약으로 이어졌고, 교육 분야에서는 2018년 〈OECD 교육 2030〉 보고서 발표와 2021년 〈유네스코 교육의 미래 2050〉으로 연결되고 있다.

물론 여전히 각국 정부와 국제 사회를 강제하는 데는 한계가 있다. 2021년 11월 아일랜드에서 개최된 제26차 유엔기후변화협약 당사국총회(COP26)에서도 여전한 한계가 드러났다. 그러나 이전에 비해 국제적 약속 수준은 올라갔으며 기후위기에 대한 실제적 대응을 요구하는 목소리와 힘이 한층 커지고 있음은 분명하다. 대전환 시대 인식의 확산, 공유는 이 시대 가장 중요하고 분명한 흐름이다. 최근 한국에서도 대전환 시대 인식이 빠르게 확산되기 시작하고 있으며, 'ESG 경영'[9], 'RE 100'[10] 등 문제가 현실적 사안이 되기 시작하면서 많은 사람이 점차 그 영향력을 느끼기 시작했다.

OECD 2030: 대전환 시대 인식의 체계화

2015년 유엔 '지속가능발전목표'에서 제출된 '위기적 상황'에 대한 시대 인식은 시간이 지나면서 'OECD 2030'과 '유네스코 2050' 속에서 더욱 체계화되어 갔다. 2018년 OECD 2030은 시대적 상황을 '환경적', '경제적', '사회적' 차원의 세 가지 위기 또는 도전과제로 제시하고 있다. 그러면서 시급한 해결책의 마련, 시스템 차원의 새로운 모델 구축의 필요성을 강조하는 것으로 나아간다. 많지 않은 압축적 내용이므로 OECD 2030 입장문의 시대 인식 내용을 전재해 본다. OECD 2030은 입장문에서 새로운 교육론의 취지가 UN의 '지속가능한 발전을 위한 지구적 목표'에 협력하고 기여하고자 하는 것임을 명시하고 있다.

급격하게 변화하는 세계에서 새로운 해결책을 찾아야 한다.
사회는 급격하고 완전하게 변하고 있다.

첫째, 환경적인 도전에 직면해 있다. 기후변화와 자원고갈 문제는 긴급한 조치와 행동을 요구할 뿐 아니라 우리가 그러한 변화에 빨리 적응할 것을 요구한다.

둘째, 경제적인 도전에 직면해 있다.
- 과학 지식은 우리 삶을 풍요롭게 할 수 있는 새로운 기회와 해

---

9. 'Environment', 'Social', 'Governance'의 머리글자를 딴 단어로 기업 활동에 친환경, 사회적 책임 경영, 지배구조 개선 등 투명 경영을 고려해야 지속가능한 발전을 할 수 있다는 철학을 담고 있다. ESG는 개별 기업을 넘어 자본시장과 한 국가의 성패를 가를 키워드로 부상하고 있다(『매경시사용어사전』)

10. 2050년까지 기업들이 필요로 하는 전력의 100%를 재생에너지(Renewable Energy)로만 충당하자는 의제.

결책들을 만들어 내고 있다. 그러나 동시에 모든 영역에서 파괴적인 변화 또한 일으키고 있다. 과학과 기술에서의 유례없는 혁신, 특히 바이오 기술과 인공지능에서의 혁신은 인간적인 것이 과연 무엇인가에 대한 근원적인 질문을 제기하고 있다. 지금이야말로 우리 모두의 보다 나은 삶을 위해 새로운 경제적, 사회적, 제도적 모델을 구성해 내야 한다.

– 지방적, 국가적, 지역적 수준에서 금융의 상호의존성이 심화되면서 전 세계 차원의 가치 사슬Value Chain을 창출해 내고 경제를 하나로 통합했다. 동시에 경제적 불확실성이 만연하게 되었을 뿐 아니라 경제적 위험과 위기에 노출되는 것도 잦아지게 되었다. 데이터는 광대한 규모로 생성되고 사용되고 공유되고 있으며, 데이터와 데이터의 활용은 점점 더 팽창하고 성장하고 효율적으로 될 것으로 보인다. 이는 사이버 안전과 프라이버시 보호에서 새로운 문제들을 만들어 내고 있다.

셋째, 사회적인 도전에 직면해 있다.

– 전 세계적으로 인구가 지속적으로 증가함에 따라 이민과 도시화, 점증하는 사회적·문화적 다양성은 국가와 공동체를 재편성하고 있다.

– 세계 대부분의 지역에서 생활 수준과 삶의 기회에서 불평등은 확대되고 있다. 갈등과 불안정, 관료주의적 타성, 대중에 영합하는 정치는 정부 자체에 대한 믿음과 신뢰를 심각하게 떨어뜨리고 있다. 전쟁과 테러리즘의 위협은 점점 더 높아지고 있다.

이러한 전 세계적인 흐름은 이미 개인들의 삶에 영향을 미치고 있으며, 앞으로 수십 년 동안 지속될 것이다. 이로 인해 모든 국가들이 관련된 전 세계적인 논쟁이 촉발되었고, 지구적이고 지역적인 해결책들을 찾을 필요성이 요청되었다. 〈OECD 교육 2030〉은 인간, 이익, 지구와 평화를 보장할 것을 목적으로 하는 'UN 2030 지속가능한 발전을 위한 지구적 목표UN 2030 SDGs'에 협력하고 기여하고자 한다.

유네스코 2050: 시대 인식의 총체화

유네스코 2050에서는 대전환 시대 인식이 더욱 발전한다. 유네스코 2050은 상당히 체계적이고 상세하게 시대 상황을 분석하면서 그에 대한 명확한 인식을 제출한다. 보고서 '2장 혼란과 새로운 전환'에서 '위험에 처한 지구', '디지털, 연결과 격차', '민주주의의 후퇴와 양극화 심화', '불확실한 직업의 미래'라는 4개의 소제목 아래 20여 쪽이 넘는 상당한 분량으로 상세히 다루고 있다. 유네스코 2050의 많은 내용을 여기서 모두 소개하기는 어렵다(부록 번역문 참조). 그렇지만 다행히 보고서 서론에 시대 인식이 요약된 부분이 있어 전재하면 다음과 같다.

인류의 생존과 인권, 그리고 살아 있는 행성이 위험에 처해 있습니다.

한 사람 한 사람의 존엄이 소중하다는 바로 그 생각, 모든 사람이 기본적 권리를 가진다는 약속, 우리의 유일한 고향인 지구의 건강이 모두 위험에 처해 있습니다. 경로를 바꾸고 대안적인 미래를 상상하기 위해 인간 상호 간의 관계, 살아 있는 행성과의 관계 그리고 기술과의 관계에서 시급히 균형을 잡아야 합니다. 우리는 '인간 이상의 세계'에서 '우리의 상호의존성'과 '인간의 위치와 행위주체성'에 대해 다시 배워야 합니다.

우리는 중첩되는 여러 위기에 직면해 있습니다. 확대되는 사회경제적 불평등, 기후변화, 생물다양성 손실, 지구의 한계를 초과하는 자원 사용, 민주주의 후퇴, 파괴적인 기술 자동화 및 폭력은 현재 우리의 역사적 분기점의 특징입니다.

역설적인 발전 추세는 우리를 지속 불가능한 미래를 향한 길로 이끌고 있습니다. 세계의 빈곤 수준은 떨어졌지만 국가 간 불평등은 커졌습니다. 가장 높은 생활 수준과 역사상 가장 큰 불평등이 함께 존재합니다. 기후변화와 환경 파괴는 지구상의 인류와 다른 종들의 생존을 위협합니다. 더 많은 사람이 공공의 생활에 적극적으로 참여함에도, 시민사회와 민주주의는 세계 곳곳에서 위협받고 있습니다. 기술은 우리를 그 어느 때보다도 밀접하게 연결해 주지만, 동시에 사회적 분열과 긴장도 키우고 있습니다. 글로벌 팬데믹은 우리의 많은 취약성을 더욱 부각시켰습니다. 이러한 위기와 도전들은 개인 및 집단의 인권을 제약합니다. 그리고 그것은 대부분 인간 스스로의 선택 및 행위의 결과입니다. 그것들은 우리가 만든 사회, 정치, 경제 시스템에서 생겨난 것이며, 이 시스템에서는 단기적인 것이 장기적인 것보다, 소수의 이익이 다수의 이익보다 우선시됩니다.

지속 불가능한 자원 사용 수준에 따른 경제 모델에 의해 기후 및 환경 재해가 가속화됩니다. 단기적 이익과 과도한 소비를 우선으로 하는 경제 모델은 전 세계적으로 수많은 사회를 특징짓는 탐욕적인 개인주의, 경쟁, 공감 결여와 밀접하게 연결되어 있습니다.

세계의 부는 극도로 집중되었고, 극심한 경제적 불평등은 우리 사회의 결속력을 약화시키고 있습니다.

권위주의, 배타적 포퓰리즘, 정치적 극단주의의 부상은 정치적 경계를 알지도 존중하지도 않는 공동의 우려를 해결하기 위해 협력과 연대를 강화해야 하는 바로 이 시기에, 민주적 거버넌스에 도전하고 있습니다. 평화적 방식으로 차이를 해결하려는 사회적 노력을 지원하기 위한 수십 년의 노력에도 불구하고, 오늘날 세계는 사회적, 정치적 양극화가 심화되고 있습니다. 혐오의 표현, 가짜 뉴스의 무책임한 유포, 종교적 근본주의, 배타적 민족주의-이 모두는 새로운 기술에 의해 확대됨-는 결국 편협한 이익을 위해 정략적으로 이용됩니다. 〈세계인권선언〉에 명시된 공통의 가치에 기반을 둔 세계질서가 약화되고 있습니다. 우리 세계는 부패, 냉담함, 편견과 편협함의 확대와 폭력의 일상화에서 드러나는 '가치의 위기'에 직면해 있습니다.

가속화된 세계화와 인간 이동 증가는 강제 이주 및 실향과 함께 너무 자주 인종주의, 편견, 편협함, 차별이라는 비인간적 결과를 낳고 있습니다. 인간의 존엄성에 대한 이러한 형태의 폭력은 협력과 해방보다는 지배와 통제를 추구하는 권력 구조에서 비롯됩니다. 무력 충돌, 점령, 정치적 억압의 폭력은 인명을 파괴할 뿐만 아니라, 인간 존엄의 개념 자체를 훼손합니다. 헤게모니 체제의 특권과 혜택을 누리는 사람들은 흔히 성별, 인종, 민족, 언어, 종교 또는 섹슈얼리티를 이유로 차별을 하고, 원주민, 여성, 난민, 페미니스트, 인권 옹호자, 환경 운동가 또는 정치 반체제 인사, 이민자 등 그들이 위협으로 간주하는 집단을 억압합니다.

우리 사회의 디지털 혁신은 전례 없는 방식으로 우리의 삶에 영향을 미치고 있습니다. 컴퓨터는 지식이 생성, 접근, 배포, 검증 및 사용되는 방식을 빠르게 변화시키고 있습니다. 이 중 많은 부분은 정보 접근성을 높이는 한편, 교육을 위한 새롭고 유망한 길을 열어 주고 있습니다. 그러나 위험 또한 많습니다. 배움은 디지털 공간에서 좁아질 수도 있고 확장될 수도 있습니다. 기술은 해방과 동시에, 억압할 수 있는 권력과 통제의 새로운 지렛대를 제공합니다. 안면 인식과 AI를 통해 우리의 프라이버시에 대한 인권이 불과 10년 전만 해도 상상할 수 없었던 방식으로 축소될 수도 있습니다. 우리는 지속적인 기술혁신이 우리가 번영하는 데 도움이 되고, 다양한 앎의 방식이나 지적, 창조적 자유의 미래를 위협하지 않도록 경계해야 합니다.

우리의 생활 방식은 지구와의 균형에서 벗어나, 지구가 지탱하는 풍부한 생명 그리고 현재 및 미래의 웰-빙과 존재의 지속성을 위협하고 있습니다. 그 반대의 것을 획득할 가능성에도 불구하고, 우리의 무비판적인 기술 수용은 너무 자주 우리를 위험할 정도로 멀어지게 하고 대화를 중단시키며 상호 이해를 흐트러뜨립니다. 그리고 이러한 지구적 불균형, 기술적 불균형은 세 번째이자 똑같이 위험한 불균형에 영향을 미칩니다. 그것은 '팽창하는 불평등', '신뢰와 선의의 전복', '타자의 악마화' 그리고 '이러한 확대되는 일련의 글로벌 위기에 의미 있게 협력하고, 맞서는 것에 대한 주저함'의 형태로 나타나는 '상호 간의 불균형'입니다.

미래를 내다볼 때, 이보다 더 어두운 그림을 그리는 것은 너무도 쉽습니다. 인간이 거주할 수 있는 공간이 더 적어지고 고갈된 지구의 모습을 상상하는 것이 가능합니다. 극단적인 미래 시나리오 중에는 양질의 교육은 엘리트의 특권이 되어 버리고, 수많은 사람이 필수적 재화와 서비스에 접근할 수 없어 비참하게 살아야 하는 세상도 포함됩니다. 결국 앞으로 교육과정은 점점 더 무의미해지고 현재의 교육 불평등은 시간이 갈수록 더 악화되기만 할까요? 우리의 인간성은 더욱 잠식당하게 될까요?

오늘 우리가 함께하는 선택이 우리가 공유하는 미래를 결정할 것입니다. 우리가 생존할 것인지 멸망할 것인지, 평화롭게 살아갈지 혹은 폭력이 우리의 삶을 규정하도록 내버려 둘지, 지속가능한 방식으로 지구와 관계를 맺을 수 있는지의 여부는 오늘날 우리가 하는 선택과 공동 목표를 달성하기 위한 우리의 능력에 의해 영향받고 결정될 문제입니다. 함께하면, 우리는 경로를 바꿀 수 있습니다.

오늘 우리가 함께하는 선택이 우리가 공유하는 미래를 결정할 것입니다.

요약하자면 "인류와 지구는 날로 심화되는 기후위기와 사회경제적 불평등을 포함한 총체적 위기에 처해 있으며 우리는 인간의 존엄과 생존의 지속가능을 위한 선택의 기로에 서 있다"는 것이다. 2015년 유엔 결의, 2018년 OECD 2030의 시대 인식과 같은 맥락이지만 유네스코 2050의 시대 인식은 더욱 체계적이고 상세한 서술이라는 점 외에도 세 가지 의미를 더 지닌다.

첫째, 주요 문제들이 서로 중첩된 연결된 문제라는 것에 대한 분명한 인식이다. 서로 연결된 문제라는 것은 개별 사안들에 대한 각각의 해결이 아니라 총체적 사회, 정치, 경제 시스템 변혁의 필요성으로 귀결된다.

> "우리는 중첩되는 여러 위기에 직면해 있습니다. 확대되는 사회경제적 불평등, 기후변화, 생물다양성 손실, 지구의 한계를 초과하는 자원 사용, 민주주의 후퇴, 파괴적인 기술 자동화 및 폭력은 현재 우리의 역사적 분기점의 특징입니다."
>
> "'환경', '기술과 함께 살고 상호작용하는 방식', '거버넌스 시스템' 및 '직업세계'라는 종종 중첩되는 네 가지 영역에서, 심각한 영향을 미칠 것으로 예상되는 혼란에 초점을 맞춰 미래를 전망."
>
> "그것은 대부분 인간 스스로의 선택 및 행위의 결과입니다. 그것들은 우리가 만든 사회, 정치, 경제 시스템에서 생겨난 것이며, 이 시스템에서는 단기적인 것이 장기적인 것보다, 소수의 이익이 다수의 이익보다 우선시됩니다."
>
> — 이상 서론

둘째, 위기에 대한 절박성의 강화이다. 매우 절실한 표현들이 곳곳에 등장한다.

> "우리는 실존적 선택에 직면해 있습니다. 지속할 수 없는 길을 계속 가거나, 아니면 경로를 근본적으로 바꾸는 것입니다. 현재의 길을 계속 간다는 것은 비양심적인 불평등과 착취, 다양한 형태의 폭력의 소용돌이, 사회적 결속 및 인간 자유의 침식, 지속적인 환경 파괴, 위험하고 아마도 재앙적일 생물다양성 손실을 수용하는 것입니다. 현재의 길을 계속 가는 것은 우리 사회의 기술 및 디지털 혁신에 수반되는 위험을 예견, 해결하

지 못하는 것입니다."

"우리의 미래를 함께 상상하고, 그것을 실현하기 위한 행동이 시급합니다. 지식과 배움은 혁신과 변혁의 기초입니다. 그러나 전 세계적인 격차-그리고 우리가 왜, 어떻게, 무엇을, 어디서, 언제 배우는지를 재구상해야 할 절박한 필요성-는 교육이 우리가 평화롭고 정의롭고 지속가능한 미래를 형성하는 데 도움이 될 수 있는 일을 하지 않고 있다는 것을 의미합니다."

"우리 모두는 현세대와 미래 세대에 대한 의무가 있습니다. 우리의 세상이 결핍이 아니라 풍요의 세상이 되고, 모든 사람이 인권을 최대한 누릴 수 있도록 해야 합니다."   – 이상 서론

이러한 절박성은 단지 표현상의 문제가 아니다. 위기의 객관적 심화와 기존 실천의 한계에 대한 인식에서 비롯되고 있다고 할 수 있다. 즉, 위기 자체가 객관적으로 더 절박해진 상황이라는 것이다. 유네스코 2050은 이전의 예측보다 위기 자체가 더욱 빨라지고 있음을 강조한다.

"한때 기후변화 최악의 영향을 방지하기 위해, 순 탄소 배출량 제로를 2050년까지 기다릴 수 있는 것처럼 보였던 적이 있었지만, 최근의 과학 연구는 데드라인이 훨씬 더 빨리 올 것으로 예측합니다."

"기후변화에 대한 정부 간 협의체Intergovernmental Panel for Climate Change의 2021년 보고서는 지구 온난화 진행 속도가 몇 년 전에 예상했던 것보다 훨씬 더 빠르다는 것을 보여 줍니다."

"끊임없는 경고에도 불구하고, 너무 많은 사람이 현대 사회에 동력을 공급하기 위한 채굴, 탄소 연소와 같은 인간 활동의 결과를 이해하지 못하고 있습니다."   – 이상 2장

셋째, 희망과 의지적 실천의 강조이다. 바꿀 수 있고 바뀌어야 한다는 것을 강하게 강조한다.

> "긴급한 조치가 필요하고 불확실성이 큰 상황임에도 불구하고, 우리가 희망으로 가득 찬 이유가 있습니다. 하나의 종species으로서, 우리는 협력을 가능하게 하는 지식과 수단에 가장 많이 접근할 수 있는 집단적 역사의 한 지점에 있습니다. 인류가 함께 미래를 창조하는 데 참여할 수 있는 잠재력이 그 어느 때보다 커졌습니다."
>
>   – 서론

> "희망에는 큰 이유가 있습니다. 교육 시스템의 설계, 학교 및 기타 교육 시스템의 조직, 교육과정 및 교육학적 접근 방식에서 대규모의 변화와 혁신이 가능합니다. 집단적으로 우리는 교육을 혁신하여, 이미 존재하는 것을 바탕으로 정의롭고 공평하며 지속가능한 미래를 만들고 필요한 것을 건설할 수 있습니다. 우리는 용기, 지도력, 저항, 창의성 및 배려를 지닌 수백만의 개인들과 집단적 행동을 통해 진로를 바꿀 것입니다. 우리는 건설의 토대가 되는 깊고, 풍부하며, 다양한 문화적 전통을 가지고 있습니다. 인간은 훌륭한 집단적 행위주체성, 지성, 창조성을 가지고 있습니다."
>
>   – 에필로그

대전환 시대를 총체적, 실천적으로 인식하는 것은 매우 중요하다. 한국에서도 최근 '대전환 시대'라는 단어가 확산되기 시작했다. 그러나 아직 그 의미는 왜곡되거나 대단히 협소하게 쓰이고 있다. 일부에서는 '기후위기'에만 초점을 맞춘다. 심지어 정부와 자본은 대전환을 '4차 산업혁명', '디지털 산업구조 전환'의 의미로 쓰고 있다. 여기에는 '지속가능'이라는 본래의 핵심이 전혀 담겨 있지 않다. 지속 불가능성을 가져오는

기후위기와 불평등을 극복하는 새로운 사회경제 시스템 구축에 대한 문제의식이 존재하지 않는다. 오히려 취지와는 정반대로 경쟁을 위한 동원 이데올로기로서 대전환 시대를 이야기한다. '대전환'이라는 개념을 여전히 신자유주의적 프리즘으로 바라보고 해석하는 것이다. 대전환 시대에 대한 잘못된 이해를 교정하는 일이 필요하다.

2. 기존 교육 시스템의 실패

새로운 교육 패러다임이 등장하는 또 하나의 근본적 배경에는 교육 내적 문제, 즉 교육 실패에 대한 인식과 반성이 자리한다. 기존 교육 시스템의 실패에 대한 인식은 유네스코 2050에서 더욱 뚜렷하게 표현되고 있다. 유네스코 2050은 현재의 교육 시스템이 차별과 배제 극복, 지속가능한 생활 방식을 창출하는 데 집단적으로 실패하고 있다고 규정하고 있다.

> "교육 시스템은 우리가 공유하는 미래를 위협하는 바로 그 조건들—차별과 배제 또는 지속 불가능한 생활 방식을 막론하고—을 재생산하고 영속화함으로써, 교육의 진정한 변혁적 가능성을 제한합니다. 이러한 집단적 실패는 교육에서 우리의 행동을 규정하고 안내할 수 있는 새로운 공유된 비전, 새로운 원칙 및 약속의 필요성을 뒷받침합니다."
>
> – 유네스코 2050 서론

> "학교와 교사는 학습자를 지원하는 필수 작업을 수행합니다. 많은 사람들은 자신의 삶을 긍정적으로 변화시킨 교사나 학교 경험을 떠올릴 수

있습니다. 동시에 학교는 배제하고, 주변화하고, 불평등을 재생산하는 경우가 너무 많습니다."

"명확하고 포용적인 가치가 없다면, 교육 생태계는 건강하지 못하고 병들 수 있습니다. 권력, 특권, 착취, 억압의 문제는 모든 교육 관계에 영향을 미칠 수 있습니다. 너무나 자주 교육 설계와 제도는 실패와 배제를 낳습니다."

　　　　　　　　　　　　　　　　　　　　　- 이상 유네스코 2050 6장

교육이 불평등 해소에 실패하고 있을 뿐 아니라 보편적 교육권 보장에도 실패하고 있다고 지적한다. 현재의 교육 시스템이 역할과 기능에서 전반적 실패로 귀결되고 있다고 진단하는 것이다.

"적어도 1990년 이래로 반복된 국제적 약속에도 불구하고, 모든 어린이, 청소년 및 성인을 위한 보편적 교육권 보장에 대한 우리의 집단적 실패를 분명히 반영합니다."

　　　　　　　　　　　　　　　　　　　　　- 유네스코 2050 1장

한편 OECD 2030은 '교육과정' 문제 중심으로 다루면서 기존의 교육과정 시스템이 시대적 요구를 담아내기 어려운 '비생태적 시스템'이라는 점을 부각시킨다. 기존의 교육과정 시스템 속에서는 교육에 대한 새로운 요구 증가가 과부하로 귀결될 수밖에 없다고 진단하면서 교육과정의 '생태-시스템적 변화'를 촉구하고 있다.

"학교는 학부모와 대학, 고용주의 필요와 요구 때문에 일어나는 교육과정의 과부하에 대처할 수 있어야 한다. 과부하 때문에 학생들은 핵심적인 학문적 개념들을 능숙하게 익힐 시간이 부족하고, 균형 잡힌 생활을 추구할 수도 없으며, 우정을 쌓을 수도, 잠을 자거나 운동할 시간조차 부족하다. 학생들의 초점을 '더 많은 학습 시간'에서 '학습 시간의 질'로 옮겨야 할 때이다."

"교육과정 변화는 교육이 많은 이해관계자들이 참여하고 있는 생태 시스템이라는 것을 전제해야 한다."

"교육의 생태-시스템적인 변화를 위한 교육과정 설계."

– 이상 OECD 2030 입장문

교육 실패에 대한 OECD 2030과 유네스코 2050의 인식을 다음과 같이 정리해 볼 수 있다. 첫째, 교육권 보장에 실패하고 있다. 둘째, 불평등 해소에 실패하고 있다. 오히려 불평등 재생산의 기제로 작동하고 있다. 셋째, 변화하는 시대적 요구도 담아내지 못하고 있다. 넷째, 결론적으로 지속가능한 미래 건설을 위한 주체 형성에 실패하고 있다는 것이다. 따라서 지속가능한 미래 건설을 위한 사회 변혁이 요청되는 대전환 시대를 맞이해 변혁적 주체를 형성할 수 있는 더욱 평등하고, 개방적이며 수준 높은 교육으로의 변혁이 필요하다는 것이다.

2장

OECD 2030과
유네스코 2050의
주요 내용

OECD 2030과 유네스코 2050 보고서는 문제의식과 제출하는 의제들이 적지 않게 겹친다. 그러나 발표 시기, 기구의 성격, 보고서가 다루는 주제 범위 등의 차이로 인해 차별성 또한 있다. 둘을 비교하자면 3년의 시차를 두고 나중에 발표된 유네스코 2050이 더욱 분명한 입장과 전반적 체계를 갖춘 교육론을 좀 더 상세하게 제출하고 있다. 또한 새로운 의제들도 여럿 제안한다. 반면 OECD 2030은 체계적인 교육과정론으로서의 장점을 지닌다. 이 장에서는 두 보고서에서 제출하는 주요 의제들에 대해 함께 제기되는 〈공통 의제〉와 유네스코 2050의 〈새로운 의제〉로 나누어 살펴보고자 한다.

1절
공통 의제

OECD 2030과 유네스코 2050이 함께 제출하는 공통적 의제들은 세부적인 내용 구성 및 서술에서 차이가 있지만 기본적인 취지와 방향에서는 대부분 동일한 맥락을 지닌다. 세부적 차이도 다른 방향이라기보다는 대부분 내용적으로 서로 보완할 수 있는 성격이 강하다. 이렇게 유사한 맥락을 지니는 것은 같은 시대 인식에 터하면서 '사회와 교육의 변혁'이라는 기본 과제를 함께하기 때문이다. 또한 이론적으로도 두 보고서 모두 전통주의와 구성주의 양자의 편향을 극복하면서 좀 더 통합된 관점에 서고자 하기 때문이다. 여기서는 공통 의제로 제출되는 각 의제의 주요 내용과 맥락을 살펴본다. '사회와 교육의 변혁', '대전환 시대 인식'도 공통 의제에 해당하지만, 1장에서 그 내용이 소개되었기 때문에 본격적인 교육 의제인 '교육목적의 전환'부터 살펴본다.

교육목적의 전환을 말하다

공통 의제 중 가장 중요한 부분은 '교육목적의 전환'이다. 두 보고서 모두 가장 우선적인 교육 의제로 '교육목적의 변화'를 제기한다. OECD

2030은 '개인과 공동의 웰-빙으로 확대'하자고 하고, 유네스코 2050은 '개인적 성공과 국가 경제성장에서 모두를 위한 미래 건설로의 전환'을 주장한다. OECD 2030의 '개인과 공동의 웰-빙'과 유네스코 2050의 '모두를 위한 미래'는 표현은 다르지만 같은 취지와 맥락으로 이해될 수 있다.

OECD 2030: '성공'에서 '개인과 공동의 웰-빙'으로

OECD 2030은 입장문에서 '개인과 공동의 웰-빙well-being'으로의 교육목적 확대를 제안한다. 이전의 OECD의 중요한 교육 보고서인 '데세코'에서는 '성공적인 삶'이 교육목적으로 제시[11]되었었다. '데세코'와의 핵심적 차이는 '성공'에서 '웰-빙'으로의 변화이다.

> "교육의 목적이 더 확대되어야 한다: 개인과 공동의 웰-빙"
>
> "21세기 동안, 교육목적은 웰-빙의 관점에서 규정되어 왔다. 웰-빙은 수입과 부, 직업, 소득, 주거와 같은 물질적 요소에 대한 보장 이상의 것을 포함한다. 웰-빙은 건강, 시민적 참여, 사회적 관계, 교육, 안전, 삶의 만족, 환경 등을 포함하는 삶의 질과도 연관된다."

우선 '웰-빙'의 의미에 대해서는 본질적인 이해가 필요하다. 한국 사회에서는 '웰-빙welleing'을 개인적인 소확행 차원의 물질적, 심리적 문제로 바라보는 경향이 있다. 그렇지만 여기서 제시되는 '웰-빙'[12]은 그것을 뛰어넘는 의미로 보아야 한다. '웰-빙well-being'에서 'being'은 '존재

---

11. 데세코에서는 "성공적인 삶과 살기 좋은 사회를 실현하기 위해서는 어떤 역량이 필요한가?"라는 질문을 통해 '(개인의) 성공적인 삶과 살기 좋은 사회 실현'을 교육목적으로 제시한다. 개인의 성공과 살기 좋은 사회라는 구호에는 위계적 사회에서의 경쟁 옹호와 경제 중심적 가치가 내재되어 있다.

(하기)'의 의미를 지닌다. 따라서 '웰-빙well-being'은 근본적으로는 '훌륭한 존재가 되는 것', '잘 사는 것'이라는 존재론적 차원의 의미를 지니며 '올바른 사회와 풍부한 인간적 삶'이라는 의미로 이해하는 것이 타당하다.

성공에서 웰-빙으로의 방향 변화를 제기하면서 OECD 2030은 교육목적의 범위를 확장하자고 제안한다. 우선 개인적 의미에서 개인의 경제적/직업적 차원에 머물러서는 안 되며, 사회적·문화적 차원을 포함하는 전인적 차원으로 확대되어야 함을 강조한다. "삶의 질 포함", "청소년들이 직업세계를 준비하도록 하는 것 이상" 등의 표현에서 나타난다.

> "웰-빙은 수입과 부, 직업, 소득, 주거와 같은 물질적 요소에 대한 보장뿐 아니라 삶의 질도 포함하는 것이다. 삶의 질에는 건강, 시민 참여, 사회적 관계, 교육, 안전, 삶의 만족, 환경 등이 포함된다."
>
> "교육은 청소년들이 직업세계를 준비하도록 하는 것 이상을 목표로 해야 한다. 교육을 통해 학생들이 실천적이고 책임감을 갖고 참여하는 시민이 되는 데 필요한 기능들을 갖출 수 있어야 한다."
>
> – OECD 2030 입장문

> "'웰-빙', 즉 건강한 인격 및 시민권을 구성하는 것을 규정하는 데 있어, 태도와 가치는 지식과 기능을 발달시키는 데 필수적이다."
>
> – 개념노트 '기능'

다음으로 교육목적을 전 지구적 범위로 확대한다. 개개인의 전인적

---

12. 소화행의 의미로 사용되는 '웰빙'과 구분하기 위해 이 글에서는 '웰-빙'으로 표현하고자 한다. 원문도 'wellbeing'이 아니라 'well-being'이다.

발달만이 아니라 사회/세계 변혁에 교육이 기여해야 한다는 선언 등으로 나타난다. 지역, 국가 차원을 넘어 지구적 차원에서 문제들이 다루어지고 해결되어 나가야 한다고 강조하는 것이다. 이는 지금까지 각 나라의 교육이 주로 국가 차원의 시각에 갇혀 온 상황을 극복해야 함을 촉구하는 것으로 교육을 바라보는 시야를 전 지구적 범위로 확대하는 것이라 할 수 있다.

OECD 2030에서 표현은 목적의 '확대'라고 하고 있지만 내용적으로는 사실상 '전환'적 의미를 지닌다고 볼 수 있다. 왜냐하면 단순한 범위의 확대가 아니라 기존의 경제 중심적, 경쟁주의적 교육관에서 전인적/관계적(인간-세계, 인간-인간) 교육관으로의 방향 전환으로 볼 수 있기 때문이다.

> "교육 2030 프로젝트에서 개인과 사회 모두의 '웰-빙'을 미래 교육이 추구해야 할 비전이자 목표로 삼았다는 것은, 이 프로젝트가 과거 교육 담론을 지배해 온 '성공'이라는 메타포와 강하게 결부된 경제발전 논리를 탈피하고 있음을 나타낸다."
>
> – 이상은 외, 「OECD 교육 2030에서 새롭게 규명된 '역량' 교육의 의미와 설계 방향」, 『KEDI 'OECD 교육 2030' 참여연구』, 2018

유네스코 2050:
'개인적 성공, 국가적 경쟁 및 경제성장'에서 '지속가능한 미래 형성'으로

OECD 2030의 교육목적 변화 제안은 경제 중심 가치에서 전인적 발달이라는 전환적 의미를 내포하고 있지만, '웰-빙'이라는 다소 모호한 개념으로 그리고 '확대'라는 표현에서 보듯 '방향 전환'이 불분명한 형태로 제시되었었다. 반면 유네스코 2050은 극복 지점을 적시하면서 교육목적 '전환'을 분명히 한다. 기존의 교육목적인 '개인의 성공, 국가적 경쟁 및 경제발전'이 잘못된 것이라고 비판하면서 '지속가능한 미래를 형성하는 데 필요한 지식, 과학 및 혁신을 제공하는 것'에 목적을 두자고 말한다.

> "교육 시스템은 '단기적 특권과 안락함이 장기적 지속가능성보다 더 중요하다'는 잘못된 믿음을 심어 왔습니다. 그것은 개인적 성공, 국가적 경쟁 및 경제 발전의 가치를 강조함으로써, 우리의 상호의 존성을 이해하고, 서로와 지구를 돌보고, 연대하는 것을 훼손해 왔습니다."
>
> "교육은 집단적 노력을 중심으로 우리를 결속시키고, 사회, 경제 및 환경 정의에 기반을 둔 모두를 위한 지속가능한 미래를 만들어 나가는 데 필요한 지식, 과학 및 혁신을 제공하는 것을 목표로 해야 합니다. 환경적·기술적·사회적 변화에 대비하는 동시에, 과거의 불의를 바로잡아야 합니다."
>
> (서론 '교육의 목적을 다시 정의하다' 중)

유네스코 2050의 '지속가능한 미래 형성'과 OECD 2030의 '개인과 공동의 웰-빙'은 표현은 다르지만 내용적으로 근본적 차이는 없다고 할 수 있다. 중요한 차이는 문제 제기의 방식에 있다. 유네스코 2050은 기존 교육목적을 명시적으로 비판한다.

유네스코 2050은 '개인적 성공, 국가적 경쟁 및 경제 발전'에 두어 온 기존의 교육목적들이 '잘못된 믿음'을 심어 왔으며, "서로와 지구를 돌보고, 연대하는 것을 훼손해 왔다"라고 강하게 비판하고 있다. 그런데 만약 기존 목적에 대한 이러한 명시적 비판이 없다면, 새로운 방향의 제시만으로는 큰 반향을 불러일으키지 못할 가능성이 높다. 왜냐하면 아마도 대부분 '지속가능한 미래 건설'이라는 명분에 반대하지 않을 것이고 따라서 결과적으로 별다른 논란 없이 그냥 좋은 구호로 수용될 가능성이 충분히 있기 때문이다.

유네스코 2050의 이러한 명시적 비판 방식은 '교육목적' 문제를 매우 실천적인 의제로 만든다. 기존의 교육목적 폐기를 둘러싼 논란과 쟁점화가 불가피하기 때문이다. 예컨대 한국의 교육 당국만 해도 주요 문서들에서 '국가 경쟁력 강화'를 가장 중요한 목적으로 제시하고 있는데, 유네스코 2050의 명시적 비판에 의해 현실적 논란이 될 수밖에 없다.

> "디지털 전환에 따른 산업 및 사회 변화와 감염병 확산, 기상이변과 기후환경 변화 등 다양한 위기 상황에 대응하고 극복하는 능력이 **국가 경쟁력 좌우**."[13] – 교육부, 〈2022 개정 교육과정 총론 주요사항(시안)〉, 1쪽

'개인적 성공, 국가적 경쟁 및 경제 발전의 가치를 강조하는 것'에 대한 비판은 매우 근본적인 문제를 쟁점화한다. 많은 개인과 각국 정부가 지니고 있는 실제의 교육목적이기 때문이다. 앞으로 각국 정부는 교육정책 문서에 '국가 경쟁력' 같은 개념을 넣을 것인가 말 것인가의 문제에서부터 "그게 아니라면 교육의 목적은 뭐지?"라는 것에 이르기까지 다양한 고민을 할 수밖에 없게 된다. 정부만이 아니라 교육을 사회적 지위와 특권 획득, 즉 성공을 위한 수단으로 보아 온 많은 사람에게도 고민과 논쟁거리를 던지게 된다. 상위권 대학에 합격자를 많이 배출하는 것을 학교와 교사의 사명으로 생각해 온 풍토에 대해서도 새롭게 생각해볼 계기를 부여할 것이다. 그에 대해 비판적 입장을 가져 온 사람들에는

---

13. 강조한 글씨는 편집자 주.

강력한 근거와 명분을 제공한다. 교육목적은 제반의 교육정책과 내용의 가장 근간이 되는 부분이라 할 수 있으며, 교육목적이 전환된다는 것은 패러다임 자체가 변화하는 것이라 해도 과언이 아니다. 유네스코 2050 은 기존 교육목적에 대한 명시적 비판을 통해 교육 변혁을 위한 가장 핵심적이자 실제적인 의제로 제기하고 있다.

새로운 교육적 인간상: '주체적, 협력적 인간', '변혁적 역량'

교육적 인간상은 교육목적과 직결되는 문제이다. 교육목적의 전환은 새로운 교육적 인간상을 설정하는 것으로 연결된다. OECD 2030의 경우 교육적 인간상에 대해 "어떠어떠한 인간"이라는 직접적 표현은 없지만 내용적으로는 분명한 방향을 제출한다. OECD 2030은 입장문에서 교육목적의 확대를 제안한 다음 교육의 기본 과제로 '학생 행위주체성', '광범위한 지식, 기능, 태도 및 가치', '변혁적 역량' 세 가지를 강조하고 있는데, 이 중 '행위주체성'과 '변혁적 역량'은 교육적 인간상과 직결되는 개념이라 할 수 있다. '광범위한 지식, 기능, 태도 및 가치'는 그러한 주체성과 변혁적 역량을 형성할 수 있는 토대로 제시된다.

학습자의 행위주체성Agency:
복잡하고 불확실한 세계를 헤쳐 나가야 합니다.
미래를 준비하는 학생들은 교육과 삶 속에서 주체적인 행위자로서 훈련받아야 한다. 행위주체성은 세계에 참여하고, 참여를 통해 보다 나은 세계를 위해 사람들과 사건, 상황에 영향을 미치고 있다는 책임감을 스스로 의식하는 것이다. …

사회를 변혁하고 미래를 건설하기 위한 역량

학생들이 삶의 모든 영역에서 적극적인 역할을 하려 한다면, 불확실성 속에서 광대하고 다양한 맥락들을 가로질러 헤쳐 나가야 한다.

(OECD 2030 입장문)

'행위주체성'에 대한 강조는 '주체적 인간' 형성을 교육의 중심 목표로 제안하는 것이라 할 수 있다. 또한 '변혁적 역량'에 대한 강조는 시대적 상황과 관련된 과제에 대한 것이다. 사회를 실제로 변화시킬 수 있는 역량을 강조하는 것이다. 그런 점에서 OECD 2030은 '변혁적 역량을 지닌 주체적 인간'을 대전환 시대의 교육적 인간상으로 제시하는 것으로 이해할 수 있다.

유네스코 2050의 경우엔 교육적 인간상에 대해 '자신과 세상을 변화시키기 위해 함께 일할 수 있는 개인'으로 직접 표현한다. 개념화한다면 '변혁적, 협력적 인간' 정도가 될 것이다.

교육학은 오랫동안 지속되어 온 배제와 개인주의적 경쟁 방식을 대체하여, 협력과 연대의 원칙을 중심으로 변화해야 합니다. 교육은 공감과 연민을 키워야 하며, 자신과 세상을 변화시키기 위해 함께 일할 수 있는 개인의 능력을 키워야 합니다.

(유네스코 2050 에필로그)

OECD 2030과 유네스코 2050에서 다소 표현상의 차이는 있지만 취지와 방향은 기본적으로 같은 맥락이다. 우선 '변혁성'은 공통적으로 직접 표현된다. 지속가능한 미래 건설을 위한 사회와 교육의 변혁을 그만큼 강조하는 것이다. 그리고 OECD 2030은 '주체성', 유네스코 2050은 '협력성'을 더욱 직접적으로 강조하는 것으로 나타난다. 그러나 내용적으로는 OECD 2030도 '협력성'을 매우 중시하며, 유네스코 2050도 '주체성'을 전제로 삼는다는 점에서 두 보고서 모두 '변혁성', '주체성', '협력성' 세 가지를 교육적 인간상의 핵심 요소이자, 공통 방향으로 설정하고 있다고 볼 수 있다.

"협력적 주체성은 부모, 동료, 교사 및 지역사회와의 관계를 의미한다. 부모, 동료, 교사 및 더 넓은 지역사회는 학생의 주체성에 영향을 미치고, 그 학생은 교사, 동료 및 부모의 주체성에 영향을 미친다. 이는 어린이의 발달과 웰-빙에 긍정적인 영향을 미치는 선순환이다."

"아이들은 분열보다는 협력을, 단기적인 이익보다는 지속가능성을 우선시해야 한다."

"새로움, 변화, 다양성, 모호함을 다룰 수 있다는 것은 각자가 스스로 생각하고 타인들과 협력할 수 있다는 것을 전제하고 있다."

– 이상 OECD 2030 입장문

"젊은이들이 잠재력을 최대한 발휘하고 새로운 기회에 접근할 수 있도록 힘을 강화하면, 미래의 변화 주체가 될 것입니다."

"세계를 학습해야 할 외부 대상으로 보는 '저 바깥'에 위치시킬 수 없습니다. 대신, 우리는 관계와 집단 차원에서 분산되어 있는 행위주체성과 행동에 동기를 부여해야 합니다."

"인권교육은 학습자의 행위주체성을 지원할 수 있습니다. 불평등을 분석하고 비판적 의식을 키우는 기능을 발달시키는 것은 참여적 개입을 지

원하는 방법이며, 이러한 측면에서 인권교육은 시민의식 교육을 강력하
게 지원합니다."
                                                    – 이상 유네스코 2050

두 논의를 굳이 종합해 본다면 '변혁적 역량을 지닌 협력적인 주체적
인간' 정도로 표현해 볼 수도 있을 것이다. 중요한 것은 문장 구성이 아
니라 이 시대 교육적 인간상과 관련하여 '주체성', '변혁성', '협력성'이
핵심적 요소로 제출되고 있다는 점에 있다.

OECD 2030과 유네스코 2050의 새로운 교육적 인간상에 대한 논
의는 기존의 논의와 비교해 볼 때 다음의 의의를 지닌다. 첫째, 경쟁주
의적 교육관이 폐기되고 '협력'을 강조하는 방향으로 확고하게 전환했
음을 보여 준다. 둘째, '주체성'은 본래 중요한 것이지만 협력성, 변혁성
과 연결됨으로써 새로운 의미로 재정립되고 있음을 보여 준다. 즉, 고립
된 개별성이 아니라 협력적, 변혁적 주체성인 것이다. 셋째, 무엇보다 '사
회 변혁', '세상의 변화' 등 시대적 과제를 인간상 논의에 직접 결부시키
고 있다는 점이다. 이는 그만큼 대전환 시대 사회 변혁에 대한 절박한
인식이 반영되고 있는 것이라 할 수 있다. 넷째, 엘리트 인재상에서 보편
적 발달 과제로의 변화이다. 지금까지 제시되어 온 교육적 인간상은 '신
지식인', '창의융합인재' 등 주로 누구나 다 도달할 수 있는 것이 아니라
일부만이 도달 가능한 엘리트적 인간상이었다. '성공한 인간'이라는 개념
도 소수만이 가능하다. 반면에 유네스코 2050과 OECD 2030에서 새롭
게 제시되는 인간상은 보편적 교육목적이 될 수 있다. '주체성'과 '협력
성'은 누구나가 발달시킬 수 있고 발달시켜야 할 인간의 본질적 자질이
며, 변혁적 역량 역시 공동의 시대적 상황 속에서 함께 공유해야 할 역
량이기 때문이다.

한편 '주체성'에 대한 올바른 이해와 관련하여 중요한 지적을 한다. 두

보고서 모두 '주체성'에 대해 기존의 잘못된 이해에서 벗어나야 한다는 점을 강조한다. 지금까지 '주체성'을 개인주의적 관점에서 바라보면서 개인적 특성으로 이해하거나, 심지어 '자기 뜻대로 하려는 것'으로 잘못 이해하는 경향들이 있어 왔는데, 그것이 아니라 '주체성'은 타인과 세계에 대한 관계 속에서 이루어지는 참여적이고 책임 있는 실천 양식으로 이해해야 한다는 것이다.

> "우리는 '인간 이상의 세계'에서, '우리의 상호의존성'과 '인간의 위치와 행위주체성'에 대해 다시 배워야 합니다."　　– 유네스코 2050 서론

> "학생 행위주체성 개념은 학생들이 자신의 삶과 주변 세계에 긍정적인 영향을 미칠 수 있는 능력과 의지가 있다는 원칙에 뿌리를 두고 있다. 따라서 학생 행위주체성은 목표를 설정하고, 변화에 영향을 주기 위해 책임감 있게 반영하고 행동하는 능력으로 정의된다."
> "행위주체성은 세계에 참여하고 참여를 통해 보다 나은 세계를 위해 사람들과 사건, 상황에 영향을 미치고 있다는 책임감을 스스로 의식하는 것이다."　　– 이상 OECD 2030 입장문

'주체성'의 의미를 바로 잡으려는 이유는 개인주의가 범람한 상황에서 '주체성'을 개인적인 것으로 잘못 이해하는 경향들이 상당히 만연해 있고 그로 인해 잘못된 교육정책, 행위를 유발하기 때문이다. 특히 OECD 2030은 교육 분야에서 '주체성'을 잘못 이해하는 현상들에 대해 구체적으로 지적하고 있다.

> "학생 행위주체성은 개인적인 기질이 아니라, 영향을 받을 수 있고 배

울 수 있는 특성이다."　　　　　　　　　　　　　　– OECD 2030 입장문

  "'학생 행위주체성'은 종종 '학생 자율성', '학생의 목소리', '학생 선택'
의 동의어로 잘못 사용되고 있다. 행위주체성은 이러한 개념들보다 훨씬
더 많은 것을 의미한다. 자율적으로 행동한다는 것은 사회적으로 고립
되어 기능하는 것을 의미하지 않으며, 오로지 이기적으로 행동하는 것을
의미하는 것도 아니다. 마찬가지로, 학생 행위주체성은 학생들이 원하는
것은 무엇이든지 요구할 수 있다는 것을 의미하거나 자기들이 배우고 싶
은 과목을 마음대로 선택할 수 있다는 것을 의미하는 것이 아니다."
　　　　　　　　　　　　　– OECD 2030 개념노트 '행위주체성'

  즉, '주체성'이 '개인 중심'으로 잘못 이해되면서 교육을 왜곡시켜서는
안 된다는 점을 강조하는 것이다. 주체성은 관계적, 참여적, 협력적인 것
이며 그 핵심은 책임성에 있다고 강조한다. 그러한 관점에서 '협력적 행
위 주체성', '집단적 행위주체성' 개념도 함께 제시하고 있다.

  "우리의 학습 틀은 '협력적 행위주체성Co-agency'이라는 개념을 위
해 형성되어 있다."　　　　　　　　　　　　– OECD 2030 입장문

  "집단적 행위주체성은 공동체, 사회 운동, 글로벌 사회를 위해 함께 행
동하는 개인이라는 개념과 연관이 있다."
　　　　　　　　　　　　　– OECD 2030 개념노트 '행위주체성'

  "개인의 지식과 능력은 지식 자체의 다양성과 네트워크화된 차원만이
아니라, 행위주체성이 공유되는 방식을 강조함으로써 타인들과 연결되면

서 확장됩니다."

-유네스코 2050 3장

"관계적·집단적 행위주체성은 교육과정이 행동주의와 연대의 더 큰 역사 및 흐름을 연결하는 데 중점을 둘 때 강력하게 지원됩니다."

- 유네스코 2050 4장

보편교육 강화: 필수적 지식, 기능, 가치의 확대

보편교육 강화는 OECD 2030과 유네스코 2050에서 공통적으로 제기하는 학교교육의 기본 방향이다. 보편교육 강화의 이유와 필요에 대해서는 '교육과정론'의 성격이 강한 OECD 2030에서 더욱 상세히 논의하고 있으며, 유네스코 2050은 주로 '지식 공동재', '공동의 학습 경험', '공통 교육과정' 등 보편교육을 강조하는 분명한 개념들을 제시하는 것으로 나타난다.

OECD 2030

"실천을 위한 광범위한 지식과 기능, 태도 및 가치가 필요하다."
"교육을 통해 포용적이고 지속가능한 미래를 만들어 내고 그 미래로부터 혜택을 누리는 데 필수적인 지식과 기능, 태도와 가치를 발달시킬 수 있다."(이상 입장문)

유네스코 2050

"교육과정은 지식을 '모든 사람에게 속한 위대한 인간 성취'로 접근해야 합니다."

"개방적이고 공통적인open and common 교육과정을 설계하는 부분 중의 하나는 학문과 과목의 경계를 고정된 또는 본질적인 한계로 구성하려는 압력에 저항하는 것입니다."(이상 4장)

OECD 2030의 경우 먼저 보편교육 강화를 의미하는 "실천을 위한 광범위한 지식과 기능, 태도 및 가치가 필요하다"라는 방향을 상당한 비중으로 제기하고 있음에 유념할 필요가 있다. 다음은 OECD 2030 입장문의 제목 및 차례이다.

OECD 학습 틀(Learning Framework) 2030

- 교육 2030: 우리가 공유한 공동의 전망
- 급격하게 변화하는 세계에서 새로운 해결책을 찾아야 한다.
- 교육의 목적을 더 확대해야 한다: 개인과 공동의 웰-빙
- 학습자의 행위주체성Agency: 복잡하고 불확실한 세계를 헤쳐 나가야 한다.
- **실천을 위한 광범위한 지식과 기능, 태도 및 가치가 필요하다.**[14]
- 사회를 변혁하고 미래를 건설하기 위한 역량
- 생태-시스템적인 변화를 위한 설계 원칙

보고서 입장문의 소제목 순서로 보면 교육목적과 목표에 해당하는 '개인과 공동의 웰-빙', '학습자 행위주체성' 바로 다음에 제출하고 있다. OECD 2030 보고서가 '교육과정론'의 성격임을 감안할 때, 이는 보편교육 강화를 초·중등 교육과정의 기본 방향으로 제출하고 있음을 의미한다.

---

14. 강조한 글씨는 편집자 주.

OECD 2030이 '더 광범한 보편교육'을 중심 방향으로 강조하는 이유
는 복합적이다. 우선 사회가 복잡해질수록 배워야 할 것이 많아지기 때
문이다. 그래서 이전보다 더 광범위한 내용을 담아야 한다고 본다. 또한
'빠른 변화'에 대응하기 위해서도 보편교육 강화가 필요하다고 본다. 변
화에 대응하기 위해서는 새로운 것을 생각하고 창출할 수 있는 창조성,
헤쳐 나갈 수 있는 주체적 태도, 타인과의 협력을 필요로 한다고 말하고
있는데, 이러한 역량들 역시 보편교육 강화를 필요로 하기 때문이다.

> "아이들은 가까운 미래에 필수적인, 명확한 목적의식적 목표를 수립
> 하는 방법, 다른 관점을 가진 타인들과 함께 일하는 방법, 발견되지 않은
> 기회를 찾아내는 방법, 큰 문제들에 대한 다층적인 해결책을 발견하는
> 방법 등을 반드시 배워야 한다."   – OECD 2030 입장문

> "세계화와 인공지능의 발전과 같은 추세가 노동시장의 요구와 노동자
> 가 성공하는 데 필요한 기능을 변화시키기 때문에 사람들은 '학습하는
> 법을 학습'하는 능력에 평생 동안 더욱 의존해야 한다."
> "인간은 적응하는 학습자가 됨으로써 불확실성을 헤쳐 나간다."
> "노동자는 새로운 기술을 지속적으로 습득해야 하며, 이는 유연성, 평
> 생 학습에 대한 긍정적 태도 및 호기심을 필요로 한다. ICT 전문가도 필
> 요하지만 기술 변화에 노동자가 적응할 수 있도록 하는 기능들의 결합이
> 훨씬 더 중요할 것이다."
> "학생들은 미지의 그리고 끊임없이 진화해 가는 상황에 그들의 지식을
> 적용해야 한다. 이를 위해서는 비판적 사고, 창조적 사고, 학습하는 법을
> 배우는 것, 자기통제 등의 인지적이고 메타-인지적 기능, 공감, 자기효능
> 감, 협력 등의 사회적이고 정서적인 기술, 새로운 정보와 통신기술 장치

의 사용법과 같은 실제적이고 신체적인 기술 등을 포함하는 광범위하고
포괄적인 기능들이 필요하다." — 이상 OECD 2030 개념노트 '기능'

OECD 2030에서 지식과 기능, 태도 및 가치는 선택적인 것이 아니다. 모두 필요하다. 예컨대 인용문에서 강조되고 있는 '학습하는 법의 학습'. '창조적 사고', '비판적 사고' 등의 기능[15]은 광범한 지식을 토대로 한다. 그동안 일부에서는 너무 많은 것을 배우기 어렵기 때문에 혹은 지식은 얼마든지 쉽게 구할 수 있으므로 지식이 아니라 지식을 얻을 수 있는 '방법'을 중심으로 배워야 한다고 주장해 왔다. 그러나 OECD 2030은 그러한 주장을 기각한다. 지식과 기능, 태도 및 가치는 서로 연결되는 상호의존적 관계이기 때문에 일부만을 선택적으로 취할 수 있는 것이 아니라는 것이다.

필요로 하는 지식과 기능, 태도 및 가치가 점점 더 많아지는 시대적 상황에서 OECD 2030에게 보편교육을 강화해야 할 필요성은 의문의 여지가 없는 기본 추세이자 방향이다. 그래서 교육과정 구성에서 제기되는 현실적 난제는 바로 어떻게 효과적인 교육과정을 구성할 것인가의 문제가 되고, OECD 2030 보고서의 가장 중요한 논의 주제이기도 하다. 이 문제에 대해 OECD 2030은 현재의 시대 변화 추세 속에서 이미 교육과정이 과부하 상태에 놓여 있다고 지적하면서 '생태-시스템적인 변화를 위한 설계 원칙'을 제시하고 있다.

"이러한 모든 "새로운" 역량은 서로 다른 상황과 맥락에 적용되지만,

---

15. 여기서 기능은 skill의 번역이다. 기능은 지식을 토대로 발휘되는 정신적, 신체적 힘, 능력을 의미한다. 일부에서는 skill을 기술로 번역하기도 하나 여기서는 technology와의 혼동을 피하기 위해 skill은 기능으로, technology는 기술로 표현한다.

핵심 토대를 기반으로 한다. 그러나 교육과정은 이미 과부하 상태이다. 새로운 과목이나 학습 영역을 추가하면 교육과정에 과부하가 발생할 수 있으며, 이러한 역량 중 일부의 개념적 복잡성을 감안하면 새로운 과목이나 학습 영역을 기존 과목에 포함시키는 것은 어려울 수 있다."

– OECD 2030 개념노트 '핵심 토대'

"학교는 학부모와 대학, 고용주의 필요와 요구 때문에 일어나는 교육과정의 과부하에 대처할 수 있어야 한다. 과부하 때문에 학생들은 핵심적인 학문적 개념들을 능숙하게 익힐 시간이 부족하고, 균형 잡힌 생활을 추구할 수도 없으며, 우정을 쌓을 수도, 잠을 자거나 운동할 시간조차 부족하다. 학생들의 초점을 '더 많은 학습 시간'에서 '학습 시간의 질'로 옮겨야 할 때이다."

– OECD 2030 입장문

필수적인 내용을 엄격히 추려 나간다 하더라도 시대 흐름 속에서 배워야 할 것이 많아지는 과부하 추세는 확대될 수밖에 없다. 이와 관련하여 OECD 2030은 두 가지를 제안한다. 하나는 전이력이 높은 지식에 우선순위를 두어 새로운 상황에 대한 대응력을 높이자는 것이다. 교과에서의 핵심 개념에 대한 충실한 이해, 학제 간 통합 주제 학습이 전이력을 높일 수 있다고 보고 있다.

"다양한 맥락으로 전이될 수 있는 지식이 교육과정 설계에서 더 높은 가치를 가지고 있음은 거의 틀림없다."

"빅 아이디어에 사용되는 개념과 같이 원거리 전이에 적합한 지식은 교육과정 과부하를 줄이고 다른 주제 또는 교과와 상호 관련되어 있으므로 시간이 지남에 따라 더 깊은 이해를 북돋울 수 있다."

"교육과정 과부하를 피하기 위한 노력으로 일부 국가에서는 새로운 과목을 만드는 대신 기존 교육과정에 포함시켜 학제 간 문제/현상/테마를 탐구할 수 있는 기회를 학생들에게 제공한다."

– 이상 OECD 2030 개념노트 '지식'

과부하에 대응하기 위해 OECD 2030에서 제시하는 또 하나의 방식은 변화에 유연하게 대응하는 역동적인 교육과정 재구성이다. 과부하에 이르지 않도록 넣고, 빼고, 재조직하는 것을 지속적으로 해야 한다는 것이다.

"교육과정이라는 개념은 '사전에 결정된 정적인'에서 '조정할 수 있고 동적인'으로 바뀌어야 한다. 학교와 교사들은 개인의 학습 요구와 사회적 요구가 진화함에 따라 교육과정을 개선하고 조절할 수 있어야 한다."

– OECD 2030 입장문

보편교육 강화라는 입장은 동일하지만 유네스코 2050은 초점이 다소 다르다. 유네스코 2050에서도 교육과정에 대해 하나의 장(4장 교육과정과 진화하는 지식 공동재)을 할애할 정도로 주요 주제로 다루고 있지만, 보편교육 강화가 왜 필요한지에 대해 OECD 2030처럼 원리적으로 상세히 언급하지는 않는다. 이미 논의의 전제이기 때문이다. 그를 전제로 공동 지식의 공유, 공동의 참여, 공동 과제의 해결 지향 등 보편교육으로서의 성격 강화에 초점을 두고 있다.

"'교육을 위한 새로운 사회계약'에서, 교육과정은 풍부한 공동 지식 common knowledge에서 성장해야 하며" "지식 공동재 참여… 교육과정은 지식을 '모든 사람에게 속한 위대한 인간 성취'로 접근해야 합니다."

"교육과정 참여 형태는 통합과 해방unite and liberate을 목표로 합니다."

유네스코 2050은 보편성, 공동성 강화를 위한 방향과 접근 방식의 문제를 주로 제기한다. 그 방향으로 '협력과 연대의 교육'을 정식화하고, '교육 공동재' 개념을 제시하면서 교육에 대한 새로운 '사회계약'을 맺자고 제안한다. OECD 2030이 보편교육을 강화하기 위한 교육과정 구성에 초점을 둔 반면, 유네스코 2050은 교육의 보편성 자체, 즉 교육 공공성과 공동성, 교육에 대한 권리가 제대로 실현되지 못하거나 훼손당하고 있는 점의 극복에 초점을 둔다. 유네스코 2050이 보기에 교육과 지식은 인류가 공동으로 생산, 축적, 공유해 온 공동재이며 교육과정은 그 중 모두가 공유해야 할 필수적 지식 공동재에 관한 것이다. '공동의 지식' 속에서, 공유된 활동을 전개하는 '공통의 교육과정'을 통해 '통합과 해방'을 이루어야 한다는 것이 유네스코 2050의 기본 입장이다. 이러한 관점에서 보편교육 강화는 당연한 전제이자 방향이다. 그것을 전제로 공동의 교육과정 의제와 영역을 제안하고 있다.

보편교육 강화와 관련하여, 유네스코 2050의 주요한 관심 주제 중 하나는 공동의 혹은 공통의 교육과정을 운영하면서 어떻게 하면 또한 개방적이며 개개인의 상황에 맞게 개별화될 수 있는가의 문제이다.

"같은 책의 동일한 사본은 두 권이 있을 수 있지만, 읽는 데에는 두 가지 동일한 방식이 있을 수 없습니다. 두 개의 동일한 수업 계획 또는 교육과정 단위가 있을 수 있지만, 두 개의 똑같은 교수 방법은 없습니다."

"우리가 서로를 교육하는 것은 차이를 통해서이며, 우리가 배우는 내용이 의미를 갖게 되는 것은 공유된 맥락을 통해서입니다. 공동의 공간에서 차이에 주목하는 '교육적 차이 인정'과 AI에 의해 규정되는 '초-개인화된 학습'을 구분하는 것이 중요합니다. 개인화된 학습은 학습자를 공공 및 집단적 공간, 관계로부터 탈맥락화하고 제거합니다."

- 이상 유네스코 2050 3장

인용문에서 알 수 있듯 여기서 개별화는 개인적 발달 상황 및 속도 차이를 고려한 개별화이지, 일부의 잘못된 이해처럼 공동 참여, 공통 교육과정과 대립하는 개별화가 아니다. 공동성과 개별화를 함께 보려는 이러한 관점은 도움이 필요한 학생들에 대한 지원, 개개인의 상황을 감안한 교수-학습의 설계에 대한 강조로 연결되고 있다.

"특별한 도움이 필요한 학생을 포함하여 학생들을 적절하게 지원하고, 학습을 개별화하기 위한 지원이 필요합니다."

"교사는 과거의 개인적인 실패가 아니라, 참여와 소속감의 가능성을 지향하는 다양한 가정을 기반으로 하는 개인화된 학습의 설계자가 될 수 있습니다."

- 이상 유네스코 2050 6장

유네스코 2050은 보편교육 강화와 관련하여 '공동성과 대립시키는 개별화' 문제를 다루는 반면, OECD 2030은 '지식과 기능, 역량의 분리' 문제를 주로 다룬다. 그 이유는 지식과 역량을 분리하는 그러한 관점이 초·중등 교육의 보편교육적 성격을 약화시키는 것으로 연결되기 때문이다. 살펴본 바와 같이 논의의 초점은 다르지만 OECD 2030과 유네스코 2050 모두 보편교육의 강화를 강조하면서 기본 방향으로 삼고 있다. 각 보고서가 중점적으로 제기하는 교육과정 과부하에 대한 효과적이고 역동적인 대응, 보편교육으로서의 성격 강화 모두 향후 보편교육 강화를 위한 중요한 의제이다.

진로, 직업세계 준비 문제의 재정립

OECD 2030과 유네스코 2050이 공통적으로 상당한 비중으로 다루는 문제가 또한 진로, 직업의 준비와 향후 직업세계 전망의 문제이다. 우선 두 보고서 모두 교육이 진로, 직업세계 준비에 지나친 초점을 두는 경향에 대해 비판한다. OECD 2030은 "교육은 청소년이 직업세계를 준비하도록 하는 것 이상을 목표로 해야 한다"라고 하고, 유네스코 2050은 "교육목표를 너무 좁게 정의하는 것에는 함정이 있습니다"라고 지적한다. 이러한 비판은 교육목적 문제와도 연관된다. '개인적 성공' 추구는 교육에서 '진로 또는 직업 준비'에 대한 과몰입으로 나타나기 때문이다.

진로, 직업교육에 초점을 두는 것에 대해 비판하는 이유는 두 가지가 제시된다. 첫째, 말 그대로 교육은 진로 및 직업세계 준비 이상의 광범위한 인간적 능력을 형성하는 것이고 진로, 직업 준비로 협소화되어서는 안 된다는 것이다.

> "교육은 청소년들이 직업세계를 준비하도록 하는 것 이상을 목표로 해야 한다. 교육을 통해 학생들이 실천적이고 책임감을 갖고 참여하는 시민이 되는 데 필요한 기능들을 갖출 수 있어야 한다."
>
> – OECD 2030 입장문

"취업을 위한 교육이나 기업적 기술을 개발하기 위한 교육에만 집중하는 것은 잘못된 것입니다. 교육은 사람들이 자신과 가족, 지역사회를 위해 장기적으로 사회적, 경제적 웰-빙을 창출할 수 있도록 맞춰져야 합니다." — 이상 유네스코 2050 2장

둘째, 시대 변화에 따라 진로와 직업세계를 준비하는 것 자체가 좁은 진로, 직업교육에 머물러서는 안 되기 때문이라는 것이다. 직업세계 준비의 차원에서도 좁은 의미의 진로, 직업교육이 아니라 폭넓은 보편교육 강화가 필요하다고 본다.

"경제의 글로벌화는 학생들이 무엇을 어떻게 배우는가에 대해 점점 더 많은 영향을 미치고 있습니다. 그것은 21세기에 직업을 가지기 위해 어린이와 청소년이 알아야 할 것에 대한 기대치를 바꾸었습니다."

"앎의 방식에 대한 폭넓은 접근은 다양한 맥락, 문화, 환경에 걸쳐 지식이 적용되고, 생성되고, 확산될 수 있는 방식에 더 폭넓은 다양성이 있음을 인식합니다. 이는 문해력과 수리력의 기본 기능만이 아니라, 세계적, 지역적, 전통적, 구체적, 문화적, 과학적 그리고 영적 지식을 인정하는 문화 전반에 걸친 풍부한 지적 유산에 의존합니다."

— 유네스코 2050 1장

진로 및 직업세계를 올바로 준비하기 위해서도 보편교육을 강화해야 한다는 점에 대해 OECD 2030은 비교적 상세하게 설명하고 있다. 우선 빠른 직업세계 변화로 인해 특정한 기술교육 자체는 수명이 짧아 교육적 의미가 없다는 것이다.

"새로운 기술에 대한 대응으로 작업장이 지속적으로 실질적인 구조조정을 거치면서 많은 디지털 기능은 빠르게 구식이 될 것이다. 예를 들어 코딩 기술은 불과 몇 년 만에 쓸모없게 되는 경향이 있다. 유럽 직업훈련 개발 센터European Center for the Development of Vocational Training의 연구에 따르면 핀란드, 독일, 헝가리 및 네덜란드 근로자의 16%가 지난 2년 동안 자신의 기술이 쓸모없게 된 것으로 나타났다. 디지털 및 ICT 관련 기술은 급속한 노후화로 이어져 특히 취약한 것으로 확인되었디."   – OECD 2030 개념노트 '기능'

따라서 직업세계 준비의 차원에서도 중요한 것은 변화하는 상황에 대응할 수 있는 보편적 노동능력과 주체적 학습력이라고 강조한다.

"경쟁력을 유지하기 위해 노동자는 새로운 기능을 지속적으로 습득해야 하며, 이는 유연성, 평생학습에 대한 긍정적 태도 및 호기심을 필요로 한다. ICT 전문가도 필요하지만 기술 변화에 노동자가 적응할 수 있도록 하는 기능들의 결합이 훨씬 더 중요할 것이다. 따라서 교육은, 새로운 직업이 출현할 때 새로운 직업으로 전환할 수 있도록 해 주는 창의적, 도전적, 기술적 기능의 결합인 '융합 기능fusion skills'을 제공하는 데 초점을 맞춰야 한다."   – OECD 2030 개념노트 '기능'

인지자동화 시대, 그 영역이 확대될 것으로 전망되는 ICT 분야와 관계적 노동에서 요구되는 창조성, 사회정서적 기능, 비절차적 인지 기능도 광범위한 보편교육의 토대 위에서 형성되는 것임을 지적한다.

"사회정서적 기능이 점점 더 필수로 인식되고 있다. 직업에 사회적, 정서적 기능이 필요한 노동자는 기술에 의해 대체될 가능성이 낮다."

"인구 통계학적 및 사회적 변화는 더 많은 사회적, 정서적 기능을 요구한다. 인구가 노령화됨에 따라 의료에 대한 수요는 계속 증가할 것이다. 이것은 새로운 과학적 기술과 배려, 사교성 및 존중과 같은 사회정서적 기능을 모두 요구하는 새로운 의료 관련 직업에 반영된다."

– 이상 2030 개념노트 '기능'

한편, 유네스코 2050은 교육과 직업세계 문제에 대해 더욱 근본적인 문제의식을 제기한다. 때때로 정부는 '실업 대책' 등 '노동시장 정책'의 일환으로 교육정책을 펴기도 하는데, 이와 관련하여 교육 자체가 직업을 창출하는 것은 아니라고 지적한다. 즉, 일자리 대책의 수단이 될 수 없다는 것이며, 그것은 교육 문제가 아니라 전체 사회경제적 차원의 다른 문제라는 것이다. 이는 교육정책이 단기적인 노동시장 정책에 의해 좌우되어서는 안 된다는 점을 강조하는 것이라 할 수 있다.

"교육은 일자리의 질 저하와 광범위한 실업을 초래했고 계속해서 야기되고 있는 다른 정책 분야의 부적절함까지 보충할 수는 없습니다. … 학력과 청년실업은 때로는 같이 상승합니다. 자신의 열망, 기술 및 능력에 맞는 일자리를 찾을 수 없는 상태의 불완전 고용은 세계에서 가장 부유한 여러 국가들의 대학 졸업생들 사이에서도 지속적이며 또한 증가하는 글로벌 문제입니다."

"교육 자체는 노동 수요를 생산하지 않습니다. 구조적 실업 문제도 해결할 수 없습니다. 최근 몇 년 동안 직업기술교육훈련TVET과 기술 개발에 영향을 미친 '공급 측면' 개혁의 과잉은 그 자체로 일자리나 고용 확대를 창출하지 못할 것입니다."

– 이상 유네스코 2050 2장

물론 구조적이고 장기적인 차원에서 노동시장, 직업세계에 대한 전망은 교육의 중요한 고려 사항이다. OECD 2030과 유네스코 2050에서 공통적으로 보편교육 강화를 강조하는 것도 직업세계의 현재적 추세 및 향후 전망에 대한 고려 속에서 제출되고 있다. 그런데 향후 전망과 관련하여 유네스코 2050은 상당한 우려를 표명한다. 이대로 가면, 소수의 좋은 직업과 광범한 비정규직이 나뉘는 상황이 올 것이라고 엄중히 경고하고 있다.

"직업의 미래를 바라보는 위기적인 그림이 드러납니다. AI, 자동화 및 로봇 공학과 같은 기술 발전은 새로운 일자리를 창출하지만, 많은 일자리를 대체할 것이며…"

"경제의 녹색화는 지속가능한 실천과 청정 기술을 채택함에 따라 수백만 개의 일자리를 창출할 것이지만 국가가 탄소 및 자원 집약적 산업을 축소함에 따라 다른 일자리들은 사라질 것입니다. 플랫폼 경제는 19세기 노동 관행을 다시 생겨나게 하고, 미래 세대는 '디지털 일용 노동자'가 될 수도 있습니다."

"기술 및 환경 변화와 함께 다양한 일련의 구조적 경제 요인들이 노동시장을 재편하고 있습니다. 우리는 '긱gig', 프리랜서, 외주 경제의 부상과 전 세계 수십억 명을 위한 비공식 경제의 중요성이 강화될 미래를 보고 있습니다."　　　　　　　　　　　　　　　－ 이상 유네스코 2050 2장

이러한 비관적 예측은 이미 많은 학자와 비평가, 심지어 자본 내에서도 제기하는 구조적 난제이다. 이 문제를 교육정책으로 해결할 수 없다는 점은 분명하다. 유네스코 2050은 이런 상황이 도래할 경우 교육이 근본적으로 왜곡될 수밖에 없다는 사실에 대해 큰 우려를 나타내고 있

다. 얼마 안 되는 좋은 일자리, 즉 더욱 좁아진 '기회'를 놓고 야만적 경쟁이 전개될 것이고, 교육 역시 그러한 야만적 경쟁에서 자유로울 수 없다고 보기 때문이다.

"대량 실업의 망령은 수십 년 동안 가난한 나라에서 그랬던 것처럼, 이젠 부유한 나라에서도 광범위하게 나타납니다. 많은 것을 다시 생각해야 합니다. 인간의 생산적이고 창조적인 에너지가 사회적으로나 개인적으로 바람직한 다른 방향으로 어떻게 하면 가장 잘 전승될 수 있을까요?"

"소수의 사람만을 정식 고용을 하게 되는 사회에서, 교육은 어떻게 기능하게 될까요?"

— 이상 유네스코 2050 2장

이 문제는 교육을 뛰어넘는 전체 사회경제적 차원의 문제이다. 이에 대해 유네스코 2050은 노동과 직업의 문제를 다시 생각해야 한다면서, 돌봄 노동 확대와 공공부문에서의 일자리 창출을 제안하고 있다.

"미래에는, 우리가 가치를 두는 방식과 대상이 그동안 인류가 생존과 농업, 산업 그리고 후기산업 경제에서 알아 왔던 것과는 매우 다른 방식으로 변화될 수 있습니다."

"경제적 안정은 공식 경제에만 관심을 두는 데서 오는 것이 아닙니다. 우리는 또한 가정 내에서 수행되는 돌봄 노동, 공동재의 제공, 정부가 제공하는 기반 시설(물질 및 규정 모두)을 고려해야 합니다."

— 이상 유네스코 2050 2장

진로 및 직업세계 준비 문제에 대한 두 보고서의 입장을 요약하면 다음과 같다. 첫째, 교육은 직업세계 준비 차원을 넘는 전인적 발달을 추

구해야 한다. 둘째, 직업세계를 올바로 준비하는 차원에서도 광범위한
보편교육이 강화되어야 한다. 셋째, 단기적 노동시장 정책 차원에서 교
육이 좌우되어서는 안 된다. 넷째, 향후 우려되는 직업세계 전망과 관련
된 전체 사회경제 시스템의 변화가 필요하다.

디지털 문해력

인지자동화 시대에 대한 적응 및 능동적 대응력 형성과 관련하여 두
보고서는 공통적으로 '디지털 문해력' 형성을 중요한 과제로 제기하고
있다. 우선 현대 사회의 가장 주요한 양상인 인지자동화 기술혁신을 어
떻게 바라볼 것인가에 대해 두 보고서는 유사한 입장을 제출한다. '기회
와 위기', '유용함과 위험'의 양 측면으로 바라보면서 기회, 유용함은 확
대하고 위기, 위험은 방지, 제거하자고 한다.

> "과학 지식은 우리 삶을 풍요롭게 할 수 있는 새로운 기회와 해결책들
> 을 만들어 내고 있다. 그러나 동시에 모든 영역에서 파괴적인 변화 또한
> 일으키고 있다. 과학과 기술에서의 유례없는 혁신, 특히 바이오 기술과
> 인공지능에서의 혁신은 인간적인 것이 과연 무엇인가에 대한 근원적인
> 질문을 제기하고 있다."   – OECD 2030 입장문

> "우리 사회의 디지털 혁신은 전례 없는 방식으로 우리의 삶에 영향을
> 미치고 있습니다. 컴퓨터는 지식이 생성, 접근, 배포, 검증 및 사용되는
> 방식을 빠르게 변화시키고 있습니다. 이 중 많은 부분은 정보 접근성을
> 높이는 한편, 교육을 위한 새롭고 유망한 길을 열어 주고 있습니다. 그러

나 위험 또한 많습니다. 배움은 디지털 공간에서 좁아질 수도 있고 확장
될 수도 있습니다. 기술은 해방과 동시에, 억압할 수 있는 권력과 통제의
새로운 지렛대를 제공합니다."   – 유네스코 2050 서론

OECD 2030과 유네스코 2050은 디지털 기술의 유용함을 살리는 측
면만이 아니라, 이미 역사적 조건이 되어 버린 삶의 환경, 문화적·인지
적 환경의 차원에서 디지털 문해력의 중요성을 강조하고 있다. 디지털
문해력은 필수적 인지 기능이 되었다는 것이다.

> "디지털 환경에서는 수리력, 데이터 문해력, 디지털 문해력이 종합되어
> 사용된다."
> "디지털화가 삶의 모든 영역으로 확장됨에 따라 디지털 및 데이터 문
> 해력은 이미 핵심 토대로 간주되고 있다."
>   – 이상 OECD 2030 개념노트 '핵심 토대'

> "교육의 미래를 위한 선택은 디지털 또는 인쇄본 읽기 중 하나로 제시
> 되어서는 안 됩니다. 오히려 복합적 문해력을 형성하기 위해, 교사는 학
> 생들이 선형 읽기와 표 읽기를 모두 접할 수 있도록 해야 합니다. 인쇄물
> 과 디지털은 텍스트에 대한 보완 형식이자 둘 다 필수적인 것으로 간주되
> 어야 합니다."   – 유네스코 2050 2장

디지털 문해력은 '디지털'이 강조될 때 일반적으로 착각하기 쉬운 '디
지털 기술 교육'이 아니라 말 그대로 이해, 활용하는 능력이라는 '문해
력'을 의미한다. 또한 일반적 문해력, 수리력에 기반하며 인문사회적, 자
연과학적 소양이 함께 필요하다고 본다.

"정보 전달 수단이 더욱 다양해짐에 따라 학생들은 다양한 디지털 자료와 인쇄 자료를 찾고, 평가하고, 해석할 수 있어야 한다."

"문해력과 수리력, 이에 기반하여 구축되는 디지털 문해력. 디지털 환경에서는 수리력, 데이터 문해력, 디지털 문해력이 종합되어 사용된다."

– 이상 OECD 2030 개념노트 '핵심 토대'

"거짓 정보의 확산에 대해서는 거짓과 진실을 구별하는 능력을 발달시키는 과학, 디지털 및 인문학적 소양을 통해 대응해야 합니다. 교육 내용, 방법 및 정책에서 우리는 적극적인 시민의식과 민주적 참여를 촉진해야 합니다."

– 유네스코 2050 요약

두 보고서 모두 디지털 문해 강조가 직접적 기술Technology 교육으로 흐를 수 있는 것에 대해 경계한다. 그것은 발달 과정을 제대로 고려하지 못하는 좁은 직업세계 준비이며, 또한 이 분야가 가장 빠른 속도로 기술 노후화가 진행되는 분야여서 실용적 차원에서도 의미가 없기 때문이다.

"디지털 및 ICT 관련 기술은 급속한 노후화로 이어져 특히 취약한 것으로 확인되었다."

– OECD 2030 개념노트 '핵심 토대'

"기술을 이해하고 잘 활용하는 데 필요한 기능과 비판적 시각은 새로운 기술 개발의 속도만큼 변화하면서 끊임없이 유동적일 것입니다. 그러나 이것이 최신 기술 발전을 수용하기 위한 왜곡된 교육의 일방통행을 의미해서는 안 될 것입니다."

– 유네스코 2050 4장

한편 유네스코 2050은 '디지털' 문제와 관련해 더 폭넓은 논의를 전개하면서 디지털 기술의 위험에 대한 경고와 권리로서의 디지털 접근성을 더욱 강조한다. 디지털 기술의 위험에 대해 유네스코 2050은 '권력의 도구화 가능성', '개인화, 고립화', '수치 데이터의 특권을 통한 지식의 위계화', '기업적 사유화와 플랫폼 제국주의', '가짜 뉴스 유포 등 정략적이용' 등 다양한 측면에서 제기하고 있다.

> "기술은 중립적이지 않습니다. 기술은 인간의 인식과 행동은 물론이고, 세상을 나누고 재구성하는 방식을 통해 행위와 의사결정을 틀 지을수 있습니다."
> "디지털화와 디지털 기술에는 고유한 모순이 있습니다."
> "공유, 연결성 및 관계성에 대한 자랑에도 불구하고, 대부분 이윤-중심인 디지털 지식은 개인(사용자, 구매자 또는 관찰자)의 고립에 의존하며, 외로움, 이기심 및 자아도취를 너무 쉽게 조장할 수 있습니다."
> "수량화하기 어려운 개인적 경험 및 다른 유형의 데이터보다 수치 데이터 세트에 특권을 부여하는 것과 같은 결과를 가져왔습니다."
> "현재 사용되는 디지털 플랫폼은 대부분 더 광범위한 비즈니스 목표를 달성하려는 목적을 따릅니다."
> "디지털 기술의 어떤 특성이 지식과 정보 공유를 촉진할 수 있는 것처럼, 또 어떤 특정한 성격은 지식 다양성, 문화적 포용성, 투명성 및 지적자유에 중대한 위협이 될 수 있습니다. 현재의 알고리즘 경로, 플랫폼 제국주의, 디지털 인프라의 거버넌스 패턴은 교육을 공동재로 유지하는 데심각한 문제를 제기합니다."   – 이상 유네스코 2050 2장

> "혐오의 표현, 가짜 뉴스의 무책임한 유포, 종교적 근본주의, 배타적민족주의-이 모두는 새로운 기술에 의해 확대됨-는 결국 편협한 이익을

위해 정략적으로 이용됩니다." — 유네스코 2050 서론

이러한 위험적 요소, 가능성을 방지하기 위해서는 디지털 문해력과 접근성이 인권적 권리로 정립되고 공동의 관리 영역으로 재정립되어야 한다고 주장한다. 그럴 경우 디지털 기술은 인권을 강화하고 시대적 과제를 해결하기 위한 강력한 힘이 될 수 있음을 강조하고 있다.

"분명히 말하자면, 디지털 리터러시와 접근성은 21세기의 기본적 권리 입니다."
"디지털 기술, 도구 및 플랫폼은 인권을 지원하고, 인간의 능력을 강화하며, 평화, 정의 및 지속가능성을 향한 집단적 행동을 촉진하는 방향으로 선회할 수 있습니다."
"우리가 가장 먼저 해야 할 일은 이러한 격차를 좁히고, 학생과 교사를 위한 디지털 문해력을 21세기의 필수 문해력의 하나로 간주하는 것입니다."
"보다 유연한 디지털 환경을 만들려면, 긍정적 발전과 공동재로서의 잠재성 실현을 제한하고 있는 현재의 비즈니스 모델과 권위주의적인 규제 충동으로부터 기반 인프라를 분리해야 합니다."
— 이상 유네스코 2050 2장

유네스코 2050은 또한 교육적 한계와 위험에 대해서도 구체적으로 지적하면서 과도한 접근을 경계하고 있다.

"내러티브가 없는 숫자, 문화적 포용성이 없는 연결, 힘을 주지 못하는 정보, 교육에서 명확한 목적 없는 디지털 기술은 인간 발달을 위한 바람

직한 수단이나 도움이 될 수 없습니다."　　　　　 - 유네스코 2050 2장

　"기계 학습 기술의 성장은 교육과정을 '데이터 세트'로 파편화하고, 교사에 대한 관리주의와 감시 그리고 비전문화 추세를 가속화할 위험이 있습니다."　　　　　　　　　　　　　　　　　　 - 유네스코 2050 5장

　"대부분의 기계 학습의 핵심 문제는 과거를 보아야만 미래를 만들 수 있다는 것입니다. … 이러한 학습 경로를 따르는 학생은 '지난 시간에 얼마나 많은 문제가 틀렸는지', '나타난 약점 영역이 무엇인지'와 같은 과거 수행과 관련된 것에 의해서만 인식되고 정의됩니다. 이것은 재창조, 자기 인식과 학교가 육성해야 할 가능성에 대한 인식의 여지를 거의 남기지 않습니다."
　"디지털 권리, 감시, 소유권, 프라이버시, 권력, 통제, 보안에 대한 논의는 정규 교육의 일부가 되어야 합니다."　　 - 이상 유네스코 2050 6장

　"과도한 접근으로부터 학생과 교사를 보호하려면, 적절한 규칙과 프로토콜이 필요합니다."　　　　　　　　　　　　 - 유네스코 2050 7장

　디지털 문제에 대한 유네스코 2050의 보다 심층적인 논의는 단순한 디지털 문해력을 넘어 '비판적 디지털 문해력'이 되어야 함을 제기하는 것으로 나아간다.

　"디지털 교육은 일반적으로 기능적 기술 및 기술적 노하우에 관심을 기울이지만, 디지털 사회, 디지털 경제의 정치에 대한 일련의 이해와 태도인 '비판적 디지털 문해력'도 포함해야 합니다. 디지털 교육은 학생들이

디지털 기술의 정치적 특징을 분석하고 특정 결과를 산출하기 위해 조작

하는 능력을 강조합니다."　　　　　　　　　　　　　　- 유네스코 2050 2장

평가의 전환

유네스코와 OECD 모두 평가의 전환을 제기한다. 교육목적의 전환은
교육과정과 평가의 전환을 제기히는 것으로 연결되기 때문이다. 두 보
고서는 가르치는 것과 평가하는 것이 조응해야 함을 강조한다.

OECD 2030
교육과정은 가르치고 평가하는 방법들과 정합성이 있어야 한다.
아직 기대하는 결과물들을 평가할 수 있는 기술적인 방법들은 없
다. 목적이 달라지면 평가 방법도 달라져야 한다.(입장문)

유네스코 2050
모든 평가 결정은 일련의 가정들을 기반으로 하며, 이러한 평가
의 가정들은 선행하는 교육과정 및 교육학의 가정과 조화를 이루
어야 합니다.(3장)

OECD 2030의 경우 이번 보고서에서 평가 방법에 대해 구체적인 언
급을 하고 있지는 않다. 그러나 OECD가 이전부터 '형성 평가'[16]를 중
시해 왔으며, '측정될 수 없는 학생들의 결과물과 실천을 제대로 평가

---

16. 과정 평가와 거의 같은 개념이지만 발달 도모(형성)를 위한 평가라는 의미가 내재되
어 있으므로 더 적절한 개념이다.

할 수 있는 새로운 평가 방법이 개발되어야 한다'는 점을 강조하고 있음에 비추어 볼 때 그 방향은 짐작할 수 있다. 결과보다 과정을 중시하고, 수치로 측정할 수 없는 발달적 성취를 평가해야 한다는 것이다. OECD 2030은 앞으로 평가 방법에 대한 구체적 연구를 진행할 것임을 밝히고 있다.

> "측정될 수 없는 학생들의 결과물과 실천을 제대로 평가할 수 있는 새로운 평가 방법이 개발되어야 한다."
> "이 프레임워크를 교육학, 평가 및 교육 시스템 설계에 적용하는 방법을 찾아 나갈 것이다."　　　　　　　　　　　　 – 이상 OECD 2030 입장문

반면 유네스코는 2050은 〈의미 있는 평가 강화〉라는 소제목으로 평가에 대한 입장을 별도로 개진하면서 더욱 분명한 입장을 제시한다. 우선 평가 영역에서 결과 평가보다는 형성 평가가 우선되어야 한다는 것을 강조한다.

> "학생 학습을 촉진하는 교사 주도의 형성 평가가 우선되어야 합니다."
> 　　　　　　　　　　　　　　　　　　　　　　 – 유네스코 2050 3장

이어서 OECD 2030과 마찬가지로, 평가 대상에서 교육목적, 목표에 비추어 의미가 있다면 측정할 수 없는 것도 포함된다는 것을 강조한다. 그리고 측정할 수 없더라도 교육적 관찰은 가능하다고 언급한다.

> "많은 중요한 학습은 측정하거나 수치화할 수 없습니다. 그러나 무엇인가를 계량화할 수 없다고 해서 의미 있는 진전이 결코 관찰될 수 없다

는 것은 아닙니다. 예를 들어, 협력의 목표는 어떤 학생 집단이 협상, 갈등 해결 및 실험의 과정을 탐색하고, 이 과정을 통해 다양한 관점을 경청하고 건설적인 비판을 주고받으며, 서로에게 기여할 충분한 기회를 제공하는 능력을 키우는 과정에서 경험적으로 관찰될 수 있습니다."

– 유네스코 2050 3장

그리고 평가 방식에서 경쟁적 방식은 신중하게 고려되어야 하며 교사가 재량권을 가져야 한다는 것을 강조한다.

"평가를 프로그램화, 표준화하여 학생 분류 및 서열화에 이용하는 것은 신중해야 합니다."

"경연의 일부 요소가 학생들이 개인적·집단적으로 더 높은 수준에 도달하도록 격려할 수 있는 것은 사실입니다. 그러나 교사는 대체로 교육적 목표와 멀고 잘 알려지지 않은 어떤 지표와 관련된 외적 압력에 반응해야 하는 대신, 특정한 교육목표를 달성하는 데 도움이 되는 경쟁적 활동을 언제 도입할 것인지를 결정할 수 있는 재량권을 가져야 합니다."

– 이상 유네스코 2050 3장

유네스코 2050은 특히 '부담' 문제를 지적하면서 평가의 활용 문제를 핵심적인 것으로 제기하고 있는데, 이 부분은 평가에 대한 논의와 관련해 매우 큰 의미를 지닌다고 생각된다. 유네스코 2050은 '고부담 평가'는 "학교와 교사의 교육적 선택을 제한하고, 경쟁을 조장하며, 협력 및 공동 건설의 기회를 감소"시킨다고 강하게 비판하면서 이에 '저항'해야 한다고까지 말한다.

"교육자와 정책 입안자는 모든 테스트, 평가 및 척도가 교육적 흔적을 남긴다는 점을 명심해야 합니다."

"어린 학생들에게 큰 부담이 되는 시험 체제를 강요하려는 압력에 저항해야 합니다. 그것은 학교와 교사의 교육적 선택을 제한하고, 경쟁을 조장하며, 협력 및 공동 활동의 기회를 위축시키기 때문입니다."

– 이상 유네스코 2050 3장

고부담 평가에 대한 비판은 평가의 목적, 즉 평가를 어디에 활용할 것인가에 문제 제기라고 할 수 있다. 평가가 학생 분류나 선발에 이용될 경우 학생들에게는 부담으로 작용할 수밖에 없다. 평가가 활용되는 목적이 중요하면 할수록 부담은 커지고, 그에 따른 왜곡도 심해지기 마련이다. 평가가 발달을 촉진하는 의미 있는 평가가 되기 위해서는 부담이 적은 것이 되어야 한다. 즉, 평가에 대해 예민하지 않을 수 있어야 한다. 그럴 때 교사는 교육목적을 중심으로 발달 과정을 솔직하게 관찰, 기록, 평가할 수 있으며, 후속 발달에 도움이 될 수 있다.

'고부담 평가' 문제에 대한 분명한 입장 개진은 평가와 관련된 핵심 의제를 짚은 것이다. 많은 경우 지금까지 주로 절대/상대 등 평가 방식에 초점이 두어져 온 경향이 있다. 우리를 포함해 일부 국가들[17]에서는 '선발'에 활용되는 고부담 문제를 그대로 둔 채, 평가 방식의 변화로 경쟁을 완화하려는 시도들이 있어 왔다. 그러나 이러한 시도들은 경쟁의 동인을 그대로 두기 때문에 실패할 수밖에 없었다. 수능/학종 논쟁과 같

---

17. 일본 등도 고부담 대학입시를 그대로 둔 채 평가 방식의 전환으로 입시 위주 교육 완화를 시도해 왔다. 대표적인 것이 2020학년부터 일본식 수능인 '대입 센터시험'을 서술형 절대평가로 바꾸려 한 것인데, 정책 고시까지 했으나 시행을 불과 몇 달 앞두고 공정성 논란으로 좌초된 바 있다. 포르투갈도 고부담 대입 시험을 그대로 둔 채 초·중등 교육개혁에 형성 평가 도입 등 힘을 쏟았으나 한계를 보였다. 이에 대해 OECD는 고부담 대입이 주요 원인임을 지적하면서 고부담 대입 해소를 권고하고 있다.

은 공정성 논란을 불러올 뿐이다. 근본적으로 평가는 입시와 서열화에 활용되어서는 안 되며 발달을 위한 것이 되어야 한다.

교사의 역할과 참여 강화

OECD 2030과 유네스코 2050은 공통적으로 새로운 교육에서의 교사 역할의 중요성, 그를 위한 자율성과 권한 강화, 참여 확대를 강조한다. 그러나 논의의 폭은 다르다. OECD 2030에서는 주로 교육과정에서의 교사 역할 강화 필요성에 초점을 두는 반면, 유네스코 2050은 교육 변혁에서의 교사의 역할에서부터 근무 조건 개선, 교육정책에 대한 참여에 이르기까지 전반적 문제를 논의한다.

OECD 2030은 교사를 교육과정 설계의 중심 주체로 규정하면서 '교사 행위주체성' 개념을 제출한다. 학생 주체성 형성이 교육의 중요한 목표라고 할 때, 교사는 '학생 주체성' 형성을 고려하는 교육과정의 주도적 설계자가 된다. 이 개념은 교사와 학생 간의 '협력적 주체성'으로 통합된다.

"교사의 행위주체성Teacher Agency: 교사들은 그들의 직업적인 지식과 기술, 전문성을 교육과정을 효과적으로 전달하는 데 활용할 수 있도록 권한이 주어져야 한다."   — OECD 2030 입장문

"교사는 행위주체성을 중요시하는 교육 환경을 설계하는 데 핵심적인 역할을 한다."
"협력적 행위주체성은 교사와 학생이 가르치고 배우는 과정에서 공동

창작자가 되는 것이다."   – 이상 OECD 2030 개념노트 '행위주체성'

교사가 효과적이고 올바로 교육과정을 설계해 나가기 위해서는 교사에 대한 지원, 자율성과 권한 강화가 필요하며 교육과정 구성시스템이 유연하고 역동적인 형태로 변화되고 교육과정 개발에 참여해야 함을 OECD 2030은 강조하고 있다.

"교사들은 학생 행위주체성을 장려하는 학습 환경을 설계하는 데 필요한, 초기 교사 교육 및 전문성 개발을 포함한 지원을 받아야 한다."

– OECD 2030 개념노트 '행위주체성'

"유연성Flexibility: 교육과정이라는 개념은 '사전에 결정된 정적인'에서 '조정할 수 있고 동적인'으로 바뀌어야 한다. 학교와 교사들은 개인의 학습 요구와 사회적 요구가 진화함에 따라 교육과정을 개선하고 조절해야 한다."

"참여Engagement: 교사, 학생, 다른 관련자들은 초기 단계부터 교육과정 개발에 참여해야 한다."   – 이상 OECD 2030 입장문

반면 유네스코 2050은 교사의 역할과 관련해 하나의 장(5장 교사의 변혁적 노동)을 할애하면서 광범한 논의를 전개한다. 우선 유네스코 2050에서는 교사는 '사회 변혁을 위한 교육 변혁'에서 핵심 주체이다.

"교사는 변혁의 가능성을 안고 있는 핵심적 주체입니다."

"'교육을 위한 새로운 사회계약'에서 교사는 중심에 있어야 하며, 교육 및 사회적 변혁을 가져오는 새로운 지식을 촉발하는 협력적 노력으로서

그들의 노동이 재평가되고 재구상되어야 합니다."

- 이상 유네스코 2050 5장

교사가 핵심 주체인 이유는 교사가 교육의 질을 좌우하는 가장 중요한 요소이기 때문이다. 또한 교사 노동은 긴장과 역설을 포함하는 매우 복잡한 것으로 대체될 수 없는 것임을 강조한다.

"교사는 충분한 인정, 준비, 지원, 자원, 자율성 및 지속적인 개발 기회가 있는 한 교육의 질에서 가장 중요한 요소입니다."

- 유네스코 2050 1장

"교사 없이는 교육과정과 교육학을 재구상할 수 없습니다."

"교사는 미래를 계승하고 공동 건설할 젊은 세대와 대화하는 데 있어, 지식 공동재를 동원하기 위해 협력합니다. 교육에는 집단적 활동이 포함되며, 동시에 각 학생의 고유한 필요와 능력에 관여합니다. 이러한 긴장과 역설은 대체할 수 없는 교육 노동의 특징입니다."

"개방적이고 공유된 지식을 기반으로 하는 새로운 형태의 교육과정을 구상하고, 실행하는 것은 교사의 작업에 크게 의존합니다."

- 이상 유네스코 2050 5장

"교사는 학습이 실제성, 관련성이 있을 수 있도록 개인화하는 데 중요한 역할을 합니다." - 유네스코 2050 5장

그러나 교사 역할의 중요성이 기존 교육 시스템에서는 제대로 평가받고 있지 못하며, 점점 더 노동 조건이 악화되고 있다고 진단한다.

"양질의 교수가 학생 성취의 가장 중요한 학교 내 결정 요인이라는 것
을 보여 주는 연구에도 불구하고, 교사는 여전히 저평가되고 제대로 인
정받지 못하고 있으며 저임에 지원도 충분하지 않습니다."

"가르치고자 하는 사람들의 관심과 성향보다 가르치는 일에 대한 압
박감, 위험, 어려움이 점점 더 많아지고 있으며, …"

– 이상 유네스코 2050 5장

이러한 상황에서 우선적으로 노동조건의 개선, 그리고 교육 실천의
주도자로서 자율성과 권한 확대가 필요함을 강조한다.

"우리는 새로운 교육학, 교육과정에 대한 새로운 접근 방식, 교사에 대
한 재약속, 학교에 대한 새로운 비전, 교육 시기와 공간에 대한 새로운 인
식이 필요합니다."

– 유네스코 2050 2부 선언

"교사의 자율성과 자유가 지지되어야 하고, 교육의 미래에 대한 공적
토론과 대화에 온전히 참여해야 함을 의미합니다." – 유네스코 2050 요약

"교사들이 교육 환경, 관계, 공간, 시간의 주도적 주최자로서 공동으로
일할 수 있도록 지원해야 합니다."

"우리는 교육을 재구상하는 데 필요한 사회적 대화와 참여적 의사결
정 메커니즘에 교사의 참여를 보장해야 합니다."

– 이상 유네스코 2050 5장

유네스코 2050은 노동 조건 개선, 자율성과 권한 확대를 강조하는 것
에 그치지 않고 교사 역할 강화를 위한 의미 있는 제안들로 나아간다.

첫째, 교육 노동의 본질적 성격 중 하나가 '협력'임을 강조하면서 교사 간 네트워크 구성을 강화할 것을 제안한다.

"이 복잡한 노동을 수행하기 위해, 교사에게는 충분한 자유와 지원을 특징으로 하는 풍부한 협력적 교육 공동체가 필요합니다. 교사의 자율성, 발달, 협력을 지원하는 것은 교육의 미래를 위한 대중적 연대의 중요한 부분입니다."

"학생을 지원하기 위해 교사는 동료 교사 및 학교의 다른 전문가와 협력하여, 각 학생들이 배우는 데 필요한 지원을 제공해야 합니다."

"이러한 공동 교육 파트너십을 통해 교사는 개별 학생의 특정 요구를 충족시키기 위해 함께 협력하는 동시에 학급의 집단적 방향도 발달시킵니다."

"교사가 직면한 복잡한 문제 중 일부는 개별적으로는 해결할 수 없지만, 학교 네트워크, 대학과의 파트너십 또는 전문 교육 기관이 지원하는 전문 커뮤니티를 통해 해결할 수 있습니다."

"사회복지사, 지도상담사, 특수교육 자원, 사서 및 문해교육 전문가는, 교사와 함께 결합하는 학습 환경에 학생들이 가져오는 고유한 역동성을 더욱 강화할 수 있습니다."　　　　　　　　　　　- 이상 유네스코 2050 5장

둘째, 교사 발달을 전 생애적 발달 과정으로 규정하면서 지속적인 학습 시스템을 제안한다. 그리고 그것은 교사 개개인의 발달과 전문성 향상만이 아니라 교육이 관여하는 지식 공동재 전체의 발전에 기여함을 강조한다.

"교사 발달은 평생 동안 삶과 연계된 풍부하고 역동적인 학습과 경험

의 연속체입니다."

"전 생애적 교사 발달-임용, 초임 교사에서부터 인정받는 실천가에 이르기까지-을 개별적으로 그리고 다른 사람들과 함께 다양한 시공간에 걸친 풍부한 연속체 속에서 수행되는 여정으로 간주합니다."

"교사가 성찰적 실천가와 지식 생산자로 인식되면, 그들은 자신의 직업 안팎에서 교육 환경, 정책, 연구 및 실천을 변화시키는 데 필요한 지식의 성장에 기여하게 됩니다."   - 이상 유네스코 2050 5장

셋째, 시대 변화 및 새로운 교육 패러다임에서 교육 방식의 변화와 역할 확대를 제안한다. 학교교육이 지역사회에서 더욱 개방적인 교육 네트워크가 되어야 하며 교사가 그 네트워크를 주도해야 한다는 것이다. 그리고 이는 불가피하게 노동 강도 강화로 연결되는데, 이에 대해 고려해야 함을 언급한다.

"학교 주변의 교육 환경은 학습 공간들의 네트워크로 구성되어야 합니다. 교실 학습과 학교 안팎의 과외 활동 사이의 구분은 흐릿하거나 지워지는 것이 좋습니다. 교사는 이러한 네트워크를 유지하는 연결을 설계하고 구축하는 데 중요하지만, 이를 효과적으로 수행하려면 교사의 윤리, 정체성, 신분에 변화가 있어야 합니다."

"새로운 교육 생태계와 학습 공간 네트워크를 주도하는 이러한 사회적, 제도적 역할을 통해, 교사와 동료 팀은 교육의 미래를 형성하는 데 중요한 역할을 하게 됩니다."

"교사는 행정적 요구 사항과 교육적 요구 사항 간의 보다 균형 잡힌 관계를 요구하는 것은 물론이고, 예를 들어 교사가 지역사회에 깊이 관여하게 되는 환경에서와 같이 교수 활동에 보이지 않게 내포된 일들에 대한

해결을 요구하고 있습니다." – 이상 유네스코 2050 5장

넷째, 유네스코 2050은 특별히 교육정책에 대한 토론 및 의사결정 과정에서의 교사 참여를 강조한다. 사회와 정부가 그것을 받아들여야 할 뿐 아니라 "교사가 된다는 것은 직업적 지위를 얻는 것만이 아니라, 주요 교육 문제 및 공공 정책 구축에 대해 공적으로 입장을 취하는 것"이라며 교사의 의무로까지 설정하면서 매우 강하게 제기하고 있다.

> "교육 의사결정과 공론장에서의 교사: 교직은 전문적 공간에서 끝나지 않고 공적 공간을 통해, 그리고 사회적 삶과 공동선을 건설하는 과정을 통해 계속됩니다. 그런 의미에서 교사들이 공공 정책 수립에 참여하는 것은 특히 중요합니다."
> "교사가 된다는 것은 직업적 지위를 얻는 것만이 아니라, 주요 교육 문제 및 공공 정책 마련에 대해 공적인 입장을 취하는 것입니다. 이러한 참여는 기본적으로 그들의 이익을 방어하기 위한 것이 아니라, 더 넓은 사회적·정치적 영역에서 그들의 주장과 지식을 반영하기 위한 것입니다. 미래를 내다보면서, 교사의 업무가 교실 공간에 국한되지 않고, 학교 전체 조직과 활동으로 확장되어야 한다는 점을 지적하는 것이 중요합니다."
> – 이상 유네스코 2050 5장

2절
유네스코 2050의 새로운 의제

2021년 11월에 발표된 유네스코 2050은 2018년에 발표된 OECD 2030에서 미처 제기하지 못했던 새로운 의제 및 문제의식들을 담고 있다. 여기서는 유네스코 2050에서 별도로 제출하는 몇 가지 새로운 의제들을 소개한다.

공공재에서 공동재로

유네스코 2050의 새로운 의제 중 가장 대표적인 것은 교육을 '공동재 common good'로서 규정하자는 제안이다.

교육을 위한 새로운 사회계약은 (1) 교육에 대한 권리와 (2) 공공의 사회적 노력 및 공동재로서 교육에 대한 약속이라는 두 가지 기본 원칙에 기초해야 합니다.(유네스코 2050 서론)

공동재는 '공공재public good'보다 더 강하고 분명한 개념으로, 한마디로 '모두의 소유이며, 모두가 이용 가능하고, 모두가 함께 관리, 통제하는 자원, 자산'이라는 것으로 이해될 수 있다. 유네스코 2050은 공동재로 규정하는 근거로 교육이 '모두의 공동의 경험'이고, '공동으로 관리'되어야 하기 때문인 것으로 제시한다.

"두 가지 본질적인 특징은 교육을 공동재로 특징짓습니다. 첫째, 교육은 인간을 타인 및 세계와 접촉하게 하는 공동의 경험입니다. … 둘

째, 교육은 공동으로 관리됩니다."　　　　　　　　　　 - 유네스코 2050 서론

"교육의 공적 성격은 공공 기관이 제공, 자금 조달 및 관리하는 차원
을 훨씬 뛰어넘습니다. 공교육은 (1) 공공 공간에서 이루어지고, (2) 공
익을 증진하며, (3) 모든 사람에게 책임을 지도록 하는 교육입니다."

　　　　　　　　　　　　　　　　　　　　 - 유네스코 2050 서론

　유네스코 2050은 공동재 개념을 제시하는 이유를 기존의 공공재 개
념이 지닌 '정부가 하는 일' 차원의 문제로 보려는 제한성을 극복하기
위한 것이라고 밝히고 있다. 즉 교육의 공적 성격을 더욱 분명히 하고,
확장하기 위한 것이라는 것이다.

　유네스코에서 공동재라는 개념을 이번 보고서에서 처음 제출한 것은
아니다. 유네스코에서 공동재 개념을 처음으로 공식 제기한 것은 2015
년 〈다시 생각하는 교육: 교육은 전 지구적 공동재를 향해 가고 있는
가?Rethinking Education: Towards a Global Common Good?〉 보고서에서다.
당시 보고서는 "공동재 관념은 인간의 웰-빙을 개인주의적 사회경제 이
론의 틀에 맞추어 규정하는 도구주의적 공공재 개념을 넘어선다"[18]라고
하면서 공동재 개념을 제안한 바 있다.

"공공재 이론의 한계: 공공재 이론은 오랜 전통을 지니고 있으며 시장
경제학에 뿌리를 두고 있다. 1950년대에 공공재는 '모든 사람들이 공통
적으로 누리는 재화로서, 한 개인이 이 재화를 소비해도 다른 사람들이
소비할 수 있는 양이 줄어들지 않는 재화'로 정의되었다. 교육에 경제적

---

18. 〈다시 생각하는 교육: 교육은 전 지구적 공동재를 향해 가고 있는가?〉 80쪽, '4 공동
　　재로서의 교육?' 중.

개념을 도입하면 항상 어느 정도 문제가 발생했다. 공공재라고 하면 흔히 공공 정책이나 정부 정책과 많은 관련이 있는 것이라고 여겨진다. 공공public, 公共이라는 용어 때문에 생기는 일반적인 오해가 바로 '공공재'는 정부 등 공공부문the public이 제공하는 재화라는 것이다. 반면 공동재common good, 共同財는 그 공급자가 공공 부문이든 민간 부문이든 상관없이, '모든 사람들의 기본권을 실현하기 위해 사용되어야 하고 또한 모든 사람들의 기본권을 실현하기 위해 필요한 재화'를 의미한다."

– 유네스코 〈다시 생각하는 교육〉 보고서, 2015

그러나 당시에는 '교육은 전 지구적 공동재를 향해 나아가고 있는가?'라는 제목의 '물음표'에서 볼 수 있듯 문제 제기의 성격이 강했다. 이후 지속적 논의를 통해 숙성, 확립된 개념으로 이번에 제출하게 된 것이다. 확립된 개념으로서 유네스코 2050은 서론에서 공동재 개념을 제출하면서 보고서 전체의 기초 개념으로 삼고 있다. 2021년 3월 발표한 유네스코 2050 경과 보고서에서는 다음과 같이 밝히고 있다.

"교육의 비전을 구체화하는 가장 일관된 방법은 유네스코가 2015년 발간한 〈다시 생각하는 교육Rethinking Education〉 보고서가 밑그림을 그리기 시작하면서 채택한 전 지구적 공동재로서의 교육 원칙이다. 수십만 명의 학생, 교사, 교육자, 부모, 활동가 및 정책 입안자들이 '모두에게 이익이 되는 공동재로서의 교육'에 대한 강력한 비전을 지지한다고 밝혔다. **교육과 지식**[19]은, 번영하는 미래를 위한 중요성 중에서 물, 대기, 생물다양성만큼이나 가장 중요한 전 지구적 공동재 중 하나이다. 위원회는 '전 지구적 공동재global common good'라는 개념을 사용함으로써 교

---

19. 강조한 글씨는 편집자 주.

육의 공공성과 교육에 대한 집단적인 글로벌 책무를 강조하고자 한다. 이를 뒷받침하기 위해, 위원회는 우리가 공동으로 구축하는 것과 이를 관리하는 방법(명사로서의 '공동성the common'), 그리고 우리가 구축하고 공동으로 협력 구성하는 방식(행동으로서의 '공동화commoning')을 핵심으로 내세우고자 한다."

– 유네스코 국제미래교육위원회 경과 보고서 〈교육의 미래: 되기 위한 학습〉, 2021

'교육 공동재' 개념은 다음 사항들을 더욱 분명히 한다고 생각된다. 첫째, 교육은 모두의 소유, 권리이므로 모든 교육이 무상으로 이루어져야 한다는 것. 둘째, 교육 기회, 내용, 방식이 형평, 평등, 보편적 성격을 가져야 한다는 것. 셋째, 교육의 목적이 개인들의 경쟁적 성공이 아니라 모두를 위한 것이어야 한다는 것. 넷째, 교육정책 결정과 운영이 전 사회적 참여, 진정으로 민주적인 방식으로 이루어져야 한다는 것이다.

교육 공동재 개념과 연관된 또 하나의 개념이 '지식 공동재knowledge commons'[20]이다. 지식은 인류가 역사를 통해 모두가 참여하면서 생산, 축적, 공유하는 것이기 때문에 공동의 소유라는 것이다. '지식 공동재' 개념은 유네스코 2050 보고서에서 '공동의 교육과정', '공유된 학습 경험' 등과 함께 보편적 교육과정 강화를 강조하는 것으로 연결되며, 교육 차원을 넘어 전 사회적 차원의 참여적 지식 생산, 공유, 공동 이용을 강조하는 것으로 연결되고 있다.

---

20. 유네스코 2050은 지식의 공유와 관련하여 'knowledge commons(지식 공동재)', 'common knowledge(공동 지식)', 'shared knowledge(공유된 지식)' 등의 개념을 사용하고 있다. '지식 공동재'는 모두가 함께 사용해야 할 자원으로서 성격을 강조하는 것으로 자연환경에 이어 교육, 지식 등으로 공동재 개념이 확장되는 것으로 파악할 수 있다.

"세대를 거쳐 축적된 인류의 집단적 지식 자원이 교육과정의 근간이 되어야 합니다. 지식 공동재로부터 이끌어 내고 또한 그에 더할 수 있도록, 지식 공동재에 널리 접근할 수 있어야 합니다." – 유네스코 2050 4장

"교육권은 정보, 문화, 과학에 대한 권리와 밀접하게 연결되어 있습니다. 그것은 인간의 역량을 형성하기 위한 깊은 책임의식을 필요로 합니다. 그것은 또한 인류가 공유하고, 확장해 온 정보, 지식, 지혜의 자원인 지식 공동재에 접근하고, 이에 기여할 권리와 밀접하게 연결되어 있습니다."

– 유네스코 2050 서론

"지식 공동재에 접근할 수 있는 사람들이 많을수록, 지식 공동재는 더욱 풍부해집니다. … 불행히도 지식 공동재에 접근하고 기여하는 데 형평성을 가로막는 장벽들이 있습니다." – 유네스코 2050 서론

"교사와 학생은 함께 인류의 지식 공동재에 의해 길러지고, 기여하는 지식 추구자와 생산자의 공동체를 형성해야 합니다." – 유네스코 2050 3장

'공동재로서의 교육'과 '지식 공동재', 이 두 개념은 보고서 내용 전체를 관통하는 핵심적 개념이 되면서 제반 논의의 토대로 작용한다. 유네스코는 공동재 개념에 기초하면서 여러 가지 제안과 요청들을 제출하고, 이를 국제적 약속과 규범으로 하자는 '교육에 대한 새로운 사회계약'을 맺자고 촉구한다. 여기서 사회계약은 어떤 문서라기보다는 '사회적 합의'를 의미한다. 즉, 지금부터 공동재 개념에 기초해서 교육을 논의하고 다루어 나가자는 것이다.

공동재 개념은 물, 기후, 에너지 등 주로 자연 자원에 대한 모든 사람

의 타고난 권리와 소유권을 강조하는 개념으로서 공공재 개념이 정부 관리 차원의 좁은 것으로 다루어지는 것에 대항하면서 발전된 개념이다. 공공재 개념이 정부가 공급하는 재화라는 좁은 경제학적 개념[21]이 되어 버리면서 탈각되어 버린 '공동 소유'라는 개념을 복원하자는 취지이다. 그러한 공동재 개념을 이번 유네스코 2050에서는 교육과 지식으로 확대 적용하면서 제안한 것이다.

> "'공적'이라는 말은, 지역의 자원을 운영하고 사회적 또는 생태적 요구를 표현할 공동체의 권한을 더 이상 의미하지 않는다. 이제 '공적'이라는 말은 우리가 자원 통제권을 넘겨준 중앙관리 권력을 뜻하며, 이 권력은 종래의 사적 시장을 통해 우리의 요구를 충족시킨다. 모두가 (편파적인 다수 세력, 법치, 행정, 사법적 판결을 통해) 정부의 의사결정에서 배제된 대중들 사이에 단절이 점점 더 커져 가는 것과 상대적으로 극소수의 사람들이 자기의 사적 이득을 불리는 과정을 지배하는 것을 목도하고 있다."
> – 제임스 B. 퀼리건, 은혜 옮김, 「왜 공통재와 공공재를 구별해야 하는가」
> (출처: https://failbetter.tistory.com/14)

이 의제는 새로운 문제 제기로서 일정한 논쟁을 수반할 가능성이 있을 수 있다고 생각된다. 그러나 유네스코는 상당한 기간 숙고를 거쳐 확립된 개념으로, 그리고 "수십만 명의 학생, 교사, 교육자, 부모, 활동가 및 정책 입안자들이 '모두에게 이익이 되는 공동재로서의 교육'에 대한 강력한 비전을 지지하고 있다"라고 밝히고 있듯 새로운 교육 패러다임의 핵심적 개념으로 야심 차게 제안하고 있다.

---

21. 경제학에서 공공재는 민간재와 대비되는 개념으로 정부가 공급하는 재화, 용역을 의미한다. 이에 반해 공동재는 사적 소유냐 공동 소유냐라는 소유 개념으로 구분된다.

기후위기 제1 의제화

기후위기 교육에 대한 강조는 이전부터 있었으며 또한 OECD 2030
도 공통적으로 제시하고 있지만, 유네스코 2050은 교육과정에서 기후위
기 교육을 가장 우선적인 의제로 하자고 제안한다. 새로운 차원의 문제
제기라 할 수 있다. 유네스코 2050은 교육과정을 다루는 4장에서 〈교육
의 미래를 위한 교육과정 우선 과제〉를 제안하면서 〈손상된 지구를 위
한 교육과정〉을 가장 처음에 두고 있다.

(유네스코 2050, 4장 교육과정과 진화하는 지식 공동재 중)

교육의 미래를 위한 교육과정 우선 과제

우리는 교육에 대한 편협한 관점에서 더 큰 목적을 위한 진지한
참여로 이동해야 합니다. 교육과정 접근 방식은 인지 영역을 문제
해결 기능, 혁신 및 창조성과 연결해야 하며, 또한 사회정서학습과
스스로에 대한 학습 발달을 통합해야 합니다. 여기에 제시된 교육
과정 참여 형태는 통합과 해방unite and liberate을 목표로 합니다. 아
래의 교육과정 우선 과제는 포용, 성평등, 불의의 해체, 그리고 우리
의 미래를 함께 재구상하는 데 필요한 '불평등에 대한 광범위한 투
쟁'을 지원하기 위한 것입니다.

손상된 지구를 위한 교육과정

점점 더 스트레스를 받고 있는 지구에서 우리는 어떻게 함께 잘
살 수 있을까요? 교육은 학생들이 기후변화에 대한 적응, 완화 그리
고 그것을 되돌릴 수 있도록 준비시킴으로써, 기후변화와 환경 파

괴에 대응해야 합니다. 우리는 지구의 일부로서 인간의 위치를 보는 근본적으로 새로운 방식을 도입하기 위해, 교육과정을 재고하고 재구상해야 합니다. 모든 영역에서 학생들은 환경적 지속가능성의 시급성을 대면해야 합니다.

기존의 강조를 넘어 기후위기 혹은 생태 문제를 교육과정의 가장 우선적 의제로 두자는 제안은 그만큼 기후위기의 시급성에 대한 절박한 인식을 반영하는 것이다. 매우 강력한 형태의 제안에 대해 아마도 각국 정부와 교육 주체들에게 새로운 고민과 논의를 불러일으킬 수 있을 것으로 보인다.

이 문제 제기의 핵심은 '우선순위' 그 자체가 아니다. 이미 적지 않은 나라에서 '기후위기', '생태', '지속가능' 등의 개념은 교육과정 문서의 맨 앞에 위치하기도 한다. 진정한 핵심은 기후위기 교육을 '실천적으로 한 차원 진전'시키자는 것이라고 할 수 있다. 유네스코 2050은 기존 기후위기 교육에 대해 다음과 같이 그 한계를 언급하고 있다. 기후위기 교육의 순위 그 자체보다 실효성, 실천성에 대한 문제 제기다.

> "환경 교육의 중요성은 수십 년 동안 인식되어 왔고 많은 정부 정책 선언에서 승인되었지만, 정책과 실행 사이에는 큰 단절이 있으며, 결과와는 더욱 큰 괴리가 있습니다. 기후변화 교육 효과에 대한 연구에 따르면, 대부분의 교육이 학생들을 효과적인 행동에 참여시키는 데 필요한 전체적 역량을 배양하는 것이 아니라, 오직 과학적 교육에만 초점을 맞추고 있습니다. 우리는 학생들이 기후변화에 적응하고 이를 완화할 수 있는 능력을 발달시키도록 돕기 위한 새롭고 더 효과적인 접근 방식이 필요합니다."
>
> – 유네스코 2050 2장

즉, 기후위기에 대응할 수 있는 실제 능력 형성과 실천으로 연결되지 않는다는 것이다. 그런 의미에서의 새로운 차원의 접근 방식이 필요하다는 것을 강조하는 것이다. 유네스코 2050이 제기하는 것은 크게 세 가지이다.

첫째, 관점의 문제이다. 인간과 자연을 분리시키는 인간 예외주의를 극복하고 지구의 일부로 보는 관점으로 교육과정을 재구성해야 한다고 강조한다.

> "우리는 더 이상 인간 예외주의를 확산하거나, 세계를 학습해야 할 외부 대상으로 보는 '저 바깥'에 위치시킬 수 없습니다."
> "학생들에게 '자연의 수호자'만을 가르치는 교육과정으로는 충분하지 않습니다. 이러한 접근 방식은 여전히 인간과 환경 사이의 분리를 전제로 합니다."
> "우리는 지구의 일부로서 인간의 위치를 보는 근본적으로 새로운 방식을 도입하기 위해, 교육과정을 재고하고 재구상해야 합니다."
>
> — 이상 유네스코 2050 4장

둘째, 구조적 차원의 인식으로 나가야 한다는 것이다. 위기 위기의 극복은 총제적인 정치경제 시스템을 변혁할 때 비로소 가능하기 때문이다.

> "현재 글로벌 수준의 생산 및 소비가 지속가능하지 않다는 것을 인정하고, 부유한 국가가 기후변화에 기여하는 데 불균형한 역할을 하고 있으며 그 영향을 가장 많이 받는 국가는 대부분 빈곤한 국가임을 인식해야 합니다."

"효과적이고 적절한 기후변화 교육은 젠더 대응적이고, 시공간을 가로지르는 사회적, 경제적 요인들을 교차 연결하는 접근 방식을 취하며, 비판적 사고와 적극적인 시민 참여를 촉진합니다."

– 이상 유네스코 2050 4장

셋째, 실제의 대응 능력과 실천성 강화로 연결되어야 한다는 것이다.

"기후변화 교육은 학생들이 정당하고 지속가능한 대안을 고려하고, 지역사회와 연대하여 행동을 취하도록 역량을 강화해야 합니다."

– 유네스코 2050 서론

가치 창출에서 의미 창조로

유네스코 2050은 교육목적의 전환과 관련되어 기존의 '가치 창출' 대신에 '의미 창조'로 바꾸는 것을 검토할 것을 제안하기도 한다. 이는 '가치'라는 개념이 경제적 측면 중심으로 이해되기 쉽다는 문제의식을 지니고 있음을 보여 준다.

"직업의 미래와 지구에 대한 중층적 불확실성은 의미를 창조create meaning하는 학습자의 능력을 우선시해야 함을 시사합니다. 사실, 가치를 창출produce value한다는 것이 무엇을 의미하는지 처음부터 깊이 다시 생각해 볼 필요가 있을지도 모릅니다."   – 유네스코 2050 2장

OECD 2030에서도 내용적으로 가치를 경제적 차원을 넘어 삶의 질

향상으로 확대시키고 있는데, 2050에서는 한 발 더 나아가 새로운 단어와 개념으로 바꾸자고 제안하는 것이라 할 수 있다.

> "혁신은 새로운 일자리, 비즈니스, 제품 및 서비스를 창출하는 것 이상이다. … 창출된 새로운 가치는 경제적일 뿐만 아니라 사회적, 문화적이기도 하므로, 사회와 경제 모두를 위한 지속가능성과 탄력성에 대한 비전을 필요로 한다." - OECD 2030 개념노트 '변혁적 역량'

이 문제는 교육에 대한 관념과 방향을 크게 바꿀 수 있는 상당히 중요한 의미를 지닐 수 있는 문제 제기다. 그러나 아직은 문제 제기의 첫발을 내디딘 정도라고 볼 수 있다. 유네스코 2050은 '의미 창조'를 새로운 개념으로 등장시키면서도, '가치' 개념에 대해서는 '폐기'하자고 하지 않고 다시 생각해 보자고 한다. 공동재 개념이 광범한 논의와 오랜 숙의를 통해 확립된 개념으로 제안된 것이라면, '가치에서 의미로의 전환'은 문제 제기의 시작이라고 할 수 있다. 유네스코 2050의 제안대로 숙고를 통해 '가치에서 의미로의 전환'을 시작해 볼 필요가 있다고 생각된다.

대학교육의 보편화/해방적 프로젝트로서의 성인교육

OECD 2030이 초중교육에 한정된 반면 유네스코 2050은 대학교육 및 성인교육에 대해서도 여러 차례 언급하면서 새로운 문제의식들을 피력하고 있다. 간략히 살펴본다.

대학교육의 보편화

유네스코 2050은 대학교육의 세계적 추이를 소개하면서 대학교육의 보편화 문제를 의제화하려 한다. 보고서는 선진국의 경우 2034년경 사실상 청소년 모두가 진학할 것으로 예상하면서 고등교육이 보편화 단계에 접어들기 시작했다고 보고 있다.

> "고등교육 참여도 지난 50년 동안 크게 증가했습니다. 전 세계 참여율은 1970년 전 세계 청소년 및 성인의 10%에서 오늘날 40%로 증가했습니다. … 1970년 이후 추세를 바탕으로 한 예측에 따르면, 고소득 국가는 빠르면 2034년에 100%의 참여율에 도달할 수 있으며, 중간 소득 국가는 2050년에 60%에서 80% 사이의 참여율에 도달할 수 있습니다."
>
> – 유네스코 2050 1장

이는 대학의 위상과 역할, 운영 방식의 전반적 재고가 필요함을 의미한다. 더 상세한 논의로 직접 나아가고 있지는 않지만, 기존의 엘리트 교육기관으로 보던 관점에서 탈피하고, 보편적 대중교육 기관으로 재정립해야 함을 의미하는 것으로 보인다.

> "대학은 특히 최근 수십 년 동안 비용 장벽과 지적 재산권 주장을 통해 많은 배제가 생산되어 온 곳이기도 합니다."
> "고등교육 시스템은 여전히 배제하고 주변화하는 장소로 남아 있습니다. 이것은 시급히 해결되어야 합니다." – 이상 유네스코 2050 4장

또한 대학에 변혁적 역할을 수행할 것을 요청한다. 대전환 시대를 맞이해 대학이 교육과 사회 변혁, 지식 공동재의 진화를 위한 사명을 재정

립하고 그를 위한 연구, 혁신에 헌신할 것 요청하고 있다. 또한 지속적인 교사 교육과 결합할 것과 사회적 네트워크의 중심이 될 것을 제기한다. 그리고 '대학 순위 매기기'에 대한 비판을 통해 대학이 서열적 관점에서 바라봐져서는 안 된다는 점을 강조하고 있다.

"대학 및 여타 고등교육 기관은 '교육을 위한 새로운 사회계약'을 구축하는 모든 측면에서 적극적이어야 합니다." - 유네스코 2050 요약

"대학은 지식 공동재를 확장하고, 그 포괄성과 다양성을 보장하는 데 상당한 기여를 할 수 있습니다." - 유네스코 2050 4장

"고등교육에서 비교 순위가 매겨지는 방식을 재고하는 것도 중요할 것입니다. 선의로, 윤리적으로, 동질성을 부과하지 않고 비교를 하는 것은 어렵습니다. 대조적인 맥락에서 운영되는 매우 다른 고등교육 기관이 고유한 상황에 관계없이 국제 순위에서 경쟁해야 한다고 느낄 때, 비교는 문제가 됩니다." - 유네스코 2050 8장

해방적 프로젝트로서의 성인교육

유네스코 2050은 성인교육에 대해서도 중요한 의제로 다루고 있다. 유네스코 2050은 성인교육이 단순히 직업 재교육 차원에서 이해되고, 실행되고 있는 상황을 넘어, 지속적인 삶의 발달과 실현으로서 성인교육이 되어야 한다고 말한다.

"성인 학습 및 교육에는 강력한 해방적 전통이 있으며, 이는 개개인을 자유롭게 할 잠재력과 광범한 시민 참여에 대한 의미로 반영됩니다. 그러

나 이것은 최근 몇 년 동안, 평생학습이 직업 및 기술 차원에 과도하게 초점을 맞추면서 위축되었습니다. 본질적으로, 성인-특히 일찍이 교육을 제대로 받을 수 없었던 사람들-의 가장 중요한 '권리' 중 하나에 해당하는 것이 사람들이 최신 정보를 얻고 고용 가능한 상태를 유지해야 하는 상황에 이름에 따라, 많은 사람들에게 '의무'가 되고 말았습니다. 결과는 '숙련과 재숙련의 영구적인 논리'입니다."   - 유네스코 2050 7장

수명 연장이라는 새로운 역사적, 문화적 조건 변화 속에서 성인교육의 성격과 역할을 새롭게 보아야 한다고 보는 것이다. 또한 빠른 직업세계 변화 속에서 성인교육도 보편적 대응력 형성이 중요하며, 삶의 전 영역을 아우르는 것으로 재개념화되어야 한다고 주장한다.

"이미 많은 사람들이 더 오래 산다는 사실은 교육을 실시하는 시기에 대해 계속 재고해야 하는 근거를 더욱 강화합니다. 어떤 지역에서는 4세대가 역사상 한 번도 본 적 없는 방식으로, 같은 시공간에서 함께 살게 될 것입니다. 성인과 성숙에 대한 문화적 개념이 재검토됩니다. 습관적인 생활 방식, 일과 여가와의 관계가 바뀔 것입니다."

"모든 영역의 교육과 마찬가지로, (노동시장, 기술 또는 환경의 변화에 관계없이) 수동적이거나 적응적이기보다, 성인교육은 진정으로 변혁적인 학습을 중심으로 재개념화되어야 합니다."

"이미 직업과 고용의 성격은 개인의 직장 생활 기간 동안 극적으로 변할 수 있다는 것이 널리 인정되고 있습니다. 우리는 시민으로서의 삶과 정치적 삶도 한 생애를 경과하면서 변화한다는 사실을 인식할 필요가 있습니다."   - 이상 유네스코 2050 7장

또한 궁극적으로 성인교육을 지속적인 변혁적 주체 형성 관점에서 바라보아야 함을 강조한다. 성인은 현재 세상을 책임지며, 미래에 대한 책임도 후속 세대에 전가할 수 없다고 말하고 있다.

> "성인 학습 및 교육은 여러 역할을 합니다. 그것은 사람들이 다양한 문제를 통해 자신의 길을 찾도록 돕고, 역량과 행위주체성을 증대시킵니다. 이를 통해 사람들은 미래에 대해 더 많은 책임을 질 수 있습니다. 또한 성인들로 하여금 변화하는 패러다임과 권력관계를 이해하고, 비판하며, 정의롭고 지속가능한 세상을 만들기 위한 조치를 취하도록 돕습니다. 미래 지향은 성인교육을 삶과 얽힌 교육으로 정의해야 합니다. 미래 지향은 성인교육을 모든 시기에 대한 교육으로 그리고 삶과 얽힌 교육으로 정의해야 합니다. 성인은 자신이 살고 있는 세상만이 아니라 미래의 세상도 책임집니다. 미래에 대한 책임은 단순히 다음 세대에 전가될 수 없습니다. 세대 간 연대의 공유된 윤리가 필요합니다." – 유네스코 2050 7장

한편 성인교육에서 디지털 문해력 형성 필요성을 특별히 언급하고 있다. 성인에게도 꼭 필요한 부분이지만 자라나는 세대에 비해 접근과 활용에 어려움이 있기 때문에 더 세심한 고려가 필요함을 강조하는 것이라 할 수 있다.

> "성인교육에 참여하는 사람들은 참여가 디지털 수단을 통해 점점 더 매개되고 활성화되는 방식과 씨름해야 합니다. 젊은 세대는 어릴 때부터 디지털 세계에 노출되지만, 기성세대는 지식을 계속 개발, 구축하기 위해 이러한 도구가 필요합니다. 성인교육은 디지털 미디어에 대한 광범위한 접근을 촉진해야 하며, 오픈 액세스 및 오픈 소스 운동 의제를 강력하게

지원해야 합니다. 과학적 소양을 강화하고 모든 형태의 잘못된 정보를 퇴치하는 것은 현재와 미래를 위한 성인교육 전략의 핵심 요소입니다."

– 유네스코 2050 7장

3절
OECD 2030과 유네스코 2050의
공통 기반과 차이

OECD 2030과 유네스코 2050에서 제기하는 주요 의제들을 살펴보았다. 공통된 성격과 주요한 특징들을 다음과 같이 정리할 수 있다.

첫째, 대전환 시대라고 하는 새로운 시대적 상황을 반영하는 교육론이다. 대전환 시대 개념의 핵심은 '지속가능' 문제이다. 지속가능한 미래 건설을 위한 사회 변혁, 그를 위한 교육 변혁과 변혁적 주체 형성이 새로운 교육론의 기본 방향이자 과제로 제출된다. '지속가능' 문제가 새로운 교육론의 기본 과제와 방향을 규정하는 것이다.

둘째, 기존 신자유주의 교육 패러다임으로부터의 탈피이다. 시대 인식, 교육의 목적과 방향, 과제, 학습이론 모두에서 신자유주의 교육론에서 벗어나고 있다.

셋째, 신자유주의 이전으로의 회귀가 아니라 새로운 통합적, 변혁적 교육론을 제시하고 있다. 이론적으로는 이전의 전통적인 학문 중심 학습이론과 신자유주의 시대 구성주의의 편향 모두를 극복하려 한다는 점에서 통합적이다. 실천적으로는 교육과 사회의 변혁, 교육권 확대와 평등을 지향한다는 점에서 진보적이고 변혁적이다.

넷째, 진보적 교육운동에서 추구해 온 관점, 방향과 같은 맥락에 서 있다. 경쟁이 아니라 협력, 웰-빙과 지속가능한 미래 추구, 전인적이고 주

체적인 인간 발달 지향 등 교육에 대한 기본 관점과 방향에서 흐름을
같이한다. 아직 국내에서는 소수이고, 비주류에 놓여 있는 관점, 방향이
세계 교육 담론에서는 주도적 경향으로 새롭게 등장하고 있는 것이다.
이와 같은 일이 일어난 이유는 그만큼 대전환 시대의 과제가 절박하기
때문이다.

'탈신자유주의'와 '탈성장주의'

OECD 2030과 유네스코 2050은 대전환 시대 인식과 교육에 대한
기본 관점과 방향에서 맥락을 같이한다. 세부적 내용에서 차이가 있지
만 기본 방향의 차이라기보다는 대부분 관심과 강조점의 차이라고 할
수 있다. 유네스코가 별도로 제출하는 새로운 의제들도 더 넓은 주제를
다루면서 제기되는 것이고 기본 관점과 방향에서는 OECD 2030과 크
게 다르지 않다. 그러나 분명한 차이라고 할 수 있는 부분이 두 가지 있
다. '교육 공동재' 개념과 '성장주의' 문제이다. 이 중 '교육 공동재' 문제
는 개념에 대한 동의 여부는 별도로 하더라도 내용적으로는 대립, 충
돌하지 않는다고 할 수 있다. 왜냐하면 공동재 개념은 '교육 공공성을
더욱 분명히 하면서 확장하기 위한 것'이라는 취지에서 비롯된 것인데,
OECD 2030도 기본적으로 교육 공공성 강화의 관점에 서 있기 때문이
다. 그런데 '성장주의' 문제는 확실히 결이 다르다. OECD 2030은 여전
히 '성장주의'를 유지하는 반면 유네스코 2050은 극복을 분명히 한다.
OECD 2030은 '포용적 성장'을 내세운다.

> "포용적 성장은 이러한 건강과 행복의 구성 요소들을 모두에게 평등
> 하게 보장하는 것이다."
>
> "더 튼튼하고 더 포용적이며 더 지속가능한 발전을 만들어 내기 위해

새로운 성장 동력을 찾는 것은 긴급한 문제이다."

– 이상 OECD 2030 입장문

그에 반해 유네스코 2050은 성장주의에서 탈피하는 입장을 분명히 취한다. '계속 확대되는 소비와 지구에 대한 지배를 전제로 하는 경제 모델'은 무모한 허구라면서 '경제성장 추구'를 비판한다. 나아가 '가치 창출'이 아니라 앞으로 '의미 창조'로 변화해야 하는 것 아니냐는 문제의식도 던진다.

> "조화롭게 사는 능력-상호 존재와 웰-빙에 필요한 것 이상도 이하도
> 취하지 않음-은 교육을 통해 배울 수 있습니다."
>
> "계속 확대되는 소비와 지구에 대한 지배를 전제로 하는 경제 모델은
> 무모한 허구를 지속시킵니다. 사회적 웰-빙과 생태적 지속가능성 사이의
> 바람직한 균형을 이루면서, 그 안에서 살아가기 위해서는 우리가 배워야
> 할 경제적 행위의 임계값이 있습니다."   – 이상 유네스코 2050 4장

> "직업의 미래와 지구에 대한 중층적 불확실성은 의미를 창조하는 학습
> 자의 능력을 우선시해야 함을 시사합니다. 사실, 가치를 창출한다는 것이
> 무엇을 의미하는지 처음부터 깊이 다시 생각해 볼 필요가 있을지도 모릅
> 니다."   – 유네스코 2050 2장

성장주의를 둘러싼 차이는 OECD 2030과 유네스코 2050의 핵심적 차이라고 할 수 있다. 이 문제는 주로 '사회 변혁'의 방향과 관련된다. 새로운 사회 시스템, 모델을 구상할 때 성장주의 유무에 따라 다른 상을 지니게 된다. 기술혁신의 의미도 유네스코 2050은 '물질적 생산, 소비를

늘리지 않으면서 인간 생활을 더 풍요롭게 할 수 있는 능력'으로 강조하지만 OECD 2030에서는 '성장의 동인'으로 위치한다. 물론 OECD 2030은 성장주의 개념을 유지하면서도 기존의 무분별한 경쟁과 맹목적 이윤 추구에서 벗어날 것을 주장하면서 '불평등 해소', '사회적 가치', '공유 가치', '공동 책임' 등을 강조한다.

> "변화-심지어 빠른 변화-는 삶의 일부이다. 그것은 불평등의 원인이자 불평등을 해소eliminate할 기회가 될 수 있다."
>
> "소수의 특권층뿐만 아니라 모두를 위한 포괄적이고 지속가능한 발달을 달성하기 위해 의미 있고 연관된 교육 변화가 절실히 필요하다."
>
> "일부 기업가들은 사업의 목적이 단순히 이익을 창출하는 것이 아니라 사회적 가치를 창출하고 사회의 가장 시급한 문제를 해결하는 것이라고 생각한다. 기업은 '기업의 사회적 책임' 모델에서 '공유 가치 창출' 모델로 이동하고 있다."
>
> "패러다임이 바뀌어 환경은 인간이 단지 일부일 뿐인 더 큰 생태계로 간주된다. … '노동 분할division of labour'에서 '공동 책임shared responsibility'으로 이동하려면 모든 사람이 기능, 지식과 기여하고자 하는 열망이 있어야 한다."　　　　　　- OECD 2030 개념노트 '배경'

사회 변혁의 방향과 관련된 두 기구의 논의를 요약한다면 OECD 2030이 아직 성장주의를 유지하면서 '탈신자유주의'[22]에 머물고 있다면 유네스코 2050은 한 발 더 나아가 '탈성장주의'를 본격적으로 제기하는

---

22. OECD 2030에서 '기업의 사회적 책임', '공유 가치', '공동 책임' 등을 제기하고 교육과정 구성에서 '이해관계자'들의 참여가 보장되어야 한다는 점을 강조하는 점 등을 볼 때 신자유주의의 '주주 자본주의' 개념에서 벗어난 '이해관계자 자본주의' 개념에 입각하고 있다고 할 수 있다.

것이라 할 수 있다.

　그렇지만 성장주의 여부에 대한 차이가 새로운 사회경제 모델 구상에서는 큰 차이를 의미할 수 있지만, 교육에 대한 기본 관점과 방향에서는 직접적으로 중요한 차이로 전화되지는 않는 것으로 보인다. 그것은 토대가 되는 대전환 시대 인식 속에서 '성장' 문제보다 '지속가능' 문제를 더 상위의 방향, 원리로 공유하기 때문이다. 성장주의에 대한 차이는 교육론에서의 차이보다는 새로운 사회경제 시스템에 대한 지향 차이라는 측면이 크며, 이 문제는 '지속가능한 미래 건설'을 위한 실천적 과정에서 해결되어야 할 과제, 의제라고 생각된다. 성장주의에 대한 입장 차이는 당분간 지속될 가능성이 크다. 국제 사회에서 성장주의 폐기가 합의되기에는 좀 더 많은 과정과 시일이 필요해 보이기 때문이다. 성장주의 폐기 문제는 한 단계 더 진전된 시대 인식 및 지속가능 경제 시스템에 대한 논의의 심화가 필요하다. 성장주의에 대한 입장 차이를 해소하려면 '발전' 개념에 대한 의미의 재구성, 재개념화가 필요하다. '지속가능발전'에서 '발전'을 여전히 양적 성장으로 이해하려 할 경우 성장주의 문제를 둘러싼 차이는 해결하기 어렵다. 원리적으로 '양적 성장'은 '지속가능성'과 충돌한다. 양적 성장은 생산과 소비의 끊임없는 확대를 의미하기 때문이다. 발전을 '삶의 질에 초점을 둔 질적 발전'으로 규정할 때 성장주의에서 탈피하는 새로운 논의가 가능해진다. 성장주의로부터의 탈피는 새로운 사회경제 모델을 구상하는 이론적 논의와 성장 개념에서 벗어나면서도 경제적 풍요를 실현해 가는 실천적 성과를 통해 이루어질 수 있을 것이다.

3장

새로운 교육 패러다임의
이론적, 실천적 의의

1장, 2장을 통해 OECD 2030과 유네스코 2050으로 나타난 새로운 교육 패러다임의 배경과 주요 내용을 살펴보았다. 새로운 교육 패러다임의 등장은 향후 교육 담론과 정책, 실천에서 커다란 의의를 지닌다. 이 장에서는 새로운 교육 패러다임 등장이 지닌 이론적, 실천적 의의에 대해 논의해 보고자 한다.

1절
신자유주의 탈피와
통합적 교육 패러다임으로의 상승

유네스코와 OECD의 새로운 교육론 제출은 지난 수십 년간 세계 교육을 규정해 온 신자유주의 교육 패러다임으로부터의 탈피를 선언하는 것이며 대전환 시대에 조응하는 변혁적 교육 패러다임으로의 전환을 의미한다. 또한 새로운 교육 패러다임은 교육 분야, 특히 교육과정의 방향을 둘러싸고 오랜 기간 대립해 온 '전통주의'와 '구성주의' 간의 대립을 넘어서는 통합적 패러다임으로의 발전이기도 하다. 새로운 교육론의 통합적 관점은 다음의 언급에서 잘 나타난다.

> "지난 수십 년 동안 교육과정에 대한 토론은 '내용적 지식'과 '역량' 사이에서 좌우되었습니다. ··· 프로젝트 기반 및 문제 기반 접근 방식으로 얻은 것을 포기하지 않으면서도, 이제 강력한 지식 접근 방식을 지원하는 일련의 새로운 역동적 조합을 구성할 때가 되었습니다."

> "무엇을, 어떻게 가르치고 배울 것인가에 대한 경향과 이론은 많이 있습니다. 학습 설계는 '아동 중심' 또는 '과목 중심', '학습자 중심' 또는 '교사 중심'으로 구성될 수 있습니다. 지식은 '학문적' 또는 '실용적', '과학적' 또는 '인본주의적', '일반적' 또는 '전문적'인 것으로 분류될 수 있습니다. 각 접근 방식마다 기여할 수 있는 부분들이 있지만 지식과 세계

의 상호작용이 더욱 복잡해지는 것을 반영하려면, 새로운 패러다임과 관점이 필요합니다." — 유네스코 2050 4장

교육 패러다임 전환은 향후 교육 담론과 정책, 실천에서 매우 큰 의미를 지닌다. 그동안 진정한 교육개혁을 가로막고 교육 공공성을 위협해 온 신자유주의라는 장애물을 넘어서는 것이며 올바른 교육 실천 정립을 위해 한 단계 발전된 관점을 제시하기 때문이다. 여기서는 신자유주의 교육의 의미와 역사적 부침, 그리고 교육 패러다임 전환 과정을 살펴본다.

신자유주의 교육 패러다임의 성격과 역사적 부침

신자유주의 교육은 지난 수십 년간 전 세계를 풍미해 온 신자유주의 헤게모니와 이데올로기에 영향을 받아 형성된 일련의 정책 기조, 교육 관점을 말한다. 신자유주의 교육론의 근저에는 교육도 수요-공급의 시장원리가 적용되어야 할 하나의 상품으로 보는 노골적 시장주의가 깔려 있다.

그들은 교육이라는 문제를 다룰 때 '교육 수요자-공급자' 개념 및 '소비자 선택' 따위의 시장경제학의 개념을 강조했다. 한국에서는 1995년 5월 31일 발표된 '신교육체제 수립을 위한 교육개혁 방안'(이하 '5·31 교육개혁안') 등에서 그와 같은 표현들이 등장한다.

"교육 공급자인 학교 및 교원과 교육행정기관의 편의 중심 교육으로부터 학습자 중심의 교육으로 전환한다. 교육 공급자 간에 다양한 교육 프로그램의 경쟁을 통해 교육 수요자인 학생과 학부모의 교육선택권을 확대한다." —'신교육체제 수립을 위한 교육개혁 방안', 1995년 5월

"이제까지 교육의 주공급자는 국가였으며… 즉, 국가 또는 학교가 공급자로서 모든 것을 결정하고 학습자는 그것에 따를 뿐이었다. 교육은 일종의 배급제였다. 그러나 이제는 수요자가 나서서 교육 기회, 교육 내용, 교육 방식을 선택하고 결정과정에 참여하기 시작한다."

– 김신일, 「소비자 중심의 교육 시대로 들어선다」, 〈교육개발〉 1995년 5월호

그런데 신자유주의 교육 패러다임이 시장주의만으로 구성된 것은 아니었다. 시장주의만으로는 교육 문제 전체를 다룰 수 없었으며, 시장주의와 친화력이 있는 학습이론이 필요했다. 신자유주의 교육은 '개인주의'라는 공통 기반을 지닌 구성주의 학습이론과 결합한다. 그리하여 신자유주의 교육 패러다임은 크게 '시장주의적 학교·교원 정책'과 '구성주의 학습론'의 두 축으로 구성되었다. 시장주의적 학교·교원 정책은 '학교 민영화 추진', '학교 다양화 및 학교선택' 그리고 '경쟁적 교원 정책' 등으로 나타났고 구성주의 학습론은 개별화 학습을 중시하면서 '수준별, 선택형 교육과정', '학습자 주도 학습' 강조로 나타났다. 구성주의 학습론은 본래 신자유주의의 시장주의와 구분되는 별개의 학습이론이었지만 개인주의라는 공통의 토대 위에서 '개별화 교육', '선택' 등을 강조하면서 신자유주의 교육정책을 떠받치는 하나의 축이 되었다.

신자유주의 교육 패러다임은 지난 수십 년간, 세계 교육에 적지 않은 영향을 미쳤으며, 특히 한국의 경우 지배적인 힘을 발휘해 왔다. 5·31 교육개혁안은 전형적인 신자유주의 교육 패러다임에 입각한 교육개혁안이었고, 이후 지금까지 한국의 교육정책과 담론을 주도해 오고 있다. 5·31 교육개혁안에서는 신자유주의의 시대 인식이 명료하게 나타난다. '정보화·세계화의 무한경쟁 시대'라는 경쟁주의적 시대 인식을 제출하면서 교육정책을 '생존전략'이라고까지 표현한다.

"새로운 문명은 '정보사회', '지식사회'라는 말로 표현되고 있다. 우리가 지금부터 허리띠를 동여매고 대처해야 하는 것은 바로 이 새로운 형태의 문명이다."

　"전 세계는 이제 경제에 관한 한 국경이 없어진 세상이 되었다. 세계화 전략은 이러한 역사적 대전환에 대응하여 설계된 국가 생존전략이요, 발전전략이다."　　　　　　－ '신교육체제 수립을 위한 교육개혁 방안', 1995년

　당시에 5·31 교육개혁안이 제출했던 주요 정책들로는 '대학설립 준칙주의 및 국립대 법인화', '학교 자율화 및 기업적 경영 도입', '중등학교 다양화[23]와 학교선택권 부여', '수준별, 선택 중심 교육과정[24] 도입', '학생부 도입', '교원평가와 성과급제, 계약직 교원제도 도입', '학교평가 및 국가수준학업성취도평가'[25] 등이 있었다. 고교학점제 추진으로 최근 문제가 되고 있는 '선택 중심 교육과정'도 이때 제출된 주요 정책 중 하나였다. 이 중 '대학설립 준칙주의 및 국립대 법인화', '학교 자율화 및 기업적 경영 도입', '중등학교 다양화와 학교선택권 부여', '교원평가와 성과급제, 계약직 교원제도 도입', '학교평가 및 국가수준학업성취도평가' 등이 시장주의적 학교정책, 교원정책에 해당하고 '수준별, 선택 중심 교육과정 도입', '학생부 도입' 등이 구성주의의 개별화 학습론에 입각한 정책에 해당한다. 이들 주요 정책들은 그동안 신자유주의에 관한 한 전혀

---

23. 특목고 확대, 자사고 도입 정책으로 나타났다.
24. 5·31 교육개혁안은 1995년부터 1997년까지 4차에 걸친 교육개혁 방안 발표로 진행되었는데, 고교학점제의 핵심 내용인 '선택 중심 교육과정'은 2차 교육개혁 방안 발표에 담겨 있다.
25. 일명 '일제고사'라 칭해진 평가 정책. 교육시장화론에서 '전국적 평가'는 중요한 정책 중 하나이다. 교육을 상품으로 볼 때, 상품의 질을 판단할 수 있는 '기준'이 필요하기 때문이다. 일제고사는 학생을 일제식으로 평가하는 데 그치지 않고 학교 간 우열을 평가할 수 있는 기준이 된다.

차이가 없었던 수구 및 자유주의 정권[26]들을 거치면서 거의 대부분 시행되었다. 그리고 일제고사라 비판받은 '국가수준학업성취도 평가'를 빼고는 지금까지도 대부분 남아 있으며 아직까지도 한국 교육을 지배하고 있다.

하지만 세계적 차원에서 볼 때 신자유주의가 그들의 뜻대로 교육구조를 변화시키는 데 성공한 것은 아니었다. 신자유주의 교육론은 이데올로기적 헤게모니의 부침과 교육 주체들의 저항 정도에 따라 굴곡을 겪었다. 교육을 곧 '시장'으로 보려는 극단적인 시도는 그리 오래가지 못했다. "교육도 상품"이라는 규정은 교육의 본질적 성격과 맞지 않았으며 많은 나라에서 거센 저항을 받았다. 우리의 경우에도 초기에 거침없이 내세웠던 '교육 소비자-공급자 개념'은 슬그머니 잦아들었다. 또한 한국에서도 '영리학교 허용 시도' 같은 강도 높은 학교시장화 정책은 자유경제구역 등에서 제한적, 부분적으로밖에 시도되지 못했다. 대신 학교선택 논리와 결합된 특목고, 자사고 등 귀족학교 정책이 주요하게 나타났다. 외국의 경우엔 노골적인 학교 시장화 정책은 대부분 제대로 시도조차 되지 못했다. 효율성 강조의 시장논리만으로 교육의 공적 성격을 넘어서기 어려웠기 때문이다. 독일은 낮은 수준에서 시장주의 정책을 시도해 무상이던 대학등록금 제도를 유상으로 변경하려 했으나 그리 오래가지 못했다.[27] 결론적으로 학교시장화 정책은 실패했으며 경쟁과 개인주의 확산 등 이데올로기 효과와 교원 노동 유연화와 근무조건 악화 등을 주요하게 결과했을 뿐이다. 오히려 오랜 시간 신자유주의 교육을 지탱해 온 것은 '선택형 교육과정' 등 구성주의의 '개별화 교육론'에 입각

---

26. 정책 방향은 김영삼 정권 때 수립되었고 주요 정책 대부분이 김대중, 노무현 정권 시기에 추진되었으며, 이명박 정권 시기에 현재의 체제가 완성되었다고 할 수 있다.

27. 2005년에 독일의 일부 주에서 대학등록금 제도가 도입되었으나 대학과 독일 국민의 저항으로 되돌려져 2014년부터는 다시 독일 전역에서 대학교육이 무상화되었다.

한 교육과정 정책이라 할 수 있다. 개별화 교육론은 신자유주의 시대 확산된 경쟁적 개인주의와 결합하면서 최근까지도 적지 않은 영향력을 발휘해 왔다.

신자유주의 교육 패러다임의 부침 과정은 나라마다 다르다. 핀란드와 같은 나라들은 교육 주체들의 거센 반발로 신자유주의 헤게모니 기간에도 거의 영향을 받지 않았다. 유럽은 전반적으로 그 영향이 제한적이었다. 영미권과 한국, 일본 등 동아시아 지역이 가장 많은 영향을 받았다고 할 수 있다. 한국은 본산인 미국과 영국보다 신자유주의의 교육정책이 더 많이 펼쳐진 경우에 해당하며 현재도 그 영향이 가장 강하게 남아 있다고 할 수 있다.

2010년대에 접어들면서는 시장주의적 학교정책만이 아니라 구성주의의 개별화 교육론도 후퇴하는 양상을 보인다. 그것은 2008년 세계경제 위기를 계기로 신자유주의의 이념적 헤게모니가 약화된 반면, 협력과 공동체성이 요청되는 새로운 시대적 상황을 맞이하기 시작했기 때문이다. 영국에서는 2013년 구성주의에 입각한 '역량 중심 교육과정'을 폐기[28]하였고 뉴질랜드에서는 2017년부터 고교 보편교육 강화를 위한 교육개혁 작업[29]에 착수하기도 했다.

그런 점에서 세계적 차원에서는 2010년대부터 이미 신자유주의에서

---

28. 영국에서는 2013년 '역량 중심' 교육과정을 폐기하기로 선언한다. 2013년 개정된 영국의 국가교육과정 총론에서는 이전의 '역량 중심'에서 '핵심 지식'을 강조하는 교육과정으로의 전환을 다음과 같이 공식화하고 있다. "국가 교육과정은 학생들에게 교육받은 시민이 되는 데에 필요한 핵심 지식에 입문시키는 데 있으며, 이를 위해 학생들이 지금까지 사유되고 말해진 최상의 것을 접하고, 인간이 창조하고 성취해 온 것을 이해할 수 있도록 도와주고자 한다." 그러나 영국에서의 이러한 전환은 보수당 정권에 의해 추진된 것으로서 새로운 패러다임이 아니라 전통적 방향으로의 회귀적 성격이 강하다. 구성주의의 개별화 학습론에 대해서는 교육 공공성과 보편교육을 중시하는 진보적 관점에서만이 아니라 문화적 보수주의에서도 반대한다. 문화적 보수주의는 주로 전통적 관점에서 '학력 저하' 문제를 제기한다. 이런 경향은 일본에서 구성주의와 문화적 보수주의 간에 벌어진 '유도리 교육'을 둘러싼 대립에서도 나타난다.

탈피하는 새로운 교육 패러다임에 대한 모색이 시작되었다고 할 수 있다. 우리에게는 유네스코, OECD의 교육 패러다임 전환이 갑작스러운 듯 보이지만 결코 느닷없는 일이 아닌 것이다. 특히 유럽 등에서는 새로운 교육 패러다임으로의 변화 논의가 활발하게 진행된 것으로 보인다. 그렇지만 2010년대 중반까지는 신자유주의 교육 패러다임 헤게모니가 크게 상실되고 그를 극복하려는 논의들이 확산되기 시작하기는 했지만 여전히 일정한 영향력이 유지되었고 새로운 교육 패러다임이 뚜렷이 정립된 상황은 아니었다고 할 수 있다.

신자유주의 교육론으로부터의 탈피 선언

이런 상황에서 시대 변화와 2015년 유엔 '지속가능발전목표' 결의는 신자유주의 교육 패러다임이 패퇴하고 새로운 교육 패러다임으로의 전환이 이루어지는 정립되는 결정적 계기가 되었다. 신자유주의의 '무한경쟁의 정보화 시대 인식'이 폐기되고, '대전환 시대 인식'으로 전환되는 결절점으로 작용했기 때문이다. 그리고 OECD 2030과 유네스코 2050을 통한 새로운 교육론의 제출은 교육 패러다임 전환이 세계적 차원에서 공식화되기 시작된 것임을 의미한다. 특히 유네스코 2050은 신자유주의 교육 패러다임의 퇴출을 명시적으로 선언하고 있다. 예컨대 그동안 시장주의와 구성주의에서 교사와 학교의 역할을 폄하해 온 견해에 대해 다음과 같이 분명한 선을 긋는다.

---

29. 2017년부터 교육개혁을 위한 사회적 대토론이 전개되어 2018년에 교육부 보고서가 발표되었다. "현행 자율학교 모델이 원래 의도대로 학생 성취도를 끌어올리거나 공평성을 개선하는 데 성공적이었다고 시사하는 증거는 없습니다. 사실은 학생 성취도가 정체했고 일부 영역에서는 악화되었으며, 성취도가 가장 좋은 학생과 가장 나쁜 학생 간의 격차가 확대되었습니다"(뉴질랜드 〈교육의 미래 보고서〉, 뉴질랜드 교육부, 2018년). 2020년부터 뉴질랜드는 고교에서 보편교육을 강화하는 교육개혁을 진행 중이다.

"어떤 기술도 훌륭한 인간 교사를 대체할 수 없습니다."

– 유네스코 2050 5장

"학교가 존재하지 않는다면, 우리는 그것을 발명해야 할 것입니다."

– 유네스코 2050 6장

또한 무엇보다 시장주의와 개별화 학습론의 바탕이 되어 온 개인주의에서 탈피해야 함을 강한 어조로 반복적으로 강조하고 있다. 신자유주의의 사상적 기초를 근본적인 지점에서부터 비판하는 것이다.

"단기적 이익과 과도한 소비를 우선으로 하는 경제 모델은 전 세계적으로 수많은 사회를 특징짓는 탐욕적인 개인주의, 경쟁, 공감 결여와 밀접하게 연결되어 있습니다."

– 유네스코 2050 서론

"교육은 우리가 모든 사람의 존엄성, 양심의 권리와 사상의 자유가 나타내는 위대한 성취에 대해 계속 배울 것을 요청합니다. 그러나 '인간 예외주의'와 '소유적 개인주의'는 버려야 한다고 말합니다."

– 유네스코 2050 3장

"교육학은 오랫동안 지속되어 온 배제와 개인주의적 경쟁 방식을 대체하여, 협력과 연대의 원칙을 중심으로 변화해야 합니다."
"2050년을 바라보면서 우리는 성취에 대한 개인주의적이고 경쟁적인 정의를 우선시하는 교육 방식, 수업 및 측정을 포기해야 합니다."

– 이상 유네스코 2050 에필로그

이와 관련해 개인주의의 극복을 강조하는 것이 '개인의 가치' 자체를 경시하는 것이 아님에는 유의할 필요가 있다. 개인주의는 개인과 공동체를 대립적인 관계로 보면서 개인을 우선시한다. 반면 유네스코가 말하는 개인은 '사회와 세계 속의 개인'이다. 유네스코는 개인과 공동체 중 어느 하나를 우선시하는 것이 아니라 상호의존적 관계로서 서로 결합되는 것으로 본다. 개인과 공동체의 관계에 대한 다른 관점인 것이다. 이렇게 새로운 교육론에서는 신자유주의의 기본 관점과 사상적 토대를 정면으로 비판하면서 교육 패러다임 전환을 이루고 있다.

교육 패러다임의 세 가지 유형과 새로운 변혁적 교육 패러다임

OECD 2030, 유네스코 2050에서 제출하는 새로운 교육 패러다임과 신자유주의 교육 패러다임의 주요한 차이는 다음과 같다. 첫째, 신자유주의가 '정보화·세계화의 무한경쟁 시대'라는 시대 인식을 제출했다면, 새로운 교육론에서는 '지속가능한 미래 건설을 지향하는 대전환' 시대 인식을 제출한다. 둘째, 신자유주의가 교육을 개인과 국가의 경쟁력 향상을 위한 수단으로 삼았다면, 새로운 패러다임은 '개인과 공동의 웰-빙', '지속가능한 미래 건설을 위한 변혁적 주체 형성' 등 모두를 위한 목적을 제시한다. 셋째, 신자유주의가 사회 변화에 대해 사람들이 적응해야 하는 수동적 관점을 가졌다면 새로운 패러다임은 사회 변혁을 추동할 수 있고, 이루어야 한다는 능동적 관점을 취한다. 넷째, 신자유주의가 신지식인, 창의융합인재 등 엘리트 인재상을 지향했다면, 새로운 패러다임은 '협력적, 주체적, 변혁적'인 보편적 인간상을 제시한다. 다섯째, 신자유주의가 개별화 교육을 강조했다면, 새로운 패러다임은 보편교육 강화를 강조한다. 여섯째, 신자유주의가 지식을 폄하하고 경험과 활동 중심을 편향적으로 강조했다면 새로운 패러다임은 지식과 활동,

경험의 결합을 추구한다. 일곱째, 신자유주의가 효율성, 수월성, 선택 등을 강조하면서 경쟁주의적 교육 정책들을 펴 나갔다면 새로운 패러다임은 발달, 보편성, 공동의 가치 등을 강조하면서 교육 공공성 강화를 추구한다.

OECD 2030과 유네스코 2050의 새로운 패러다임은 전통적 패러다임으로의 회귀가 아닌, 통합적 패러다임이다. OECD 2030 프로젝트에 참여한 영국의 교육사회학자 마이클 F. D. 영은 교육과정과 관련된 주요 패러다임을 '전통주의', '진보주의[30] 또는 신자유주의', '사회적 사실주의[31]에 입각한 새로운 패러다임'의 세 가지 유형[32]으로 구분한다. 영은 전통주의의 '힘 있는 자들의 지식'도 신자유주의의 '지식 자체의 부정'도 아닌 모든 사람의 '힘 있는 지식'을 강조한다. 영은 '과거지향적 학문과 엘리트주의에 바탕'하는 '전통주의'는 새로운 혁신의 원천이 없으며, '자연적 발달과 지식의 상대주의적 관점을 강조'하는 '진보주의 또는 신자유주의'는 도구적 지식이론으로 귀결되었다고 양자 모두를 비판하면서 시나리오3, 즉 새로운 통합적 패러다임을 제안한다.

---

30. 20세기 이후 전통주의적 교육관을 강하게 비판하면서 등장한 교육 사조를 진보주의라 칭하는데, 듀이로 대표되는 진보주의는 구성주의 학습이론으로 연결된다. 진보주의 및 구성주의가 신자유주의 교육론을 뒷받침하는 교육이론으로 결합하였기 때문에 영은 '진보주의 또는 신자유주의'로 묶어서 분류하고 있다.

31. 지식의 객관적, 사회적 실재성과 인식론적 한계를 동시에 인정하면서 이론과 실천, 지식과 경험의 통합적으로 바라보려는 지식사회학 관점으로 영이 주창했다. 영은 '사회적 사실주의'라는 관점 속에서 전통주의와 구성주의를 함께 비판하면서 통합적으로 극복하려 한다.

32. 영은 '미래 시나리오'라는 명칭을 사용하여 교육과정을 구성하는 패러다임을 세 가지 유형으로 구분한다. "미래 시나리오1(전통주의): 경계가 주어지고 고정된 미래는 '자연적'이거나 '사회화가 덜 된' 지식의 개념과 연계되어 있다." "미래 시나리오2(진보주의 또는 신자유주의): 경계의 극단 지점에서 미래를 위한 '과잉 사회화된' 지식의 개념과 연계되어 있다." "미래 시나리오3(사회적 사실주의): 신생하는 글로벌 맥락에서 지식의 창조와 획득을 위한 조건으로서 경계 유지와 경계 가로지르기는 양자 사이의 다양한 관계에 있다"(심성보, 「마이클 F. D. 영의 지식이론과 교육과정 비판」).

"새로운 지식과 인간의 진보를 보다 일반적으로 획득하고 생산하기 위한 기초로서 경계의 지속적 역할을 강조", "'힘 있는 지식'은 곧 '좋은 사회(좋은 일자리와 주택 및 문화 등)'를 창조하는 데 기여할 것이다. 즉, '힘 있는 지식'은 사회정의를 위한 교육과정과 결합되어 있다. 결국 사회정의를 위한 교육과정은 정의로운 학교와 정의로운 사회와 연동될 것이다."

-심성보, 「마이클 F. D. 영의 지식이론과 교육과정 비판」,
『교육과정에서 왜 지식이 중요한가』, 2020

　OECD 2030과 유네스코 2050의 새로운 패러다임은 영이 제안하는 세 번째 유형과 비슷한 맥락[33]을 지닌다고 할 수 있다. '사회적 사실주의'라는 지식사회학 차원의 개념을 별도로 놓는다면 보수적인 전통적 패러다임과 시장주의적 신자유주의 패러다임을 모두 극복하려는 취지와 방향에서 동일하다.

　영의 이러한 유형 구분은 교육 패러다임의 변화 흐름을 거시적으로 파악하면서, OECD 2030과 유네스코 2050의 새로운 교육 패러다임이 지닌 역사적 성격을 이해하는데 적절하다고 생각된다. 또한 한국에서의 교육정책, 교육 이데올로기, 담론의 변화 과정을 이해하는 데도 도움이 된다. OECD 2030과 유네스코 2050에서 제출하는 새로운 교육 패러다임은 그동안 교육 공공성 강화와 교육 민주화의 방향에서 독재정권의 파시즘 교육, 신자유주의 교육 모두를 비판하면서 한국 교육의 구조적 변화를 추구해 온 진보교육운동의 맥락과도 맞닿아 있다고 할 수 있다. 한국적 상황에서는 영의 세 가지 유형을 독재정권 시기의 파시즘적 교육과 1995년 이래 현재까지의 신자유주의 교육 그리고 새로

---

33. 실제로 영은 〈OECD 교육 2030〉 프로젝트에 참여하여 지식 개념을 정리하는 작업을 주도하는 등 직접적 영향을 끼치기도 하였다.

운 패러다임을 대별할 수 있다. 이를 표와 같이 정리해 볼 수 있다.

	전통적 패러다임 (한국은 독재 정부 시기)	신자유주의 교육 패러다임	새로운 변혁적 교육 패러다임
시대관	위계 사회/냉전시대	무한경쟁 시대	대전환 시대
교육목적	엘리트 양성, 순응적 노동력 형성	개인과 국가의 경쟁력 향상	사회 변혁을 위한 협력적 주체 형성
교육–사회 관계	사회질서 재생산	시대 변화 적응	사회 변혁 추동
교육의 성격 규정	국가 주도 공공재	민간재 또는 제한적 공공재(정부 주도)	(공공성을 강조하는) 강한 공공재 또는 공동재
인간상	국가인재/산업일꾼	엘리트 인재상 (신지식인, 창의융합인재)	보편적인 주체적 인간
교육 방향	계층 교육 (엘리트 교육/낮은 수준의 보편·직업교육)	개별화 교육 확대	보편교육 강화
교육과정 원리	지식, 학문 중심	활동, 경험 중심	지식–경험 결합
주요 지향 또는 원리	수월성, 국가주의 이데올로기, 하향식 관료주의	경쟁과 효율성, 수월성, 창의성, 선택 원리	주체성, 변혁성, 협력과 연대의 원리
주요 정책	서열적 엘리트주의 대학교육, 중등 직업교육 확대	학교 민영화, 학교선택·교과 선택, 평가를 통한 표준화, 경쟁적·기업적 학교 운영 및 교원 정책	초·중등 보편교육의 내용적 강화, 대학교육 보편화 형성 평가 중심, 고부담 평가 폐지, 교사 자율성 및 참여 확대

OECD와 유네스코 스스로의 변화

패러다임 전환과정은 내적 변화 과정을 함께 수반한다. 다시 말해 주체 스스로의 변화와 결합된다는 것이다. 두 보고서는 제출하는 내용의 새로움만큼이나 그것을 구성하는 과정에서 스스로가 변화되는 과정을 겪었다. 패러다임 전환 과정에서 두 기구에서 일어난 변화를 잠깐 소개하는 것도 좋을 듯하다.

내적 변화 과정은 OECD가 더 극적이다. OECD 2030의 경우 프로젝트를 시작할 때와 나중에 나온 결과물이 달랐다. 프로젝트 중간에 기본 방향이 바뀐 것이다. 그만큼 더 역동적이고 파격적인 변화를 거쳤다고 할 수 있다. 〈OECD 교육 2030〉 프로젝트는 2015년에 시작되었는데, 시작할 때만 하더라도 〈OECD 교육 2030〉은 신자유주의 교육 패러다임에 입각했고 이전의 데세코 논의의 연장선에서 출발했다. 그래서 '제2의 데세코 프로젝트'로 불리기도 했다. 그러나 프로젝트에 진행 과정 중 데세코의 핵심역량 논의가 시대적 요구를 제대로 반영하지 못한다는 광범하고 치열한 비판이 전개되었고, 그를 통해 기본 방향 자체를 수정하는 일대 변화가 중간에 일어난다. 이러한 변화에 결정적인 영향을 미친 것이 바로 2015년 유엔의 '지속가능발전목표' 결의와 대전환 시대 인식이었다. 2016년 제4차 워킹그룹회의[34]에서 프로젝트 참여자들이 대전환 시대 인식을 수용하면서 기존의 관점, 패러다임을 수정했던 것이다. 애초에 제안되었던 '핵심역량'과 '역량 틀' 개념이 폐기되고 '학습 틀' 구성 속에 시대적 과제를 담아내는 것으로 방향이 전환되었다. 방향 전환 이후 OECD 2030은 '교육목표의 확대', '지식의 교육적 의미 복원' 및 '역량과의 관계 재구성', '변혁적 역량 개념의 제출' 등 내용을 새롭게 재구성해 나갔고 애초의 방향과는 완전히 달라진 〈OECD 교육 2030〉 보고서를 2018년 발표하기에 이른다.[35] 물론 방향과 내용에서 OECD 2030은 유네스코 2050에 비해 덜 급진적이며 덜 근본적이다. 그러나 그동안 국

---

34. 2016년 개최된 4차 워킹그룹 회의에서 기존의 '핵심역량'을 폐기하고 애초에 제시되었던 '역량 틀'을 '학습 틀'로 수정하는 전환이 이루어졌다. 이후 '변혁적 역량'의 개념화, 행위주체성 강조, 핵심 구성 요소로서 '지식'의 지위 규명 및 지식/역량 관계 개념화 등이 새로운 관점과 방향 속에서 이루어졌다.

35. OECD 2030은 프로젝트 진행 과정 중에 방향을 전환한 것이기 때문에, 기존 패러다임과의 절충이나 과도적인 내용도 일정하게 존재한다. 예컨대 교육목적의 전환이 아니라 확대로 표현한다든지 하는 것들이다.

제 사회에서 주류 세력의 입장을 대변해 온 OECD라는 기관의 조직적 성격으로 볼 때, 기존의 신자유주의적 관점에서 탈피해 '지속가능한 미래 건설을 위한 사회와 교육의 변혁'이라는 방향으로 전환한 것은 내적 변화라는 측면에서는 유네스코보다 오히려 더 파격적이라 할 수 있다.

유네스코는 유엔 산하 기구로 이전부터도 기후위기에 대한 대응을 강조해 왔고, 교육 공공성 강화를 주장해 왔다는 점에서 내용 자체가 OECD 2030처럼 극적으로 변화된 것은 아니다. 그러나 유네스코 2050도 '교육 공동재' 개념 등 새로운 제안들을 제출하고 있으며, 이전과 다른 수준의 강한 실천적 의지를 담고 있다. 유네스코 2050은 기존의 유네스코 보고서와는 차원이 다르다. 100만 명이 넘는 사람들의 광범한 참여를 조직한 작업 방식, 공동재 개념과 기존 교육목적 문제 등 논쟁을 불러일으키는 내용, 새로운 교육 패러다임을 체계적으로 표현한 구성 방식 등에서 모두 새롭다. 이러한 방식은 이전까지 유네스코가 취해 온 방식과는 매우 다른 것이다. 이전에는 유네스코도 국제기구라는 제약이 있기 때문에 가급적 논란을 피하는 방식을 취해 왔다. 예컨대 비교적 널리 알려진 1990년 '모두를 위한 교육 세계선언'은 추상적으로는 상당히 진보적인 개념을 제출한 것이지만, 실제는 불과 3쪽에 불과한 문서로 구체적으로는 '기초교육의 보편적 실현'을 선언한 것이다. 따라서 세계 거의 모든 나라가 선언문에 서명을 하는 데 부담이 없었다. 또한 주류 헤게모니와도 타협해 왔다. 이번 보고서와 같이 국제위원회를 구성해 작성되었던 1996년의 〈학습: 그 속의 보물〉 보고서[36]의 경우엔 당시 헤게모니를 장악했던 신자유주의에 상당히 타협적인 모습(경쟁의 불가피성 인정, 개인의 성공에 초점을 두는 개인주의 경향 등)을 보이고 있다.

---

36. 1996년 Delors Commission의 보고서 〈학습: 그 속의 보물(Learning: The Treasure Within)〉.

"한편으로는 경쟁의 필요성과 다른 한편으로는 기회 평등에 대한 관심 사이의 긴장⋯ 인센티브를 제공하는 경쟁."

"교육은 개인 및 지역사회 개발의 핵심입니다. 그 사명은 예외 없이 우리 각자가 모든 재능을 최대한 개발하고 자신의 삶에 대한 책임과 개인적인 목표 달성을 포함하여 우리의 창조적 잠재력을 실현할 수 있도록 하는 것입니다."

"또한 위원회가 교육이 경제 및 사회 발전에 기여해야 함을 인식하고 있음을 보여 줍니다. ⋯ 노동시장의 수요와 공급의 불일치 문제에 대한 유효한 대응이 보다 유연한 시스템에서 나올 수 있다고 믿습니다."

"교육은 본질적으로 고독한 활동이지만⋯", "교육은 시장의 힘만으로는 규제할 수 없는 커뮤니티 자산입니다. 위원회는 그럼에도 불구하고 재정적 제약의 힘을 과소평가하지 않으며 공공/민간 파트너십의 운영을 지지합니다."
　　　　　　　　　　　　　　　　　　　－ 이상 〈학습: 그 속의 보물〉, 유네스코, 1996

그런 점에서 유네스코 역시 상당한 변화의 모습을 보여 준다. 가장 인상적인 것은 무엇보다 의지를 강하게 담아낸 태세 전환이다. 더 이상 '선언'으로 그치지 않겠다는 것이다. 주류 헤게모니에 대한 대항을 촉구하는 전복적 입장을 과감하게 드러내면서 논란을 피하는 것이 아니라 오히려 촉발하고 있다. 스스로 광범한 토론을 유발하려는 목적에서 작성되었음을 밝히고 있기도 하다. 물론 이 모든 것은 교육과 사회를 실제로 변혁해야 한다는 절박한 인식과 강한 실천적 의지로부터 비롯되는 것이다.

"이 보고서는 교육을 위한 사회계약이 실제에 있어 그리고 특정 맥락에서 의미하는 바에 대한 전 세계적 대화의 촉매제이자 도발용으로 의도

된 것입니다."　　　　　　　　　　　　　　　　　　－ 에필로그

　두 기구의 내적 변화 과정은 적지 않은 시사점을 준다고 생각한다. 먼저 시작되어야 할 지점은 우리 스스로 내부로부터의 변화인 것이다.

2절
새로운 시대 인식과 교육목적 전환의
실천적 의의

OECD 2030과 유네스코 2050이 중요한 의미를 지닌 많은 의제들을 제기하고 있지만, 그중에서도 전체를 관통하는 가장 핵심적인 부분은 '대전환 시대 인식'과 '교육목적 전환'의 두 가지라고 생각된다. 대전환 시대 인식은 새로운 변혁적 교육론의 가장 기본적 토대이다. 시대 인식으로부터 교육의 목표와 과제, 방향 등 기본 흐름이 규정된다. 교육목적은 본래는 여타 교육 의제를 규정하는 핵심적인 내용이지만 그동안은 관심의 대상이 아니었다. 그런데 새로운 교육론에서는 기존 교육목적을 명시적으로 비판함으로써 실천적인 쟁점으로 부상시키고 있다.

대전환 시대에 대한 올바른 이해가 필요하다

'대전환 시대'라는 말 자체는 이제 더 이상 새로운 단어는 아니다. 어느덧 정부나 자본도 널리 쓰기 시작하고 있다. 문제는 그 의미가 왜곡되거나 여전히 우리와는 상관없는 무심한 단어로 받아들여지는 데 있다. 대전환 시대가 가장 왜곡된 형태로 사용되는 경우는 '4차 산업혁명론'과 거의 동의어로 쓰는 경우다. 이때의 '대전환'은 산업구조의 전환을 의미한다. 제조업 중심에서 디지털산업 중심으로의 전환이라는 것이다. 이럴 경우 대전환 시대 개념은 신자유주의가 제기했던 '정보화·세계화의 무한경쟁 시대' 인식과 사실상 동일한 국민 동원 이데올로기가 되어 버리고 만다. 현재 정부와 자본은 주로 이 의미로 쓰고 있다. 이것의 변형된 형태는 '4차 산업혁명론'에 '현상적 생태 전환'을 부가적으로 더하는 경우이다. 이때의 생태 전환은 주로 석유 자동차에서 전기차로의 전환, 화력에서 재생에너지로의 전환 등 주로 현상적인 부분에 초점을 둔다. 최근 'ESG 경영'이나 'RE 100' 등 생태 전환 압력이 커지자 기업 경영 전략과 새로운 성장 전략 차원에서 이러한 관점이 제출되고 있다. 기본적으로 경제 중심 시각의 산업구조 전환이라는 관점에서 벗어나지 않는다. 따라서 이때의 생태 전환은 '지속가능한 새로운 시스템' 창출이 아니라 여전히 경제정책에 종속되는 현상적 생태 전환이다. 최근 정부와 자본의 전반적 흐름은 기존의 단순한 '4차 산업혁명론'에서 '4차 산업혁명+현상적 생태 전환'으로 이동하고 있다고 보인다.

그런데 새로운 패러다임에서 제출하는 '대전환 시대' 개념은 그러한 관점과는 근본적으로 다르다. '생태 및 기후위기', '불평등 심화와 민주주의 위기', '인지자동화와 직업세계의 변화', '인구구조 변화' 등이 총체적으로 맞물린 정치, 사회, 경제 전체 시스템 차원의 지속가능 위기이며, 따라서 총체적 사회 시스템을 전환해야 한다는 의미를 담고 있다. 새로운 패러다임에서 제기하는 '지속가능한 미래 건설을 위한 사회 변혁'이 바로 그런 의미이다. 이러한 총체적 사회 인식으로서 '대전환 시대' 개념은 OECD 2030에서 '환경적, 경제적, 사회적'이라는 세 가지 도전 과제로 진전된 다음 유네스코 2050에서는 더욱 체계적이고, 엄중한 내용으로 정립되고 있다. 유네스코 2050은 여러 위기가 분리된 것이 아니라 서로 중첩, 연결된 것으로 본다. 그것은 "우리가 만든 사회, 정치, 경제 시스템에서 파생"되는 것이기 때문에 이러한 전체 시스템 자체가 변혁되어야 한다는 것으로 연결된다. 또한 기존의 교육 시스템은 위기를 "재생산하고 영속화"하는 주요 요인이기 때문에 "진정한 변혁적 가능성"을 위해 역시 변혁되어야 한다고 본다. 새로운 교육 패러다임에서 말하는 '교육과 사회의 변혁'은 바로 이러한 의미에서다.

> "우리는 중첩되는 여러 위기에 직면해 있습니다. 확대되는 사회경제적 불평등, 기후변화, 생물다양성 손실, 지구의 한계를 초과하는 자원 사용, 민주주의 후퇴, 파괴적인 기술 자동화 및 폭력은 현재 우리의 역사적 분기점의 특징입니다."
>
> "그것들은 우리가 만든 사회, 정치, 경제 시스템에서 생겨난 것이며, 이 시스템에서는 단기적인 것이 장기적인 것보다, 소수의 이익이 다수의 이익보다 우선시됩니다."
>
> "교육 시스템은 우리가 공유하는 미래를 위협하는 바로 그 조건들-차별과 배제 또는 지속 불가능한 생활 방식을 막론하고-을 재생산하고 영속화함으로써, 교육의 진정한 변혁적 가능성을 제한합니다."
>
> – 이상 유네스코 2050 서론

새로운 교육 패러다임에서 제출하는 시대 인식은 '대전환' 개념에 대해 체계적, 총체적 인식을 제공한다. 일부의 왜곡되거나 파편화된 '대전환' 개념을 극복할 수 있도록 해 준다. 시대 인식은 교육과 사회 변혁으로 나아갈 수 있는 가장 중요한 토대이자 근거이다. '대전환 시대'에 대한 올바르고 풍부한 개념과 인식 그리고 그 확산은 교육 분야는 물론이고, 사회 변화에도 큰 힘을 줄 수 있다고 본다.

대전환 시대 인식과 관련된 두 번째 문제는 '정서와 의지'의 문제이다. 이미 많은 사람이 '지속가능', '기후위기' 등의 개념, 관련된 이야기들을 알고 있다. 그러나 지금까지 '지속가능' 문제를 먼 미래의 일 혹은 우리

밖의 일로 치부해 온 경향이 많았다. 유네스코 2050은 실천으로 승화되지 않는 환경 교육, 위기 경고에 무심한 어른들, 현실을 핑계 삼아 압도 당하는 기성세대를 질타한다. 실천적 절박함을 표현적 수사만이 아니라 내용적 흐름 속에서 강하게 드러낸다. 절박함은 주관적 의지만이 아니라 티핑포인트가 점점 더 빨라지고 있다는 과학적 데이터에도 의거한다. 이러한 실천적 절박함 역시 유네스코 2050에 담겨 있는 시대 인식의 중요한 의의다. 정서와 의지는 전염된다. 즉 사람에서 사람으로 퍼져 나간다. 그것은 실천적 에너지의 확산 과정이다. 대전환 시대 인식은 '인지'와 '의지'가 결합된 시대 인식이다. 과학적, 체계적으로 시대를 '올바로 이해하는 것'과 '아는 것을 실천적 정서와 의지로 전환'하는 것을 함께 제기하는 시대 인식이다.

'교육목적'을 구두선에서 실천적 의제로

OECD 2030과 유네스코 2050에서 제기하는 여러 교육 의제 중 실천적으로 가장 큰 의의를 지닌 부분은 구두선에 그쳐 왔던 '교육목적' 문제를 치열한 쟁점으로 부상시킨 점이다. 교육에서 가장 핵심적인 문제를 논쟁과 관심의 초점으로 만들고 있기 때문이다. 많은 사람의 관심 속에서 교육목적 문제가 다루어지고 변화한다면 가장 근본적인 지점으로부터 변화의 동력이 창출될 수 있다.

지금까지 많은 경우에 교육목적이나 목표, 방향, 교육적 인간상 등에 대해 추상적 구호로 치부하는 경향이 있었다. 그렇게 되어 온 이유가 있다. 첫째, 교육목적이 매우 추상적인 형태로 제시되기 때문이다. '홍익인간' '전인교육' 등이 그러하다. 의제의 성격상 추상 수준이 높을 수밖에 없긴 하지만, 어쨌든 사람들에게는 구체적 교육 현실과 연결된 것으로 다가서기 어려웠다. 둘째, 그로 인해 교육 현실의 실천과 행위를 변화시키는 데 실제적 영향력을 크게 발휘하지 못했기 때문이다. 대부분의 사람들은 그냥 '좋은 구호'로 여기기 십상이다. 소위 '이상과 현실의 괴리' 현상의 대표적 사례가 바로 교육목적과 목표, 인간상에 관한 문제들이라고 할 수 있다. 이러한 이유로 '교육목적' 의제는 매우 중요한 문제임에도 불구하고 사람들에게 주요한 관심 주제가 아니었다. 예컨대 '창의적 인간'이든 '자주적 인간'이든, 그 조합인 '창의적이고 자주적인 인간'이든 "교육 당국이나 학자들이 알아서 잘 만들었겠지" 하는 문제가 되어 온 것이다.

사태를 이렇게 만들어 온 중요한 원인 중 하나가 극복해야 할 대상을 분명히 하지 않는 방식에 있었다. 개념의 추상성이 높을수록 대립 지점을 분명히 할 필요가 있다. 어떤 의미 A는 'A는 B가 아니다'를 통해 분명해지고 구체화된다. 그냥 A만을 제시할 경우 그 의미는 매우 모호해지고, 구체적이지 못한 경우가 많다. 그런데 교육목적을 제시해 온 기존의 방식 대부분이 그냥 A만을 제시하는 방식이었다. OECD 2030도 이 방식을 벗어나지는 못했다. 그래서 내용적으로 상당한 의미를 지녔음에도 큰 반향을 불러일으키지 못했다. 그렇게 채용된 '웰-빙'은 그냥 좋은 구호에 머물게 된다.

그런데 유네스코 2050은 문제를 회피하지 못하도록 기존의 교육목적을 직접 비판하는 방식을 취한다. '개인적 성공, 국가적 경쟁 및 경제 발전의 가치를 강조하는 것'에 대해 명시적 비판을 가하고 있다. 사상적 배경이 되어 온 '개인주의'에 대해서도 '소유적', '탐욕적' 등의 수사를 동원하면서 신랄하게 비판하고 있다. 그와 같은 직접적 비판을 통해 회피할 수 없는 논쟁적 사안으로 만들고 있는 것이다. 이제 '교육목적'이라는 의제는 기존의 교육목적을 정말 '폐기할 것이냐, 아니냐'라는 뜨거운 쟁점이 되게 되었다. 논쟁이 광범해질수록 이제 교육목적 문제는 일부 학자와 관료들이 알아서 만드는 추상적 슬로건이 아니라 광범한 교육 주체들이 고민하고, 논의해야 할 실천적 의제가 된다. 그리고 더 많은 사람이 논의에 참여할수록 교육목적 의제는 변화의 동력을 창출하는 핵심 지점이 될 수 있다.

슬로건에 불과한 것으로 보였던 지금까지의 상황에서도 교육목적은 교육정책을 규정하는 데 큰 영향력을 발휘해 왔다. 대부분의 사람이 관심을 갖지 않는 사이 정부와 자본은 '경쟁력 강화'를 구호로 신자유주의 교육정책을 밀어붙여 왔다. 이제 교육 주체의 광범한 논의와 참여 속에 그 반대의 상황을 만들어 나가야 한다.

교육목적 전환 문제에는 두 차원이 있다. 하나는 교육 논의 속에서 교육목적 전환을 이루어 나가는 것이다. 이것은 주로 문서상의 변화로 나타나며 그를 통해 교육정책, 교육과정 변화에 영향을 미칠 수 있다. 또 하나의 차원은 각 개인과 각국 정부들이 실제로 기존의 경쟁주의적 목적을 탈피해 '개인과 공동의 웰-빙', '모두를 위한 미래 사회 건설'을 지향하도록 할 수 있는가 하는 문제이다. 그런 점에서 교육목적 전환 문제는 두 가지 차원의 실천적 논의와 연결된다.

첫째, 교육론 차원에서 기존의 경쟁주의적 성공과 국가 경쟁력 강화의 수단으로부터 '개인과 공동의 웰-빙', '지속가능한 미래 사회 건설'로 전환하는 것이다. 이는 교육 관련 문서에서부터 교육정책, 교육 내용에 이르기까지 교육 내부의 변화에 직결된다.

둘째, 사회 변혁에 대한 논의이다. 사람들이 실제로 경쟁주의적 성공에서 벗어날 수 있으려면 보다 평등한 사회를 조건으로 한다. 부와 권력이 불평등하게 배분되는 위계적 사회에서는 위계의 상층부에 서려는 욕망이 끊임없이 재생산될 수밖에 없기 때문이다. 따라서 교육목적 전환은 교육론을 넘어 사회 변혁에 대한 지향과 연결되는 문제이기도 하다.

더 평등하고 생태적인 지속가능 사회 건설에 대한 지향을 확산할 때만이 사람들의 실제적 교육목적을 변화시킬 수 있다. 따라서 교육목적 전환 문제는 교육적 논의를 통한 문서상의 변화가 우선적 의제이지만 근본적으로는 사회 변혁에 대한 논의도 필요로 한다.

사회 변혁의 상과 관련하여 유네스코 2050은 일견 모순되어 보이는 두 가지 방향을 동시에 제출한다. 한편으로는 성장주의 폐기를 말하면서 다른 한편으로는 경제적 웰-빙을 창조해야 한다고 말한다.

> "조화롭게 사는 능력-상호 존재와 웰-빙에 필요한 것 이상도 이하도 취하지 않음-은 교육을 통해 배울 수 있습니다. … 계속 확대되는 소비와 지구에 대한 지배를 전제로 하는 경제 모델은 무모한 허구를 지속시킵니다. 사회적 웰-빙과 생태적 지속가능성의 바람직한 균형을 이루면서, 그 안에서 살아가기 위해서는 우리가 배워야 할 경제적 행위의 임계값이 있습니다."   − 유네스코 2050 4장

> "교육은 혁신하고, 지식을 적용하고, 문제를 해결하고, 복잡한 작업을 수행하도록 사람들을 형성해 나갈 수 있습니다. 특히 더 높은 수준에서의 학교교육은 사람들로 하여금 그들의 지식과 기술을 사용할 기회를 갖게 되리라는 기대를 갖도록 할 뿐 아니라, 정교한 지식 및 인지적 기능을 갖춘 사람들을 창출합니다. 취업을 위한 교육이나 기업적 기술을 개발하기 위한 교육에만 집중하는 것은 잘못된 것입니다. 교육은 사람들이 자신과 가족, 지역사회를 위해 장기적으로 사회적, 경제적 웰-빙을 창조할 수 있도록 맞춰져야 합니다."   −유네스코 2050 2장

그러나 둘은 충돌하지 않는다. 유네스코가 말하는 '경제적 웰-빙'은

경제에 대한 기존의 관념인 '경제의 양적 성장'이 아니라 '질적 발전'을 의미한다. 그것은 기술적, 문화적 풍요를 포함하는 것이다. 유네스코가 말하는 새로운 경제 모델은 성장주의에서 벗어나면서도 경제적 웰-빙을 추구하는 모델이다. 물론 그 모델은 아직 정식화되지 않았다. 그렇지만 몇 가지 중요한 원칙, 방향들이 제시된다. 생태적 지속가능성, 불평등 해소를 통한 사회적 지속가능성, 상호 존재와 웰-빙에 필요한 만큼만 생산하고 소비하자는 것 등이다. 사실 성장주의의 메커니즘에서 벗어나 웰-빙을 추구하는 것은 상당히 어려운 과제이다. 그래서 더 많은 기술적 진보와 창조성을 필요로 한다. 새로운 교육 패러다임에서 강조하는 변혁적 역량, 창조성은 결국 이 시대 최대 과제이자 난제인 '성장주의에서 벗어나면서도 경제적 웰-빙을 추구하는 새로운 모델'의 창출에 관한 것이라 할 수 있다.

3절
교육-사회 관계에 대한 새로운 인식:
수동적 교육관 극복

교육과 사회의 관계-재생산론과 도구주의 극복

교육과 사회의 관계 문제는 "교육을 통해 사회를 바꿀 수 있는가"라는 교육사회학에서의 오래된 질문과 관련된다. 역사적으로 '비판적 교육사회학'이라 일컬어지는 일군의 교육사회학자들이 진보적 관점에서 '재생산 이론'이라 불리는 입장을 개진해 왔다. 보울스, 진티스의 '경제적 재생산론', 알튀세르, 부르디외의 '문화적 재생산론'이 대표적이라 알려져 있다. 이들의 기본 입장은 교육이 사회경제 체제에 규정당할 뿐 아니라 또한 지배적 체제를 재생산하는 기능을 한다는 것이었다. 재생산 이론은 교육 시스템의 본질을 인식하는 데 많은 영향을 미쳤다. 그러나 '교육을 통한 변화'의 여지를 없애 버리는 근본적 문제가 있다는 비판을 받아 왔다.

보수주의적 관점에서 이 문제에 대해 체계적으로 개진한 이론은 없어 보인다. 그러나 나름의 관점은 있다고 할 수 있다. 이념적으로는 "누구나 열심히 공부하면 성공할 수 있다"고 내세우기 때문에 재생산론에 동의하지 않는다고 할 수 있다. 물론 그렇다고 해서 교육을 통해 사회를 변혁할 수 있다고 보는 것은 전혀 아니다. '교육을 통한 사회 시스템의 변화'는 애초부터 관심의 대상이 아니며 교육에 그러한 역할을 부여할 수 없다고 본다는 것이 타당하다. 그들은 그러한 전제하에서 '교육을 통한 국가 발전' 같은 양적 변화를 추구할 뿐이다. 이는 교육을 통해 '세계를 바꾸는 것'이 아니라 '시대에 잘 적응'하는 데 초점을 두는 매우 수동적인 태도이다. 예컨대 5·31 교육개혁안에서는 '정보화, 세계화 시대에 대한 적응'을 강조했고, 최근에는 '4차 산업혁명 시대에 대한 적응'을 내걸고 있다. 관점의 차이는 있지만 결과적으로 진보적 관점의 재생산 이론이나 보수적 관점이나 모두 교육을 수동적인 것으로 바라봐 온 것은 마찬가지라고 할 수 있다.

그러나 이러한 수동적 관점만 있었던 것은 아니다. 비판적 교육사회학 일부에서는 재생산론의 일면적 시각을 비판하면서 교육의 능동적 역할 가능성을 강조하는 논의들이 제기되어 왔다. '저항이론', '실천교육학' 등으로 불리는 이 경향들은 사회경제 체제가 전면적으로 교육을 규정하는 것은 아니며, 일정한 공간과 저항, 변화의 여지가 있다고 강조한다. 저항이론이 생겨난 이후 교육사회학에서는 '교육을 통한 사회 변화의 가능성'이 주요 의제 중 하나가 되어 왔다. '실천교육학'의 대표적 학자인 마이클 애플은 "교육은 사회를 바꿀 수 있을까요?"라는 질문의 의제화 운동을 전개하기도 하였다.

> "교육 패러다임 전환 운동을 통해 우리 사회를 향해 말하고자 하는 핵심적인 이야기 중 하나는 우리 사회는 과연 교육을 통해 어떤 인간상을 지향하여야 하는가이다. 그리고 그러한 인간들의 관계로 구성된 사회가 어떤 사회이기를 바라느냐에 대한 이야기를 나누자고 청하는 것이다. '교육으로 어떻게 사회를 바꿔?'라는 관점에서 모두가 '인간으로서의 가치 있는 삶'을 실현하는 역량을 형성시키는 교육을 하기 위해서는 '이 사회는 과연 어떻게 바뀌어야 하는가'라고 질문을 바꾸어 던지는 일이 바로

교육 패러다임 전환 운동이 할 일 중의 하나이다."

– 손지희, 「비판적 교육이론과 한국교육운동」, 마이클 애플 초청 공동 심포지엄
"교육은 사회를 바꿀 수 있을까요?" 자료집, 2014

'교육과 사회의 변혁'을 강조하는 새로운 교육 패러다임은 "교육은 사회를 바꿀 수 있을까요?"라는 질문에 대한 대답이라고 할 수 있다. 바꿀 수 있으며 바꿔야 한다는 것이다. 유네스코 2050은 교육이 본래부터 인간 사회의 변혁에서 기초적 역할을 해 왔다고 말하고 있다. 즉 사회 변혁을 위한 주체적 힘을 형성하는 것이 교육 본래의 역할이라는 것이라는 것이다.

"교육–우리가 평생 동안 가르치고 배우는 것을 조직하는 방식–은 오랫동안 인간 사회의 변혁에서 기초적인 역할을 해 왔습니다. 교육은 지식 전수 및 공동 창조의 세대 간 순환을 구성하는 방법입니다. 교육은 우리를 세상 및 타인들과 연결하고, 우리를 새로운 가능성으로 인도하며, 대화와 행동을 위한 우리의 능력을 강화합니다. 그러나 우리가 원하는 미래를 만들기 위해서는 교육 자체가 변혁되어야 합니다."

– 유네스코 2050 서론

그러나 현재의 교육이 잘못된 정치경제 시스템을 재생산하는 기능을 수행하고 있다고 지적하면서 재생산론의 문제의식도 일정하게 수용하고 있다.

"더욱이 교육 시스템은 우리가 공유하는 미래를 위협하는 바로 그 조건들–차별과 배제 또는 지속 불가능한 생활 방식을 막론하고–을 재생산

하고 영속화함으로써, 교육의 진정한 변혁적 가능성을 제한합니다. 이러한 집단적 실패는 교육에서 우리의 행동을 규정하고 안내할 수 있는 새로운 공유된 비전, 새로운 원칙 및 약속의 필요성을 뒷받침합니다."

– 유네스코 2050 서론

교육 자체의 변혁적 역할 가능성과 현재 교육 시스템의 재생산적 기능을 함께 고려하면서 교육 자체의 변혁 필요성을 제기하는 것이다. 그것은 곧 사회 변혁을 지향하는 '변혁적 교육'이 되어야 함을 의미한다. 그리고 '변혁적 교육'이 되기 위한 몇 가지 주요한 방향들을 제출하고 있다. 첫째, '사회를 변혁하기 위한 힘, 즉 변혁적 역량'의 형성을 핵심 과제로 삼고 있다. 둘째, 연대와 협력의 교육을 방향으로 제시하고 있다. 셋째, 또한 더욱 구체적으로 '가치와 인권교육 강화', '교사의 역할과 참여 확대', '사회 운동과의 연대 강화', '성인교육의 변혁적 학습' 등을 특별히 강조하고 있다.

"공감, 차이와 연민에 대한 존중을 육성하고, 자신과 세상을 변혁하기 위해 함께 일할 수 있는 개개인의 역량을 구축하는 '협력과 연대의 교육(학)'을 요청합니다." – 유네스코 2050 서론

"인권교육은 잠재력을 최대한 발휘할 때 모든 사람의 인정과 번영을 약속하는 도덕적 세계로의 진입점과 공유된 언어를 제공함으로써 변혁적일 수 있습니다." – 유네스코 2050 4장

"'교육을 위한 새로운 사회계약'에서 교사는 중심에 있어야 하며, 교육 및 사회적 변혁을 가져오는 새로운 지식을 촉발하는 협력적 노력으로서

그들의 노동이 재평가되고 재구상되어야 합니다." - 유네스코 2050 5장

"성인교육은 진정으로 변혁적인 학습을 중심으로 재개념화되어야 합니다."
                                                          - 유네스코 2050 7장

"풀뿌리 커뮤니티와 사회 운동의 목소리는 우리의 미래를 형성하는 혼란과 변혁의 최전선에 있으며, 교육이 더욱 경청하고, 활용하고, 기여할 필요가 있는 지식과 통찰력의 중요한 원천입니다."
                                                          - 유네스코 2050 8장

OECD 2030과 유네스코 2050은 이 문제를 이론적 차원에서 자세히 다루지는 않는다. 새로운 패러다임은 이론적 논의를 건너뛰고 바로 '교육을 바꾸고 세계를 변혁하자'고 해 버린다. 그것은 한편으로는 유네스코 2050에서 말하는 대로 교육의 변혁적 역할은 인간 사회에서 역사적으로 확인되어 온 '사실'이기 때문에 이론적 설명의 문제로 보지 않기 때문이기도 하며. 또한 변화와 실천을 직접적으로 요청하는 절박한 시대적 상황 때문이기도 하다. 즉, 교육의 변혁적 역할 문제는 이미 이론의 문제가 아닌 실천의 문제라는 것이다.

주체 형성 문제의 의제화

교육을 통한 사회 변혁을 제기하는 것은 교육을 통해 사회 변혁 주체를 '어떻게' 형성할 수 있는가라는 문제를 교육의 중심 의제로 제출하는 것을 의미한다고 할 수 있다. 이 문제에 대해 이론적으로 천착한 일련의 경향이 있었다. 비고츠키는 체계적 교수-학습, 개념적 사고 형성을 통해서만 진정한 주체 형성이 가능하다고 보았다. 프레이리는 성인 학습에서

실천적 문해교육을 통한 주체 형성 가능성을 강조하였고, 마이클 애플은 현대 공교육에서의 실천적 가능성을 강조하였다. 영의 '힘 있는 지식' 개념의 강조도 같은 맥락이라 볼 수 있다.

OECD 2030과 유네스코 2050에는 이러한 논의의 성과가 일정하게 반영되고 있는 것으로 보인다. 체계적 학습, 개념적, 총체적 인식의 중요성, 이론과 실천의 반성적 과정을 강조하는 AAR 순환[37] 등등이 그러하다. 그러나 여전히 이론적으로 빈 공간이 많으며, 특히 현대 사회의 변화된 시대에서 제기되는 주체 형성의 문제는 새로운 이론적, 실천적 과제라고 할 수 있다. 예컨대 변혁적 주체 형성을 교육의 핵심 과제로 제기하면서도 막상 어떻게 변혁적 주체를 올바로 형성할 수 있는가에 대해서는 아직 체계적이고 충분한 분석과 방도를 제출하고 있지 않다. 이 문제는 앞으로 새로운 교육에서 본격적으로 고민하고 다루어 나가야 할 가장 중요한 이론적, 실천적 과제라고 생각된다.

---

37. 'Anticipation(예측)-Action(실천)-Reflection(반성)'으로 전개되는 변증법적 교수-학습 사이클을 지칭하는 것으로 OECD 2030 개념 노트에서 주요 주제의 하나로 다루고 있다.

1부 | 대전환 시대 세계 교육 패러다임의 '대전환'

4절
발달에 대한 과학적 접근 강화

OECD 2030과 유네스코 2050 보고서의 특징 중 하나는 그동안의 교육과학 성과가 적극적으로 반영되기 시작했다는 점이다. 보고서 내용 중 적지 않은 부분들이 실험적 증거와 데이터, 과학적 연구 성과에 기초하여 구성되고 있다. 특히 지식과 역량의 관계, 전이 등과 같은 주제를 다룰 때 과학적 성과를 반영함으로써 논란의 소지를 상당히 해소한다. 이러한 흐름은 보다 과학적인 교육학, 과학적 실천으로서의 교육 진전에 이바지할 것으로 생각된다. 두 보고서에서는 주로 최근의 신경과학 분야, 발달심리 분야에서의 성과를 반영하고 있다.

신경과학 분야의 성과 반영

유네스코 2050은 학습 문제와 연계된 신경과학의 성과를 '학습과학'의 진전으로 평가하고 있다.

"학습과학learning sciences의 동원: 최근 수십 년 동안 교육을 위한 가장 독특한 과학적 발전 중 하나는 학습과 관련된 뇌의 연구와 신경과학을 통한 것입니다. 여기에는 '뇌와 인간 신경학의 해부학, 구조 및 기능', '기억, 정보처리, 언어 발달 및 복잡한 사고 능력', '수면, 신체 활동,

감정, 스트레스 및 학대와 같은 학습에 대한 긍정적 및 부정적 자극의 효과들' 등 인간 발달의 모든 단계에서 신경 가소성에 대한 더 큰 이해가 포함됩니다. 학습 자체의 인지 과정은 말하기, 읽기, 쓰기, 공간 인식 등과 같은 특별한 기능에 대한 통찰력을 제공하는 데 매우 중요합니다."

"미래의 학습과학은 더 넓은 범위의 연구 질문, 가정, 가설 및 우선순위가 공평하게 표현되도록 하기 위해 젠더, 문화, 사회경제적 배경, 언어적 배경, 나이 등 다양한 배경을 가진 연구자를 참여시켜야 합니다. 신경 다양성, 학습 차이, 장애 연구 및 특수교육도 학습과학의 상당한 발전으로 혜택을 볼 수 있습니다."   – 이상 유네스코 2050 8장

그리고 주요한 연구 성과를 논의에 반영하고 있다. '뇌 가소성'에 대한 연구 성과에서는 청소년기를 '취약한 시기가 아니라 책임감을 발달시킬 수 있는 기회'로 재규정하고 있으며, 지속적인 생애 발달의 근거로 제출하고 있다. 또한 타인과의 상호작용, 다양한 요소들의 결합 속에서 이루어지는 인지 과정에 대한 해명을 '협력 학습', '지식-정서-역량의 결합' 문제 등에 대한 근거로 삼고 있다.

"발달신경과학의 발전은 청소년기에 폭발적으로 나타나 평생 동안 변화하고 발달하는 뇌의 능력을 입증했다. 특히 가소성 있는 뇌 영역과 시스템은 미리 계획하고, 결정의 결과를 고려하고, 위험을 평가하고, 충동과 감정을 조절하는 능력을 포함하는 자기규제의 발달에 관련되어 있다. 청소년기는 이제 취약한 시기가 아니라 책임감을 발달시킬 수 있는 기회로 간주될 수 있다."   – OECD 2030 개념노트 '변혁적 역량'

"인간 두뇌의 신경 가소성을 알려 주는 증거들이 늘어나고 있습니다.

다시 말해, 인간은 평생에 걸쳐 뇌가 물리적으로 변화한다는 의미입니다. 초기 몇 년이 결정적 형성기이긴 하지만, 우리는 이제 인간의 뇌가 모든 연령대에서 상당한 학습과 '재배선rewiring' 능력이 있음을, 예를 들어 환자들의 트라우마 극복에서 특정 화학물질이 인간 뇌의 재배선을 촉진하는 역할을 한다는 것을 알게 되었습니다. 이러한 통찰력은 성인교육과 학습에 잠재적인 영향을 미칩니다." – 유네스코 2050 2장

"신경과학은 앎과 느낌이 개별적인 고립이 아니라, 타인과의 직접적이고 확장된 관계 속에서 수행되는 동일한 인지 과정의 일부임을 보여 줍니다." – 유네스코 2050 4장

그러나 신경과학의 한계 또한 지적한다. '실제 상황과 다른 통제된 조건' 등 방법론적 제한이 있다는 것이고. 그리고 총체적 발달을 포괄하지는 못한다는 것이다. 따라서 신경과학 성과를 맹신할 것이 아니라 더욱 총체적인 발달 이론 속에서 결합해 나가는 것이 필요하다고 보고 있다.

"그러나 대부분의 현대 뇌 기록 방식은 실제의 교육적 맥락 및 상호 작용과는 거리가 먼, 고도로 통제된 환경에 의존합니다. 오늘날 인기 있는 연구 활동 중 하나는 다양한 학습 활동(예: 언어 이해 또는 수학적 추론) 중에 선택적으로 활성화되는 뇌 영역을 판별하는 것입니다. 그러나 이러한 연구들이 지금까지 교육-학습을 어떻게 설계해야 하는가에 대해서는 거의 밝혀낸 바가 없으며, 추가적인 분석적 연구가 필요합니다." – 유네스코 2050 2장

"학습과학의 통찰력이 강력하고 중요하기는 하지만 교육 전체를 포괄

하지는 않습니다. 인지는 우리가 배우는 유일한 방법이 아닙니다. 사회적 지식, 체화된 지식, 감성 지능 등은 신경과학을 통해 이해할 수 있지만, 그것만으로는 정의되지 않는 것들과 상호작용합니다."

– 유네스코 2050 8장

발달 관점의 도입

두 보고서는 신경과학의 성과를 학습 이론을 넘어 발달 개념과 연계하면서 발달론을 일정하게 도입하고 있다.

"학습과학 연구의 최근 증거는 학습자의 발달 패턴이 고정된 선형적 진행을 따르거나 교육과정에 기반한 지식의 공식적 위계에 따라 예측 가능하게 움직이기보다는 광범위하게 변한다는 것을 보여 준다. 학습자는 학습 상황에 따라 다른 순간에 다양한 수준의 기능, 역량 또는 이해도를 보여 줄 수 있다. 그러나 시간이 지남에 따라 학습자들은 확인할 수 있는 성숙 단계와 배움에 대한 자각을 통해 발달해 나간다. 특히 그들은 유년기와 청소년기를 거치면서 성숙한 어른으로 성장한다. 그들은 그들을 둘러싼 사회적 관계와 문화적 가치에 의해 인도되고 또한 도전을 받는다."

– OECD 2030 개념노트 '지식'

"협력과 교육적 공동 작업의 기회는 인간 성장 및 발달의 여러 단계에 따라 다양합니다."

"인간은 선형적으로 발달하지 않지만, 발달 단계에 따라 학습을 지원할 수 있는 적절한 방법과 학습자 간의 차이를 존중하고 학습을 개인화하는 바람직한 방법이 있습니다."

– 이상 유네스코 2050 3장

특히 유네스코 2050에서 유아기 발달 특성과 중요성에 대해 상세히 언급하는 부분은 인상적이다.

"양질의 유아교육이 모든 사회에서 우선시되어야 합니다. 인간의 삶의 초기 몇 년은 필수적인 신체적·인지적·사회적·정서적 성장이 엄청난 정도로 일어나는 상당한 두뇌 가소성과 발달의 시기입니다."

"이 단계에서는 친밀한 인간관계, 탐색과 놀이가 강조되어야 합니다. 먼저 발달하는 부분이 나중에 발달되는 능력 및 성향과 반드시 동일하지는 않다는 것을 기억하는 것이 중요합니다. 최고의 과학적 탐구 중 일부는, 예를 들어 곤충에 대한 단순한 관심에서 비롯될 수 있습니다. 상상력이 풍부한 역할극은 정교한 문해력을 위한 강력한 기반이 될 수 있습니다. 유아교육자들이 우리에게 말하듯이, 하찮은 게임처럼 보이는 것이 종종 자신과 세상을 이해하는 매우 진지한 작업입니다."

"우리는 인간의 학습이 환경과의 지속적인 상호작용에서 발생한다는 것을 알고 있습니다. 최적의 학습 환경은 영유아에게 모국어(들)에 대한 충분한 자극을 제공합니다. 책을 함께 읽고 일상적인 상호작용에서 풍부한 어휘를 사용하는 것은 교육의 기본 구성 요소인 문해력을 개발하는 데 도움이 됩니다. 텔레비전, 태블릿 또는 기타 전자 기기에 어린이를 놓아두는 것은 어린이에게 필요한 양질의 상호적인 사회적 경험을 대체하기에는 부적합합니다."

"모국어와 조상의 언어에 대해 초기 연령기에 몰입할 수 없는 경우, 아이들은 가족 구성원과의 소중한 연결, 그리고 공간과 시간을 초월하여 그들의 유산과 연결하는 문화적 방식을 알고 의사소통하는 방법을 잃어버릴 위험이 있습니다." – 이상 유네스코 2050 3장

청소년기를 어떻게 바라볼 것인가에 있어서도 새로운 진전을 보여 준다. 유네스코 2050에서 청소년을 "본질적으로 골칫거리, 반항적이거나 사회적 이익에 위험한 것으로 분류하는 결핍 내러티브는 특히 해롭다"라는 지적과 OECD 2030에서 "청소년기는 상처받기 쉬운 시기가 아니라 책임감을 발달시킬 수 있는 기회"로 규정하는 것은 상당히 의미 있는 새로운 관점이다.

> "발달신경학의 진전을 통해, 뇌 가소성의 두 번째 폭발이 청소년기에 발생하고 가소성을 갖는 두뇌의 부분과 시스템이 자기통제의 발달과 관련된 영역이라는 것이 밝혀졌다. 그러므로 청소년기는 상처받기 쉬운 시기가 아니라 책임감을 발달시킬 수 있는 기회인 것이다."
>
> – OECD 2030 입장문

> "젊음의 기간은 몇 년 또는 몇 개월이라는 짧은 기간 동안 상당한 신경학적·신체적 변화를 경험한다는 점에서, 유아기에 비견될 수 있습니다."
> "젊은이들이 자신의 관심사를 다듬고, 재능을 추구하며, 자신의 소명을 가장 잘 찾을 수 있는 직업을 찾아 나가게 되는 것은 이 단계일 때가 많습니다. 이론과 실천, 끝이 없어 보이는 준비와 의미 있는 경험 사이의 간극을 메우고 강한 목적의식을 심어 주는 것은 이 단계에서의 중요한 교육목표입니다. … 청소년을 본질적으로 골칫거리, 반항적이거나 사회적 이익에 위험한 것으로 분류하는 결핍 내러티브는 특히 해로우며, 이는 중요하지만 때로는 까다로운 전환기를 위한 세대 간 협력과 지원 기회를 제한합니다."
>
> – 이상 유네스코 2050 3장

또한 성인에게도 발달 개념 도입을 시도하는 것 역시 의의가 크다.

"성인과 성숙에 대한 문화적 개념이 재검토됩니다. 습관적인 생활 방식, 일과 여가와의 관계가 바뀔 것입니다. 이미 직업과 고용의 성격은 개인의 직장 생활 기간 동안 극적으로 변할 수 있다는 것이 널리 인정되고 있습니다. 우리는 시민으로서의 삶과 정치적 삶도 한 생애를 경과하면서 변화한다는 사실을 인식할 필요가 있습니다." – 유네스코 2050 7장

발달적 관점에 입각하는 것은 교육과정 구성과 교수-학습 실천에서 매우 중요한 의미를 지닌다. 비교육적이고 잘못된 행위들을 방지하는 한편 좀 더 효과적인 교육 실천을 도모할 수 있기 때문이다. 무엇보다 교육단계별 교육목표, 교수-학습의 주요 형태에 관해 체계적인 도움을 받을 수 있다.

체계적인 발달론이 결여될 때 많은 문제가 발생할 수 있다. 발달론의 부재 또는 괴리 속에서 지금까지 교육 문제를 과학적 실천의 문제가 아니라 '의지적 행위'의 문제로 접근하는 경향들이 있었다. 예컨대 '융합'이나 '코딩'이나 뭔가 새롭고 중요하다고 생각되는 것이 부각되면, 곧바로 초등 때부터 그런 교육을 시키자는 주장들이 제기되는 현상들이 그러하다. 어린 나이에 그것이 가능하냐는 물음에는 그냥 '쉽게 기초부터 가르치면 되지 않느냐'고 한다. 이런 식의 견해는 발달 과정에 대한 과학적 이해가 완전히 결여된 것이다. '융합'과 '코딩'의 기초는 사실 이미 학생들이 배우는 것과 다르지 않다. 알고리즘의 기초는 수학이다. 그리고 수학적 지식과 사고력에 기초해 코딩을 별도로 배울 수 있는 시기, 또 배우는 것이 타당한 시기는 한참 뒤이다. 실제로 해당 분야 전문가들은 "빠를수록 좋다"는 식의 마구잡이식 교육에 동의하지 않는다.

"'그건 바보 같은 짓이야(It's a stupid thing).' 논리적 사고력 배양을

목적으로 코딩 교육이 의무화된다는 것을 도무지 이해할 수 없다는 투였다. 그 정도의 교육 효과는 체스 같은 전략 게임으로도 충분히 얻을 수 있다는 것이다. 수학적 사고에 익숙하지 않은 초등학생에게 코딩 교육은 오히려 독이 될 수 있음도 경고했다. 의무화는커녕 아동 코딩 교육조차 의미 없다는 주장이다. 맞는 말이다. 한 판의 체스는 수 싸움의 연속이다. 수 싸움을 다른 말로 하면 논리적 사고 실험이다. 상대방이 둘 수 있는 모든 경우를 상상하고, 그에 대응하는 수를 만들어 내는 것이다. 체스판에 논리적 그림을 그리는 것과 마찬가지다. 두 수, 세 수 앞을 내다보는 것은 그림을 정교화하는 과정이라 볼 수 있다. 즉, 문제의 단순화 및 추상화, 절차적 해결 등 코딩 교육으로 얻을 수 있는 모든 교육적 효과를 포함하고 있다는 것이다. 개념 미술의 선구자로 평가받는 프랑스의 미술가 마르셀 뒤샹이 체스 국가 대표로 활약했다는 사실은 결코 우연이 아닐 것이다. 그는 코딩 교육의 기회를 전혀 가질 수 없었음에도 불구하고 말이다."

– 김기산, 「[개발자 아빠의 교육실험] 최종 보고서, 코딩 교육 정말 필요한가?」,
〈동아사이언스〉, 2019. 5. 28.

발달 과정에 대한 과학적 이해 없이 많은 나라의 교육과정 논의를 엉망으로 만든 대표적 사례가 소위 '역량 중심 교육과정' 논의이다. 역량 중심 교육과정 논의의 출발은 애초에 기업에서 시작되었다. 기업에서 필요한 능력들은 이러저러한 것들인데, 학교에서 그런 능력들이 제대로 길러지지 않은 채 사회로 나온다는 것이었다. 그런데 그런 역량들은 복잡하고 체계적인 오랜 과정을 거쳐서 형성되는 나중의 것이며, 또한 역량은 역량 자체로 길러지는 것이 아니라 다양한 지식, 기능, 가치를 토대로 하는 것이다. 기업은 그들에게 필요한 역량이 무엇인지 파악할 수 있을지는 몰라도 그것이 어떻게 형성되는지는 알지 못한다. 그런데 기업이 요구한 그런 역량들이 교육과정 구성 요소로 직접 제시된 것이 '데세코'의 '역량 중심 교육과정론'이었다. 역량이 중요하다고 제기한 기업가들은 물론이고, 그 누구도 역량들이 어떻게 형성되는 것인지 제시하지 못했다. 그로 인해, 상위 역량을 하위 역량들로 구성하는 식으로 교육과정 체제가 제시되었고, 실제로 적지 않은 나라에서 그런 식의 논의를 진행하는 웃지 못할 일이 벌어졌다. 가장 대표적인 곳이 바로 한국의 교육부이기도 했다. '역량 중심 교육과정론'을 제시했던 OECD 스스로 '교육 2030' 보고서에서 역량 개념을 바꾸고, 교육과정 핵심 요소로 지식의 의의를 복원시킬 수밖에 없었던 것은 그러한 명백한 오류와 실패 때문이었다. 설마 교육학자와 교육전문가들이 발달론을 잘 모르고 '교육과정'을 구성했겠느냐는 의문을 가질 수 있겠지만, 불행히도 그것이 지금까지 교육계의 실제 현실이기도 하다. 교육계에서 그나마 발달론이 부분적으로나마 도입되어 온 거의 유일한 분야는 유아교육에 불과하다. 지금까지 대부분의 교육과정 논의는 발달론과 거의 완전히 괴리된 채 진행되어 왔다.

이러한 상황에서 두 보고서에서 학습 과정과 관련된 신경과학 분야의 성과를 반영하고, 발달 관점을 도입하고 있는 것은 향후 보다 과학적이고 체계적인 논의를 확산시키는 의미 있는 계기가 될 수 있을 것이다. 아직 두 보고서 역시 충분히 체계적인 발달론에 서 있다고 보기는 어렵다. 유아교육에 대해 다소 풍부한 이해를 언급한 것 외에 초·중등 교육과정 구성과 연결될 수 있는 발달 관점과 내용은 여전히 미흡하다. 그럼에도 불구하고 두 보고서 모두 발달에 대한 과학적 접근을 시작함으로써 향후 논의를 한 단계 끌어올리는 역할을 할 것으로 기대된다.

5절
'실천적 교육'의 강조

유네스코 2050의 경우 특히 '실천적 교육'에 대한 강조가 특히 두드러진다. 어떻게 보면 이들 보고서에서 실천을 강조하는 것이 별다르지 않게 보일 수도 있다. '실천적 교육'을 강조하는 이야기들은 여태까지도 많이 있었기 때문이다. 그런데 유네스코 2050에서의 '실천'에 대한 강조는 그런 통상적인 차원을 넘어서는 맥락을 보인다. 절박한 시대 인식에서 비롯되어 '정말로!', '실제로!' 변화해야 한다는 강한 의지를 표출하는 것이다.

첫째, 교육 변화에 대한 이 기관들 스스로의 강한 실천적 의지이다. 강한 실천적 의지는 '표현과 수사' 차원을 뛰어넘는다. 그것은 '논란'을 무릅쓰는 방식을 과감하게 채택하는 데서 잘 나타난다. 구두선을 뛰어넘는 교육목적 전환에 대한 문제 제기도 그렇거니와 '공동재' 개념, '기후위기의 제1 의제화' 등 논란이 불가피한 의제를 여럿 제기한다. 논란, 논쟁, 토론이 광범할수록 실제의 변화로 연결될 가능성이 높다.

둘째, '실천적 교육'에 대한 구체적 진술이다. 특히 '기후위기 교육'에 대한 언급에서 두드러진다. 기존 환경 교육이 실제의 실천으로 연결되지 못하고 있음을 비판하면서 교육과정 문서와 학습 내용 차원을 넘어서야 한다고 강조한다. '실제 행동으로의 실천적 연결' 문제를 중요한 가치, 의제 교육에서의 핵심 문제로 제기하는 것이다.

셋째, 교사와 청소년 등 교육 주체의 실천 문제를 구체적으로 언급한다. 교사의 경우 지역사회와의 연대, 교육과정 재구성, 교사 스스로의 실천, 청소년 실천의 지원 등 여러 지점을 언급한다. 만약, 그러한 구체적 언급이 없다면 '교실에서의 언어적 실천'으로 국한해 받아들여질 가능성이 높다. 그러나 유네스코는 교실을 뛰어넘는 직접적 실천을 함께 강조한다.

교육 주체의 실천과 관련해서, 특히 한국 사회의 경우 논란이 될 만한 이슈도 제기된다. '청소년의 정치적 실천을 지지, 지원해야 한다'는 것과 '사회 운동과의 연대'이다. 유럽 같은 경우 '기후 파업', '미래를 위한 금요일 운동' 등 청소년들이 주도하는 기후 대응 행동이 널리 확산되었고 사회 운동과 연대하는 프로그램이 활발한 편이지만 한국의 경우 아직 미미하다. 한국의 교육 주체들에게 구체적인 실천적 고민을 던져 준다. 아마도 유럽에서도 논란이 없기는 어려울 것이다. 이 문제에 대해 유네스코 2050은 청소년들이 미래 세대 당사자라는 점에서 마땅히 그러한 행동의 권리가 부여되어야 한다고 말한다.

> "기후 운동은 어린이들이 자신의 미래에 대한 비전을 듣고, 구현할 수 있는 적극적인 참가자가 되도록 박차를 가했습니다. 그들의 행동은 다른 종류의 미래를 위한 리허설입니다."　　　　　- 유네스코 2050 2장

> "어린이와 청소년이 미래에 중대한 영향을 미칠 기후 완화 및 환경 보호 노력을 계속 주도하도록 지원할 수 있습니다."　- 유네스코 2050 에필로그

> "교육 시스템과 사회 운동 간의 대화는 기본적인 것입니다."
> 　　　　　　　　　　　　　　　　　　　　- 유네스코 2050 4장

"풀뿌리 커뮤니티와 사회 운동의 목소리는 우리의 미래를 형성하는 혼란과 변혁의 최전선에 있으며, 교육이 더욱 경청하고, 활용하고, 기여할 필요가 있는 지식과 통찰력의 중요한 원천입니다. …그러한 커뮤니티 및 운동과의 협력은 교육의 역할과 그러한 운동과의 관계에 대해 학습하는 집단적 작업만큼 중요합니다."   – 유네스코 2050 8장

"교사는 교실 안팎에서 교육적 관계를 육성하는 방법을 배우고, … 경험과 대화, 봉사와 의미 있는 행동, 연구와 성찰, 건설적인 사회 운동과 지역사회 생활에 대한 참여."   – 유네스코 2050 에필로그

이처럼 유네스코 2050은 논란 가능성을 무릅쓰고 '교육의 실제적 변화', '실제 실천으로의 연결'을 강하게 추구하고 있다. 이는 무엇보다 절박한 위기의식을 반영하는 것이며, 또한 기존 지배적 시스템과 주류 세력은 물론이고, 기성세대 전반이 일정한 한계에 놓여 있다는 인식이 내포된 것이기도 하다.

청소년 실천에 대한 강조가 미래 세대에 그 문제 해결의 책임을 전가하는 것이 아닌가 하는 문제 제기가 있을 수 있다. 물론 실천에 대한 강조가 청소년 및 교육 주체로 한정되는 것은 아니다. 유네스코 2050은 "미래에 대한 책임이 다음 세대에 전가될 수 없다"면서 성인교육에서도 변혁적 학습을 강조한다.

"모든 영역의 교육과 마찬가지로, (노동시장, 기술 또는 환경의 변화에 관계없이) 수동적이거나 적응적이기보다, 성인교육은 진정으로 변혁적인 학습을 중심으로 재개념화되어야 합니다."
"성인 학습 및 교육은 여러 역할을 합니다. … 성인들로 하여금 변화하

는 패러다임과 권력관계를 이해하고, 비판하며, 정의롭고 지속가능한 세상을 만들기 위한 조치를 취하도록 돕습니다. 미래 지향은 성인교육을 모든 시기에 대한 교육으로 그리고 삶과 얽힌 교육으로 정의해야 합니다. 성인은 자신이 살고 있는 세상만이 아니라 미래의 세상도 책임집니다. 미래에 대한 책임은 단순히 다음 세대에 전가될 수 없습니다. 세대 간 연대의 공유된 윤리가 필요합니다."   - 이상 유네스코 2050 7장

그러나 '너무 자주 압도당하고 마비'되는 기성세대의 상황은 그동안의 실천적 과정에서 드러난 냉정한 현실이기도 하다. 실제로 '너무 자주 압도당하고 마비'되는 기성세대 문제를 어떻게 할 것이냐는 매우 중요한 문제이다. 기존의 시스템과 역관계를 인정한 채 해 오던 대로 하는 방식을 넘어서야 한다. 유네스코 2050은 '지속가능한 미래 건설'을 위한 실천에서 위험을 감수하는 것이 불가피함을 제기한다.

"우리의 에너지는 공감, 윤리, 연대, 공동 건설 및 정의와 같은 위험을 감수하는 실천에 초점을 맞출 필요가 있습니다."   - 유네스코 2050 3장

2부

세계 교육 패러다임 전환과
한국 교육

시대 인식 변화와 세계 교육의 패러다임 전환은 수십 년 만의 커다란 지각 변동이다. 우리의 경우 지난 수십 년 동안 신자유주의 교육 패러다임의 영향이 특히 더 강력했다는 점에서 그 의미는 더욱 클 수밖에 없다. 2부에서는 세계 교육 패러다임 전환이 한국 교육에 미치는 영향과 관련하여 몇 가지 논의를 전개해 본다.

4장에서는
한국의 교육 대전환 운동에 미치는 의미와 재구성 방향에 대해 전반적으로 살펴본 다음 나머지 장에서는 두 가지 문제를 좀 더 집중적으로 다루어 보고자 한다.

5장에서는
새로운 교육론의 가장 핵심적 교육 의제인 '교육목적 전환' 문제를 한국적 상황에서 어떻게 이해하고 진전시켜 나갈 것인가를 논의한다.

6장에서는
교육 패러다임 전환에서 이론적으로 검토되어야 할 중심 문제인 구성주의에 대해 그 역사적 위치와 문제점, 극복 방향 등을 살펴본다.

4장

한국 교육 대전환
운동에 주는 의미

1절
교육 대전환 운동의 새로운 전망

1. 30여 년 만의 지각 변동

한국 사회에서 신자유주의 교육론이 전면화된 것은 1995년 신교육체제 수립을 위한 교육개혁 방안을 통해서이고 이후 지금까지 우리 교육을 규정해 왔다. 수십 년 만의 교육 패러다임 변화는 향후 한국 교육에 커다란 영향을 미칠 수밖에 없다. 세계 교육 패러다임 변화가 우리 교육에 큰 영향을 미칠 수밖에 없는 이유는 다음과 같다.

첫째, 세계 교육론 변화는 외부적 요소에 그치지 않고 우리 교육에도 직접적 영향을 미치기 때문이다. 유네스코와 OECD는 세계 교육에 영향력이 매우 큰 국제기구이며 한국에서도 직간접적으로 큰 영향력을 발휘한다. 세계와의 상호연관성이 심화된 현대 사회에서 세계 교육론 변화는 외적 요소로만 머무는 것이 아니라 내적 요소로 전화한다. 게다가 한국의 교육 담론은 이미 오래전부터 세계적 흐름에 민감하게 반응해 왔다. 학계만이 아니라 공개적이고 대중적인 다양한 교육 논의에서 세계 교육 논의의 흐름은 주요한 근거와 내용으로 다루어져 왔다. 앞으로 세계 교육론이 변화하고 있다는 사실 자체와 그 내용이 점차 확산되면서 상당한 영향을 미칠 것이다.

둘째, 내용적 적실성이다. 유네스코와 OECD의 내용 중 많은 부분이 우리 교육에 직접 연관된다. 특히 바꾸고 극복하자고 제안하는 의제들 대부분이 우리의 교육 현실과 맞닿아 있다. 예컨대 '학습 과부하' 문제를 언급하는 부분은 마치 한국의 교육 현실을 직접 묘사하는 듯하다.

> "과부하 때문에 학생들은 핵심적인 학문적 개념들을 능숙하게 익힐 시간이 부족하고, 균형 잡힌 생활을 추구할 수도 없으며, 우정을 쌓을 수도, 잠을 자거나 운동할 시간조차 부족하다. 학생들의 초점을 '더 많은 학습 시간'에서 '학습 시간의 질'로 옮겨야 할 때이다."
>
> – OECD 2030 입장문

'배제와 주변화, 불평등을 재생산'하고 '지속 불가능성을 영속화'하고 있다는 기존 시스템의 교육 실패에 대한 비판도 고스란히 적용될 수 있다. 따라서 유네스코와 OECD의 새로운 교육론에는 우리 교육 현실을 이해하고 개선하는 데 참고할 수 있는 내용이 많이 있다. 새로운 교육론의 보편교육 강화 입장은 고교학점제라는 현안과도 직접 충돌하며, 역량 개념의 재구성은 현재 국내 교육과정 논의의 방향을 바꾸어야 함을 의미한다. 평가, 진로교육, 디지털 문해력 등에 대한 내용 역시 지금까지 교육 당국에 의해 추진된 방향이 잘못되어 왔음을 보여 준다. 심지어 잘못된 개념 사용에 대한 언급들도 우리 상황에 그대로 해당한다. 특히 잘못된 교육목적에 대한 문제 제기는 우리 교육의 근본적 핵심을 건드리고 있다고 할 수 있다. 이처럼 새로운 교육론은 우리 교육과 연관되는 내용이 많이 있으며 앞으로 다양한 교육 논의에서 당연히 참고될 수밖에 없다.

셋째, 핵심 전제들의 변화이다. 새로운 교육론은 그동안의 논의에서 막연하게 당연시되어 왔던 주요 전제들을 전복시키면서 논의의 기본 틀을 바꾸고 있다. 정보화를 초점으로 보아 온 시대 인식, 개인적 성공의 추구라는 교육목적, '선택', '개별화', '역량 중심'이 마치 개혁의 핵심인 것으로 접근해 온 기존 전제들을 무너뜨린다. 대전환 시대, 모두를 위한 교육목적 정립, 전수와 구성의 대립이 아닌 통합의 관점 등은 교육을 바라보는 프레임 자체를 바꾸는 것이다. 전제와 프레임의 변화는 교육 담론 전반의 새로운 변화로 연결된다.

2. 교육 대전환 운동의 근거와 전망 확대

매우 당연하게도 새로운 교육 패러다임은 한국 교육 대전환을 추구해 온 교육운동에 더욱 강화된 근거와 명분을 제공한다. 우선 구조적 변혁을 추구한다는 점에서 일치할 뿐 아니라, 교육 공공성 강화, 보편교육 강화, 평등하고 질 높은 교육 추구 등 기본 관점과 방향에서 동일한 맥락에 서 있음을 발견할 수 있다. 새로운 교육 패러다임에서는 경쟁과 물질적 성장에 몰두해 온 주류 세력의 관점과 입장에 대해 지속 불가능의 위기를 가져온 책임이 있다고 본다. 기존 시스템을 지배해 온 주류적 관점과 입장을 분명한 어조로 비판하기 시작한 국제기구들의 입장 전환은 엄중한 시대적 상황을 반영한다. 따라서 세계 각국에서 제기되어 온 교육에 대한 진보적 관점, 소수자, 비주류에 대한 옹호가 상당히 반영되어 있으며 자연스럽게 한국의 교육운동에서 제기해 온 방향과도 상당히 일치하게 되었다고 할 수 있다. 어찌 보면 교육 패러다임 전환은 그동안 세계적 차원에서도 비주류, 변방에 위치해 있던 공공성 강화 교육론이 시대 변화 속에서 새로운 '대안'으로 등장하는 과정이라고 할 수 있다.

교육 패러다임 전환은 지금까지 신자유주의 교육정책을 관철시켜 온 근거가 되었던 세계적 흐름이 이제 정반대로 교육 대전환의 근거로 작용하게 되었음을 의미한다. 더 근본적으로는 새로운 교육론이 등장할 수밖에 없는 시대 상황 자체가 교육 대전환의 가장 강력한 근거와 명분이 된다. 사회와 지구의 지속가능한 미래 건설이라는 이 시대 절대적 과제를 부정하지 못하는 한 그를 위한 교육 변혁은 이론의 여지가 없는 일이 된다.

새로운 교육론은 교육혁명운동의 명분, 근거를 강화하는 것에 그치지 않고 새로운 문제의식과 의제들을 제출함으로써 한국의 교육운동에 새로운 관점과 내용을 더해 준다. "지속가능한 미래 건설을 위한 사회와 교육의 변혁", 그것을 위한 "변혁적 역량" 형성, "교육목적의 전환", "공동재로서의 교육" 등은 그동안 한국의 교육운동에서도 미처 분명히 하지 못했던 과제와 새로운 문제의식들이다. 이러한 새로운 문제의식은 교육운동의 방향과 내용을 더욱 풍부하고 분명히 하는 데 큰 자극과 도움이 될 것이다.

유네스코와 OECD의 새로운 교육론은 교육과 사회의 변혁을 이야기한다. 이로써 그동안 기득권 세력과 주류의 입장에서 변방의 문제 제기로 치부되어 왔던 '교육 대전환'은 새로운 교육론의 입장에 의한다면 그 자체로 중심 의제로 등장할 수 있게 되었다. 새로운 패러다임의 세계적 부상은 한국의 교육혁명운동이 전진할 수 있는 새로운 조건을 부여한다. 물론 기득권 세력은 그것을 용인하지 않으려 할 것이다. 구조적 변혁을 부정하고, 내용을 축소, 왜곡하고 심지어 정반대의 방향으로 가려 할 수도 있다. 그럼에도 불구하고 이미 커다란 시대적 흐름으로 등장한 새로운 관점과 내용을 막을 수는 없을 것이다. 그것을 얼마나 빠르게, 더 광범하게 그리고 더 분명하게 만들어 가느냐 하는 것은 진정한 변화를 추구하는 사람들의 실천적 몫이다.

3. 신자유주의를 넘어서는 패러다임 투쟁이 필요하다

'교육 대전환'이 요청되고 세계적으로 새로운 교육 패러다임이 등장하고 있는 상황에서도 한국 교육은 여전히 구시대적 패러다임과 의제에 머물러 있다. '4차 산업혁명', '경쟁력', '선택' 등 제기되는 담론과 의제들이 신자유주의 교육의 연장선에 그대로 놓여 있다. 2021년 1월 교육부가 '고교학점제 종합추진계획'에서 제시한 시대 인식을 보면 첫 제목이 '4차 산업혁명 시대, 예측할 수 없는 미래'이다. 이는 1995년 신자유주의 교육개혁안에서 제출되었던 '정보화, 세계화의 무한경쟁 시대'와 매우 흡사하며 사실상 동일한 시대 인식이다. 교육목적도 마찬가지다. 여전히 '국가 경쟁력'을 강조하고 개인들에게는 불확실성을 내세우면서 '적응'을 강요한다. 1995년 당시 '국가 경쟁력, 교육 경쟁력'을 내세우면서 "허리띠를 동여매고 대처해야" 한다고 강조했던 것과 별반 다를 바 없다. 달라진 게 있다면 1995년의 '무한경쟁' 마케팅 대신 '불안, 공포' 마케팅으로 변화한 정도에 불과하다. 기본적으로 시대 인식과 교육목적이 30여 년 전에 그대로 머물러 있다.

여전히 한국 교육이 신자유주의에 그대로 머물러 있는 상황에서, 아무리 세계 교육론 변화가 긍정적이라 하더라도 교육 대전환은 여전히 쉽지 않은 과정이 될 수밖에 없을 것이다. 만약 기존의 논의 틀을 바꾸지 못한다면 대전환은커녕 수구 정권의 퇴행적 정책 공세에 허덕이는 데서 헤어나는 것조차 쉽지 않을 수 있다. 이러한 상황을 타개하기 위해서는 우선 논의의 전제와 틀 자체를 바꾸어야 할 필요가 있다. 새로운 교육론은 단지 이러저러한 문제들을 이러저러하게 바꾸자는 것이 아니라 교육을 바라보는 근본 시각과 방향을 전환하자는 것이다. 새로운 교육론의 가장 큰 의의는 신자유주의의 틀을 깬 것은 물론이고, 산업혁명 이후 지속되어 온 욕망의 도구로서의 교육을 근본적으로 뒤집어 버리는 데 있다. 새로운 패러다임이라고 할 때 그 '새로운'의 의미는 작게는 신자유주의의 탈피, 더 넓게는 산업화 이후의 물질주의적 욕망과 성장주의의 탈피이며, 근본적으로는 지속가능한 세계를 위한 모두의 인간적 발달로의 전환이다.

새로운 교육 패러다임의 가장 핵심적인 지점은 새로운 시대 인식과 교육목적 전환의 문제다. 이 두 의제는 근본적으로 다른 관점과 내용을 제시할 뿐만 아니라 여타의 다른 의제들을 바라보는 데에서도 새로운 틀과 기준을 제시함으로써 논의의 방향을 바꾼다. 패러다임 투쟁은 거시적, 추상적 논의로만 흘러서는 곤란하며 구체적 사안과 현안들에 대해 개입하는 과정에서 드러나는 것이 되어야 한다. 예컨대 고교학점제를 둘러싸고 평행선을 달리는 '보편교육 강화냐/개별적 선택 확대냐'의 논쟁과 관련해서 공동의 미래 건설과 광범한 필수적 지식·기능·가치를 강조하는 새로운 교육론은 논란을 해소할 수 있는 분명한 근거를 제시한다.

기존의 논의는 신자유주의가 깔아 놓은 '정보화 시대론' 안에서, 성공에 대한 욕망을 수용하는 전제 위에서 전개되어 왔으며 그 때문에 입시지옥이라는 첨예한 현실을 문제 제기하더라도 극복에 한계가 있었다. 그러나 새로운 패러다임은 완전히 다른 시대 인식, 교육목적을 제시함으로써 대립의 차원을 이동시킨다. 그런 점에서 향후의 교육 논의는 패러다임과 패러다임이 다투는 패러다임 전쟁으로 규정될 수 있을 것이다. 패러다임의 충돌이라는 차원에서 바라볼 때, 시대 인식은 이미 내용적 우위를 확보하고 있다고 할 수 있으며, 교육목적 전환은 쉽지 않은 과정이 되겠지만 이 역시 분명한 교육적 정당성을 지닌다. 따라서 패러다임 전쟁은 진행되면 될수록, 격화하면 할수록 새로운 지평을 확대해 나갈 수 있을 것으로 생각된다.

OECD 2030과 유네스코 2050의 새로운 교육론이 교육 대전환 운동의 힘으로 전화하기 위해서는 광범한 교육 토론을 전개해 나갈 필요가 있다. 두 보고서 모두 중요한 토론 의제들을 제공한다. '교육과 사회의 변혁'이라는 슬로건도 그렇기니와 구체적 내용에서도 공동재 개념, 교육 목적의 전환 등 파격적인 문제 제기를 하고 있다. 두 보고서 모두 새로운 교육 패러다임으로의 전환을 위해 상당한 의지를 갖고 논쟁을 각오하면서 제출한 보고서이다. 특히 유네스코 2050은 광범하고 다양한 교육 토론과 논쟁을 촉발할 수 있는 내용으로 구성되어 있다. 유네스코 2050은 보고서의 제출이 전 지구적 교육 토론을 촉발하려는 의도임을 직접 밝히고 있기도 하다. 광범한 교육 토론을 통한 패러다임 전환을 이루어 나가야 한다.

"'교육을 위한 새로운 사회계약'을 구축하기 위한 대화와 실천에 적극적으로 참여함으로써, 우리는 정의롭고 공평하며 지속가능한 미래를 가능하게 하기 위해 교육을 다시 새롭게 할 수 있습니다. 이 보고서는 이러한 공적 대화를 맥락화하고 앞으로 나아가기 위한 초대입니다. 이 보고서는 교육을 위한 사회계약이 실제에 있어 그리고 특정 맥락에서 의미하는 바에 대한 전 세계적 대화의 촉매제이자 도발용provocation으로 의도된 것입니다."
　　　　　　　　　　　　　　　　　　　　　　　　　　　－ 에필로그

OECD 2030과 유네스코 2050으로 보는 고교학점제[38]

-진보교육연구소 이론분과

구시대적 관점과 의제 속에서 추진 중인 가장 대표적인 정책이 고교학점제이다. 이는 크게 논란이 되고 있고 또한 실제적 실시 여부에 따라 이후 교육 대전환의 속도와 양상에도 적지 않은 영향을 줄 수 있는 중요한 문제이다. 이와 관련해 OECD 2030과 유네스코 2050의 맥락에서 살펴보고자 한다.

교육부에 따르면 고교학점제는 '자신의 진로와 희망에 따라 교과를 선택 이수해 학점을 취득'하는 제도이다. 고교학점제의 핵심적인 내용은 '진로를 보다 일찍 결정'해서 교육과정을 '교과 선택 중심으로 운영'하겠다는 것이다. 그렇지만 고교학점제는 OECD 2030과 유네스코 2050이 제출하는 새로운 방향과는 정반대인 퇴행적 정책이다.

우선 무엇보다 OECD 2030과 유네스코 2050이 강조하는 보편교육 강화와 정면으로 역행한다. 보편교육 강화를 강조하는 근거로 OECD는 주로 사회가 복잡해지고 빠르게 변화하는 가운데, 미래를 준비하기 위해서는 광범위한 지식, 기능, 태도 및 가치가 필수적이라는 사실을 강조

---

38. 〈꺼리〉 28호(2022)에 수록된 글이다.

하고, 유네스코는 공통 교육과정common curriculum이 공교육의 기본 성격임을 처음부터 전제한다.

> "실천을 위한 광범위한 지식과 기능, 태도 및 가치가 필요하다. … 미래를 준비하는 학생들은 폭넓은 지식과 학문적인 지식 모두를 갖추어야 한다. … 학생들은 미지의 그리고 끊임없이 진화해 가는 상황에 그들의 지식을 적용해야 한다. 이를 위해서는 … 광범위하고 포괄적인 기능들이 필요하다. 이러한 광범위한 지식과 기능을 활용하는 것은 태도 및 가치(예: 동기, 신뢰, 다양성과 도덕에 대한 존중 등)를 통해 매개되어야 한다."
>
>   – OECD 2030 입장문

> "'교육을 위한 새로운 사회계약'에서, 교육과정은 풍부한 공동 지식common knowledge에서 성장해야 하며…", "지식 공동재 참여… 교육과정은 지식을 '모든 사람에게 속한 위대한 인간 성취'로 접근해야 합니다."
> "개방적이고 공통적인open and common 교육과정을 설계하는 부분 중의 하나는 학문과 과목의 경계를 고정된 또는 본질적인 한계로 구성하려는 압력에 저항하는 것입니다."   – 이상 유네스코 2050 4장

그런데 고교학점제는 이와 반대로 보편교육을 축소하는 정책이다. 비단 OECD와 유네스코의 새로운 방향이 아니라 하더라도 최근 이렇게 한국처럼 보편교육을 축소하는 경우는 전혀 없다. 오히려 '대학준비학제'의 성격으로 인해 고교에서 선택 중심 교육과정을 운영하는 뉴질랜드는 시대 변화에 조응하여 보편교육을 강화하는 개혁을 진행 중이다.[43] 한국의 교육 당국이 고교학점제를 통해 이렇게 보편교육을 축소하게 되는 원인은 크게 두 가지 잘못된 관점에 기인한다.

첫째, 교육목적을 진로 준비에 지나치게 초점을 두는 협소한 관점 때문이다. OECD 2030과 유네스코 2050에서는 이러한 경향에 대해 다음과 같이 비판하고 있다. 전면적 발달을 추구해야 하는 교육의 본질적 사명에 어긋난다는 것이다.

> "교육은 청소년들이 직업세계를 준비하도록 하는 것 이상을 목표로
> 해야 한다."
>   - OECD 2030 입장문

> "취업 준비는 중요한 하나의 교육목표입니다. 그러나 교육목표를 너
> 무 좁게 정의하는 것에는 함정이 있습니다."   - 유네스코 2050 1장

OECD 2030과 유네스코 2050이 진로, 직업 준비에 초점을 두는 것을 비판하는 이유에는 현실적 이유도 있다. 빠르게 변화되는 직업세계의 추세와도 맞지 않는다는 것이다.

> "새로운 기술에 대한 대응으로 작업장이 지속적으로 실질적인 구조
> 조정을 거치면서 많은 디지털 기능은 빠르게 구식이 될 것이다. 예를 들

---

39. 대학준비학제라는 성격으로 인해 고교에서 선택 중심 교육과정을 운영하는 뉴질랜드는 시대 변화에 조응하여 2017년부터 보편교육 성격을 강화하는 교육개혁을 진행 중이다. "NCEA 표준 재구축의 일환으로 레벨1은 광범위한 학습 영역에 걸친 폭넓은 교육에 다시 초점을 맞출 것입니다. 우리는 이러한 표준을 구축하기 위해 교사 및 과목 협회와 긴밀히 협력할 것입니다.""더 광범위한 NCEA 변경 프로그램의 일환으로, NCEA 자격을 가진 모든 사람이 충분한 수준의 기초 문해력 및 수리력을 갖도록 보장하기 위해 필수 문해력 및 수리력 표준이 2023년부터 도입될 것입니다"(2020년 12월 3일 뉴질랜드 교육부 보도자료, 뉴질랜드 교육부 홈페이지). 레벨1은 11학년으로 보편교육 범위를 기존의 10학년에서 11학년으로 확대한다는 내용이다. 우리로 치면 고1까지 적용되던 보편교육을 고2로 연장하겠다는 것이다. 그런데 한국은 고교학점제를 통해 보편교육 적용을 고1로 축소하려 하고 있다.

어 코딩 기술은 불과 몇 년 만에 쓸모없게 되는 경향이 있다. 유럽 직업 훈련 개발 센터European Center for the Development of Vocational Training의 연구에 따르면 핀란드, 독일, 헝가리 및 네덜란드 근로자의 16%가 지난 2년 동안 자신의 기술이 쓸모없게 된 것으로 나타났다. 디지털 및 ICT 관련 기술은 급속한 노후화로 이어져 특히 취약한 것으로 확인되었다."   – OECD 2030 개념노트 '기능'

역사적으로 직업세계로의 진출 시점, 직업 분야의 결정 시기는 계속 늦추어지는 경향을 보인다. 그것은 사회가 점점 더 높은 수준의 보편적 노동능력을 요구하기 때문이다. 이러한 시대적 흐름에서 진로 결정 시기를 앞당기는 것은 개인적으로나, 사회적으로나 완전히 난센스이다. 한국 상황에서 조기 진로 결정의 실제적 의미는 '조기 입시몰입'에 불과하다. 더욱이 조기 입시몰입교육을 원하는 일부 엘리트 계층을 제외한다면 대다수 학생, 학부모에게는 현실적으로도 엄청난 부담과 어려움으로 다가간다. 아직 스스로 제대로 된 진로 결정을 하기 어려운 어린 학생들에게 선택을 강요하는 것은 매우 비교육적이기도 하다.

둘째, 이렇게 불합리한 정책이 맹목적으로 추진되는 이유는 시장주의와 개인주의의 '선택'에 대한 로망 때문으로 보인다. 초·중등 교육에서 '선택 중심 교육과정'이 교육적으로 더 적절하고 효과적이라는 근거는 전혀 없다. 정반대로 OECD 2030은 보편교육 강화가 역량 발달의 기초임을 누누이 강조한다. 그런데 고교학점제 추진론자들은 마치 '필수는 악, 선택은 선'이라는 식으로 이 문제를 이분법적으로 대한다. 그래서 선택을 최대한 늘리고, 공통 교과는 최대한 축소하는 것을 교육과정 개혁으로 착각한다. 교과 선택이 마치 학생 주체성을 함양하는 대표적 방안인 양 호도한다. 이러한 호도에 대해 OECD 2030과 유네스코 2050에서는 다음과 같이 직접 언급하면서 비판하고 있다.

> "'학생 행위주체성'은 종종 '학생 자율성', '학생의 목소리', '학생 선택'
> 의 동의어로 잘못 사용되고 있다. 행위주체성은 이러한 개념들보다 훨씬
> 더 많은 것을 의미한다. 학생 행위주체성은 학생들이 원하는 것은 무엇이
> 든지 요구할 수 있다는 것을 의미하거나 자기들이 배우고 싶은 과목을 마
> 음대로 선택할 수 있다는 것을 의미하는 것이 아니다."
>
> – OECD 2030 개념노트 '행위주체성'

몇 가지 비교를 통해 고교학점제가 OECD 2030과 유네스코 2050이
제출하는 방향, 관점과 정면으로 배치되는 퇴행적 정책임을 확인할 수
있었다. 그런데 방향 문제를 떠나 일반 고교에서 '선택 중심 교육과정'
을 운영하는 것은 세계 어디에도 유례가 없는 초유의 일이라는 점도 분
명히 할 필요가 있다. 이 같은 사실은 교육부 스스로 제시한 외국 사례
만 살펴보아도 금방 알 수 있다. 아래 표를 보면 학점제를 운영하는 어
느 나라도 선택 비중이 필수보다 높은 나라가 없다. 오히려 학점제 추진
의 근거로 내세우는 이 표에서 미국, 핀란드, 중국 등은 필수 교과가 절
대적 비중을 차지하고 있다. "교육 선진국에서는 학점제를 통해 선택 중
심 교육과정을 운영하고 있다"라고 널리 유포된 선전은 전혀 사실이 아
닌 것이다.

	미국 (캘리포니아주)	캐나다 (온타리오주)	중국	일본	핀란드
필수·선택 비율	필수 150학점, 선택 60학점 내외	필수 18학점, 선택 12학점	필수 116학점, 선택 28학점	필수 38단위, 나머지 선택	필수 코스 47~51개, 선택 코스 24~28개

교육부, 『고교학점제 종합추진계획』 47쪽 '해외고교학점제 운영현황' 중

본래 학점제와 교과 선택은 아무런 관련이 없는 제도이다. 학점제란 대학에서처럼 필수건, 선택이건 수강 과목별 통과 여부로 학점을 누적하여 졸업 자격을 획득하는 제도로 교과 선택과는 직접 관련이 없다. 그래서 고교만이 아니라 대학도 실제로는 필수 이수 학점 비중이 훨씬 높다.[40] 무엇보다 고교 교육과 관련해 학점제 시행 여부와 상관없이 일반 고교[41]에서 교과 선택을 중심으로 교육과정을 운영하는 사례는 존재하지 않는다. 그것은 고교 교육이 기본적으로 보편교육의 성격을 지니기 때문이다. 영국은 일반 고교 이후 'A레벨 학교'라는 대학준비학제가 별도로 존재하는데, 이처럼 대학준비학제인 경우에만 선택 중심 교육과정을 시행한다. 대학준비학제일 경우 희망하는 전공에 따라 교과를 선택하는 것은 또한 너무 당연한 일이기도 하다. 그것을 보편교육 성격을 지닌 우리의 고교 교육에 적용하는 것은 전혀 잘못된 것이다. 그리고 '자유 교과 선택'은 현실적 조건과도 맞지 않는다. 그래서 대학준비학제라는 성격으로 인해 선택 중심 교육과정을 운영하는 영국, 뉴질랜드, 싱가포르 등의 경우에도 한국의 고교학점제와 같이 수많은 교과들을 열거하고 개별적으로 선택하는 방식이 아니다. 대학준비를 위한 과목이 실제로는 그렇게 많지 않으며[42], 또한 교육의 질 담보를 위해 교사 자격을

---

40. 예를 들면 2020학년도 서울교대 교육과정은 졸업 이수 총 140학점 중 교양, 교직, 전공 필수가 100학점 이상이다.

41. 보편교육 성격을 지닌 일반 고교가 아닌 '대학준비학제'를 운영하는 영국, 호주, 뉴질랜드, 싱가포르 등은 '선택 중심 교육과정'을 운영한다. 그런데 학교급의 성격 자체가 대학준비학제인 경우 희망하는 대학의 선발 전형에 따라 과목을 선택하는 경우는 당연한 것이다. 이들은 모두 영연방에 해당하는 나라들로 일반 고교와 대학준비학제를 구분하여 대학 진입 장벽을 두는 독특한 영국학제의 특수성에서 비롯된 것이다. 이 나라들도 선택 중심 '대학준비학제'를 운영하지만 교과 대부분은 학교 차원에서 제공된다. 그것은 대학에서 요구하는 과목들이 학교에서 배우는 과목 중심이고 또한 교사자격제도를 엄격히 관리하기 때문이다. 따라서 한국의 고교학점제 논의에서 유포된 것과 같이 '원격, 학교 간 연합 학습 등을 통해 학생들이 자유롭게 과목을 선택하고 운영하는 제도'는 세계 어디에도 없다.

엄격히 관리하기 때문이다.

그렇다면 한국의 교육 당국과 고교학점제 추진론자들이 세계적으로 유례조차 없는 제도를 허구적 이미지를 유포하면서까지 고교학점제를 도입, 관철하려는 이유는 무엇인가?

고교학점제는 1995년 신자유주의 교육개혁안의 미처 다 이루지 못한 유산이다. 교과 선택은 학교 선택과 함께 신자유주의 교육정책을 실현할 핵심 원리인데, 이 당시 교과 선택을 내용으로 하는 '선택 중심 교육과정'이 주요한 정책 과제의 하나로 제출 되었다.

> "이제까지 교육의 주공급자는 국가였으며…. 즉, 국가 또는 학교가 공급자로서 모든 것을 결정하고 학습자는 그것에 따를 뿐이었다. 교육은 일종의 배급제였다. 그러나 이제는 수요자가 나서서 교육 기회, 교육 내용, 교육 방식을 선택하고 결정 과정에 참여하기 시작한다."
>
> – 김신일, 「소비자 중심의 교육 시대로 들어선다」, 〈교육개발〉 1995년 5월호

그러나 교과 선택을 바로 전면화하는 것은 현실적으로 가능하지 않았다. 그래서 그동안 교과 선택 비중을 조금씩 점차 확대하는 방식으로 진행해 온 것이 저간의 상황이었다. 그러던 것을 이번에 고교학점제 도입을 내걸면서 전면화한 것이다. 그동안 교과 선택을 확대해 오는 과정에서 보편적 교양의 토대 약화에 대한 많은 비판이 있었음에도 거꾸로 교과 선택 전면화를 강행한 것이다.

그런데 신자유주의 교육 패러다임이 기세등등했던 시기 대부분의 나

---

42. 대학 진학에서 대학의 전문 교과를 요구하는 것이 아니라 문해, 수리력과 인문 사회 및 자연과학의 기초 교과(역사, 사회, 지리, 윤리 및 물리, 화학, 생물, 지학 등)를 요구하기 때문에 많은 과목의 개설이 필요하지 않다.

라에서는 거의 시도조차 되지 않았고, 한국에서도 단계적으로 조금씩 추진할 수밖에 없었던 정책을 세계적 추세가 바뀐 상황에서 전면화하는 것은 도무지 납득하기 어려운 일이다. 그것은 아마도 몇 가지 요인이 겹친 것으로 보인다.

첫째, 신자유주의 교육관을 신념화한 일부 관료와 학자들의 맹목적 아집이다. 그들에게는 전면적 교과 선택이 신념이다. 둘째, 세계적 흐름 변화를 미처 파악하지 못한 한국 교육계의 전반적 후진성 때문이다. 추진 주체들은 신자유주의 교육 패러다임이 세계적으로 후퇴하고 있음을 모르고 있는 것으로 보인다. 셋째, 교육개혁에 대한 집권 세력의 정치적 알리바이이다. 문재인 정부는 개혁적인 교육 공약들을 대부분 공수표로 날려 버렸고, 이렇다 하게 내세울 만할 교육정책이 없었다. 집권 세력은 거의 유일하게 내세울 만한 정책으로 엉뚱하게 고교학점제 추진에 매진한 것으로 보인다. 이런 여러 요인이 맞물리면서 교육현장의 광범한 비판과 염려를 무릅쓰고 정권 말기에 강행 추진되는 상황이라 할 수 있다.

고교학점제는 전형적인 먹튀 정책이 될 것으로 생각된다. 그 이유는 첫째, 교육적 차원의 비판 확대, 조기 진로 결정의 비교육성과 보편교육 약화, 입시교육 심화 등 광범한 비판이 지속적으로 확대될 수밖에 없기 때문이다. 둘째, 원래의 추진 배경이던 세계적 흐름이 이제 정반대가 되었기 때문이다. 최근 교육부 일부는 변화의 조짐을 파악하기 시작했음에도 내용을 제대로 소개하지 않으면서 축소, 왜곡하고 있다. 그런 식으로 추진되는 정책이 제대로 실현될 리는 만무하다. 셋째, 현실적 어려움 역시 큰 문제이다. 비정규, 무자격 교사 문제, 원격, 연합 학습의 문제 등 자유 선택의 현실적 어려움으로 실제에 있어 제대로 구현되기 어렵다. 세계 어느 나라도 그런 방식으로 교육과정이 운영되는 경우가 없음은 그러한 사실을 잘 보여 준다. 전반적 상황을 종합해 볼 때 고교학점제는 도입이 결국은 좌절되거나 도입되더라도 오래가기 어려울 것이다.[43] 문제는 잘못된 방향의 유례없는 실험으로 수많은 학생이 피해를 입을 것이고 또한 많은 혼란 속에서 한국 교육의 진보를 그만큼 더디게 할 것이라는 점이다. 우리 교육이 더 엉망이 되지 않도록 막아야 한다.

---

43. 이미 절반 정도는 사실상 좌절된 것으로 볼 수 있다. 고교학점제는 '교과 선택의 전면화'를 목표로 추진되었고, 2021년 1월 교육부가 '고교학점제 종합추진계획'을 발표할 때까지만 하더라도 그 방침이 유지되었으나 막상 2021년 11월 고교학점제와 연계된 〈2022 개정 교육과정 총론 주요사항(시안)〉을 발표할 때는 교과 선택이 종전의 47%에서 52%로 불과 5% 늘어난 정도에 그쳤다. 선택 비율이 늘긴 하였지만 교과 선택 전면화의 로망은 사실상 좌절된 것이라 할 수 있다.

2부 | 세계 교육 패러다임 전환과 한국 교육

2절
시대 변화에 조응하는
교육 대전환 과제의 재구성

　교육 대전환을 추구해 온 교육운동도 기존의 역사적 조건과 인식의 한계 속에서 진행되어 왔다. 따라서 새로운 시대 인식, 교육목적에 대한 새로운 관점, 교육 공동재 등 새로운 개념 등을 검토하면서 새롭게 재구성해 나갈 필요가 있다. 몇 가지를 짚어 보고자 한다.

새로운 시대 인식의 반영

　가장 근본적인 지점은 새로운 시대 인식이다. 대전환 시대 인식은 새로운 교육론의 토대이자 출발점이다. 그로부터 사회와 교육 변혁의 필요성이 도출된다. 기존의 교육운동은 주로 입시로 인한 교육적 폐해에 초점을 두면서 대학서열 해체 등 구조적 변화를 추구하는 것으로 나아갔다. 시대적 과제에 대한 시각이 부족했을 뿐 아니라, 그로 인해 신자유주의의 정보화 및 4차 산업혁명 시대관, 개인적 성공과 국가 경쟁력을 추구하는 도구주의적 교육관을 쉽게 넘어서지 못했다. 새로운 교육론의 대전환 시대 인식은 교육적 폐해 극복과 시대적 과제를 함께 보면서 구조적 변혁을 도모할 수 있도록 한다. 따라서 새로운 시대 인식에 입각한 내용적 재구성이 요청된다. 한편 대전환 시대 인식도 고정된 것이 아니라 변화, 발전한다. 대전환 시대 인식은 유엔에서 제기된 이래 지속적으로 체계화되고 발전해 왔다. 그리고 여전히 보완되어야 할 부분이 있을 수 있다. 예컨대 저출생 문제에 대한 인식은 아직 부족해 보인다. OECD에서는 주요한 문제로 설정하지 않고 있으며, 유네스코는 어느 정도 언급하고 있지만, 체계적 분석에는 이르지 못하고 있다. 시대 인식 또한 계속 발전시켜 나가면서 교육론에 반영해야 할 것이다.

의제들의 총체적 재구성

그동안 교육 대전환의 주요 의제는 대입자격고사화를 통한 대학평준화와 입시 해소, 교육과정 재구성, 학급당 학생 수 축소 및 교원 정원 등 주로 초·중등 교육에 초점을 두어 왔고 최근 대학 무상화 의제도 제기하고 있다. 새로운 교육론은 기존의 교육 대전환 의제에서 입시체제 해체는 물론이고 특히 보편교육 강화를 지향하는 교육과정 개편, 교사 및 교육 주체의 교육정책 참여 의제를 강화해 준다. 여기에 대학교육의 보편화 추세 속에서 대학 교육과정 재정립, 새로운 시대에 조응하는 유·초·중등 학제 개편, 해방적 성인교육 그리고 환경 문제의 제1 의제화 등 새로운 의제들을 제기한다. 새로운 패러다임 속에서 기존 의제들의 내용을 보완하는 한편 새로운 의제들을 포함하는 총체적인 의제 및 내용 재구성이 필요하다.

교육 대전환과 사회 대전환의 결합

그동안 대체로 교육을 바꾸는 문제와 사회를 바꾸는 문제를 분리하거나 단계적인 것으로 바라보는 경향이 있었다. 그것은 아마도 교육 변화도 어려운데 사회 변화는 더더욱 어려운 문제로 생각했기 때문일 것이다. 새로운 교육론은 오히려 이를 뒤집는다. 지속가능한 사회로의 변혁을 위해서 교육 변혁이 필수적이라고 강조하는 것이다. 새로운 교육 패러다임에서 교육 변혁과 사회 변혁은 뗄 수 없는 문제이다. 이제 기존의 분리적, 단계적 경향을 벗어나 교육 대전환과 사회 대전환의 문제를 동시에 고민하고 담아내는 내용과 실천들이 필요하다. 또한 어떤 사회로 나아갈 것이냐의 문제를 바라볼 때 막연한 수준을 벗어나야 한다. 그저 막연하게 더욱 자유롭고, 평등하며, 민주적인 것이 되어야 한다는 수준으로는 실제적 전진을 추동할 수 없다. 새로운 교육론에서는 구체적인 모델 제시로까지 나아간 것은 아니지만 새로운 사회상의 주요 기준들을 제출하고 있다. 핵심적 기준은 '지속가능한 사회경제 시스템'이며 지속가능의 문제를 환경적 측면만이 아니라 불평등 해소, 민주주의의 수호 및 확대, 인지자동화로 인한 비인간화의 방지까지 포괄하면서 규정한다. 이를 더욱 구체화해 가면서 실제로 사회 변혁으로 나아갈 수 있느냐의 여부는 앞으로의 논의와 실천에 달려 있을 것이다. 사회 대전환에 대한 지향과 그를 구체화하려는 노력은 교육 대전환을 위한 운동에 더 큰 힘과 에너지를 부여하고 내용을 풍부하게 할 것이다. 사회 대전환과의 올바른 결합 속에서 교육 대전환의 전진과 실현이 가능하다.

입시만이 아니라 대학 개혁을 새로운 중심 고리로

교육 대전환을 추진하는 과정에서 대학 개혁의 중요성을 더욱 높여 중심 의제로 설정할 필요가 있다. 입시 문제에 초점을 두려는 기존의 경향을 넘어서서 '대학서열 해체-대학교육의 새로운 정립'이 가장 근본적인 의제임을 분명히 해야 한다고 본다. 이제 초·중등 교육개혁만으로는 새로운 사회 발전, 주체 형성의 과제를 제대로 담보할 수 없다. 지속가능한 미래 건설을 위한 주체 형성 및 사회적 역량 발전을 위해서는 무엇보다 대학을 변혁해야 한다. 또한 대학 개혁 의제 속에서 자격고사화를 통한 입시 폐지는 당연한 전제이며 입시 폐지를 통한 초·중등 교육개혁과 대학 개혁이 결합할 때 교육 대전환 운동이 상승적으로 전진해 나갈 수 있다. 대학교육의 보편화, 재정립은 한 차원 높은 사회 전체의 지성화와 사회 발전을 담보할 수 있다. 이제 대학은 기존의 '엘리트 양성 기관'이라는 관점을 벗어나 보편적 교육으로 사회 구성원 전체의 주체적 발달과 사회문화적 역량을 함양하고 사회와 교육의 변혁이라는 시대적 과제를 수행할 수 있는 차원에서 재정립되어야 한다.

3절
시대를 선도하는 대학 개혁이 필요하다

교육 패러다임 전환이라는 새로운 흐름 속에서 무상화, 평준화 문제를 넘어 대학 개혁 문제를 좀 더 논의해 볼 필요가 있다고 본다. 대학의 형태적 변화만이 아니라 교육과정 등 내적 변화도 필요하며 더 중요할 수 있기 때문이다. 올바른 방향에 입각해 고등교육 전환을 이루어 나갈 경우, 한국의 교육개혁은 단지 기존의 문제를 극복하거나 시대적 흐름을 좇아가는 차원을 넘어 시대를 선도하는 새로운 전진도 가능하리라 생각한다. 한국 사회는 한편으로 어느 나라보다 고등교육을 보편화, 활성화할 수 있는 조건들을 지니고 있기 때문이다.

고등교육의 보편화는 시대적 추세

유네스코 2050은 2030년대 중반에 이르면 선진국들의 경우 거의 모든 청소년이 고등교육을 받게 될 것으로 예측한다. 실제로 대학교육의 보편화는 현재 세계적 추세이다. 예컨대 그동안 중등 직업교육이 내실화되어 있어 대학진학률이 절반 정도에 머물러 왔던 유럽의 경우만 해도 2010년대 이후 급속한 속도로 대학진학률이 확대되는 모습을 보이고 있다. 다음 그래프를 보면 2010년대를 전후로 독일과 프랑스에서 대학진학률이 급속도로 확대되고 있음을 알 수 있다. 독일, 프랑스만이 아니라

핀란드 등 북유럽도 마찬가지의 현상이 나타나고 있다. 즉 대학교육의
보편화는 매우 명백한 추세로서 현시대 가장 주요한 교육 현상이 되고
있다.

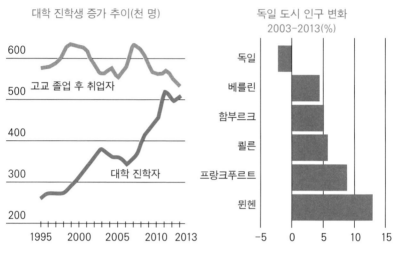

독일의 학생 수와 도시 인구

출처: Statistics Germany, Eurostat

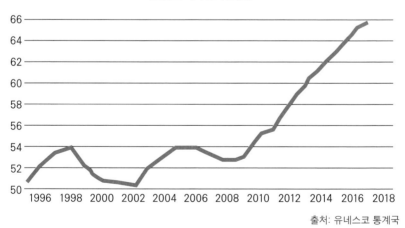

프랑스 대학입학률(%)

출처: 유네스코 통계국

이렇게 대학교육 확대가 시대적 추세로 나타나는 이유는 사회경제적 기회 획득에 대한 요구와 더 많은 교육에 대한 문화적 욕구의 확대가 함께 복합적으로 작용하기 때문이다. 유럽에서 2010년대 전후로 대학진학률이 급격히 높아진 것은 청년실업이 확대되면서 중등 직업교육 졸업자의 취업, 임금 등이 악화된 것이 계기로 작용했다. 그런데 정부 지원으로 중등 직업교육 취업률이 어느 정도 회복된 이후에도 대학진학률이 지속적으로 상승하는 현상이 지속되고 있다. 이는 우리도 마찬가지여서 대학진학률이 한때 68%까지 떨어졌다가 다시 70%를 상회하는 중이다. 즉 경제적 요인만이 아니라 대학교육에 대한 문화적 욕구도 함께 작용한다는 것이다. 경제적 요인과 문화적 요인 모두 구조적인 것이기 때문에 향후 대학교육 보편화는 불가피한 추세로 볼 수 있으며 유네스코의 예측은 이를 뒷받침한다.

고등교육 보편화 현상은 시대적 추세일 뿐 아니라 시대적 요구이기도 하다. 사실 OECD 2030과 유네스코 2050은 초·중등 교육만으로 달성하기 어려운 교육적 과제들을 제기한다. 한편으로는 필수적으로 체득해야 할 지식, 기능, 태도 및 가치가 더욱 많아지고 있다면서, 또 한편으로는 교육과정은 이미 과부하 상태에 있으므로 학습 시간을 줄여야 한다고 말한다. 그 때문에 더 많은 것을 배우면서도 학습 시간을 적정화하기 위한 방법으로 '체계적 개념 학습', '전이 가능성의 우선순위', '역동적 교육과정 재구성' 등을 제안한다. 그러나 초·중등 교육과정의 효과적인 재구성만으로 대응하는 것은 한계가 있을 수밖에 없다. 사회는 계속 더 복잡해지고, 빠르게 변화해 나가기 때문이다. 따라서 조금만 더 멀리 본다면 결국 보편교육 기간을 확대하는 것으로 나아갈 수밖에 없으며 그것은 대학교육의 보편화와 재구성이 필요함을 의미한다.

대학교육 보편화, 재정립의 의의

더 많은 사람이 더 많은 교육을 받을 때 사회 구성원들의 역량이 강화되고 사회 발전으로 나아간다는 것은 명백한 사실이다. 적절한 보편교육 연한은 정해져 있는 것이 아니라 시대에 따라 가변적인 것이다. 대학교육의 보편화는 사회적 여력, 기대수명 연장, 직업세계의 변화 그리고 시대적 과제라는 여러 측면에서 요청되고 있다.

첫째, 100세 시대, 모든 사람의 삶의 풍부화를 위해 교육 연한 확대가 필요하다. 기대수명 연장에 따른 생애주기 변화는 개개인의 더욱 풍부한 삶의 영위를 위해 더 많은 교육이 필요하고 가능함을 의미한다. 더 광범한 교육을 받을수록 세계에 대한 이해, 진로 선택의 폭이 넓어지고 주체적 삶을 위한 역량을 강화할 수 있다. 더 길어진 생애 동안 주체적이고 풍부한 삶을 살아가기 위해 더 많은 교육에 대한 기회가 권리로 부여될 필요가 있다.

둘째, 사회의 복잡화, 빠른 변화 그리고 직업세계의 변화이다. 유네스코와 OECD에서 강조하듯 사회가 복잡해질수록, 변화가 빠를수록 필요한 지식, 기능, 가치가 많아지고 그것은 보편교육 확대에 대한 요청으로 연결된다. 마치 환경이 변하면 몸이 변하듯 기대수명 연장과 사회 변화 속에서 청소년기의 연장과 청년기의 이연이라는 집단적 차원의 문화적 현상도 나타나고 있다. 그리고 어느새 대다수 청소년이 고등교육에 진입하고 있는 교육 현실로도 나타나고 있다. 그런 점에서 대학교육의 보편화 및 재정립은 이미 현실로 나타나는 흐름 속에서 제도를 정비하는 것이라 할 수 있다. 그것을 통해 새로운 단계로의 사회 발전을 촉진하는 결절점이 될 수 있는 것이다.

셋째, 시대적 과제 해결을 위해서이다. 지속가능한 세계로의 '대전환'은 결코 쉽지 않은 시대적 과제이다. 모든 사람이 나서서 함께 풀어야 할 어려운 숙제이다. '성장에서 벗어난 경제적 번영', '구조적인 불평등의 해소', '다양한 문화, 집단들 간의 대립과 충돌', '기술혁신을 추구, 활용하면서도 그로 인한 비인간화를 방지하는 것' 등 어느 하나 쉬운 것이 없다. 유네스코와 OECD가 '변혁적 역량'을 강조하고 '협력과 연대', '보편교육 강화'를 강조하는 것도 이 때문이다. 일부의 뛰어난 지도나 선도, 슬로건 제시만으로는 안 되며, 모든 사람의 주체적 인식과 실천, 연대가 필요하다고 보기 때문이다. 한마디로 모든 사람의 지성화가 필요하다는 것이다. 비고츠키는 개념적 사고 발달이 사회적 협력을 촉진한다고 말한 바 있다. 지성화는 개인적 주체성의 토대일 뿐 아니라 사회적 협력, 연대의 조건이기도 하다. 지속가능한 세계 건설이라는 시대적 과제를 실현하기 위해서도 대학의 보편화와 개혁이 필요하다.

교육 연한 확대가 사회적 낭비가 아니냐 하는 비판이 있을 수 있지만 더 많은 교육을 받는 것이 결코 낭비일 수는 없다. 학력 차별을 폐지하여 모든 사람이 꼭 대학을 다닐 필요가 없는 조건을 만드는 것과 원하는 누구나 대학교육을 받을 수 있도록 하는 것은 충돌하지 않는다. 초·중등 교육을 내실화하여 최대한 많은 이가 고등교육을 이수할 수 있는 역량을 갖추도록 하고, 가능한 한 많은 사람이 고등교육을 받을 수 있도록 하는 것이 올바르다. 그뿐만 아니라 기술혁신과 기대수명 연장으로 사회적으로 요구하는 노동시간은 단축되고, 일할 수 있는 기간은 확대되는 시대로 이미 접어들었다. 교육 연한 확대는 사회적 낭비가 아니라 가장 의미 있고 효율적인 사회적 자원의 이용이다.

대학교육 확대는 이미 시대적 추세이자 현상이 되고 있다. 이 중에서도 한국은 가장 빠른 속도로 대학교육이 확대되어 온 조건에 있다. 이러한 상황에서 대학 개혁을 올바로 이루어 낸다면, 우리 교육은 입시 경쟁으로 인해 가장 비교육적이고 비효율적인 교육체제에 매여 있던 상황에서 사회 전체의 역량 수준을 새로운 차원으로 진전시키는 선도적인 교육체제로 대전환이 가능하다고 할 수 있다. 입시 지옥으로 대표되던 나라에서 대전환을 선도하는 선진 교육으로의 변모라는 대반전이 가능한 것이다.

대학 개혁의 방향

대학 개혁과 관련하여 이미 의제화된 평준화, 무상화 이외의 몇 가지 제안 사항을 제출해 본다.

첫째, 대학교육에 발달적 목표가 도입되어야 한다. 지금까지 대학은 발달적 과제와 무관한 것처럼 인식되어 왔다. 마치 초·중등 시기를 거치면서 발달 과정이 종료되었다는 가정하에 전문적 지식이나 기술을 쏟아부으면 되는 교육 단계로 여겨져 온 것이다. 그러나 유네스코 2050에서 말하는 것처럼 인간 발달은 전 생애에 걸쳐 지속되는 것이며, 특히 후기 청소년 혹은 청년기인 대학 시기는 개념적 사고 발달이 만개하는 시기이다. 따라서 대학교육에는 개념적 사고의 고도화−형식적 사고를 넘어 변증법적 사고를 발전시키는−라는 발달적 과제가 부여되어야 한다. 대학 입학 시기에 이미 발달이 완성되었다는 잘못된 전제 속에서 지금까지 대학들은 오직 학생 선발에만 혈안이 되어 왔으며, 자신들은 발달적 과제와 전혀 무관한 것으로 임해 왔다. 대학 진입 시기를 여전히 발달 도정에 있는 과정으로 본다면, 서열로 학생들을 선발하고 대학이 수행해야 할 발달적 과제를 등한시하는 것은 수많은 청년의 거대한 잠재력을 날려 버리는 엄청난 잘못이다. 훌륭한 대학교육은 우수한 학생들을 따로 뽑아 학벌이라는 상징 자본을 수여하는 것이 아니라, 고등교육을 이수할 수 있는 기본 역량을 가진 학생들을 받아들여 최대한 발달시키는 것이 되어야 한다.

둘째, 현재 고교 진학 시 이루어지는 직업교육 분화 시기를 고등교육 진입 단계로 상향해 나갈 필요가 있다. 중등 단계 직업교육 학제는 근대화 성장 모델에서 대규모 제조업 노동력이 요구되었던 이전 시대의 교육 모델이다. 대학교육 보편화는 세계적 추세이며 중등 직업교육이 내실 있는 것으로 평가받아 온 유럽에서도 그 흐름이 거세다. 무엇보다 한국에서는 중등 단계 직업교육이 실제적 기능을 거의 상실한 상태이다. 직업계 고교 상당수 학생이 대학에 진학하고 있으며 취업을 하더라도 전공과 상관없는 경우가 대부분이다. 대학교육의 보편화 추세는 직업세계의 구조적 변화와 더 많은 교육을 받고자 하는 문화적 욕구의 확산에 의한 것이다. 그런 점에서 직업교육 분화 시기를 상향하는 것은 이미 나타나고 있는 현실의 반영이기도 하며 그를 통해 대학교육을 재구성하는 계기가 될 수도 있다. 직업교육 분화 시기를 상향하면서 고등교육을 학문 중심 일반 대학과 직업교육 중심의 폴리테크닉 대학으로 재구성할 필요가 있다. 이를 통해 새로운 교육론이 강조하는 광범위한 필수적 지식, 기능, 태도 및 가치를 모든 사회 구성원에게 실현될 수 있도록 하는 한편, 직업교육을 내실화해 나가야 한다. 물론 모든 사람이 예외 없이 고등교육을 받아야 하는 것은 아닐 것이다. 중등 단계에서도 원하는 경우 직업교육을 받을 수 있는 구조는 필요하다고 본다. 뉴질랜드와 같은 일부 나라에서는 고교 교육 중간에 직업교육으로 전환하는 경로를 두고 있다. 그러나 이 경우엔 주로 손기술 등 직업세계 변화에 큰 영향을 받지 않는 분야가 실효적이며 대다수 학생은 고등교육 진입 시기에 일반 대학과 직업교육을 선택하도록 하는 것이 타당하다.

셋째, 대학 교육과정의 재정립이다. 고등교육의 보편화라는 방향에 입각하여 대학에서의 교양 과정을 확대하는 동시에 전공 과정의 내실화가 필요하다. 교양과 전공 과정 모두 개념적 사고의 고도화와 연결되며,

개념적 사고의 고도화는 다시 전문적 역량 강화로 연결될 수 있다. 더욱 풍부하고 광범한 교양의 토대 위에 심화된 전문 역량을 갖추는 것이 시대적 요청에 부응하는 것이다.

넷째, 협력적인 대학 간 교류와 연구 네트워크를 구축해야 한다. 학문과 연구의 수준을 질적으로 높이기 위해서는 대학 간 역량들의 협력적인 공동 작업이 요청되며 교수 인력과 학점, 강좌 교류 등을 통해 교육 수준도 높일 수 있다. 이러한 대학 간 네트워크 체제는 평준화된 대학 시스템에서 더욱 효과적으로 작동할 수 있다.

무엇보다 대학이 인간의 생애 발달 과정에서 '문화적 발달의 황금기'로 위치해야 한다. 발달 과정으로 볼 때 청년기는 청소년기에 형성된 개념적 사고 역량을 토대로 광범하고 심화된 지식을 효과적으로 습득하고 체계화, 종합해 나갈 수 있는 시기이다. 문화적 발달의 폭과 속도에서 가장 활성화되고, 주체적 세계관이 확립되는 시기이다. 사회 구성원 모두가 그러한 문화적 발달의 황금기를 누릴 수 있도록 권리가 부여되어야 하며, 질 높은 교육이 가능하도록 지원되어야 하고, 교육과정이 재구성되고 자유롭고 창조적인 대학 문화가 형성되어야 한다. 그러한 관점에서 대학 개혁을 이루어 나갈 때 사회적 역량이 최대화될 수 있으며, 이 과정에서 사회 전체의 노동능력, 문화적 역량은 물론이고 대전환의 새로운 시대를 창조하는 변혁적 역량 또한 새로운 수준에서 형성될 수 있을 것이다.

한국적 상황은 고등교육의 보편화라는 차원에서 새로운 시스템으로의 개편이 가능한 조건에 근접해 있을 뿐 아니라, 그동안의 과정을 통해 교육 시스템의 대전환 요구 또한 광범하게 형성되어 있기도 하다. 이 두 조건을 결합하면 새로운 고등교육 시스템으로의 전환을 추진해 나갈 수 있다. 단지 입시 경쟁이라는 고질적 병폐에서 벗어난다는 차원만이 아니라 새로운 시대를 여는 새로운 교육체제의 구성이라는 전망 속에서 '교육 대전환'이 추진되어야 한다.

생애주기 변화와 교육 변화[44]

저출생/고령화 속에서 직접적으로 나타나는 매우 중요한 현상이 생애주기의 변화이다. 생애주기 변화는 삶의 기간이 늘어나면서 생애를 구성하는 각 연령기의 폭과 성격 변화를 의미한다. 주로 고령화와 연관된 현상이지만 사회의 복잡성 증가와도 관련이 깊다. 가장 주요한 현상으로는 청소년기의 연장, 청년기의 이연, 노년기의 새로운 탄생 등이 있다.

청소년기의 연장

청소년기는 아동기와 성인기 사이의 이행적 연령기이다. 대략 중학 입학 연령인 만 13세 전후에서 10대 후반까지의 연령기를 이른다. 이렇게 긴 기간의 '청소년기'는 오직 인간에게서만 나타난다. 동물에게는 청소년기가 아예 없거나 있더라도 매우 짧다. 비고츠키는 문명이 발달하고 사회가 복잡해지면서 사회문화적 성장과 발달에 오랜 시간이 필요하기 때문에 인류의 역사적 발달 과정에서 '청소년기'가 탄생된 것으로 본다. 자연적 발달만이 아니라 문화적 발달을 겪는 인간만의 발달적 특성에서 비롯되었다는 것이다.

비고츠키 논의에서의 중요한 시사점은 청소년기가 원래부터 고정된

---

44. 아포리알, 「저출생/고령화 시대와 교육의 변화」(2021) 중에서.

것이 아니라 문화역사적 조건에 따라 변화될 수 있는 가변적 성격을 지닌다는 점이다. 또한 청소년기만이 아니라 인간의 생애주기 전체가 문화역사적 조건에 따라 변화될 수 있음을 의미한다. 실제로 저출생/고령화 시대를 맞이해 인간 생애주기는 크게 변화되고 있다.

　최근 청소년기 변화와 관련된 가장 특징적인 현상은 청소년기가 길어지는 현상이 나타나고 있다는 것이다. 마마보이 현상 등 청소년기 심리적 성숙 속도가 예전에 비해 늦어지고 있다는 보고들이 오래전부터 있었다. 대학생들이 덜 성숙하다는 교수들의 하소연도 꽤 되었디. 사회적으로도 예전에는 고교를 졸업한 이후에는 성인 대접을 했으나 요즘은 그렇지 않다. 성인기 진입 시기가 늦어졌다는 사실은 적어도 경험적으로는 충분히 확인되는 사실이다. 청소년기 연장을 일부에서는 핵가족화/과보호로 인한 것으로 보기도 하지만 그것만으로는 충분하지 않다. 성인기로의 진입은 직업세계 등 사회 진출, 결혼 등 생활의 독립, 가족관계의 독립 등과 관련이 깊다. 그런 점에서 사회 진출 및 혼인 시기가 늦어지는 추세가 주요한 요인이 된다고 보인다. 반대로 선거권의 부여 같은 주체로서의 독립을 북돋는 요소들도 있다. 그렇지만 전반적으로는 청소년기가 연장되는 흐름이 뚜렷하게 나타나고 있다. 이는 인간의 청소년기가 문화역사적 발달에 따른 인류의 계통발생적 적응 혹은 대응이라는 비고츠키의 관점을 빌려 온다면 사회가 더욱 복잡해지면서 사회문화적 성장에 시간이 더 필요해졌다는 해석이 가능하다. 문화역사적 조건 변화가 청소년기 연장의 배경인 것이다. 사회의 발달과 복잡성 증가는 교육 기간의 확대로 나타나고 교육 기간 확대는 사회 진출 시기의 이연으로 나타난다. 또한 고령화로 인한 삶의 길이 연장은 그러한 생애주기 변화를 가능하게 한다.

　청소년기의 연장은 교육적 차원에서는 '보편적 교양 교육' 연한이 확대될 필요성이 있음을 의미한다. 청소년기가 독립적인 사회적 주체로서 삶을 영위할 수 있는 시민적 교양과 세계관과 가치, 보편적 노동능력을 형성하는 시기라고 할 때, 그러한 역량은 모두에게 필요한 것이고 따라서 청소년기까지는 보편적 교양 교육의 시기로 설정하는 것이 타당하다. 사회 발전 정도와 복잡성도 크게 증가하여 '보편적 교양 교육' 기간 확대의 필요성을 함께 제기한다. 역사적으로도 보편적 교양 교육은 근대 공교육 성립 이후 사회 발전 정도에 따라 초등-중학-고교 등으로 확대되어 왔다. 청소년기의 연장은 적어도 고교까지는 '보편적 교양 교육'으로 확립하고 나아가 그 이상, 예컨대 대학 저학년 시기까지 보편 교양 교육을 확대하는 것을 검토할 필요가 있음을 시사한다고 생각한다. 사회 진출 시기가 늦어지기 시작한 것은 꽤 되었으며, 사실 사회 진출 시기가 멀어졌을 때 심리적 성숙 속도가 완만해지는 것은 자연스러운 일이기도 하다.

청소년기가 연장되고, 보편적 교양 교육 기간 확대의 필요성이 제기되는 상황에서 정부의 교육과정 정책은 거꾸로 가고 있다. 보편적 교양 교육 기간을 오히려 단축하고 있는 것이다. 사회 변화와 관련해 두 가지 문제가 있다. 우선 보편적 교양 교육 축소로 주체적 시민 형성, 노동능력의 전반적 상승, 폭넓은 교양에 기초한 전문화에 해악을 미친다는 점이다. 또한 진로 선택의 측면에서도 청소년기의 연장, 사회 진출 시기의 지연이라는 상황에서 조기 선택은 의미 있고 책임 있는 것이 되기가 더 어렵다는 점이다. 방향 전환이 필요하다.

청년기의 이연

청년기는 보통 20대 정도의 나이에 속하는 여성과 남성을 아우르는 말이다. 엄밀한 의미에서 청년기는 독자적 연령기가 아니다. 개념도 다양하다. 청소년기와 동일한 의미로 쓰이거나 청소년기 후반부를 가리키거나 성인기 초반부를 의미하기도 한다. 청소년은 청년과 소년의 합성어이고 청장년은 청년과 장년의 합성어이다. 전자에서는 청소년기 후반부를, 후자에서는 성인기의 전반부를 의미한다고 하겠다. 엄밀한 의미에서 별도의 독자적 시기가 아님에도 청년기는 매우 많이 쓰이고 있는데, 인간의 생애에서 삶의 에너지가 가장 충만하고 활동이 왕성한 시기를 지칭할 수 있기 때문이다. 여기서는 신체적·정신적 성장이 무르익은 청소년기 후반부와 성인기 초반부를 아우르는 시기로, 연령은 20대에서 30대 초반까지 정도로 보고자 한다.

청소년기가 연장되면서 청년기는 순연된다. 동시에 청년기도 연장되는 것으로 나타나고 있다. 예전에는 대체로 20대에 머물렀으나 최근에는 적어도 30대 초반까지는 청년으로 보는 듯하다. 물론 경계는 명확하지 않고 사람마다 다양하다. 그렇지만 청년으로 지칭되는 세대가 연장되는 추세는 분명하다. 청년기의 연장은 대학-대학원 등 고등교육으로의 교육 기간 확대, 사회 진출과 결혼 시기의 지연 등에 의한 것으로 보인다.

발달의 차원에서 본다면 청년기는 청소년기에 형성된 생물학적 성숙과 발달된 사고 역량을 토대로 전문적인 학문, 기술을 연마하고 세계관과 인격을 구체화하는 시기이다. 나아가 사회에 진출해 구현을 추구하는 시기이다.

비고츠키는 청년기에 관해 매우 흥미로운 관점을 제기한다. 비고츠키는 청년기를 청소년기 후반부에 나타날 수 있는 '특정 상황'으로 보았는데, '청소년 발달 과정 중 성적 성숙을 지나 문화적 발달이 최고에 이르는 시기'로 규정하였다. 다시 말해 '청년기'를 별도의 연령별 시기, 단계가 아니라 청소년기 후반부에 나타날 수 있는 문화적 발달의 정점기로 규정하면서, 상황에 따라서 청년기를 나타날 수도, 나타나지 않을 수도 있는 조건적 시기로 본 것이다.

> "블론스키가 바르게 지적하듯, 노동자 계급의 청소년이 종종 이 최고의 문화적 발달 시기인 청년기를 전혀 거치지 않은 이유이다. 종종 매우 가변적이고 불안정하고 변덕스러운, 인류의 이러한 후기 성취는, 어떤 의미에서 명백히 계급적 자산이다." ─『성애와 갈등』, 232쪽(살림터, 2019)

비고츠키에 따르면 청소년은 성적 성숙이 완료된 이후에도 아직 완성되지 않은 문화적 발달을 지속하는데, 이 청소년기 후반 문화적 발달이 최고에 이르는 시기가 청년기인 것이며, 먹고살기 위해 이른 시기에 노동을 해야 하는 노동자 계급의 청소년들은 문화적 발달이 단축되어 버림으로써 청년기가 나타나지 않기도 한다는 것이다. 그래서 청년기는 생존을 위해 문화적으로 일찍 어른이 되어 버리지 않아도 되는 유한계급 청소년들이 누리는 계급적 자산이 된다는 것이다. 비고츠키는 문화적 발달이 최고조에 이르는 청년기를 미래에는 모든 사람이 누리는 것이 될 수 있도록 역사적 조건을 개척해야 한다고 강조한다.

> 블론스키 교수는 말한다. "미래의 인류 역사는 청년기를 공고히 해야 한다. 지금, 적어도 장기적 현상으로서 청소년기는 공통 자산과는 거리가 멀다. 빈곤한 노동자 대중은 아직 이러한 자산을 공고히 획득하지 못하였다." ─『성애와 갈등』, 232쪽(살림터, 2019)

비고츠키의 언급에서 중요한 점은 청년기가 언제냐가 아니라 삶의 에너지가 가장 충만한 시기가 '최고의 문화적 발달의 시기'라는 청년기에 대한 성격과 의미 규정이다. 그리고 그런 발달의 황금기가 사회적 상황에 따라 올 수도 있고, 못 올 수도 있다는 점이다. 비고츠키가 이러한 언급을 한 이후 90년의 세월이 흘렀고 현대 사회는 많이 달라졌다. 비고츠키가 말한 대로 청년기를 '최고의 문화적 발달기'로 본다면, 그러한 의미의 전형적인 청년기는 역사적 상황이 달라졌음을 감안할 때 현재는 주로 '대학'에 다니는 경우에 해당한다. 꼭 대학에 다니지 않더라도 문화적 발달에 매진한다면 청년이라 할 수 있을 것이다. 당시에 비해 그러한 청년기를 누리는 사람은 크게 확대되었지만 여전히 제한적이다. 여전히 많은 노동자, 민중의 청소년들은 비고츠키가 말한 청년기를 누리고 있지 못하다.

비고츠키의 청년기 개념은 교육에 두 가지 시사점을 준다. 첫째, 모든 청소년이 '전 생애에서 최고의 문화적 발달기'를 누릴 수 있도록 모두에게 고등교육 기회가 보장되어야 한다는 점이다. 한 인간이 살아가는 동안 문화적 발달의 가능성이 최고일 때, 그 기회를 누리는 것은 '인간적 권리'로 보아야 하며 그 기회를 부여하는 것은 사회의 마땅한 책임으로 보아야 한다. 또한 그것이 개개인의 잠재적 가능성을 최대한 실현하는 것이고 사회 전체의 주체적 역량을 최대화하는 것임은 분명한 사실이다. 둘째, 대학 등 청년기 교육이 진정한 '문화적 발달의 황금기'가 되어야 한다는 것이다. 취업 준비와 스펙 쌓기에 매몰되는 현재의 대학 현실은 '문화적 발달의 황금기'와는 거리가 멀다. 독일의 대학 이념처럼 '대학은 미래의 유토피아를 선취하는 소우주'가 될 수 있도록 하는 것이 필요하다.

노년기의 새로운 탄생

생애의 연장은 비단 청소년기의 확장, 청년기의 이연, 연장만이 아니라 노년기의 의미와 존재 양식을 근본적으로 변화시키고 있다. 노년기는 더 이상 인생의 황혼이 아니다. 퇴직 이후로도 거의 30년에 가까운 삶을 영위한다. 마무리 시기가 아니라 삶의 주요 시기로서 하나의 독자적 의의와 활동 영역으로 구성되는 생애주기가 되었다. 또한 사회 전체에서 매우 큰 비중을 차지하는 사회적, 정치적 주체가 되었다. 문화역사의 발달 속에서 청소년기가 탄생했듯이 현대 사회는 노년기를 새로운 형태로 재탄생시키고 있다.

노년기에 대해서도 인식과 대응은 매우 뒤처져 있다. 심지어 경제성장이나 연금 문제 등을 다룰 때는 거의 '부담'으로만 인식된다. 먼저 시각 교정이 필요하다고 생각된다. 기대수명 연장은 인류의 큰 발전이며 길어진 노년기는 개개인의 인간적 삶을 더욱 풍부하게 하는 조건의 발생으로 보아야 한다. 변화된 노년기에 대한 새로운 이해와 규정이 필요하다. 현재 노년기에 대한 규정은 직업적 은퇴, 조부모가 되는 것. 독자적 거동의 어려움 등 다양한 기준들이 섞여 있다. 노년기 규정 자체가 매우 혼란스러운 상황이다. 우선 길어진 기간 중 독자적 거동이 어려운 시기와 그 이전 시기는 구분되는 것이 타당할 것이다.

개인마다 다양한 모습을 띠겠지만 많은 사람이 거동이 어려울 때까지 은퇴 이후 상당한 기간 사회적 활동을 지속할 것이다. 사회적 활동이 여전히 왕성한 장기간의 노년기는 인류 역사에서 최근에 이르러 '발생'한 것으로 아직 당사자들도, 사회적으로도 이 시기를 어떻게 영위해야 하는지 정립되지 않았다. 그런데 몇 가지 지점에서 '새로운 노년기'는 새로운 사회적 의미를 표출하고 있다. 정치적으로는 고령화 현상이 진행된 대부분의 나라에서 가장 큰 규모의 투표집단을 이루게 되었으며, 소비 주체로서 경제적 비중 또한 크다. 최근에는 한국에서의 트로트 열풍 현상에서 보이듯 문화적 주체로도 부상하고 있다. 방향은 잘못되었지만

'태극기 부대' 현상은 사회 운동 주체로서의 가능성을 입증하고 있기도 하다. 새로운 노년기의 내용적, 실천적 정립 과정은 이제 시작되고 있다고 볼 수 있다.

교육과 관련해서는 이 시기 교육 자체가 전반적으로 새롭게 재구성되어야 할 것이다. 현재의 상황은 기본적으로 교육 자체가 결핍되어 있으며 그나마 있는 것들은 무료함을 달래는 '시간 때우기' 식이 대부분이다. 주요한 사회적 주체로서 재인식하면서 재구성해 나가야 한다.

저출생/고령화 시대를 맞이하여 생애주기에 대한 관념은 새롭게 재구성되어야 한다. 청소년기, 청년기, 노년기는 물론이고 생애주기 전체의 재구성 속에서 청소년기 이전의 영유아기, 아동기 그리고 청장년기도 새롭게 의미 지어질 필요가 있다. 저출생/고령화는 단지 기간의 변화, 연장만이 아니라 인간의 삶을 둘러싼 조건 변화, 전체 삶 자체의 존재 양식 변화도 의미하기 때문이다. 이전 역사 어느 때보다도 모든 인간 하나하나가 소중해졌고, 삶의 영위가 중요해졌다.

5장

교육목적 전환의
한국적 특수성과 의의

새로운 교육론이 제기하는 여러 의제 중에서 가장 근본적이고 핵심적인 교육 분야 의제는 '교육목적 전환' 문제이다. 유네스코와 OECD의 교육목적 전환 주장은 우리에게 더욱 의미가 크다. 왜곡된 교육목적이 학벌-대학서열-입시로 연결되는 구조적 시스템 속에서 매우 극단적으로 나타나기 때문이다. 그리고 의미가 큰 만큼 논란과 저항 역시 클 가능성이 높다.

1절
교육목적 전환 논의의 의미와 성격

본래부터 교육목적은 교육 담론의 가장 중심적이고 선차적인 의제이다. 목적이 어떻게 설정되느냐에 따라 교육 방향과 정책들이 정해지기 때문이다. 그런데 교육목적 문제는 철학적, 교육학적 논의와 실제 사이에 괴리가 나타나기 쉽다. 우리의 경우 그러한 현상이 특히 심하다. 교육학 문서에는 '홍익인간', '교양 있는 시민 양성', '전면적 인간 발달' 등 포괄적 가치를 담은 개념들이 주로 등장하지만 교육 현실을 움직이는 실제의 목적은 전혀 다르다. 개인적 차원에서는 주로 성공, 즉 '사회경제적 지위 획득'이고, 정부 차원에서는 '국가 경쟁력 강화' 등 경제정책의 수단이 된다.

이 같은 괴리 속에서 그동안 철학적, 교육학적 논의에 대해서는 현실과 거리가 먼 '이상적 관념'의 영역으로 취급하는 경향이 강했다. 따라서 그다지 관심 있는 의제가 아니었다. 어차피 교육 현실에 실질적 영향을 미치기 어려운 구두선의 영역이라고 보았기 때문이다. 반면 실제의 교육목적에 대해서는 제대로 된 논의로 다루어진 적이 거의 없다. 아마도 많은 사람이 교육을 개인적 성공과 정부 경제정책의 수단으로 삼는 것을 의식, 무의식적으로 당연시해 왔기 때문일 것이다. 1995년 신자유주의 교육개혁안에서 '국가 경쟁력, 교육 경쟁력 강화'를 핵심 과제로 제시했을 때 일부에서 "너무 지나친 경제 중심적 방향 아닌가?"라는 비판을 제기하긴 했지만 크게 확산되지는 못했다.

보통 정부의 교육정책 문서에는 철학적, 교육학적 목적과 실제의 교육목적이 병렬적으로 같이 등장한다. '홍익인간'도 나오고 '경쟁력'도 나온다. 둘 사이에는 아무런 연관이 없으며, 내용을 따지고 보면 사실 대립적이다. 그래도 그동안 별문제가 되지 않아 왔다. 홍익인간은 어차피 구두선이고 국가 경쟁력에는 심각한 의문을 제기하지 않았기 때문이다.

우선 새로운 교육론에서 제기하는 교육목적 전환 논의의 대상을 분명히 할 필요가 있다. 이 논의는 철학적, 관념적 영역의 논의가 아니라 실제의 교육목적을 대상으로 하는 논의라는 점이다. 그것은 유네스코의 언급을 통해 명확하게 나타난다. 유네스코는 '개인적 성공과 국가 간 경쟁 및 경제성장'을 목적으로 삼아 온 것이 잘못되었으므로 폐기해야 한다고 말한다. '개인적 성공과 국가 간 경쟁 및 경제성장'은 대다수 개인과 각국 정부가 추구하는 실제의 교육목적이다. 실제의 교육목적을 다룬다는 점에서 그리고 우리의 경우 그동안 잘못된 교육목적에 가장 극단적으로 함몰되어 왔다는 점에서 이 의제의 의의는 매우 지대하다. 그야말로 교육의 근본 문제를 제기한 것이다. 그런데 과연 유네스코의 직접적 문제 제기만으로 교육목적 전환 문제가 교육의 근본을 바꾸어 나가기 위한 실천적 의제가 될 수 있을 것인가? 아마도 우리 스스로의 적극적이고 구체적인 문제 제기가 없다면 지금까지 그래 왔듯 기득권 세력과 교육 당국은 이를 무시하면서 여전히 주변적 의제로 취급할 가능성이 높을 것이다. 따라서 이 의제는 분명한 목적의식을 갖고 강하고 일관되게 제기해 나가야 할 문제이다.

또한 한국적 상황에서 교육목적 전환 문제는 다른 나라들에 비해 더욱 복잡하고 중층적인 성격을 지닌다는 점을 인식할 필요가 있다. 추상적 개념, 방향을 넘어 '대학서열-입시체제'라는 구조적 실체와 연동되는 문제이기 때문이다. 대학서열-입시체제는 경쟁주의적 성공에 대한 필요와 욕망을 직접적으로 재생산하는 기제이다. 이 체제를 통해 학벌 카르텔과 사회적 위계는 더욱 정당화, 공고화된다. 서로가 서로를 강화하는 경쟁주의적 욕망과 대학서열-입시체제가 접착제처럼 얽혀 있는 한 교육목적은 결코 실질적으로 전환될 수 없다. 그 때문에 우리 교육에서 교육목적 전환은 더욱 큰 어려움과 거센 저항에 직면할 가능성이 높다. 한국 교육의 대전환은 결국 이 난제를 어떻게 돌파할 것이냐의 문제라 해도 과언이 아니다.

유네스코는 기존의 교육목적이 '단기적 이익을 장기적 이익보다 우선' 하게 하고, '서로와 지구와의 상호의존과 연대를 훼손'한다는 점을 폐해로 지적한다. 그리고 이는 세계와 지구의 지속가능성을 위협하는 요인이 된다고 말한다. 유네스코는 '개인적 성공과 국가 간 경쟁'에 매달리도록 하는 요인으로 소유적 개인주의와 경쟁적이고 탐욕적인 경제 시스템을 지목한다. 여기서의 '성공'은 위계화된 사회에서 권력과 부를 누릴 수 있는 사회적 지위에 오르는 것을 의미한다. 따라서 개인적 성공을 위한 교육은 경쟁을 수반한다.

우리나라는 그 어느 나라보다 유네스코가 비판하는 잘못된 교육목적이 광범하고 깊숙하게 뿌리박혀 있으며, 그로 인한 교육적 폐해 역시 매우 크다. 전통적으로 교육은 권력과 부를 획득하기 위한 수단으로 인식되었다. 그러한 인식이 강하고 또한 당연시되면서 교육을 통해 사회적 지위를 얻은 다음 그 지위를 이용해 권력과 부를 누리고 늘리는 것 또한 용인되어 왔다. 한국 사회의 천박한 지배 엘리트들의 행태는 개인적 성공을 교육목적으로 삼아온 잘못의 폐해를 적나라하게 보여 준다. 성공이 목적인 사회 분위기에서 아이들은 자라는 내내 '남보다 우위에 설

것'을 귀에 못이 박히도록 듣는다. 심지어 성공에 대한 과도한 압박 속에서 목적을 위해 잘못된 수단을 쓰는 것을 용인하는 것도 경험하거나 목도한다. 본인은 물론이고 주변 사람들까지 목을 맴으로써 성공 이후엔 더 많은 권력과 부를 보상받고 그 혜택을 주변인들까지 누리게 하는 것을 당연시하게 된다. 결국 높은 사회적 지위가 부당한 부와 혜택으로 연결되는 것까지 수용하는 사회적 분위기가 형성되어 온 것이 한국 사회의 민낯이다. 예컨대 사회적 성공의 대명사 중 하나인 판검사들은 스스로 치외법권 영역이 되고, 전관예우 등 불공정한 법적 거래로 막대한 이득을 챙기는 데도 당연한 관행으로 수용된다. 그런데 전관예우라는 것은 누구에게나 항상 일관된 기준으로 적용되어야 할 법이라는 관점에서 본다면 사실 말도 안 되는 일이다.

한국에서는 사회적 성공의 중간 매개항으로 '학벌'이라는 것이 존재한다. 한국 사회에서 학벌은 실체이다. 사회적 성공의 높은 확률을 보증할 뿐 아니라 지배 엘리트들을 서로 연결해 주는 접착제로 기능한다. 그래서 입시교육체제에서 성공은 학벌 획득으로 대체된다. 즉, 한국 사회에서 대입 이전의 교육목적은 학벌 획득이 된다. 학벌 획득을 위한 교육 왜곡이 어떤 문제와 폐해를 낳고 있는가에 대해서는 그동안 넘치도록 말해졌고 또한 이미 사회적으로도 상당히 공유되고 있다. 그런데도 왜 입시교육은 해소되기는커녕 지속, 심화되었나? 그것은 교육을 통한 성공, 학벌 획득의 욕망을 넘어서지 못했기 때문이다. 돌이켜 보면 그동안 입시교육을 해체하자는 논의들은 논리적, 실천적 딜레마에 빠져 있었다. 한편으로는 교육을 통한 성공 욕망을 인정하면서 다른 한편으로 입시 교육을 해소하자는 것은 딜레마 상황을 야기한다. 교사들은 대학평준화 주장을 지지하는 동시에 온갖 미사여구를 동원하면서 상위 대학을 가려는 학생의 추천서를 써 주게 된다. 학부모는 가공할 학습 노동에 문제를 느끼지만 학교가 마땅히 자녀의 학벌 획득을 위한 과정이 되어야 한다고 생각하게 된다. 교육이 개인적 성공의 수단으로 인정되는 한, 입시교육을 유지·심화하는 행위는 매일매일 재생산될 수밖에 없으며 결과적으로 그 힘은 입시교육의 폐해에 대한 문제의식을 현실에서 압도한다.

교육목적 전환에 대한 유네스코의 문제 제기는 입시 문제를 둘러싼 그동안의 딜레마가 어디서 유래했는지를 밝혀 주는 것이기도 하다. 학교교육이 개인적 성공의 수단이 되지 않을 때라야 비로소 입시교육 해체는 논리적·실천적으로 일관적인 것이 될 수 있다. 학교가 일부 상위권 학생들만을 위해 불공정하거나 비교육적인 조치나 프로그램을 시행하는 것에 저항할 수 있고, 일부 학부모들의 부당한 요구도 거부할 수 있다.

물론 사회적 위계가 여전히 존재하는 상황에서 개인적 성공에 대한 욕망 자체를 없애기는 쉽지 않다. 대학이 평준화된 나라들도 성공에 대한 욕망을 없애는 것이라기보다는 실제로는 교육을 통해 개인적 성공을 위해 노력하는 시기를 늦추는 것이라 할 수 있다. 그리고 그 과정에서 경쟁을 완화하고 성인으로의 책임을 강화하는 것이다. 그렇지만 시기를 늦추는 것만으로도 초·중등 교육의 왜곡을 상당히 방지하게 되고 성공을 위한 사회적 과잉 몰입이 감소할 수 있다.

학교가 개인적 성공을 위한 노력을 담보해 주지 않는다면 상류층 학생들만 유리한 것 아니냐는 의문을 제기할 수도 있을 듯하다. 그러나 경쟁적 대학입시가 없는 상황에서 사교육, 과도한 학습 노동, 문제풀이식 학습 등 지금처럼 왜곡된 준비 행위가 나타나지는 않는다. 그것이 대학평준화를 시행하는 나라들에서 나타나는 현상이다. 대학교육을 수행할 수 있는 기본 역량을 갖춘 모든 학생에게 대학교육 기회가 부여된다면 사교육을 받을 수 없는 계층이라고 해서 전혀 불리할 일도 없다. 오히려 이러한 조건에서 학교 학습과 별개로 아이들 스스로 성공을 위해 나름대로 준비하는 개인적 과정이 자유롭게 활성화될 수 있다. 스포츠 클럽 활동을 열심히 하거나, 어떤 분야에 몰입할 수도 있다. 이러한 과정은 자신의 관심과 적성을 살리는 매우 유의미한 과정이 될 수 있다. 설사 성공에 대한 욕구로 출발하더라도 관심과 적성을 살리는 과정으로 귀결될 수 있다. 반대로 입시체제에서는 관심과 적성에서 출발한 것까지도 왜곡시킨다. 개인적 성공을 위한 사적 요구를 마땅히 공교육이 수렴해야 한다는 것은 타당하지 않으며, 실제로 학교가 모든 개인의 요구를 감당할 수도 없다. 결국 힘 있는 일부의 요구에 경도될 수밖에 없다. 공교육은 공동의 목적, 보편적 목표를 수행하는 것이 되어야 한다. 사적인 목적은 사적인 과정에 맡겨지는 것이 타당하다. 실제로 개개인의 관심과 특기를 살린 거의 대부분의 사례는 사적인 과정을 통해서 일어난다. 학교에서 가르치지도 않았는데 어떤 아이들은 컴퓨터 도사가 되고, 춤이나 음악을 익히고, 외국어를 익히는 일들이 자연스럽게 일어난다. 다양한 관심과 적성을 살리려면 오히려 아이들이 자신의 관심과 특기에 몰입할 수 있는 시간적 여유를 부여해야 하며, 교육 선진국과 같이 지역 사회에서 다양한 클럽 활동을 할 수 있는 조건을 창출하는 것이 되어야 한다.

유네스코는 교육목적과 관련해 매우 근본적인 문제를 제기한다. 공교육이 개인적 목적이 아니라 모두를 위한 목적을 지향해야 한다고 말한다. 이 주장은 '공교육의 성격과 역할이란 무엇인가?', '개인과 공동의 목적은 다른 것인가?'라는 질문을 담고 있다. 공교육이 개인적인 것이 아니라 사회공동체 차원에서 성립하는 제도, 기관이라는 점에서 교육목적은 사적인 것이 아니라 공동의 목적에 입각해야 한다는 문제 제기는 기본적으로 타당하다. 검토해야 할 문제는 '어떤 것이 공동의 목적이 될 수 있으며 어떤 경우에 공동의 목적과 개인적 추구가 대립하는가?'라는 것이다.

목적의 내용이 무엇인가에 따라 공동의 목적과 개인적 목적은 대립할 수도 있고, 결합할 수도 있다. '발달'의 경우 양자는 결합된다. 모두의 발달과 개개인의 발달은 결코 대립되지 않으며 서로를 북돋는 조건이 되기 때문이다. 반면 '성공'은 그렇지 않다. 위계적 사회에서 누군가의 성공은 더 많은 이들의 실패를 전제로 한다. 따라서 위계적 '성공'은 그 의미에서부터 공동의 목적이 될 수 없으며 대립한다. 그런 점에서 개인적 성공이라는 잘못된 목적을 폐기해야 한다는 유네스코의 지적은 '지속가능성'이라는 시대적 요청만이 아니라, 본질적 교육 원리에서도 전적으로 타당하다.

한국에서는 이전부터 있어 온 교육을 '개인적 성공'을 위한 수단으로 삼는 시각이 지난 시절 신자유주의적 개인주의가 만연하면서 더욱 확산되고 깊어져 왔다. 또한 공교육을 개인적 성공을 위해 교육 서비스를 제공하는 기관으로 바라보는 관점이 팽배해졌다. 예컨대 극히 소수에만 해당하는 서울대 진학을 위한 커리큘럼이 당당히 배치된다. 그에 따라 모두에 해당하는 전체 교육과정의 왜곡이 일어난다. 입시체제에서는 심지어 학교 스스로가 '모두를 위한 교육'을 팽개친다. 우수 대학에 가능한 한 많은 학생을 진학시키는 것이 정당한 목적인 양 스스럼없이 강조한다. '모두를 위한 교육'이 실종되는 것은 상위층 학생을 위한 교육만이 아니다. '엘리트 체육'도 마찬가지다. 학교 운동부가 모두가 뛰어놀아야 할 운동장을 독점하는 경우가 허다하다. 엘리트 학교체육은 성공을 위해 학생의 보편적 발달을 포기하는 것이 되어 왔으며, 경쟁에서 성공하지 못할 경우 대책 없는 조기 진로 결정의 문제가 극단적으로 나타난다. 위계적 성공에 대한 욕망이 모두를 위한 공교육을 침범하고 왜곡하는 일은 이제 중단되어야 한다.

학교와 교사만이 아니라 자녀의 성공을 갈망하는 학부모의 요구도 다시 바라볼 필요가 있다. 자녀의 성공을 갈망하는 부모들의 욕망은 과연 정당한가? 자녀들이 훌륭한 사람이 되길 바라는 것과 위계적 성공을 바라는 것은 다르다. 자녀들이 흥미와 적성을 살리는 것과 위계적 지위와 과도한 부를 얻는 것은 다르다. 모두가 자신의 흥미와 적성을 살릴 가능성과 권리를 지니며 누구나 의미 있는 삶을 영위할 가능성을 지니지만 성공은 모두에게 가능한 것이 아니다. 위계적 지위와 큰 부를 얻는 것은 소수만 가능하며 이는 다른 이들의 실패, 배제를 전제한다. 모든 아이가 소중한 세상에서 내 아이의 배타적 성공을 갈망하는 것은 엄밀히 말한다면 다른 아이의 소중함을 부정하는 것이기도 하다. 많은 누군가가 내 아이의 밑에 있어야 하기 때문이다.

한국 사회에서 특권적 엘리트에 대한 욕망은 결국 위계 사회에서의 권력과 부에 대한 욕망이다. 자녀가 잘되기를 바라는 것은 당연한 인간의 본능이지만 그 '잘'이 '훌륭하고, 의미 있는 삶'이 아니라 '권력과 부'가 되는 것은 '왜곡된 욕망'이다. 설사 서열 꼭대기에 올라서려는 것이 동물적 본능이라 하더라도 인간 사회는 '동물의 왕국'에서 '문화의 왕국'으로 끊임없이 진화해 왔다. 지금까지 성공에 대한 욕망이 너무도 쉽게 '부모 된 입장에서~'라는 명분으로 정당화되어 왔다. 이 욕망은 교육을 왜곡시켜 왔을 뿐 아니라 자녀들의 희망과 적성, 삶도 왜곡한다. 우리는 부모의 강요로 원치 않는 일을 하는 수많은 사례를 보아 왔다. 이는 결국 전체 사회를 왜곡한다. 서열적 성공을 둘러싼 야만적 경쟁 사회는 인간적일 수도, 공동체적일 수도 없다. 대전환 시대에 근본적으로 충돌하는 것은 결국 위계적 성공에 대한 욕망과 사회와 지구의 지속가능성이라는 지점이다. 성공, 권력과 부에 대한 개인적 욕망이 성장의 원동력이라는 자본주의 이데올로기 속에서 그동안 용인되거나, 당연시된 것에 대한 근본적 성찰과 전환이 필요하다. 그것은 본래 공동의 요구도 아이들의 요구도 아니었을 뿐만 아니라, 이제는 사회와 지구의 지속가능성과 충돌하는 상황이 되었다.

2절
교육목적 전환의 세 가지 층위

    강고한 '대학서열-입시체제'라는 특수성으로 인해 우리 교육에서 교육목적을 전환해 나가는 문제는 실천적으로 세 가지 차원의 과제로 분화된다. 첫 번째 차원은 이념적 차원의 교육목적 전환이다. 교육정책, 교육과정 등과 관련되어 "우리 교육목적을 어떻게 설정할 것인가"라는 논의와 문서 속에서 나타난다. 두 번째는 잘못된 교육목적과 직접 연동되어 있는 실체적 기제로서 대학서열-입시체제를 해체하는 문제이다. 세 번째는 각 개개인과 정부가 정말로 개인적 성공과 경제성장의 수단으로 삼는 것을 넘어서서 '개인과 공동의 웰-빙'과 '지속가능한 미래 건설'을 실제의 목적으로 삼을 수 있도록 할 수 있는가의 문제이다. 이 세 가지 차원에서 한국에서의 교육목적 전환 문제를 살펴보고자 한다.

문서상의 변화
    이념적 차원의 교육목적 전환은 교육과정 등 교육정책 관련 문서를 통해 표현된다. 교육 당국이 달가워하지는 않겠지만 완전히 불가능한 것으로 보이지는 않는다. 역설적으로 그 이유는 그동안 교육 당국도 목적에 대한 문서상의 표현을 그다지 중요한 것으로 생각하지 않아 왔기 때문이다. 지금까지도 '홍익인간', '전인교육' 등 훌륭한 개념들을 문서 속에 포함해 왔다. 실제의 교육 현실, 정책과 충돌하더라도 먼 미래의, 궁극적인 지향으로 생각하면 되기 때문이다. 사실상 무의미한 표현에 불과했다. 그런 점에서 교육 당국은 문서상의 표현에서 교육목적을 전환하는 것에 어쩌면 크게 부담을 느끼지 않을 수도 있다. 실제로 교육 당국은 최근 OECD 2030에서 제시한 '개인과 공동의 웰-빙'을 소개하고 있기도 하다. 교육적 인간상도 기존의 '영재' 개념에서 좀 더 보편적인 개념으로 바꿀 용의를 드러내고 있다. 하지만 유네스코 2050에서 직접 거론한 '개인적 성공과 국가 간 경쟁 및 경제성장'의 수단으로 삼는 것을 폐기하는 문제는 상당한 논란이 될 수 있다. 그럼에도 문제 제기와 논쟁이 확산될 경우 '국가 경쟁력'이라는 직접적 표현을 포기할 가능성이 전혀 없다고 할 수는 없다. 그것과 별개로 실제의 교육목적은 그대로 유지하면 그만이기 때문이다.

명백한 한계가 있겠지만 문서상의 변화가 결코 무의미한 것은 아니다. 지금까지는 문서상의 표현이 그다지 큰 의미가 없었지만, 만약 이 과정이 새로운 문제의식의 확산 과정에서 이루어진다면 앞으로는 새로운 생명력을 가질 수 있기 때문이다. 어떤 상징적 개념이나 방향이 일부 소수의 '갇힌 논의'가 아니라 많은 사람의 문제의식 속에서 성립된다면 그것은 더는 그저 추상적이기만 한 무의미 낱말이 아니게 된다. 사실 문서상의 표현도 상황에 따라 매우 중요한 실천적 의미를 지니기도 했다. 돌이켜 보면 1995년 당시 대다수 사람이 그렇게 의미 있는 단어라고 미처 생각하지 못했지만 신자유주의 교육개혁안에 등장했던 '국가 경쟁력, 교육 경쟁력 향상'이라는 구호는 그 논의를 주도했던 사람들에게는 매우 중요한 개념이었고, 이후 각종의 신자유주의 교육정책을 펼치는 근거와 방향으로 작용했다. 이번에는 그 반대가 될 수도 있는 것이다. 정부 관료들은 '웰-빙', '지속가능한 미래 건설을 위한 변혁적 역량', '공동 과제 해결을 위해 협력적으로 일할 수 있는 개인', 그를 위한 '광범위한 필수적 지식, 기능, 태도 및 가치' 등 교육목적 전환과 관련된 OECD 2030과 유네스코 2050의 개념들을 여전히 무의미한 낱말, 문장으로 수용할지 모르지만, 그 개념들에 담긴 시대 인식과 교육적 의미를 많은 사람이 공유해 나간다면, 이후 교육과정, 교육정책 방향에 실제적 영향을 미칠 수 있는 살아 있는 개념이 될 수 있다. 따라서 우선 일차적으로 문서상의 변화도 매우 중요한 의미를 지니며 교육목적 전환을 위한 일차적 과제가 된다. 이 때문에 일부 시장주의자, 교육 관료들은 '국가 경쟁력' 폐기와 같은 부분에 강력하게 저항할 가능성이 있다. 만약 그렇다 해도 궁극적으로 나쁘지 않을 수 있다. 논란과 쟁점이 될수록 그만큼 광범한 교육적, 사회적 토론을 야기하고 문제의식의 확산으로 연결될 수 있기 때문이다.

대학서열-입시체제의 해체

사람들이 실제 교육목적을 '개인주의적 성공'으로 욕망하도록 만드는 대학서열-입시체제를 해체하는 문제는 '교육목적 전환'의 가장 실제적인 과제이다. 많은 사람이 교육목적 전환에 동의하고 교육 당국의 문서로 나타난다고 해서 대학서열-입시체제 문제가 바로 해결되지는 않는다. 교육 분야를 넘나드는 복잡한 정치사회적, 제도적 변화와 연결되는 문제이기 때문이다. 따라서 대학서열-입시체제를 해체하려면 별도의 집중적인 노력이 필요하다.

이 과정에서 중요한 것은 입시체제 해체가 교육목적 전환과 직결되는 문제임을 분명히 하는 것이다. 그동안 입시라는 문제를 둘러싸고 과제와 현실을 분리시키는 경향이 이 문제를 두고 지속적으로 발생해 왔기 때문이다. 적지 않은 사람들이 '전인교육'이나 '전면적 발달' 같은 것을 지향하더라도 현실로서의 입시체제를 넘어설 수 없다고 생각해 왔다. 그로 인해 목적과 현실을 동떨어진 것으로 바라보는 '분리주의', 옳다 하더라도 이룰 수 없다는 '비관주의'가 광범하게 발생해 왔다. 이 때문에 좀 더 바람직한 교육을 추구할 때 구조적 문제 해결을 포기하고 교과서 내용, 교수-학습 방법 차원에 초점을 두는 경향들이 생겼다. 어릴 때는 많은 발달과 전인교육을 지향하다가도 중학교에 들어가면서부터는 입시에 매진하게 된다. 이 간극을 극복해야 한다. 교육목적 전환을 위한 과정에서 대학서열-입시체제 해체에 대한 분리주의, 비관주의를 극복하는 것을 중요한 과제로 삼아야 한다.

OECD 2030과 유네스코 2050은 분리주의, 비관주의를 극복할 수 있는 중요한 계기이기도 하다. 한국의 학벌-대학서열-입시체제와 양립할 수 없는 새로운 교육 패러다임의 세계적 흐름을 보여 준다. 커다란 시대적 흐름이라는 사실 자체가 뿌리 깊은 분리주의, 비관주의를 뒤흔들 수 있는 요소로 작용할 수 있다. 또한 말과 실천의 분리를 극복해야 한다고 강하게 강조한다. 물론 이런 외부적 요소에만 기대어 내적 문제를 해결할 순 없다. 대학서열-입시체제 해체를 위한 실천과 사업이 더욱 강화되어야 할 것이다. 주장하고 참여하는 사람들이 많아지면 분리주의와 비관주의는 극복될 수 있다. 교육목적 전환과 대학서열-입시체제 해체라는 두 과제를 실천적으로 일치시키게 될 때 한국 교육의 대전환은 비로소 현실이 될 수 있다.

사회 변혁적 차원

개인들과 정부가 '개인적 성공과 경제성장'에서 정말 자유로울 수 있는지는 또 다른 차원의 문제이다. 사람들이 경쟁적 '성공'에 대한 욕망에서 벗어나려면 성공에 대한 욕망을 구조적으로 자극하는 사회적 위계와 차별이 해소되어야 한다. 또한 정부가 교육을 '국가 간 경쟁과 경제성장'의 수단으로 삼지 않도록 하려면 기존의 경제 시스템이 바뀌어야 한다. 결국 이 문제는 사회 변혁의 문제로 연결된다. 그런데 교육목적 전환은 사회 변혁 이전에 제기되는 과제이다. 그렇다면 현재적 의미로서 '개인적 성공과 경제성장'에서 벗어나자는 것을 어떻게 이해해야 할까.

사람들이 '성공에 대한 욕망'에서 벗어나는 것은 각 개개인의 문제이기 때문에 하나의 어떤 제도나 지표로 결정할 수는 없다. 그렇지만 사람들에 영향을 미치는 삶에 대한 새로운 시각, 가치관 확산을 통해 일정하게는 가능할 수 있다. '성공'이라는 것은 일반적으로 타인들보다 더 많은 부와 권력을 가진 지위를 획득하는 것을 의미한다. '성공'이라는 개념 자체가 불평등 구조를 전제한다. 따라서 위계와 차별을 반대하고 평등한 사회를 지향하는 가치관, 세계관을 지닌다면 경쟁주의적 성공에 대한 욕망에서 벗어날 수 있다. 대신에 빈곤에 대한 두려움 없이 자신이 좋아하는 일을 하는 것, 좋아하는 일을 하면서 의미 있는 성취를 이루는 것, 타인들과 함께 풍요로운 사회를 만들어 가는 것을 지향할 수 있다. 그것이 OECD 2030이 말하는 '개인과 공동의 웰-빙'이다. 그리고 유네스코 2050이 말하는 '지속가능한 미래를 함께 건설'해 나가는 것을 공동의 시대적 과제로 삼을 수 있다. 그러므로 개개인의 실제적인 교육목적 변화는 시대 인식과 사회적 담론, 철학과 이데올로기, 문화예술 전반의 실천과 함께 이루어져 나간다고 할 수 있다.

한편 정부가 교육을 '국가 간 경쟁과 경제성장'의 수단으로 삼지 않도록 하는 것은 국가 수준의 정책 방향, 이념과 관련된 문제다. 유네스코 2050은 교육과 경제의 관계에 대해 두 가지 이야기를 한다. 하나는 경제정책에 직접 종속된 것으로 교육정책을 구사해서는 안 된다는 것이다. 초·중등 교육에서 직접적 기술교육에 초점을 두지 말라는 것과 실업 문제에 대한 단기적 대응으로 교육정책을 펴지 말 것을 강조하고 있다. 교육정책과 경제정책을 직접 연결하는 것은 교육적 왜곡을 가져오고, "교육이 일자리를 만들어 내는 것은 아니다"라는 언급처럼 정책적 실효성이 떨어진다. 이 부분은 교육의 독립성 강화라는 차원에서도 타당한 방향이다.

또 하나는 교육을 '국가 간 경쟁과 경제성장'의 수단으로 삼아 온 것을 폐기하자는 것이다. "국가 간 경쟁과 경제성장의 수단으로 삼는 것을 포기해야 한다"는 문제 제기를 보다 정확하게 이해할 필요가 있다. 이는 "경제와 교육을 완전히 분리시키자"는 것이 아니다. 경제와 교육을 완전히 분리하는 것은 가능하지 않다. 교육은 경제와 근본적으로 서로 연결되어 있다. 교육을 통해 사회적 기술이 보존되며, 혁신이 전파되고 새로운 노동력이 형성된다. 그것은 또 교육의 가장 중요한 사회적 역할 가운데 하나다. 이 문제 제기는 문장 그대로 '국가 간 경쟁과 경제성장의 수단'으로 삼지 말자는 것으로 이해하는 것이 타당하다. 즉 새로운 '경제관'을 세우고 그를 통해 "교육과 경제가 관계 맺는 방식"을 올바로 재정립하자는 것으로 이해해야 한다. 이 문제 제기의 핵심에는 "국가 간 경쟁을 강요하는 성장주의에서 탈피해야 한다"는 문제의식이 결부되어 있다. '생산과 소비의 임계'라는 개념에서 보이듯 유네스코 2050은 성장주의가 폐기되어야 한다는 입장을 분명하게 밝혔다. 성장주의에서 탈피할 때 비로소 교육은 '국가 간 경쟁과 경제성장'의 수단이 되는 것에서 벗어나 '웰-빙'과 '지속가능한 미래 건설'을 지향할 수 있다고 보는 것이다.

그런데 '성장주의에서 탈피하자'는 것에서 한 걸음 더 나아갈 필요가 있다. "성장주의에서 벗어난 경제는 어떤 것인가"라는 문제를 좀 더 구체화해야 한다. 그것이 구체화될 때 비로소 성장주의 탈피도 전진해 나갈 수 있기 때문이다. 성장주의 탈피가 결코 빈곤이나 정체를 의미하는 것은 아님을 분명히 해야 한다. 유네스코 2050은 성장주의 폐기와 동시에 '기술혁신'과 '경제적 번영'을 강조한다. 성장하지 않으면서도 번영하는 경제, 그것이 유네스코가 말하는 새로운 경제 시스템이다.

성장 아닌 번영, 필요하고 가능하다

유네스코는 성장주의에서 탈피하면서도 경제적 번영을 누릴 수 있다고 말한다. 즉 성장 없는 번영이 가능하다고 보는 것이다. '성장하지 않으면서도 번영하는 경제'는 어떤 것일까? 과연 그것은 가능한가?

'성장주의에서 탈피한 경제적 번영'을 추구하는 것은 얼마든지 가능하다. 그를 위해서는 핵심적으로 '기술혁신'과 '불평등 해소'가 필요하다. 성장주의에서 탈피한 새로운 경제 시스템에서 기술혁신은 더욱 중요해진다. 에너지 전환을 통한 삶의 생태적 조건을 마련하는 문제는 물론이고, 더 적은 자원으로 효용성이 더 향상된, 즉 사용가치를 증대시킨 물건을 생산하는 데도 기술혁신이 필요하다. 또한 불평등 해소는 이미 도달한 물질적 생산력의 혜택을 골고루 받도록 함으로써 모든 사람의 삶의 질 향상으로 연결된다. 물론 아직 '성장주의에서 탈피한 경제적 번영'을 추구할 수 있는 새로운 시스템은 구체적으로 정립되지 않았다. 그러나 새로운 상상력과 실천 속에서 다양한 방식으로 추구되어야 하며 역사는 인류가 그러한 난제들을 창조적으로 극복해 왔음을 보여 준다. 새로운 패러다임에 말하는 '변혁적 역량'은 바로 이러한 의미이다.

성장주의로부터 탈피할 때 교육과 경제의 관계는 새롭게 재구성될 수 있다. 교육이 기존의 '국가 간 경쟁과 경제성장'의 수단이 되는 것이 아니라 지속가능한 미래 건설을 위한 '전 지구적 협력과 연대'와 '새로운 형태의 경제적 번영'을 위한 과제에 복무할 수 있는 것이다. 그리고 그것은 경제정책에 대한 교육정책의 직접적인 종속이 아니라 새로운 경제 시스템을 건설하고 발전시킬 주체 형성이라는 차원에서 결합될 수 있다.

성장주의로부터의 탈피는 가능할 뿐 아니라 이제 불가피한 역사적 상황이 되고 있다. '뉴노멀'이라는 개념이 의미하듯 세계 경제는 이미 저성장 시대로 접어들기 시작했다. '저출생, 저성장의 뉴노멀' 시대를 맞이하여 '성장 추구형 경제 발전 모델'은 이미 현실에서 점점 더 가능하지 않은 모델이 되고 있다. 인지자동화 시대에 기술혁신이 더 빨라지고 있는데 성장이 정체된다는 사실은 우리가 여태까지 알고 있었던 '성장'과 '발전'의 관계가 달라지고 있음을 보여 준다. 기술혁신으로 생산성이 향상되고, 생활이 더 편리해지고 우리가 사용하는 생산물들의 효용이 더 커지는 '발전'이 '성장'과 분리되는 현상이 나타나고 있는 것이다. 아마도 코로나 시대 이후 이러한 현상은 더욱 주요한 모습으로 나타날 것이다. 팬데믹 시기에 세계는 막대한 돈을 풀어 기존 시스템에서 쥐어짤 수 있는 거의 막바지 성장 거품을 만들었다. 인플레이션으로 코로나 이후 과도하게 풀었던 화폐를 세계 경제는 어느 정도는 다시 거두어들일 수밖에 없다. 그러면 인위적 성장은 더 이상 작동하지 않을 것이며 세계 경제는 이후 본격적인 저성장 단계라는 새로운 상황으로 진입할 것이다.

그런 점에서 새로운 경제 시스템의 모색과 창출은 더는 미룰 수 있는 과제가 아니다. 만약 새로운 시스템으로 나아가지 못했을 때 저성장 시대와 기술혁신은 잘못 결합될 수도 있고, 그 귀결은 불평등과 지속 불가능의 극단적 심화가 될 것이다. 유네스코 2050은 이를 엄중하게 경고한다. 성장주의에서 탈피한 경제에 대한 새로운 인식과 새로운 시스템의 창출이 긴급하고 엄중한 시대적 과제로 제출되고 있는 것이다.

주체 형성 과정으로서의 대학서열-입시체제

한국 교육에서 입시는 고교 시기는 물론 어릴 때부터 성장 과정에서 매우 강력하게 작동하는 실제적, 잠재적 교육과정이다. 특히 청소년기는 세계관, 인생관이 형성되는 시기로서 대학서열-입시체제는 큰 영향을 미친다. 세계관이 발달하는 시기에 입시는 인생이 걸린 무게로 다가서며, 입시와 연관된 사회구조, 가치체제를 통해 세상을 바라보게 된다. 또한 자신의 사회 인식으로 확장될 수 있는 다양한 상황들을 경험한다. 한국에서 입시는 청소년기 세계관 형성에 결정적인 조건, 계기로 작용한다.

공정 담론 대두와 입시체제

최근 대두된 '공정 담론' 문제는 최근 청년 세대가 지닌 세계 인식의 일정한 단면을 보여 준다.

> "지금 20대는 '공정하지 않다'와 '위선적이다'라는 깃발을 휘두르며 거대한 반정부 전선에 서 있다. 그러나 그들이 말하는 공정이 무엇인지 명확하지 않다는 점, 정치를 욕하면서도 정작 정치를 제대로 들여다보진 않는다는 점 등은 그것이 텅 빈 구호임을 드러낸다. 김내훈에 따르면, 공정과 반위선은 표피에 불과하다. '그것을 들어내면 몰락에 대한 불안으로 가득

한 몸부림, 떨림들이 있다'는 것이다. 혐오 역시 우울과 불안의 원인을 의 인화된 특정 집단에서 찾으려는 몸부림이자 그릇된 방어기제로 볼 수 있 다. 김내훈에 따르면, 지금 이대로는 오늘보다 나은 내일이 오지 않으리라 는 것을 20대는 아주 잘 알고 있다. 그러나 정치적 상상력이 협소한 탓에 무엇을 요구해야 하는지, 어떠한 변화를 지향해야 하는지 갈피를 못 잡고 있다."

— 김남중, 「20대는 보수화된 게 아니다, 과격화됐다」, 〈국민일보〉, 2022. 1. 20.

인용문에서 지적하듯 최근 청년 세대가 제기하는 공정 담론은 '불공 정에 대한 분노'는 있지만 불공정을 넘어서는 '지향'은 불분명하다. 다수 의 평론가가 경쟁 구조 안의 '갇힌 공정'으로 파악한다. '텅 빈 공정' 혹 은 '갇힌 공정'은 공정 문제를 제기하는 이들이 경쟁적 삶 속에서 불공 정한 경쟁을 경험하고 있다는 것, 그러나 문제를 체계적으로 파악할 수 있는 구조적 사회 인식이 결여되었다고 보는 것이다. 청년 세대의 이러 한 모습에 대해 그 원인을 많은 경우 '기회의 축소'로 설명한다. 이전 세 대와 달리 대학을 나와도 좋은 일자리는 적고, 참고 기다린다고 더 나 아질 희망도 없는데, 좁은 기회마저 그나마 불공정한 것에 분노할 수밖 에 없다는 것이다. 기본적으로 맞는 이야기이다.

그런데 그것만으로 충분히 설명되지 않는 부분이 있다. 왜 그들이 사 회구조적 해결에 대한 요구로 나아가지 못하는지, 비슷한 상황에 처한 서유럽과 미국 등에서는 청년 세대가 급진화되는데 왜 한국에서는 반대 로 보수화되는지가 잘 설명되지 않는다. 이 점과 관련해 하나의 요인으 로 사회 인식과 세계관이 형성되는 청소년 시기에 대학서열-입시체제가 주체 형성 기제로서 어떤 영향을 미치는지 살펴보는 것이 필요하다. 이 는 교육과 주체 형성 문제를 어떻게 이해할 것인가라는 의제와 관련된 중요한 문제이다.

공정 담론의 대두 과정에서 정유라, 조국 사태 등 '입시 불공정' 문제에 커다란 분노가 표출된 것에서 볼 수 있듯 '공정 담론'은 입시 문제와 무관하지 않다. 우선 표면적으로 드러나는 사실은 학종을 공정하지 않다고 생각한다는 것이다. 이는 수능이냐 학종이냐라는 논란에서 드러났듯 사회적으로 확인된 사실이다. 정유라, 조국 사태도 학종과 관련된 사안이다.

학종과 공정의 문제

학종은 실제 공정하지 않은 걸까? 사실 그것을 알 수는 없다. 학종은 주관이 개입될 수밖에 없는 평가 방식이고 공정성 여부는 평가자 스스로만이 알 수 있기 때문이다. 문제는 평가받는 당사자가 불공정하다고 느낄 수밖에 없다는 점에 있다. 학종은 방식 자체가 당사자의 입장에서 왜 붙거나 떨어졌는지 그 이유를 정확히 알 수 없는 제도이다. 중요하다고 생각되는 일의 가부를 다툴 때 그 기준이 객관화되지 않는다면 불신이 생겨나는 것은 당연한 이치이다. 특히 떨어진 입장에서는 불공정의 피해를 입었다고 느끼는 경향이 생기는 것도 자연스러운 현상이다. 주관적 판단이 개입될 경우 각종 스포츠 경기의 판정 논란에서 보듯 이것은 피할 수 없는 문제이다. 일부 대학에서는 고교등급제를 적용한다는 이야기도 들린다. 학종은 방식 자체가 불공정 논란을 야기할 수밖에 없는 형태적 한계를 지닌 것이다. 절차를 아무리 체계화하고 평가자의 전문성을 높여도 주관적 평가가 갖는 한계이다. 학종이 불공정 논란을 야기할 수밖에 없는 요소는 더 있다. 학종에서는 스펙이 중요한데 스펙은 출신 배경과 학부모의 개입 정도에 의해 상당히 좌우된다. '금수저, 흙수저'라는 유행어가 상징하듯 이 역시 공정하지 않은 것이다. 또한 학종과 관련된 각종 세부 기록이 산출되는 과정에서도 학생들 입장에서는 공정하지 않다고 느낄 수 있는 다양한 상황들을 경험[45]한다. 따라서 학종(그 이전엔 입학사정관제도)을 경험한 세대가 학종은 불공정하며 상대적으로 수능이 공정하다고 생각하는 것은 자연스럽고 필연적인 현상[46]이다.

주목해야 할 또 하나의 지점은 단지 학종이 공정하지 않다고 생각하는 것을 넘어 매우 강력한 분노로 표출되고 있다는 점이다. 이것은 기회가 더 좁아진 상황과 관련 있다. 기회가 줄어들수록 불공정에 대한 반감과 분노도 커질 수밖에 없다. 다소 의외로 들릴지 모르지만 학종은 입시 경쟁을 더 치열하게 만드는 구조적 요인으로 작용한다. 우선 입시 부담을 가중시킨다. 학생들 입장에서는 어차피 수능과 학종 모두를 준비할 수밖에 없고, 부담은 두 배가 된다. 부담이 증가하는 가운데 상위권 대학 합격 확률은 계층에 따라 차별화된다. 상류층과 엘리트층에게는 학종이라는 선택지가 생김으로써 문호가 넓어진 반면, 중하위층은 스펙을 따라갈 수 없기 때문에 좁아진다. 아래 그래프들은 학종의 전신인 입학사정관제가 도입된 2012년 이후 현재에 이르기까지 상류층의 SKY 대학 진학 비율이 지속적으로 상승하고 있음을 보여 준다.

"돈과 권력 앞세운 '아빠 찬스', 한국 교육 뭉갰다… 빈곤 가정 자녀,

명문대 못 갈 확률 70%"… 한국조세재정연구원이 '조세 재정 브리프-

대학입학 성과에 나타난 교육 기회 불평등과 대입전형에 대한 연구'라는

---

45. 스펙과 관련된 각종 기록에서 부모의 개입, 학생의 지위(간부이거나 공부를 잘하거나 하는), 당사자의 적극적 요구 등이 영향을 미친다. 사실상 내용이 공개되기 때문에 내용을 기록하는 교사들은 다양한 압력과 고려 사항에서 벗어나기 어렵다.
46. 기본적으로 평가받는 당사자가 '공정하다'고 느낄 수 있는 '주관적 평가'란 가능하지 않다. 주관적 평가가 수용되는 상황이란 평가받는 당사자에 중요하지 않을 때이다. 즉 공정 여부를 따질 필요가 없을 상황이다. 유네스코 2050에서 의미 있는 발달적 평가를 하기 위해선 학생들이 중요하다고 생각하게 되는 '고부담 평가'를 폐지해야 한다는 이유가 바로 이것이다.

보고서를 발표했다. 부유 가정과 그렇지 못한 가정의 자녀들의 대학 진학에 어느 정도 격차가 나는지를 그대로 밝혔다. 이 보고서는 "가정형편이 어려울 경우 최상위권 대학에 가지 못할 확률이 70%에 이른다"는 충격적인 결론을 냈다. … 특히 SKY 대학의 의대 신입생의 경우 10명 중 무려 7명 이상이 고소득층으로 분류됐다. 2020년 1학기 이들 대학 의대 신입생 중 9·10구간 비율은 74.1%로 2017년 54.1%에 비해 20%포인트나 급증했다. 서울대 의대는 2017년 45.8%였던 고소득층 비율이 올해 84.5%까지 올랐다. 3년 새 고소득층 비율이 무려 38.7%포인트가 증가해 양극화는 브레이크 없는 기관차가 돼 버렸다.

– 출처: Usline(http://www.usline.kr) 2021. 11. 26.

서울대·연세대·고려대 일반고 출신 입학자 추이

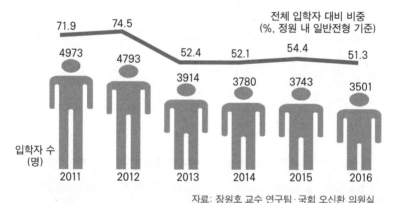

자료: 장원호 교수 연구팀·국회 오신환 의원실

SKY 대학 고소득층 자녀 비율 추이

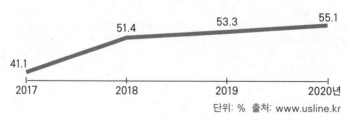

단위: % 출처: www.usline.kr

그렇다고 수능이 그나마 중하위층에게 덜 불리하냐 하면 그것은 더더욱 아니다. 학종이 도입되면서 중하위층 학생에게 수능은 더욱 불리해졌다. 변별력에 대한 요구가 커졌기 때문이다. 수능으로 통과할 수 있는 문이 학종이 차지하는 비율만큼 좁아지기에 수능 전형 경쟁률이 올라가고 그것은 다시 변별력에 대한 요구로 연결된다.[47] 결국 고득점자 변별을 위한 난이도가 올라가고 수능에 대한 사교육 효과는 더 커지게 된다.

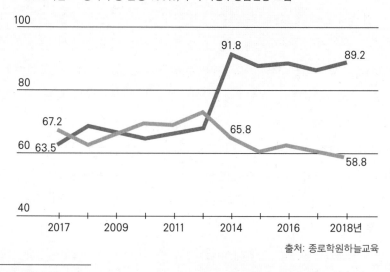

상위 60개교에서 서울대 얼마나 갔나

*서울 기준, 2013학년도 제외, 예고·특성화고 제외

━━━ 서울대 수시 전체 합격생 중에서 상위 60개교 합격생이 차지하는 비율 변화
━━━ 서울대 정시 전체 합격생 중에서 상위 60개교 합격생이 차지하는 비율 변화

*2012학년도: 정시 수능 반영 20→30%, 수시 입학사정관제 확대
*2014학년도: 정시 수능 반영 30→60%
*2015학년도: 정시 수능 반영 100%, 수시 학생부종합전형 도입

출처: 종로학원하늘교육

---

47. 예컨대 학종이 50%이면 수능으로 합격할 수 있는 등수는 절반이 된다. 어떤 대학, 학과에 이전에 10등이면 합격할 수 있던 것이 5등이 되어야 하는 상황이 된다. 또한 과목 수가 줄어듦에 따라 대학에서는 적은 과목으로 5등까지 추려내야 한다. 줄어든 과목으로 5등까지 추려내야 하므로 해당 과목들의 변별력 요구가 강화될 수밖에 없다. 이 문제는 상위권 대학, 상위권 학생들에 집중되고, 그래서 상위권 학생들의 변별을 위해 매우 어려운 문제들을 일부 섞어서 출제하게 된다. 이는 해당 과목의 전체 난이도와 별개의 문제인데, 이러한 현상은 학교 시험에서도 동일하게 나타난다.

학교 수업을 열심히 듣는 것만으로 수능에서 높은 점수를 얻을 가능성은 이전에 비해 더욱 희박해진 것이다. 위의 그래프를 보면 입학사정관제 도입 이후 수능 점수로 서울대에 입학하는 비율이 특목고와 소위 상류층 명문고 학생들이 압도적이었음을 알 수 있다.

종합하면 중하위층에게 학종은 기본적으로 매우 불리한 전형이며, 수능은 더더욱 불리한 전형이 된 것이다. 현재 그나마 사회경제적 배경이 영향을 덜 미치는 요소는 내신이 유일(물론 그것도 본질적으로는 공평하지 않지만)하다. 이전 체제에 비해 현재의 수능/학종 체제는 계층 효과가 훨씬 강해진 것이다.

학종과 관련하여 공정성 문제와 다른 차원의 중요한 문제가 더 있다. '교육 기록의 허구화, 형식화' 문제이다. 입시와 관련된 각종 교육 기록이 '실제의 교육적 사실'과 매우 동떨어진 것임은 한국의 모든 교사와 학생들이 다 아는 사실이다. 이것은 교육 활동에 대한 기록이 입시에 활용되고, 그래서 그 기록이 당사자에게 공개되고, 모든 대학에 써먹을 수 있도록 표준화되면서 벌어지는 일이다. 교사는 진정한 교육적 기록을 할 수 없고, 당사자는 사실 여부와 상관없이 조금의 부정적 표현도 수용하기 어렵다. 이러한 현상은 교육 기록이 입시에 활용되기 때문에 발생하는 시스템적 현상이다. 핀란드에서는 성적을 포함해 학교에서 산출되는 모든 교육 기록을 입시에 활용되지 못하도록 하는 것이 철저하게 지켜야 하는 원칙이다. 입시에 의한 학교교육의 왜곡을 방지하기 위해서다. 유네스코 2050은 학교가 미래의 모델이 되어야 한다고 강조하는데, 우리는 정반대다. 입시로 인해 교육적으로 중요한 기록들이 허구적·형식적으로 산출되는 과정, 그것도 학교라는 기관에서 조직적이고 일상적으로 행해지는 과정을 목도하는 학생들은 그것을 통해 세상을 어떻게 인식하게 될 것인가.

입시체제를 통해 인식되는 세계

학종 문제를 다소 자세하게 언급한 것은 최근 청년 세대가 왜 '공정한 경쟁'에 그토록 민감해졌는지를 입시체제와의 관련 속에서 살펴보려 한 것이다. 그러나 수능 단일 체제로 돌아간들 문제는 전혀 감소하지 않는다. 입시 불공정에 대한 현상적 논란은 잦아들 수 있겠지만 계급, 계층적 불공정은 여전하고 점수 경쟁으로 인생이 결정되는 비교육적 불합리성은 더 커진다. 지금의 한국 사회에서 입시의 형식적 공정성 강화는 역설적으로 입시를 통한 사회적 위계와 학벌 카르텔을 더욱 정당화하는 것으로 연결될 뿐이다. 학종이냐/수능이냐라는 질문 그리고 입시 공정성이라는 개념은 이미 그 자체가 서열적 입시를 전제로 한 잘못된 프레임이다.

입시체제는 세계관, 가치관 형성 과정에서 청소년들에게 매우 강력한 영향을 미친다. 그것은 청소년기가 세계관이 형성되는 시기라는 '발달적 특성'과 입시가 인생이 걸린 문제로서 '요인으로서의 무게'가 압도적이라는 두 조건이 맞물리기 때문이다. 불공정한 입시는 세상이 불공정하다고 느끼게 만들고, 반대로 공정한 것으로 느낀다면 경쟁 사회와 사회적 위계를 더욱 정당한 것으로 생각하게 만든다. 입시체제는 청소년기의 강력한 주체 형성 기제이다. 대학서열-입시체제를 통해 비치는 세상은 다음과 같은 것이 될 수밖에 없다.

첫째, 입시를 통해 인식되는 세상은 살벌한 경쟁 사회이다. 그리고 그 살벌한 사회에서 학벌이 결정적임을 누구이 각인 받는다. 결국 청소년에게 비치는 세상은 '정글 자본주의+학벌체제'이다.

둘째, 그 중요한 학벌 취득에서 수능이든 학종이든 사회경제적 배경이 중대한 영향을 미친다는 사실을 목도해 나간다. 흙수저/금수저 관념의 형성으로 연결된다. 그것이 부당하다고 느끼지만, 관철되는 과정을 보면서 엄연한 현실로 받아들인다. "부모 잘 만난 것도 능력이야!"라는 말까지 생겨난다.

셋째, 사회가 작동하는 방식을 이해하고 대응하면서 그 좁은 기회, 치열한 경쟁이 수행되는 방식에 민감해진다. 공정하지 않다고 느끼면 불공정에 분노하고, 공정하다고 생각하면 경쟁과 위계를 정당화한다. 불공정에 대한 분노 반대편에는 입시를 통해 취득한 학벌의 가치를 대단하게 여기는 현상이 공존한다.

넷째, 가치의 허구화이다. 교과서에 나오거나 교사들이 말하는 가치들은 그저 '말'에 불과해진다. 학생들이 보기에 결국은 점수와 학벌이 삶을 결정한다. 심지어 가치를 내세우는 학교에서 온갖 허구와 형식주의, 실리주의를 경험한다. 최근 청소년들이 많이 참여하는 일부 사이트에서 보편적, 사회적 가치들이 조롱과 혐오의 대상이 되는 분위기가 횡행하는 현상은 그 부작용을 드러낸다.

덧붙일 수 있는 것이 하나 더 있다. '운'의 문제이다. 당락의 이유를 알 수 없는 학종은 당사자에겐 결국 '운'으로 설명된다. 한 문제로 등급이 왔다 갔다 하는 수능도 마찬가지다. 최근 미래에 대한 희망이 사라지면서 일확천금을 바라는 투기적 성향이 확산된 현상에도 어느 정도는 영향이 있다는 생각이 든다.

입시를 통해 비치는 세상은 한마디로 '천민자본주의' 그대로이다. 대학 입학 이후 과정은 이러한 인식을 더욱 강화시킨다. 취업 전쟁으로 치열한 경쟁이 지속되면서 경쟁주의적 세계관은 더욱 강화된다. 계층적 다양성마저 사라져 다른 계급, 계층을 이해할 수 있는 토양은 옅어졌고 반대로 계층-학벌 연줄 의식은 더 강화되었다. 예전 세대는 그나마 상대적으로 취업에 대한 강박이 적은 상황에서 새롭게 세상을 탐색할 기회를 가질 수 있었고, 계층적 다양성 속에서 사회적 이해와 공감을 넓힐 수 있었다. 그래서 때때로 이전까지 지녀 온 세계관의 전복도 가능했다. 그러나 이제 대학은 더는 그런 곳이 아니게 되었다.

대학을 졸업할 때까지, 심지어 대학을 졸업하고서도 엄청난 압박 속에서 치열한 경쟁을 겪어야만 하는 세대가 불공정에 분노하는 것은 너무도 당연하다. 그리고 그들이 그것을 뒤엎을 수 있는 구조적 인식이 결여되고, 냉소주의와 비관주의에 빠질 수밖에 없다면 개인주의화, 보수화되는 것도 당연하다.

보편교육 후퇴와 구조적 인식의 결여

입시체제와 세계관 형성 문제와 관련된 또 하나의 중요한 지점이 있다. 입시체제는 학생들이 공부하는 실제의 교육과정을 규정한다. 당연히 입시에 필요하고 중요한 과목을 중심으로 할 수밖에 없다. 수능이 도입된 이후 입시에 필요한 과목은 점점 축소되었다. 수능 이전 '학력고사'는 학교에서 배우던 거의 모든 과목을 치러야 했다. 국·영·수 외에도 사회과학과 자연과학 과목은 물론이고, 기술·가정과 예체능 과목도 포함되었다. 그런데 수능 도입 이후 시험 과목이 점점 줄어 이제는 국·영·수 외에 문과나 이과에 해당하는 과목 1~2개만 보면 된다. 학종은 입시에 필요한 과목만 골라서 공부하면 된다. 한마디로 고교에서의 보편교육이 무너져 온 것이다.

청소년기 광범한 보편교육을 받도록 하는 것은 매우 중요하다. 청소년기 세계관 형성의 기초가 될 뿐 아니라, 이후 전문적 학습의 토대가 된다. 변혁적 주체 형성을 과제로 제기하는 OECD 2030과 유네스코 2050이 보편교육 강화를 강조하는 이유가 여기에 있다. 광범한 보편교육의 토양 없이 구조적, 총체적 사회 인식으로 나아갈 수는 없다.

'공정 담론'이 '경쟁 구조 속에서의 공정'에 갇히는 것은 보편교육 약화와도 관련이 있다. 보편교육 약화는 인문사회와 자연과학, 문화예술에 걸친 광범한 현상에 대한 총체적 인식의 토대를 취약하게 만듦으로써 세계를 체계적, 구조적으로 파악할 수 없도록 한다. 이는 구조적 인식이 결여된 '경쟁 구조 속에서의 공정' 담론의 조건으로 일정하게 작용한다. 총체적 인식이 결여될 경우 세계를 인식하는 기준은 개별적 사안으로 흩어진다. 자신에게 중요한 것 중심으로 인식하게 된다. 그것이 '공정한 경쟁'이든, '젠더'이든 혹은 '국가 안보' 같은 전통적인 것이든 인식 기준이 부분화되어 버린다. 타인들의 존재가 자신의 이해를 조금이라도 침해할지 모른다는 생각이 들면 혐오의 대상이 된다. 이해하기 어려운 거시적, 구조적 이야기들을 감각적으로 대하게 되며 취향이 다를 경우 조롱으로 대응하기도 한다. 물론 이렇게 단선적으로만 볼 수는 없을 것이다. 최근 청년 세대의 구조적 사회 인식 결여에는 우경화된 사회적 담론 지형의 문제, 개인주의의 범람, 대학 생활의 조건 변화 등 그 외에도 여러 요인이 있다. 그러나 보편교육이 무너진 것도 하나의 중요한 요인으로 볼 수 있다.

광범한 보편교육은 총체적 사회 인식 형성과 관련해서 두 측면에 영향을 미친다. 우선은 주체적 인식의 토대가 된다. 사회와 세계의 다양한 측면에 대한 정보, 개념이 있어야 내적 인식 속에서 체계를 구성할 수 있기 때문이다. 주요한 정치 현상 중 하나로 가난한 이들이 더 보수화되는 "존재를 배반하는 의식" 문제가 있다. 그것의 실제 요인은 총체적 인식의 결여이다. 또한 광범한 보편교육은 사회적 대화의 토대이기도 하다. 각자 더 잘 아는 분야가 다르더라도 공유하는 정보, 가치가 있어야 의미 있는 대화가 가능하다. 자연과학을 전공하더라도 사회과학 분야에 대한 어느 정도의 이해가 있어야 하며, 마찬가지로 인문사회과학을 전공하더라도 자연과학 분야에 대한 기본적인 지식, 정보가 있어야 한다. 서로 다른 부분에서 공유하는 토대가 있어야 그것을 매개로 진전된 대화를 이어 갈 수 있다. 공유하는 토대가 없으면 의미 있는 사회적 대화는 불가능하다.

스스로의 내적 토대도 미약하고, 타인과의 대화를 통한 인식의 보완, 재구성도 원활하지 않을 때 구조적 사회 인식으로 나아가지 못한다는 것은 당연한 귀결이다. 게다가 현대 사회에서는 서로 다른 생각, 서로 다른 계급·계층 간의 사회적 대화 없이 지내는 것이 크게 불편하지 않은 상황이 되어 가고 있다. 얼마든지 듣고 싶은 말만 듣고, 하고 싶은 말만 하면서 지낼 수 있다. 최근 계층 간, 세대 간, 서로 다른 정치적 성향 사이의 분리가 심화·확대되는 것도 이 때문이다. 이러한 상황은 영이 우려했던 신자유주의로 인해 귀결될 수 있는 상황과 일치한다.

> "흔들리는 불행한 학습자들은 그들을 뒤틀리게 하는 것이 무엇인지를 볼 수도 없다. 이것은 또한 불만, 더 구체적으로 말하면 물질적 요인을 지닌 불만을 야기하였고, 자신과 타인을 향한 직접적 폭력과 같은 더욱 파괴적인 문화적 형태는 물론이고, 청소년들의 상당한 무관심을 불러왔다."
> "해체된 공적 문화를 촉진하는 다양하게 개별화된 '탈출' 전략으로 점차 이어질 수 있다."   – 이상 Young & Muller, 2016[48]

한국의 청년 세대와 일부 나라들의 청년 세대에게 나타나는 이러한 현상은 한편으로는 경쟁을 심화시키고, 또 한편으로는 보편교육을 약화시켜 온 신자유주의 교육의 유산이기도 하다. 유네스코 2050에서도 일부 기득권 정치세력과 소외된 일부 대중들이 약자에 대한 혐오에 기초

---

48. 심성보, 「마이클 F. D. 영의 지식이론과 교육과정 비판」에서 재인용.

하는 수구 포퓰리즘의 부상과 민주주의의 후퇴를 염려한다. 이와 관련해 '비판적 디지털 문해력'의 의미도 새삼스럽게 그 중요성을 인식할 필요가 있다. 유네스코 2050에서는 디지털 시대 광범하게 유통되는 편협한 혐오의 정서, 가짜 뉴스 등 왜곡된 정보를 주체적으로 걸러 내려면 비판적 디지털 문해력이 필요하며 그것은 디지털 그 자체만이 아니라 광범한 인문사회적, 자연과학적 교양과 결합한 총체적인 것이 되어야 함을 강조한다. 이 역시 보편교육의 강화가 필요한 것이다.

> "혐오의 표현, 가짜 뉴스의 무책임한 유포, 종교적 근본주의, 배타적 민족주의−이 모두 새로운 기술에 의해 확대됨−는 결국 편협한 이익을 위해 정략적으로 이용됩니다. 〈세계인권선언〉에 명시된 공통의 가치에 기반을 둔 세계질서가 약화되고 있습니다. 우리 세계는 부패, 냉담함, 편견과 편협함의 확대와 폭력의 일상화에서 드러나듯 '가치의 위기'에 직면해 있습니다."
>
> − 유네스코 2050 서론

> "거짓 정보의 확산에 대해서는, 거짓과 진실을 구별하는 능력을 발달시키는 과학, 디지털 및 인문학적 소양을 통해 대응해야 합니다."
>
> − 유네스코 2050 요약

물론 입시체제만으로 청소년, 청년 시기 전반적 세계관, 인생관 형성을 설명할 수는 없다. 어디까지나 제한적인 것이다. 총체적으로는 청년 실업 등 다른 차원의 구조적 요인과 함께 보아야 한다. 그러나 대학서열−입시체제가 세계관과 인생관이 형성되는 청소년기에 매우 광범하고 강력한 영향을 미친다는 것은 명백하다.

교과서에 '가치'를 집어넣는 것만으로는 자기만족에 불과

이대로 간다면 향후 전망은 더 암울하게 보인다. OECD와 유네스코의 직업세계 전망에서 나오듯 시간이 갈수록 좋은 일자리는 더더욱 좁아질 것이다. 반면 선택 중심 교육과정을 핵심으로 하는 고교학점제가 운영될 경우 강력한 잠재적 교육과정으로서의 입시체제의 부작용은 더욱 커질 것이다. 기회의 축소로 희망의 상실, 불공정에 대한 분노는 더욱 커질 수밖에 없으며, 입시몰입교육의 심화 속에서 개인주의적, 물질적 이해를 추구하는 경향도 확대될 우려가 크다.

일부에서는 사회 인식, 세계관 형성의 문제를 가치 교육 강화로 접근하려는 경향이 있다. 물론 가치 교육은 중요하지만 결코 그것만으로 담보될 수 없음을 분명히 할 필요가 있다. 가치 교육이 실제의 주체적 인식과 실천으로 연결되는 것은 또 다른 차원의 문제이기 때문이다. 그뿐만 아니라 어떤 것이 중요하다고 해서 온갖 내용을 새로운 교과나 프로그램으로 집어넣는 방식은 실제의 효과 없이 교육과정을 엉망으로 만드는 것이라는 것도 유념해야 한다. 교과서나 어떤 교육 프로그램을 통한 직접적 가치 교육 자체는 매우 분명한 한계를 지닌다. 가장 강력한 가치 형성 과정은 자신을 둘러싼 사회문화적 배경, 타인과의 상호작용 속에서 부지불식간에 이루어진다. 가치 형성을 구조적 차원의 문화적 과정으로 바라보아야 하는 이유가 그것이다. 유네스코 2050에서 학교가 미래를 상상할 수 있는 모델이 되어야 한다는 것을 강조하는 것도 바로 이 때문이다.

비고츠키는 청소년기 후반과 청년기를 '문화적 발달의 황금기'[49]라고 일컬었다. 지적·도덕적 호기심이 충만하고, 개념적 사고가 형성되면서

---

49. 비고츠키는 청소년기 후반과 청년기를 '발달 과정 중 성적 성숙을 지나 문화적 발달이 최고에 이르는 시기'로 규정하였다.

자신과 세상에 대한 이해가 비약적으로 발달하고 세계관과 가치관이 정립되는 시기임을 강조하는 표현이다. 청소년기 주체 형성의 왜곡된 기제로서 강력하게 작동하고 있는 대학서열-입시체제를 해체하고 교육 시스템을 보다 올바른 주체 형성 과정으로 재구성해야 한다. 한국의 청소년과 청년들이 진정으로 문화적 발달의 황금기를 누릴 수 있도록 변혁해야 한다.

6장

교육 패러다임 변화와
구성주의 문제

이번 장에서는 구성주의라는 다소 이론적인 주제를 다루고자 한다. 교육철학이자 학습이론으로서의 구성주의 문제를 좀 더 집중적으로 살펴볼 필요가 있기 때문이다. 구성주의 문제는 이론적으로나 실천적으로 다소 복잡한 문제이다. 구성주의의 이론적, 역사적 위치가 독특하기 때문이다. 구성주의는 신자유주의 자체와 동일한 것이 아니면서도 그동안 신자유주의 교육 패러다임을 떠받쳐 온 중심적 교육이론으로 위치해 왔다. 또한 신자유주의의 등장 이전에도 듀이의 진보주의 등 구성주의적 경향을 지닌 교육 사조가 있었다. 이러한 다소 복잡하고 독특한 위치 때문에 구성주의에 대한 이해와 이미지도 사람마다 다양하다. 어떤 사람은 구성주의를 신자유주의 교육론과 동일시하기도 하며, 어떤 사람은 정반대로 개혁적인 교육이론으로 인식하기도 한다. 유네스코와 OECD의 새로운 교육론은 내용적으로 구성주의가 지녀 왔던 편향의 극복을 분명히 하였다. 그러나 구성주의에 대한 이해와 이미지가 사람마다 달라서 구성주의를 극복한다는 것의 의미가 분명하지 못하다. 이 장에서는 극복해야 할 대상으로서의 구성주의가 무엇이고, 그 편향은 무엇인지, 또 어떤 관점과 방향 속에서 극복해 갈 것인가를 논의해 보고자 한다.

1절
구성주의의 의미와 이론적, 역사적 위치

1. 구성주의란 무엇인가

우선 구성주의라는 논의 대상을 규정할 필요가 있다. 구성주의는 '구성'이라는 말 그대로 '지식이란 학습자에 의해 구성되는 것'이라는 입장을 취하는 일련의 학습이론을 말한다. 구성주의에는 다양한 경향과 스펙트럼이 있지만, 그들을 하나의 공통된 범주로 묶는 것은 '구성적 인식론'이다.

> "구성주의는 한마디로 '지식은 발견되기보다 구성되는 것'이라는 명제로 특징지을 수 있다."   – 조용기, 「구성주의 교육의 조절」, 1999

구성주의는 지식이 학습자에 의해 구성된다고 보기 때문에 지식의 객관성을 부정하고 지식을 구성하는 개별 학습자에 주로 초점을 맞추게 된다. 그에 따라 '학습자 주도'를 강조하는 반면 '교사의 지도성'을 경시하는 경향을 지닌다. 개별 학습자가 주관적으로 느끼거나 행하는 '경험, 활동, 맥락', '선택' 등을 강조하는 반면 외부 혹은 사회적으로 주어지는 '체계적 지식 학습', '공통 교육' 등에 대해서는 부정하는 경향을 나타낸다.

> "구성주의라는 용어는 학습자들이 그들 스스로 지식을 구성한다는 아이디어에 언급되고 있다. 즉, 개별 학습자는 그 혹은 그녀가 학습함에 따라서 개인적으로(그리고 사회적으로) 의미를 구성한다. 따라서 의미의 구성이 곧 학습이다. 내가 보기에 이러한 관점이 수반하는 극적인 결과는 두 가지로 요약될 수 있다. 첫째, 우리는 학습에 관한 사고에 있어서 가르쳐야 할 교과나 수업 내용이 아니라 학습자에게 초점을 맞추어야만 한다. 둘째, 학습자 혹은 학습 공동체에 의해 구성된 경험에 귀착된 의미로부터 독립적인 지식은 존재하지 않는다."
> – 추병완, 「구성주의의 교육적 함의」, 〈교육과정평가연구〉 제3권 제1호, 2000

이러한 경향성을 지닌 구성주의는 신자유주의 시대 이후 주류의 학습이론으로 자리 잡아 왔다. 그러나 신자유주의의 시장주의와는 구분된다. 역사적, 학문적 연원이 다르며 초점 또한 다르다. 신자유주의가 경제학적 사조로 1960년대부터 존재하다가 1980년대 이후 세계적 지위를 얻은 것이라면, 구성주의는 교육 사조이며 현재의 구성주의와 유사한 경향성을 지닌 교육 사조 역시 그 이전부터 있었다. 듀이의 진보주의 교육학[50]이 대표적이다. '지식의 구성'이라는 구성주의의 상대주의적 인식론이나 '개인의 경험과 활동' 등 특정한 강조점에 초점을 둘 경우 구성주의의 역사적 연원은 그 이전으로 더 거슬러 올라가기도 한다. 상대주의적 인식론은 심지어 소피스트 등 고대로까지 올라갈 수 있으며, 구성주

---

50. 한국 사회에서 '진보교육'은 정치사회적 차원의 '진보'와 맥락을 같이하는 의미이다. 그러나 듀이의 '진보주의 교육'은 전통적 교육관에 대비되는 특정한 교육 사조를 말한다. '진보주의 교육'은 정치사회적으로 자유주의적 경향을 지니며 구성주의의 한 경향을 이룬다고 할 수 있다.

의에서 강조하는 '맥락'과 '경험', '활동', '학습자 중심' 등을 주요하게 제기한 교육론들이 루소 등 듀이 이전부터 다양하게 있었기 때문이다.

내용적으로 구성주의와 연결되는 역사적, 이론적 연원은 그 이전부터 다양하게 있었지만 '구성주의'라는 명칭을 통해 현재의 구성주의 교육 사조로 재구성된 것은 신자유주의가 부상한 시기인 1980년대부터다. 구성주의로서의 본격적 재구성은 글라저스펠트Ernst von Glasersfeld가 마나투라의 상대주의적 인식론을 교육이론에 접목하면서부터라고 할 수 있다.

> "구성주의가 구체적으로 논의되기 시작한 것은 1980년대 후반 글라저스펠트(Von Glasersfeld, 1987)의 구성주의에 관한 논문에서 비롯된 것이라 할 수 있다. 우리나라에서도 최근에 교육학계에서 구성주의에 관한 논의가 활발하게 전개되고 있다."
>
> – 황희숙, 「정보화사회의 교육 패러다임으로서 구성주의」, 1998

1980년대 구성주의라는 명칭으로 새롭게 재구성된 교육 사조로 등장한 이후 구성주의는 급진적, 사회적, 인지적, 물리적, 사회-문화적, 포스트모던, 심리적, 정보처리 구성주의 등 다양한 경향들로 분화된다. 구성주의라는 명칭 이전에도 다양한 경향들이 있었고 이후에도 다양한 경향들로 분화되었기 때문에 학자마다 구성주의의 계보를 정리하는 방식도 다양하다. 현재의 구성주의 사조를 크게는 급진적(개인적) 구성주의와 사회적 구성주의로 구분하는 것이 단순한 방식으로는 가장 일반적이며 구성주의의 원조로 언급되는 1980년대 이전의 대표적인 사람들로는 피아제, 듀이, 비고츠키 등이 있다. 구성주의의 다양한 계보를 압축한 대표적 도식은 아래 그림과 같다.

구성주의 학파의 분류

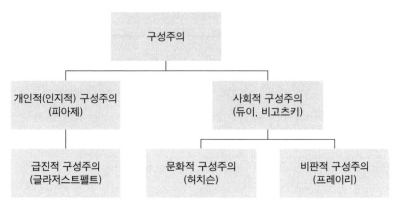

Muna Aljohani, 'Principles of "Constructivism" in Foreign Language Teaching',
Journal of Literature and Art Studies, January 2017

이 도식에서는 개인적 구성주의의 원류로 피아제를, 사회적 구성주의의 원류로 비고츠키와 듀이를 두고 있다. 많은 경우에 이 도식처럼 피아제, 비고츠키, 듀이를 구성주의의 원조로 분류한다. 그러나 이 중 비고츠키는 구성주의로 보기 어렵다. 비고츠키는 기본적으로 상대주의적 인식론이 아니라 객관적 실재를 인정하는 '실재론'에 바탕하고 있으며, 지식의 '구성'만이 아니라 '전수', '체계적 지식' 등도 함께 중시한다는 점에서 구성주의로 분류할 수 없다고 보는 것이 타당하다.[51] 사회적 구성주의를 주창한 워치James V. Wertsch가 인지 발달의 사회적 과정에 대한 비고츠키의 통찰력을 채용한 이후 구성주의의 원류로 비고츠키를 두는 경향들이 일부 있었으나 최근에는 구성주의가 아니며 오히려 대립하는 것으로 재인식되고 있다.[52]

---

51. 천보선, 「비고츠키 복권 선언」, 〈진보교육〉 33호.
52. 비고츠키는 마르크스주의의 객관적 실재론에 토대한다. 『비고츠키와 마르크스』(칼 래트너 등, 이성우 옮김, 살림터, 2020) 참조.

교육 사조라는 측면에서 볼 때 1980년대 이후 성립된 구성주의와 내용적으로 가장 밀접하게 연결되는 대표적 사조는 듀이의 진보주의[53]라고 할 수 있다. 왜냐하면 듀이의 경험 중심, 아동 중심 교육론은 지식 획득 과정을 학습자가 경험을 통해 구성해 가는 것으로 보는 구성주의의 지식관 및 '학습자 중심', '활동과 경험, 맥락', 실용주의적 '역량' 개념 등 교수-학습에서의 강조점에서 가장 잘 연결되기 때문이다. 또한 교육 현실에 상당한 영향을 미친 주요한 교육 사조로서 이미 일정한 입지를 지녀 왔고 또한 듀이의 교육론과 가장 잘 연결되는 사회적 구성주의가 현재 주된 흐름을 형성하고 있기도 하다. 교육 사조로서 듀이의 진보주의는 당시의 전통주의적 교육론에 맞서 거의 모든 측면에서 대립했는데 이러한 듀이의 진보주의 교육론의 기본 관점은 1980년대 이후의 구성주의 사조로 이어진다.

	전통주의 교육	진보주의 교육
철학적 기반	성악설	성선설
욕망에 대한 관점	자연스러운 욕망을 억제하고 제어할 수 있도록 사회가 원하는 인간형을 만드는 것	자연스러운 욕망을 장려하고 촉진하여 발현할 수 있도록 도와주는 것
교육의 초점	가르치는 내용(지식 중심)	가르치는 대상(아동 중심)
교육 방식	논리적 사고를 통한 지식의 발달	직관적 사고를 통한 정서 발달과 지식 발달
교육목표	지식의 발달 추구	행복의 추구와 아이의 잠재력 개발
교육 수단	교사 중심 강의식 교육	학생 중심 강의의 유도
교육 강조점	통제와 훈련	자율과 편안함
교육과정	기계적 반복 중심	체험 중심(Learning by doing)

출처: 손지희, 「교과교육과 인간발달」, 2013

---

53. 더 포괄적으로는 루소의 주관적 자연주의에서 출발해 듀이의 진보주의까지 포함하는 경험주의 교육 사조를 구성주의의 원류로 볼 수 있다.

많은 부분이 연결되고 일치하기도 한다는 점에서 내용적으로 본다면 듀이의 진보주의와 1980년대 이후 명시적으로 성립된 구성주의를 하나의 교육 사조로 범주화하는 것이 가능하며 또한 타당하다고 할 수 있다. 영국의 지식사회학자 마이클 F. D. 영은 진보주의를 1980년대 이후의 구성주의와 동일한 범주로 보면서 하나의 교육 패러다임 유형으로 '진보주의 또는 신자유주의 교육 패러다임'으로 분류한다.

"미래 시나리오 2(진보주의 또는 신자유주의): 경계의 극단 지점에서
미래를 위한 '과잉 사회화된' 지식의 개념과 연계되어 있다."

– 심성보, 「마이클 F. D. 영의 지식이론과 교육과정 비판」,
『교육과정에서 왜 지식이 중요한가』, 살림터, 2020

영은 듀이의 진보주의와 1980년대 이후의 구성주의 경향을 함께 묶어 '진보주의'로 규정하는데, 아마도 이는 서구 사회에서 1980년대 이전부터 진보주의의 영향력이 강력했던 탓에 구성주의를 진보주의의 연장으로 이해하기 때문인 것으로 보인다. 반면 1980년대 이전 진보주의의 영향력이 그다지 크지 않았던 우리의 경우에는 진보주의를 구성주의의 원류로 보면서 전체를 구성주의라는 범주로 이해하는 것이 더 적절할 것이다.

2. 구성주의와 시장주의의 결합

구성주의는 역사적 연원만이 아니라 주요 관심도 시장주의와는 다르다. 신자유주의의 시장만능주의가 경제 사조이고 구성주의가 교육 사조

라는 점에서 이는 당연하다. 시장만능주의는 주로 시장원리를 도입하는 것과 관련된 학교정책과 교원정책에 관심이 있었다. 학교 및 교과 선택, 교원평가, 민영화 추진, 기업적 경영 등의 정책으로 나타났다. 반면 구성주의는 학습이론으로서 '개별화' '경험과 활동, 맥락' 등 학습 과정에 초점을 둔다. 그런데 역사적, 이론적 연원도 다르고 주된 관심 영역도 다른 시장주의와 구성주의는 신자유주의 교육 패러다임 속에서 어떻게 결합할 수 있었을까?

그것은 둘 다 '개인주의'라는 공통의 사상적 기반에 터해 있기 때문이다. 그래서 출발은 다르지만 많은 부분에서 결합될 수 있었다. 예컨대 신자유주의 교육의 가장 핵심적 원리인 '선택'에 대해 시장주의는 수요-공급의 시장원리가 작동할 수 있는 핵심 요소이기 때문에, 구성주의는 '학습자의 자유'라는 관점에서 같이 옹호한다. 또한 시장주의는 '수요자 중심'을 내세우고, 구성주의는 '학습자 중심'을 내세우는데 표현은 다르지만 강조점은 결국 동일하다. 마찬가지로 시장주의는 시장적 선택을 위해, 구성주의는 개별화 교육을 위한 것으로 '다양성'을 공통적으로 강조한다. 이처럼 출발은 다르지만 개인주의라는 공통의 기반을 토대로 하면서 서로에 대해 배타적이지 않을 뿐 아니라 상당 부분에서 일치할 수 있었기 때문에 하나의 교육 패러다임으로의 결합이 용이했다고 할 수 있다. 양자의 결합은 또한 불가피하기도 했다. 신자유주의의 바탕인 시장만능주의가 스스로의 학습이론을 창출할 수 없었기 때문이다. 시장만능주의는 경제 사조로서 교육을 시장원리가 적용되어야 할 경제 영역으로 보면서 '수요-공급' 따위의 경제학적 개념 체계로 다룰 뿐이다. 그런 경제학 개념으로 교육과정, 교수-학습 방법 같은 영역에 내용을 내어올 수는 없었으며 신자유주의의 이런 교육이론 차원의 빈 곳을 메워준 것이 바로 구성주의였던 셈이다. 결론적으로 신자유주의의 시장주의 경제사상과 교육 사조로서 구성주의가 같은 것은 아니지만 개인주의라는 공통의 사상적 토대와 내용적 친화력을 통해 신자유주의 시대를 관통하는 교육 패러다임을 함께 구성하게 되었다고 할 수 있다.

3. 구성주의의 시대적 역할의 변화

영은 신자유주의 이전 시기의 구성주의, 즉 듀이의 진보주의는 전통주의의 폐해와 맞서는 데 긍정적인 역할을 했다고 평가한다. 개인의 개성을 무시하고 학문적 지식만을 편향되게 강조했던 이전의 보수적 전통주의 교육의 폐해와 경직성을 폭로, 극복하는 데 중요한 역할을 했다고 보는 것이다.

> (진보주의 또는 구성주의는) "사회적, 교육적 위계를 주어진 것이거나
> 변화되지 않는 것으로 보는 것을 거부하기에 민주화 운동과 연관되어 있
> 다고 할 수 있다. 그런데 지금은 그렇지 않은 방향으로 나아가고 있다."
>
> – Young & Muller, 2016[54]

그러나 인용문에서 영이 지적하는 대로 신자유주의 시대 이후로는 그렇지 않다. 신자유주의 시대가 도래하면서 구성주의는 순식간에 주류의 위치를 차지하였고, '수준별, 선택 중심 교육과정', '개별화 교육' 등을 강조하고 '선택'을 옹호하면서 교육시장화 정책의 확산과 경쟁 심화에 기여해 왔다. 또한 초국적 자본과 신중간층 엘리트라는 새로운 기득권 세력의 교육 이해를 대변하는 것으로 변모해 버렸다. 그리고 구성주의의 개

---

54. 심성보, 「마이클 F. D. 영의 지식이론과 교육과정 비판」에서 재인용.

별화 학습 전략과 그에 내재된 개인주의는 '공동체적 주체 형성'을 파기하는 우를 범해 왔다. 영은 신자유주의 시대는 이전 시대보다 은밀한 형태의 계층화를 가져왔는데 개인주의와 개별화 학습 풍토 속에서 새로운 세대가 개별화된 탈출 전략으로 빠져들 수 있음을 경고하고 있다. 다음과 같은 영의 묘사는 현재 한국적 상황에도 그대로 투영된다.

> 〈미래 시나리오 2〉[55]는 계층화를 불러왔다. 하지만 이것은 은밀한 종류의 것으로서 미래와 관련된 명백한 목표는 현재 침몰하였으며, 흔들리는 불행한 학습자들은 그들을 뒤틀리게 하는 것이 무엇인지를 볼 수도 없다. 이것은 또한 불만, 더 구체적으로 말하면 물질적 요인을 지닌 불만을 야기하였고, 자신과 타인을 향한 직접적 폭력과 같은 더욱 파괴적인 문화적 형태는 물론이고, 청소년들의 상당한 무관심을 불러왔다." "해체된 공적 문화를 촉진하는 다양하게 개별화된 '탈출' 전략으로 점차 이어질 수 있다."
> – Young & Muller, 2016[56]

신자유주의 교육의 다른 한 축인 시장주의 학교정책은 앞서 4장에서 언급한 대로 그동안 상당히 약화되었다. 그러나 시장주의 학교정책 기세가 약화되는 상황에서도 구성주의의 개별화 학습론은 개인주의의 만연 속에서 계속 확산되었고, 구성주의는 여전히 주류의 학습이론으로서의 그 지위를 좀 더 유지해 올 수 있었다.

---

55. 영이 말하는 〈미래 시나리오 2〉는 '진보주의 또는 신자유주의' 교육 패러다임이다.
56. 심성보, 「마이클 F. D. 영의 지식 이론과 교육과정 비판」에서 재인용.

2절
구성주의의 철학적, 이론적 편향과 문제점

1. 인식론적 편향

구성주의가 주류의 교육 사조가 되어 버리자 긍정적 역할보다 부정적 영향을 미치게 된 이유는 무엇일까? 그것은 바로 '개인 중심, 경험 중심'이라는 본질적인 이론적 편향으로부터 기인한다. 구성주의에서의 '구성'은 인식론적 상대주의에서 출발한다. 그들은 '객관적 실재, 객관적 진리란 없다'고 본다. 공동의 인식, 보편적 지식은 부정되며 지식은 개별적이고, 상대적인 것이 된다는 것이다.

> "구성주의는 기존 객관주의적 인식론에 대한 대안적 인식론, 곧 상대주의적 인식론을 바탕으로 하여, 객관주의적 인식론의 여러 문제점을 극복하려는 데로부터 시작한다." – 강인애, 「문제중심학습」, 1998

구성주의에서 또 하나의 중요한 인식론적 토대는 경험주의이다. 공동의 객관적 지식이 부정되기 때문에 의미 있는 지식 구성의 원천은 개별적 경험이 되기 때문이다. 그에 따라 구성주의는 보편적 지식, 전수의 가치를 부정하고, 경험과 개인 학습을 우위에 두는 일련의 경향을 지닌 학습이론으로 귀결된다.

구성주의의 상대주의적, 경험주의적인 인식론에서 나타나는 주된 편향은 강조점의 반대편, 대립 요소를 경시, 부정하는 것이다. 어느 한 요소를 수용하는 대신 필수적인 다른 요소를 부정하는 배제주의적 경향이 나타난다. 객관과 주관을 결합, 통일되는 것으로 보지 않고 주관을 수용하면서 객관 자체를 부정한다. 경험을 중시하는 대신 지식을 부정하고, 맥락을 강조하는 대신 탈맥락을 부정하며, 구성을 강조하면서 전수를 부정하고, 개인을 중시하면서 집단을 부정하는 것이다. 그러나 경험, 맥락, 구성, 개인이 중요한 만큼이나 체계적 지식, 탈맥락(탈맥락적 사고는 추상적 사고의 기본 형태이다), 사회적 전수, 집단도 필수적으로 중요하다. 구성주의의 문제는 경험, 맥락, 구성, 개인의 중요성을 강조하는 것에 있지 않다. 그와 짝을 이루는 대립 요소들을 경시하거나 배제하려는 데 있다. 전통주의와는 정반대의 편향을 지닌 구성주의가 비주류의 위치에 있었던 시기에는 전통주의의 편향을 비판하고 극복하는 데 의미 있는 역할을 할 수 있었지만 지배적인 위치에 선 이후로는 그 반대의 편향이 교육 현실로 나타나게 된 것이라 할 수 있다.

2. 구성주의의 교육적 편향

필수적으로 중요한 요소를 부정하는 이러한 근본적 문제로 인해 구성주의는 지난 수십 년간 교육 방향을 지나치게 편향된 것으로 이끌었다. 지식, 체계적 학습, 교사의 지도성, 보편공통 교육 등이 폄하되었고 교육과정과 교수-학습에 적지 않은 왜곡을 가져왔다. 구성주의는 특정한 주제나 학습 프로그램으로 구현될 수는 있지만, 그 자신이 안고 있는 내재적 편향으로 인해 교육과정 및 교수-학습을 아우르는 체계적 교육 실천으로 실현되는 데 결정적 한계를 지닌다. '학습자 중심', '경험'만으로는 체계적이고 효과적인 발달을 도모할 수 없기 때문이다.

> "많은 과학 교육자들은 구성주의 원칙에 따라 경험에서 제거된(속도, 가속도, 힘, 유전자, 벡터와 같은 개념에 따라) 대부분 추상적인 과학적 지식을 누군가가 가르치는 방법을 찾는 데 관심이 있습니다. … 일련의 지식을 가르치는 것은 과학의 개념을 가르치고 설명하는 것뿐만 아니라 방법, 방법론 또는 방법론에 대한 것, 즉 과학적 주장이 어떻게 입증, 증명 또는 확립되는지를 포함합니다. … 교사가 실제로 학생들에게 무언가를 전달하지 않고 이 모든 것을 가르친다는 것은 논쟁의 여지가 있습니다. 어떤 식으로든 체스 규칙이 전달되지 않고 사람이 체스를 배우는 것이 불가능한 것처럼 과학도 마찬가지입니다."
>
> – Michael R. Matthews, 'Philosophical and Pedagogical Problems with Constructivism in Science Education', 2012

> "최소 지도 학습[57]은 대부분의 학습자에게 비효율적일 뿐만 아니라 일부 학습자에게는 해로울 수도 있습니다. … 지난 반세기 동안 개발된 최고의 증거는 최소 지도 학습이 깊은 호수 한가운데에서 수영을 하지 않는 사람을 보트 밖으로 던지는 것과 마찬가지로 학생 성취도를 향상시키지 못한다는 견해를 뒷받침합니다."
>
> – Kirschner, Sweller et al. Clark, 2006, p. 75

---

57. 교사의 지도성을 경시하고 '학생 주도성'을 편향적으로 강조하는 구성주의 학습 방법을 이른다(편집자 주).

구성주의의 원류인 듀이의 진보주의 교육론도 실제 교육 현실에서는 성공적으로 실현되지 못했으며 1980년대 이후 구성주의에 영향을 받은 일본 유도리 교육이나 한국의 열린교육 실험도 실패했다. 한국 사회에서 지난 30여 년간 교육과정 논의를 지배해 왔지만 그 내재적, 실제적 한계로 인해 학문 중심적 교과 교육과정을 극복하지도 못했다. 현재 한국의 교육과정 논의는 온통 구성주의적 언술로 채워지고 있지만, 막상 교과서는 여전히 학문 중심적 틀을 유지하고 있다. 실제의 교수-학습에서는 지식과 교사 지도성도 중요하기 때문이다. 교육 현실로 나타난 구성주의 지배의 결과는 학문 중심 체제는 유지되면서 활동 등 구성주의에서 강조하는 요소들이 그야말로 탈맥락적으로 비대화된 이상한 교과서 체제이다. 최근에는 구성주의에 토대한 역량 중심 교육과정론을 도입하려 했지만 그 결과 역시 마찬가지였다. 이러저러한 역량이 중요하다고 강조하지만 막상 그 역량을 어떻게 구성할 수 있는가에 대한 근거와 과정을 전혀 제시하지 못했기 때문이다.

교육과정 문제와 관련해서 구성주의가 지닌 편향은 크게 세 가지 경향으로 요약할 수 있다. 첫째, 보편교육의 경시이다. 구성주의의 개인 중심 관점은 보편교육과 개별 교육을 대립적인 것으로 바라보면서 '개별화 교육'을 강조하는 대신 모두가 함께 받아야 할 보편교육을 경시하는 것으로 연결된다. 그들은 '공통' 혹은 '필수' 교과를 '악'으로, 개인들이 선택하는 '선택' 교과를 '선'으로 보려는 경향이 있다. 그러한 관점에서 '선택 중심 교육과정' 개념을 도입하였고 이후 줄곧 고교에서 선택 교과 비중을 늘려 왔으며, 고교학점제는 그 정점에 선 교육과정 정책이라 할 수 있다. 둘째, '지식'의 교육적 가치 경시이다. 지식과 경험, 역량을 대립적으로 보면서 경험과 역량을 우위에 놓고 지식의 체계적 학습을 경시한다. 이러한 관점의 영향으로 그동안 교과서 및 교육 내용에서 체계적 개넘 이해 내용이 빈약해지고 활동 중심 내용이 큰 비중을 차지하게 되었다. 그러면서도 난이도는 그대로 유지되거나 오히려 올라간다. 개념적 이해의 토대 없이 활동만으로 새로운 인식에 도달하기는 매우 어렵다. 많은 교사가 효과적이고 의미 있는 교수-학습 진행에 어려움을 호소할 수밖에 없고 이후 개념적 사고 발달을 위한 토대 형성은 취약해질 수밖에 없다. 셋째, 교사 지도성의 폄하이다. '학습자 중심'이라는 구호로 나타난 이러한 경향은 교사의 교육적 역할을 조언적 위치로 격하시켰고, 심지어 정보사회론과 맞물리면서 교사 없는 학습 체제를 이상적인 것으로 지향하기도 하였다. 그러나 실제의 교육 장면에서 교사의 지도와 학습자의 능동적 활동은 둘 다 필요한 필수적 요소이다. 교사 지도를 배제하거나 최소화하려는 시도는 일부 프로그램으로 구현될 수는 있어도 교육 활동 전반을 조직하는 원리는 결코 될 수 없었다. '학습자 중심-교사 지도 경시' 관점은 효과적 학습 실천과 발달에 역행한다는 광범하고 실제적인 비판에 직면할 수밖에 없었다.

3. 구성주의의 후퇴

이러한 문제들로 인해 구성주의도 시장주의에 뒤이어 2010년대 이후 점차 쇠퇴하는 양상을 띠게 된다. 구성주의에 대한 비판은 초기부터 일정하게 있었으나 2010년대 이후 광범하게 확산된다.

> "지난 반세기의 연구는 비지도 학습 또는 최소 지도 학습이 학습에 필요한 인지 처리를 지원하도록 특별히 설계된 지도보다 훨씬 덜 효과적이고 효율적이라는 압도적이고 명백한 증거를 제공했습니다."

"최근에는 성공적인 교육학의 지침이라는 주장에 대한 논박 이후, 구성주의적 영향력이 약해지고 있으며 보다 현실적이고 제한적이며 더 나은 근거를 지닌 철학적, 교육적 주장이 자리를 잡고 있다는 몇 가지 징후가 있습니다."

– 이상 Michael R. Matthews 'Philosophical and Pedagogical Problems
with Constructivism in Science Education', 2012

구성주의에 대한 비판은 교육현장에서 그리고 진보와 보수 모두에서 확산되어 갔다. 번스타인, 영 등의 진보적 관점에서는 구성주의가 교육적 평등과 구조적 인식에 바탕한 힘 있는 주체 형성에 실패하고 있음을 비판했고, 문화적 보수주의는 주로 전통적 관점에서 학력 저하 문제를 가져온다고 비판했다. 이러한 흐름 속에서 영국에서는 2013년 '역량 중심 교육과정'이 폐기되기도 했으며 고교에서 선택 중심 교육과정을 운영하는 뉴질랜드에서는 2017년부터 보편교육을 강화하려는 방향으로 교육개혁을 추진하기에 이른다.[58] 구성주의 쇠퇴의 가장 큰 직접적 계기는 아이러니하게도 구성주의가 야심 차게 제출했던 '역량 중심 교육과정론'이었다고 할 수 있다. 구성주의의 대세 속에서 많은 나라에서 '역량 중심 교육과정'이라는 개념을 수용했으나 "역량이 중요하다는 막연한 방향"만으로는 교육과정을 구체적으로 구현할 수 없었으며, 오히려 체계적 지식이 역량 형성의 근본적 토대라는 사실을 확인하는 계기가 되었기 때문이다. 이 같은 구성주의 스스로의 실천적 한계와 모순이 드러나는 가운데 '대전환 시대'라는 새로운 시대 인식이 등장함으로써 구성주의의 후퇴가 현실로 나타나기 시작했다. 그리고 OECD 교육 2030 프로젝트에서 결정적 전환을 맞이하게 된 것이다.

---

58. 천보선, 「보편교육 강화로 나아가는 세계교육」, 2021.

3절
새로운 교육론의 구성주의의 편향 극복

OECD 2030과 유네스코 2050을 통해 등장한 새로운 교육론은 이러한 편향들에 대해 전수와 구성을 대립적으로 보려는 기존의 틀을 넘어섬으로써 통합적으로 극복하고 있다. 이 점은 새로운 교육론이 신자유주의를 넘어선다는 것과 별도로 학습이론 차원에서 큰 의의를 지니는 것이다.

새로운 교육론의 통합적 관점은 단지 구성주의의 편향을 극복하는 차원을 넘어선다. 새로운 교육론은 전통주의와 구성주의적 경향의 오랜 대립을 통합적으로 극복해 나가는 관점에 서 있다. 따라서 구성주의의 이러저러한 편향에서 벗어나기만 하는 것이 아니라 전통주의와 구성주의의 의미 있는 요소들을 보존하면서 문제점들을 극복하려는 시도라고 할 수 있다. 또한 이러한 논의가 추상적이고, 이데올로기적 차원의 선언이나 방향 제시가 아니라 상당한 이론적 논의를 바탕으로 제시되고 있다는 점은 더더욱 내용적 의미를 더한다. 특히 OECD 2030의 개념노트는 그동안 논란을 벌여 오던 '지식', '활동', '역량' 등의 문제들에 대해 체계적으로 정리된 내용을 제출함으로써 논의 수준을 진전시키고 풍부하게 하고 있다. 그런 점에서 새로운 교육론은 학습이론 차원의 논의를 한 단계 발전시키는 계기가 될 것이다. 여기서는 구성주의적 편향 극복과 관련되어 새로운 교육론, 특히 OECD 2030에서 제기하는 몇 가지 주요 지점들을 소개하고자 한다.

1. 전수/구성의 이분법 극복

구성주의의 개인 중심, 경험 중심 관점은 학습이론에서 전수냐/구성이냐의 대립 구도에서 비롯된다. 전수냐/구성이냐의 대립은 학습의 기본 형태, 방법을 둘러싼 오랜 쟁점이다. 학문 중심/경험 중심, 학습/교수의 대립도 같은 맥락의 쟁점 구도라 할 수 있다. 구성주의는 그 대립 구도에서 '구성'을 우위의 것으로 보는 것이다. 그동안 학습이론에서는 서로 상반된 요소를 이분법적으로 대립시키면서 양자택일의 문제로 바라보는 경향이 있었다.

전통주의 교육관은 '지식', '교수', '학문', '전수'가 중심이라고 보았고, 구성주의는 반대로 '경험', '학습', '구성'을 우위에 두어 왔다. 전통주의 학습이론의 형식주의, 경직성, 자율성 경시 등에 대해서는 많은 비판이 있었으며, 그 비판에 구성주의의 역할이 있었음은 앞서 언급한 바 있다. 그러나 구성주의 역시 정반대의 편향을 지니는 문제를 보인다. 마이클 F. D. 영은 '지식'에 대한 구성주의의 편향에 대해 다음과 같이 지적하고 있다.

"첫째, 학문적 지식을 희생하면서 행위자 중심의 경험을 중시한다. 둘째, 지식의 차이를 희생시키면서 학습자의 차이를 강조한다. 셋째, 일반적 교수학은 지식의 종류에 따라 달라지는 교수학을 고려하기보다 결과 기반이나 문제 기반 학습에 초점을 맞춘다. 넷째, 지식을 희생시키는 기능/역량을 강조한다."

– 심성보, 「마이클 F. D. 영의 지식이론과 교육과정 비판」,
『교육과정에서 왜 지식이 중요한가』, 살림터, 2020

영에 따르면 구성주의가 발달에 필수적인 지식, 교수, 전수 과정을 희생시킨다는 것이다. 전통주의와 구성주의 모두 학습 과정에서 양 요소 중 하나를 택하거나 우위에 두는 이론적 편향이 있다고 할 수 있다. 그러나 서로 대립되는 요소들은 풍부하고 올바른 발달을 위해 모두 필요한 것이며 학습 과정에서 상호의존적으로 공존하는 것으로 바라보는 것이 더 타당하다. 새로운 교육 패러다임은 기존의 이분법적인 대립적 접근을 극복하는 통합적 관점을 다음과 같이 제출하고 있다.

"무엇을, 어떻게 가르치고 배울 것인가에 대한 경향과 이론은 많이 있습니다. 학습 설계는 '아동 중심' 또는 '과목 중심', '학습자 중심' 또는 '교사 중심'으로 구성될 수 있습니다. 지식은 '학문적' 또는 '실용적', '과학적' 또는 '인본주의적', '일반적' 또는 '전문적'인 것으로 분류될 수 있습니다. 각 접근 방식마다 기여할 수 있는 부분들이 있지만 지식과 세계의 상호작용이 더욱 복잡해지는 것을 반영하려면, 새로운 패러다임과 관점이 필요합니다. 교육자는 지식 습득에 있어 다음의 질문을 동시에 던지면서 접근해야 합니다. 무엇을 배워야 하고, 무엇을 버려야 합니까? 이것은 생태 위기에 비추어, 주류적 위치에 있어 왔던 개발과 경제성장 패러다임을 재고해야 하는 중요한 시점에서 특히 중요한 질문입니다."

"교육은 '어떤 것을 아는 것'과 '방법을 아는 것', 둘 모두를 유연하게 수용할 수 있습니다. '내용 숙달'은 '응용 프로그램, 기능 또는 능력 개발'과 경쟁할 필요가 없습니다. 그 대신, 기본 지식과 기능은 서로 얽혀 있고 보완할 수 있습니다. 지난 수십 년 동안 교육과정에 대한 토론은 '내용적 지식'과 '역량' 사이에서 좌우되었습니다. … 프로젝트 기반 및 문제 기반 접근 방식으로 얻은 것을 포기하지 않으면서도, 이제 강력한 지식 접근 방식을 지원하는 일련의 새로운 역동적 조합을 구성할 때가 되었습니다."

- 이상 유네스코 2050 4장

이러한 통합적 관점은 기존의 오랜 이분법적 대립 구도를 넘어서서 교수-학습의 이론과 방법을 새로운 차원에서 진전시킬 수 있는 관점과 틀을 제시하는 것이다.

2. 지식의 교육적 가치 복원과 지식-역량 관계의 재정립

2000년대 들어 구성주의적 관점에서 중심적 의제로 제출한 것이 소위 '역량 중심' 논의이다. 구성주의 관점에 기반한 역량 중심 논의에는 역량을 지식과 대비시키면서 지식을 폄하하고, 실제 상황에서 필요한 것, 개인 역량에 초점을 두는 실용주의, 개인주의적 관점이 내재되어 있다. 또한 역량 형성의 주요 과정을 활동 중심으로 이해한다. 이러한 편향된 역량 중심 논의는 지식과 역량의 관계에 대한 광범하고 현실적인 혼란을 야기해 왔다. 그런데 새로운 교육론에서는 지식과 역량의 대립을 극복할 수 있는 보다 통합적 관점을 제시하고 있다.

새로운 교육론에서 이분법을 넘어 통합적 관점을 제출할 수 있었던 것은 대립되는 것처럼 보이는 요소들이 실제로는 대립하는 것이 아니라 서로가 서로를 전제로 하고, 토대로 한다는 '상호의존성'을 가진다는 인식에 근거한다. 이 문제에 대해 특히, 〈OECD 교육 2030〉은 개념노트를 통해 상세히 설명하고 있다. 지식은 역량의 기본 토대로 규정되면서 역량의 구성 부분으로 명시되고 있으며 또한 지식이 기능/태도 및 가치의 토대이면서 서로에 영향을 미치는 것으로 규정한다. 나아가 역량을 지식/기능/태도 및 가치의 총체로 규정함으로써 지식-기능-태도 및 가치-역량 모두를 상호 연결, 의존적인 것으로 규정하고 있다.

> "지식을 바탕으로 역량을 발휘하고, 성장하는 역량을 사용하여 지식을 확대하고, 적용하고 이해를 심화한다."　　　－ 개념노트 '학습 나침반'

> "실제 상황에서 지식과 기능을 분리하는 것은 어려움." － 개념노트 '지식'

> "기능과 지식은 서로 얽혀 있으며, 서로를 강화."　　　－ 개념노트 '기능'

> "기능은 복잡한 요구를 충족하기 위한 지식, 기술, 태도 및 가치의 동원을 포함하는 전체론적 역량 개념의 일부."　　　－ 개념노트 '기능'

다르거나 상반된 요소들의 상호의존성을 밝히는 것은 매우 중요한 지점이다. 어떤 요소의 의의를 인정하는 것이 다른 요소를 폄하하는 것이 아닐 수 있기 때문이다. OECD 2030은 '지식', '교수' 등 구성주의에서 폄하되었던 요소들의 교육적 의미를 복원하고 있다. 그러나 그것이 결코 이전의 전통주의 및 학문 중심 교육과정으로 회귀한 것이 아님을 분명히 할 필요가 있다. 통합적 관점에서 경험, 역량 등의 요소 역시 여전히 중요한 교육적 의미를 지닌다.

'상호의존성' 개념과 그 원리를 통해 구체적이고 실제적인 교육과정 구성 논의가 가능해질 수 있다. 지식에만 편향되었던 이전의 전통주의적

	핵심역량		
역량 범주 Competency	상호 교감하며 도구 사용하기	이질적인 집단에서 상호작용하기	자율적으로 행동하기
하위 역량 (혹은 능력 ability)	상호 교감하며 언어, 상징, 텍스트를 사용 하는 능력 상호 교감하며 지식과 정보를 사용하는 능력 상호 교감하며 기술을 사용하는 능력	상호 교감하며 기술을 사용하는 능력 협력하는 능력 갈등을 관리 및 해결 하는 능력	전체의 조망 속에서 행 동하는 능력 생애 계획을 수립하고 실천하는 능력 권리, 이익, 한계, 요 구를 주장하고 지키는 능력
	의사소통 역량 문해력 새로운 것을 인지하여 판단해야 함 적절한 정보 소스를 확 보해야 함 그 정보와 정보 소스 의 우수성, 적합성 및 가치를 평가해야 함 지식과 정보를 체계화 해야 함 타인과 원만한 관계 맺기 팀으로 일하며 협력하기 갈등을 관리 및 해결 하기	공감 효과적인 감정 관리 자신의 생각을 표현하 고 타인의 생각을 경청 하는 능력 토론의 역동성과 의제 에 대한 이해 전술적 또는 지속가능 한 협력 관계 구축 능력 협상 능력 견해 차이를 참작하여 결정하는 능력 모든 쟁점과 걸려 있는 이해관계, 갈등의 발 단, 모든 당사자의 논 거를 분석하여 다양한 입장이 있을 수 있음을 인지하는 능력 의견의 일치 및 불일치 파악 능력 문제 재구성 능력 요구와 목표의 우선순 위를 정하여 포기할 것 과 포기 조건을 결정할 수 있는 능력	전체적 조망 속에서 행 동하기 생애 계획을 수립하고 실천하기 권리, 이익, 한계, 요구 를 주장하고 지키기 각종 패턴을 이해해야 함 자신이 속한 시스템을 알아야 함 자신의 행동이 초래할 직간접적인 결과를 파 악해야 함 개인적, 집단적 규범 치 목표에 미칠 결과를 고려하여 적절한 행동 방침을 선택해야 함 자신의 이익을 이해하 는 능력 시시비비를 가리는 성 문화된 규칙과 원칙을 아는 능력 요구와 권리를 인정받 기 위한 논증 구성 능력 협의 또는 대안 제시 능력

---

59. 출처: 「〈OECD 교육 2030〉 내용과 내용적, 실천적 의의」, 〈OECD 교육 2030 심포지
엄〉 자료집, 2021.

관점에서는 주입식, 암기식 형태가 주를 이룰 수밖에 없었고, 지식 획득을 통해 이루어야 하는 발달적 목표가 부재했었다. 반대로 구성주의는 지식 대신에 역량 형성을 중요한 것으로 제시했지만 막상 역량의 토대가 되는 지식을 경시함으로써 그 역량을 어떻게 형성할 수 있는가에 대한 실제적 논의로 나아갈 수 없었다. 한국에서도 '역량 중심 교육과정' 개념을 채택한 이래 오랜 기간 논의를 해 왔지만 이러저러한 역량들을 추상적 방향으로 제시하는 것 외에 실질적인 교육과정 구성 논의가 맴돌 수밖에 없었던 이유는 이 때문이다. '상위 역량'을 구성하는 요소로 '하위 역량'을 선정하는 방식으로 교육과정 구성 방안을 제출했던 데세코의 '역량 중심 교육과정'은 교육과정 설계 원칙으로서 심각한 결함이 드러났고 그것을 제출했던 OECD가 스스로 사실상 폐기하는 일이 일어난 것은 이 때문이다.

표를 보면 '데세코'의 핵심역량 논의는 상위 역량을 하위 역량들로 구성하는 방식을 제시하고 있다. 기본적으로 '역량'이라는 것 자체가 광범한 지식 습득과 활동의 결과이지 구체적인 교수-학습의 내용, 활동이 되는 것은 아니다. 따라서 어떤 역량이 목표나 방향으로 설정될 수는 있지만 그것으로 교육과정을 구성할 수는 없다.

그럼에도 구성주의의 '역량 중심'이라는 구호 속에서 적지 않은 나라들이 '역량 중심 교육과정'을 구현하려 시도했었는데, 당연히 많은 문제에 봉착하게 된다. 한국에서도 2015년 교육과정이 '역량 중심 교육과정'으로 명명되었는데, 당시 교육과정 개편 작업에 참여했던 이들의 고민은 실제 상황을 잘 보여 준다.

"역량의 개념 자체를 설정하는 것 자체가 굉장히 좀 어려웠어요. 그러니까 이걸 교육의 목적이냐, 목표냐, 아니면 교육의 콘텐츠냐, 아니면 결과냐. 이런 걸 놓고 봤을 때 굉장히 다차원적이고 자의적인 해석이 좀 될 수가 있거든요."(체육과 개발자 B)

"현실적으로 역량 중심 교육과정과 교과 중심의 교육과정이라는 것이 그런 갈등관계를 가질 수밖에 없어요. 충분히 그 부분에 대한 논의와 준비가 되지 않은 상태에서는 아주 어떻게, 좀 부정적으로 말하면 기형적인 교육과정이 될 수밖에 없고…."(국어과 개발자 A)

"사실, 역량이라는 건 기존에 있었다고 제가 여태까지 얘기를 했는데. 이건 약간 그냥 슬로건처럼 들어가면서 주객이 전도된 것 같은 느낌이 들고요. 학교 수업에서도 선생님들이 기본적인 개념은 잘 안 가르치고, 뭔가 자꾸 교수-학습만 다양화하려고 하는데 정작 애들이 인수분해도 잘 못 풀어요…."(수학과 개발자 A)

"그러니까 총론에서 준 내용체계표가 수학 교과 내용에는 안 맞는다고요. … 저희한테 안 맞는 틀을 위에서 자꾸 주고 밀어붙이니까. 숙제는 해야 되니까 좀 약간 억지로 채워 넣은 감이 있죠."(수학과 개발자 B)

"우리 교과의 경우에, 총론에서 제시한 틀을 받아들이면 개념적으로 기능을 기능으로 결합해서 역량을 추구한다가 돼 버리는 거잖아요."(국어과 개발자 A)

"그러니까 각론 조정 과정이 약간 폭력적인 거예요."(국어과 개발자 A)

"우리 국어과 내에서 이러이러하기 때문에, 교과의 특성상 맞지 않고 못한다고 했지만 가면 다 깨지고 돌아오는 거예요."(국어과 개발자 B)

- 「OECD 교육 2030 참여 연구: 역량의 교육정책적 적용 과제 탐색」,
한국교육개발원, 2018

한마디로 역량 중심 교육과정을 실제로 구현할 수 없었다는 것이며, 그야말로 '폭력적'이라고 표현될 만큼 억지로 성취 기준 중심의 문서적 표현에 그칠 수밖에 없었다는 것이다. 이러한 상황은 비단 한국만이 아니라 '역량 중심 교육과정' 개념을 도입하려 했던 나라들 전반에서 나타났던 것으로 보인다.

2030에서는 교육과정 구성 요소로서의 역량 개념을 폐기하는 대신 지식, 기능, 가치와 태도의 구성 요소를 제시하고 역량을 '지식, 기능, 가치가 결합된 전체론적인 힘'으로 그 의미를 재정립함으로써 이를 극복하고 있다. 이러한 새로운 통합적 인식과 구성 요소들의 상호 연결성, 의존성을 밝힘으로써 역량 형성을 위해 어떠한 지식, 기능, 가치가 필요한가에 대한 방법론적 논의가 가능해진 것이다. 변화된 교육과정 구성 개념도를 표로 나타내면 다음과 같다.

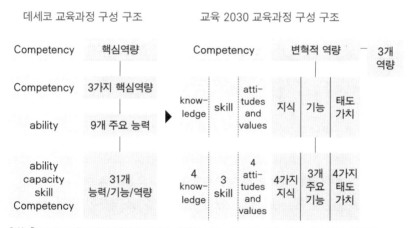

출처: 「〈OECD 교육 2030〉 내용과 내용적, 실천적 의의」, 〈OECD 교육 2030 심포지엄〉 자료집, 2021

3. 전이에 대한 체계적 이해 및 적용 토대 마련

구성주의의 이론적 편향과 관련된 또 하나의 쟁점 중 하나가 '전이'의 문제이다. '전이'란 "먼저 행한 학습이 다음 학습의 효과나 반응에 영향을 미치는 현상"[60]이다. 다시 말해 어떤 것을 학습한 것이 다른 상황이나 맥락에서도 의미 있게 활용될 수 있느냐 하는 문제이다. 학습이론에서 '전이'가 문제된 것은 소위 '형식도야'를 어떻게 볼 것인가의 문제를 둘러싸고 벌어진 논쟁에서다. 어떤 견해는 형식 교과를 공부한 것이 다른 상황에도 '전이'될 수 있으므로 의미가 있다고 보았으며, 또 다른 견해는 전이가 되지 않기 때문에 무의하다고 보았다.[61]

예컨대 듀이는 전이 가능성을 부정했으며 비고츠키는 당시 고대 희랍어 등 형식 교과 과목은 문제가 있지만 '전이 가능성'은 인정해야 한다고 주장했다. '전이 가능성' 문제는 교육과정 구성과 관련하여 꽤 중요한 쟁점이 되어 왔다. 구성주의 모두가 그런 것은 아니지만 구성주의의 대표적 원조인 듀이를 비롯해 경험을 중시하는 관점에서는 대체로 '전이'를 부정하는 입장에 선다.

'전이'는 결국 A의 맥락에서 획득한 원리를 B라는 다른 맥락에 적용하는 것인데 이는 '탈맥락'을 필요로 한다. A라는 구체적 맥락 속에서 '탈맥락'을 통한 원리적 인식[62]을 해야 다시 B라는 구체적 다른 맥락에 적용하는 것이 가능해지기 때문이다. 즉 '맥락 A' → '탈맥락' → '맥락 B'의 과정이 결국 전이의 과정이라고 할 수 있다. 그런데 맥락을 편향적으로 강조하는 구성주의의 관점에서는 '탈맥락'이 필요한 '전이'에 부정

---

60. 다음 어학사전.
61. 듀이는 전이를 부정했고, 비고츠키는 전이를 인정했는데 유명한 논쟁 중 하나이다.
62. 추상적, 개념적 사고는 기본적으로 탈맥락적이다.

적 입장을 지니게 되는 것이다. '전이 가능성'을 부정하게 되면 대표적인 형식 교과인 '수학'에 대해 "그런 것 배워 봐야 어디에 써먹을 수 있나?" 처럼 그 의미를 부정하는 현상이 나타난다. 추상적 개념이나 원리가 실제 필요한 부분으로 전이가 잘 안 된다는 것이다.

그럴 때 교육 내용은 '실제 생활에 직접 필요한 지식'을 중심으로 하는 실용주의적 접근을 하게 된다. 반대로 '전이 가능성'을 인정하게 될 때는 핵심 개념, 원리를 중시하게 된다. 많은 것을 담을 수 있는 개념, 원리일수록 전이의 폭이 넓기 때문이다. 전이를 인정하게 되면 실생활에 직접 쓰이는 것이 아니라 하더라도 핵심 개념과 원리를 다루는 교과 지식에 교육적 의의를 부여하게 된다. 이 문제와 관련해 OECD 2030은 학문적 연구 성과를 토대로 전이 가능성을 인정하고 있으며, 이를 교육과정 구성에서 고려해야 할 중요한 요소로 제시한다.

> "우리는 학습의 전이를 한 맥락에서 배운 지식이나 절차를 새로운 맥락에 적용하는 능력을 의미하는 것으로 광범위하게 정의할 수 있다."
> "비교적 유사한 맥락에서 전이가 일어나는 경우 '근접 전이'라고 하고, 다른 맥락에서 전이가 일어나는 경우 '원거리 전이'라고 한다."
> – 이상 OECD 2030 개념노트 '지식'

나아가 교육과정 구성에서 고려해야 할 우선순위로 강조한다. 그 이유는 전이의 고려가 교육과정 과부하 문제에 대응할 수 있는 방법을 제공하기 때문이다.

> "전이 가능성Transferability: 한 맥락에서 학습되면 다른 맥락에서도 쉽게 활용될 수 있는 지식, 기능, 태도 및 가치에 우선순위가 부여되어야

한다."   - OECD 2030 입장문

"다양한 맥락으로 전이될 수 있는 지식이 교육과정 설계에서 더 높은 가치를 가지고 있음은 거의 틀림없다. 많은 국가가 교육과정 과부하로 씨름한다. 빅 아이디어에 사용되는 개념과 같이 원거리 전이에 적합한 지식은 교육과정 과부하를 줄이고 다른 주제 또는 교과와 상호 관련되어 있으므로 시간이 지남에 따라 더 깊은 이해를 북돋울 수 있다. 이는 특정한 횡단적(전이력이 높은) 지식이 여러 맥락에서 학습되는 경우 내용의 양을 줄일 수 있는 가능성이 있음을 의미한다."

"교육의 과제는 학문적, 절차적 지식을 모두 촉진하고 이를 기능, 태도 및 지식을 전이시키는 능력과 연결하여 학생들이 더 깊은 이해를 발달시킬 수 있도록 돕는 것이다."

"학생들은 다양한 학문을 가로지르는 핵심 개념이나 '빅 아이디어'를 전이시키는 법을 배울 수 있다. … 빅 아이디어를 가르치는 것은 더 깊은 학습과 지식과 기능의 보다 효과적인 전이로 이어질 수 있다."

                                        - 이상 OECD 2030 개념노트 '지식'

또한 전이력이 높은 부분은 핵심 개념과 원리이며, 그리고 학제 간, 절차적 지식이 유용하다고 언급한다. 전이력은 전이 가능성이 높은 지식을 배운다고 해서 저절로 향상되는 것이 아니라 연습, 훈련이 필요하며, 그러한 점을 고려한 교수-학습 방법이 필요하다고 보는 것이다. 그와 관련 교과 기본 지식의 충분한 토대에 바탕한 학제 간을 넘나드는 통합주제 학습과 시스템적 사고를 익히는 것은 전이력 향상에 효과적이라고 말한다.

"학제 간 지식은 학생들이 한 상황에서 다른 상황으로 지식을 전이시키는 데 도움이 될 수 있다."

"유사성과 전이에 관한 문헌은 학생들이 현실 세계에서 유사한 상황에 직면할 때, 특히 그러한 상황의 구체적인 세부 사항이 교사가 제시한 것과 잘 일치하지 않을 때, 이러한 아이디어의 관련성을 종종 인식하지 못할 수 있다는 것을 시사한다."

"원거리 전이의 과제가 주어졌을 때, 딕슨Dixon은 원거리 전이로 보이는 것이 더 쉬운 근접 전이로 인식될 수 있도록, 교사가 학생들이 이전 지식과 새로운 상황 사이의 더 추상적인 개념적 및 구조적 유사성을 볼 수 있도록 돕는 것이 중요하다고 제안한다."

− 이상 OECD 2030 개념노트 '지식'

"한 상황에서 다른 상황으로 지식과 기능의 전이는 사회적 맥락에서 발생한다. 아부주르Abuzour, 루이스Lewis 및 툴리Tully는 전이의 사회적 토대를 지지하는 연구를 완료했다. 그들이 발견한 것은 첫째, 학생들은 기능을 전이할 수 있는 충분한 기본 지식이 있어야 한다. 그런 다음 동료의 지원과 지침 준수는 학생들이 자신의 기능을 교실에서 작업장으로 옮기는 데 도움이 된다. 강화Reinforcement는 전이의 중요한 구성 요소이다. 강화가 없으면 학생과 직원은 전이가 가치가 없다고 인식하여, 배운 기능을 굳이 새로운 상황에 적용하고자 애쓰지 않을 수 있기 때문이다."

− OECD 2030 개념노트 '기능'

전이가 원래 중요한 것이지만 특별히 강조되는 데에는 시대적 '불가피성'도 있다. 급격한 변화, 복잡하고 불확실성이 지배하는 현대 사회에서 수많은 정보와 지식 가운데 과연 무엇을 보편적 교육과정에 포함시킬 것이냐의 문제가 대두되는 상황에서 필요한 모든 것을 학교에서 다루고 가르치고 접하게 하는 것은 불가능하다. 이런 상황에서 전이 가능성은 교육 내용을 추릴 수 있는 중요한 기준이 된다.

새로운 교육론에서는 역량의 기초 토대로서 지식의 의미를 복원하고, 전이를 둘러싼 논쟁을 해소함으로써 그동안 교육과정을 보다 체계적이고 효과적으로 구성하는 데 어려움을 주었던 이론적 난제를 제거하고 있다고 평가할 수 있다. 지식의 교육적 의미 복원은 구체적인 교육과정 요소를 어떻게 배치할 것인지, 전이 가능성의 인정은 교과와 교육 내용의 우선순위를 고려하는 데 중요한 기준을 제공한다. 물론 이것만으로 되지는 않는다. 역동적 구성의 관점, 교육적 생태 시스템으로서의 교육과정에 대한 새로운 인식, 체계적 발달이론 등 더 올바른 교육과정 구성을 위해서는 다양한 사항들의 총체적 고려가 필요하다.

4절
한국에서의 구성주의의 전개 및 극복 방향

한국에서 구성주의 문제는 다른 나라들에 비해 더욱 특별하다. 더 광범하고 더 강력한 영향력을 발휘했으며, 그로 인해 발생한 문제점 역시 더욱 컸기 때문이다. 반면에 광범하고 강력한 영향을 미쳤다는 사실은 그 극복이 결코 쉽지 않은 과제일 수 있음을 의미하기도 한다. 따라서 구성주의가 특별히 한국 사회에서 왜 광범하게 확산되었는지, 지난 30여 년간의 공과가 어떠했는지 그리고 어떻게 실천적으로 의미 있게 극복할 수 있는지에 대해 좀 더 구체적으로 살피면서 극복 방향을 다루어 보고자 한다.

1. 빠르고 광범한 확산

세계적 차원에서 구성주의가 새로운 명칭으로 재구성되면서 본격적으로 등장한 것은 1980년대인데, 한국에서는 얼마 지나지 않은 1990년대부터 빠르게 확산되었다.

세계적 흐름과의 시차가 얼마 되지 않는다는 점만이 아니라 매우 빠른 속도로 광범하게 확산된 점은 상당히 특별한 현상이다. 이러한 현상에는 여러 요인이 복합적으로 작용했다. 첫째, 신자유주의 헤게모니의 대세화와 함께 진행되었기 때문에 흐름을 같이 탈 수 있었다. 구성주의는 신자유주의의 '정보화, 세계화 무한경쟁 시대론'과 결합했으며 도입 초기부터 세계적 대세로 받아들여졌다. 둘째, 오랜 기간 누적되어 온 억압적 독재에 대한 반감이 구성주의의 '개인주의'적 성격과 '자율성' 강조 등에 대한 호의적 태도로 연결되었다. 셋째, 당시 널리 유행하기 시작했던 포스트모던 철학 사조와도 결합하면서 상승 작용을 일으켰다. 포스트모던 철학 역시 상대주의적 인식론에 기반한 것으로 일부에서는 구성주의를 포스트모던 철학의 교육론으로 규정하기도 했다. 넷째, 신자유주의 교육정책을 추진하던 정부 정책 기조와 용이하게 결합하면서 강력한 지원을 받을 수 있었다. 이러한 복합적 요인들로 인해 1990년대 구성주의는 한국에서 매우 빠르고 광범위하게 확산되었으며, 1997년 제7차 교육과정을 통해 교육 당국의 공식적인 '학습이론'으로 위치하게 된다.

> "제7차 교육과정은 21세기 정보화, 지식 기반 사회에 적합한 자기 주도적 가치를 창조할 수 있는 인간을 육성하기 위해 개정되었다. 시대가 급격하게 변하면서 이에 맞는 인간을 기르는 교육으로의 전환이 필요했다. 이러한 시점에서 개정된 제7차 교육과정의 기본 철학은 구성주의이며 이를 바탕으로 교수자 중심 교육에서 교육 수요자 중심 교육으로의 전환을 선언하였다(교육부, 1998a; 목영해, 2003)."
>
> – 이부다·김진호 공저,『구성주의 지식관이란 관점에서
> 초등학교 수학 교과서 분석』, 2010

인용문에서 보다시피 구성주의는 당시 신자유주의의 시대 인식, 개인주의적, 경쟁주의적 교육관과 매우 용이하게 결합되고 있다. 당시 구성

주의는 '학습자 중심'이라는 기치 아래 제7차 교육과정 총론의 수준별, 선택형 교육과정 및 개별화 교육 강조의 이론적 근거가 되었을 뿐 아니라 정부의 적극적 후원에 힘입어 각 교과 교육론의 재구성 논의로 널리 전파되었다.

지배적 교육 담론으로 구성주의가 확산되는 과정에서 주목해야 할 지점 중 하나가 정부와 주류 교육학계만이 아니라 당시 교육민주화운동에 참여했던 주체들 일부도 적극적으로 수용했다는 점이다. 그를 통해 구성주의의 지배적 확산은 더욱 확고하게 진행될 수 있었으며 그 여파는 지금까지도 미치고 있다. 신자유주의와 결합한 구성주의를 정부와 주류 교육학계가 적극 수용한 것은 쉽게 이해가 되지만, 교육민주화운동에 참여한 주체 중 일부가 구성주의에 함몰되어 간 현상은 좀 더 살필 필요가 있다. 부분적 설명은 즉각적으로 가능하다. 앞서 언급했듯 독재 교육에 대한 반감이 '개인'과 '자율성'을 강조하는 구성주의에 대한 긍정적 인식으로 연결될 소지가 있었다. 그렇다 하더라도 구성주의가 지배 기득권 세력의 이해와 이데올로기와 결합해 들어갔던 것에 왜 치열한 문제의식을 지니지 못했는가를 충분히 설명하지는 못한다. 왜 그랬을까?

우선 당시 교육민주화운동의 철학적, 이론적 한계로 인한 것이다. 당시 교육민주화운동은 1980년 중반부터 본격화되었으며 아직 철학적, 이론적 내용이 일천했다. 따라서 구성주의의 본질과 한계를 꿰뚫을 정도로 내용적 기반이 튼튼하지 못했다. 지금은 신자유주의가 '자본과 기득권의 이해를 대변하는 이데올로기이자 정책 논리라는 것이 명확해졌지만, 당시만 해도 구성주의라는 새로운 사조는 물론이고 신자유주의 자체도 그 본질을 분명하게 인식하지 못했다. 1995년의 신자유주의 교육개혁안에 대해서도 교육민주화운동 진영의 상당수는 "방향은 옳은 것 아니야?" 하면서 긍정적인 태도를 취하기도 했다. 또한 방향 상실의 시대적 상황이 커다란 배경으로 작용했다. 1980년대 후반 동구 몰락 이후 사회 변혁을 추구하던 이들 중 일부는 방향과 에너지를 상실하고 구조와 객관적 실체를 부정하는 '포스트모던' 철학에 휩쓸려 갔다. 당시 시대적 흐름도 한몫한 것이다. 이런 분위기에 일부에서는 '신자유주의'가 어차피 대세라면 그것을 수용하고 긍정적 개입을 하는 것이 현실적 태도라는 투항적 경향도 나타났다. 주체 일부의 계급적, 정치적 한계도 있었다. 당시 미분화되어 있던 민주화운동 세력 중 일부는 개인주의적, 형식적 민주화 그 이상을 추구한 것이 아니었다. 학교가 본래 경쟁을 하는 곳이고, 노력의 결과로 개인적 성공을 이루는 것이 타당하다고 본다면 자율적 경쟁을 추구하는 구성주의는 아무런 문제가 없어 보인다. 그들에게는 구성주의가 경직된 전통주의를 정당하게 대체하는 신선한 교육 방향이었던 것이다.

이러한 한계 속에서 자본과 기득권 세력은 물론이고 결과적으로 민주화운동 세력의 상당수 혹은 일부가 사실상 신자유주의에 굴복하고 구성주의를 수용해 감으로써 확고한 대세로 자리 잡을 수 있었다. 그리고 30여 년 가까이 시간이 지났다. 이 과정에서 나타난 특이한 현상 중하나가 듀이 교육론의 뒤늦은 확산이다. 신자유주의 득세 이전에도 듀이 교육론이 소개되기는 했어도 그 영향력은 제한적이었는데, 1990년대 이후 구성주의와 함께 뒤늦게 확산되는 현상이 나타난 것이다. 그것은 1980년대 이후 명명된 구성주의와 내용적으로 연결될 뿐 아니라 철학적, 교육학적으로 부족한 논거를 상당 정도 채워 줄 수 있었기 때문으로 보인다.

2. 구성주의가 한국 교육에 미친 영향과 문제점

영은 진보주의, 즉 구성주의가 신자유주의 시대 이전에는 전통주의의 폐해를 지적하고 대항해 온 긍정적 역할이 더 컸으며 신자유주의 시대 이후 그렇지 않게 되었다고 평가한다. 그러나 한국은 좀 다르다. 한국에서는 구성주의와 신자유주의가 유행하기 시작한 시기가 거의 일치한다. 신자유주의 이전 시기에는 구성주의의 원류인 루소나 듀이 등 구성주의적 경향의 영향은 그리 크지 않았고 교육민주화운동에서도 '민중교육론' 등 더욱 진보적인 교육론의 영향이 컸다고 할 수 있다. 신자유주의와 동시에 구성주의가 대두됨으로써 한국에서는 구성주의가 전통주의에 맞서 실천적으로 의미 있는 비판을 전개할 기회(?)가 없었으며, 거의 처음부터 신자유주의와 적극 결합하는 양상으로 나타난다. 그 결과 1995년 교육개혁안과 1997년 제7차 교육과정 이래 보편교육으로서의 성격이 크게 훼손되고 교육과정이 왜곡되었다.

신자유주의와의 강한 친화력

신자유주의의 시장주의와 구성주의가 기본적으로 친화력이 있긴 하지만 한국의 경우 그 결합이 특히 강하게 나타났다. 신자유주의 교육개혁을 추진하던 초기부터 구성주의는 이미 주류의 학습이론으로 자리 잡았으며, 1995년 교육개혁안과 1997년 제7차 교육과정 도입 과정에서 시장주의 교육정책과 적극 결합하는 모습으로 나타난다. 구성주의의 '학습자 중심' 개념은 시장주의의 '수요자 중심' 개념과 상호 연결되었다. 또한 '선택'을 옹호함으로써 서비스 상품으로서의 교육관과 시장원리 도입 논리를 정당화했다.

"제7차 교육과정은 신교육체제 수립을 위한 교육개혁 방안에 기초하고 있다. ⋯ 이러한 비전을 실현하기 위한 기본 방향을 '획일적 교육에서 다양화 교육, 공급자 중심의 교육에서 수요자 선택의 교육, 규제 위주의 교육에서 자율 중심의 교육, 수월성과 보편성 간의 조화 추구, 교육 제도와 운영의 정보화'에 두었다. ⋯ 정보화 사회, 무한경쟁 사회에 능동적으로 대처할 수 있는 인간상을 기르기 위해서는 ⋯ 이러한 능력은 기존의 전통적인 교육이론을 통한 단순한 지식 습득만으로는 길러지지 않는다. 요컨대, 정보화 시대에는 변화하는 환경과 이에 걸맞은 사회적 요구를 충족시킬 수 있는 새로운 교육이론이 필요하다. 이 같은 시대의 변화를 반영하여 구성주의constructivism라는 새로운 교육이론이 주목을 받고 있다. ⋯ 학습은 지식의 단순한 획득과 재생산 과정이 아니라 능동적인 구성의 과정이다. 또한, 학습자 개인의 인지적 과정일 뿐만 아니라 사회적, 문화적 과정이다. 공부 내지 학습하는 삶의 주체가 바로 학습자들인 것이다. 이와 같이 제7차 교육과정 개정은 차세대 교육이론으로 주목받고 있는 구성주의 교육과 밀접한 관련을 맺고 있다."

– 조영남, 「제7차 교육과정과 정보화교육」, 2005

위의 인용문은 '정보화 시대', '다양화', '자율화', '선택' 등의 개념을 매개로 시장주의와 구성주의가 매우 친밀하게 결합되어 있음을 잘 보여준다. 구성주의는 신자유주의의 교육시장화 정책을 뒷받침하는 이론으로 적극 채용되었을 뿐 아니라, 구성주의 스스로 신자유주의의 시대 인식과 정책적 과제를 적극 수용했다. 한국은 그 어느 나라보다 신자유주의의 시장주의적 학교, 교원정책이 강하고 광범하게 추진되었는데, 이는 구성주의와의 강한 결합과 결속에 힘입은 바 크다.

수준별, 선택형 교육과정 도입과 보편교육 축소

교육과정 문제는 구성주의의 주된 관심 영역으로 지난 시기 한국의 교육과정에 광범하고도 깊숙한 영향을 미쳤다. 구성주의는 학습자 중심, 선택권을 근거로 수준별, 선택형 교육과정 도입을 옹호했다. 수준별, 선택형 교육과정 도입 결과 영·수 등 과목별 우열반 편성이 이루어졌고, 고교교육의 경우 공통 교과가 축소되면서 보편교육적 성격이 크게 약화되었다. 구성주의가 미친 영향과 관련해 다른 나라들에 비해 가장 두드러지는 것이 바로 이 '공통 교과 축소' 부분이다. 구성주의에 의해 교육과정의 기본 틀이 한국처럼 왜곡된 경우는 거의 없다. 핀란드 등 공공성을 강조하는 나라는 물론이고 신자유주의와 구성주의의 본산인 영국과 미국도 공통 교과 비중이 절대적으로 높다. 수준별, 선택형 교육과정 도입의 결과 보편교육적 성격과 평등성이 크게 약화되었다.

진로교육의 과잉화

보편교육 약화 과정에서 나타난 또 하나의 주요한 문제는 진로교육의 과잉화, 조기화 문제이다. 구성주의의 개인 중심, 실용주의적 관점과 기업의 진로·직업교육 강화 요구가 결합하면서 진로교육을 과잉화, 조기화하는 것으로 나타났다. 유네스코에서 강조하는 바와 같이 진로교육에만 초점을 두는 것은 교육적으로 잘못된 것이다. 교육은 가능한 모든 측면에서의 발달 가능성을 도모하고 기회를 부여하는 것이 되어야 한다. 그것이 전면적 발달의 개념이며 보편교육의 지향이다. 광범한 보편교육을 통한 발달 과정은 기본적으로 그 자체가 진로 탐색의 과정이기도 하다. 다양한 분야를 접하고 정보도 얻으면서 직간접적으로 자연스러운 탐색이 이루어진다. 학습 전반을 진로 탐색의 과정으로 이해하는 것이 타당하다. 이른 시기부터 구체적인 직업들을 소개하는 교육이 별도로 존재할 필요는 없다. 게다가 직업세계의 변화가 더욱 빨라지는 상황에서 뒤처진 소개, 틀린 안내도 발생한다. 무엇보다 문제가 되는 것은 과잉 진로교육이 '조기 진로 결정'으로 연결되고 있다는 것이다. 조기 진로 결정은 보편적 발달 원칙에 어긋날 뿐 아니라 시대적 상황과도 맞지 않으며, 아직 책임 있는 자기 결정이 어려운 상황에서 강요된다는 점에서 매우 비교육적이다. 진로 결정이 빠를수록 좋다는 아이디어는 결국 고교학점제의 선택 중심 교육과정과도 연결되었다. 한국적 상황에서 조기 진로 결정은 곧 조기 입시몰입교육을 의미한다.

학문 중심과 구성주의의 기묘한 조합

구성주의가 한국에서 빠르고 광범하게 확산될 수 있었던 중요한 이유가 파시즘 교육체제에서의 억압적 교육문화와 지식, 암기 위주 교육에 대한 반작용이었다. 그러나 구성주의의 광범한 확산은 반대의 역편향을 가져왔다. '개인', '자기주도', '활동', '맥락'이 강조되는 대신 '공동', '교사의 선도적 역할', '지식', '탈맥락적 추상화' 등이 폄하, 경시되었다. 앞서 살펴본 바와 같이 실제의 교수-학습에서 구성주의는 기본적 한계를 지닐 수밖에 없다. 실체조차 불분명했던 '열린교육'은 초기부터 실패했었다. 그로 인해 이후 다양한 시도에도 불구하고 기존의 학문 중심적 교과 내용 체계를 근본적으로 바꿀 수는 없었다. 학문 중심 교육과정의 문제에도 불구하고 체계적 개념 학습의 필요성을 부정할 수 없었기 때문이다. 그럼에도 구성주의의 오랜 영향력 아래 교과 교육은 기존 학문 중심 체제가 유지되면서 구성주의가 강조하는 활동, 수행평가 등이 이질적으로 확대되는 결과로 이어졌다. 그것은 학문 중심과 구성주의의 통합이 아니라 배타적인 것의 기묘한 조합이 되었다. 예컨대 최근의 교과서 구성이 예전과 달리 개념들을 위계에 따라 순차적으로 설명하는 방식이 아니라 전체 상황을 묘사하는 설명 방식으로 구성되고, 중간중간 많은 활동이 첨가된 것은 맥락과 활동을 중시하는 구성주의의 영향을 받아 변화된 것이라 할 수 있다. 그로 인해 체계적이고 효과적인 교수-학습을 오히려 방해한다. 어떤 현상을 제대로 설명하기 위해서는 그에 필요한 개념들의 동원이 불가피하다. 그 때문에 심화 활동은 물론이고 본문에서도 이전에 배운 적이 없는 새롭고 어려운 개념들이 불쑥불쑥 튀어나온다. 개념들의 체계적 서술은 사라졌지만 필요한 개념들은 여전히 등장하는 것이다. 교사의 입장에서는 그냥 건너뛰어야 할지, 가르친다면 어디에서부터 설명해야 할지 난감한 상황들이 빈번하게 발생한다. 결과는 압축적 설명을 알아듣든, 사교육을 통해서든 일부 소수의 학생만 그 개념을 알게 된다는 것이다. 학문 중심 체제와 구성주의의 기묘한 결합은 교수-학습 과정을 비체계적이고 일관성이 결여된 것으로 만들어 버렸다. 활동 중심의 교수-학습은 훨씬 더 많은 시간을 요한다. 그 때문에 제대로 가르치지도 못하는데 시간은 항상 부족한 상태가 되고 있다.

구조적 개혁을 뒷전으로 돌리다

구성주의의 가장 큰 문제 중 하나는 구조적인 교육개혁 의제를 상실시킨 점에 있다. 가장 필요한 것을 말하지 않고, 다른 것만을 이야기함으로써 개혁 방향을 흐려 온 것이다. 대부분의 나라에는 우리와 같은 비정상적인 대학서열 및 입시체제가 없다. 따라서 구성주의 문제가 주로 교수-학습 방법과 교육과정 영역에서 나타난다. 그러나 우리의 경우에는 구성주의의 만연이 대학서열 및 입시체제 해체라는 핵심 과제를 뒷전으로 돌리도록 만들어 왔다. 그 점에서 우리의 경우에는 구성주의가 지닌 직접적 문제보다 어쩌면 파생적이고 간접적인 부작용이 더 컸다고

도 할 수 있다. 지난 30여 년간 한국 사회에서 구성주의는 입시체제를 그대로 둔 채, 수준별이니 선택형이니, 다양한 입시니, 절대평가니 상대평가니 하는 것에 매달리도록 해 왔다. 이 과정은 구성주의에 의해 제기된 번지수가 잘못된 의제들로 교육 주체의 개혁 에너지가 비생산적으로 소모되는 과정이었으며, 구조적 개혁을 지속적으로 유보시키거나 포기하도록 만드는 과정이었다.

이러한 문제는 구성주의의 철학과 의제화 방식에 내포된 것이기도 하다. 구성주의의 주관적, 상대주의적 인식론은 사회적 총체, 구조의 실체를 부정한다. 따라서 어떤 구조적 핵심을 변화시키는 것의 의의를 인정하지 않는다. 또한 구성주의는 논의의 초점을 교수-학습 과정에 맞춘다. 이 과정에서 교육개혁의 핵심이 교수-학습 방법의 개선에 있다고 보는 협소한 시각이 형성되며, 교수-학습 방법의 개선만으로 마치 진정한 교육 변화가 가능하다는 환상을 유포한다. 주관적 개인주의에 기반하는 구성주의는 구조적 개혁 과제 대신에 개인들의 성공적 삶을 내건 경쟁적 개인주의와 전적으로 일치해 왔다.

입시교육의 심화라는 아이러니

구성주의가 지배해 온 결과 중 매우 아이러니한 사실은 입시교육이 더욱 심화되어 왔다는 점이다. 이러한 결과는 구성주의가 내세우는 획일적 교육의 탈피와는 완전히 상반된 것이다. 사실 구성주의는 오히려 더 심화된 입시교육, 더 강고해진 서열체제 형성에 직간접적으로 기여해 왔다고 할 수 있다.

구성주의는 입시체제를 해체하는 것 대신에 '다양한 입시'를 내세웠다. '다양한 교육활동 촉진'을 명분으로 삼았다. 그러나 다양한 입시는 입시를 위해 준비해야 할 것이 그만큼 더 많아진 것을 의미했으며 학습 노동을 더 심화하는 것으로 결과되었다. 학종은 학생들에게 더 많은 스펙을 쌓도록 강요했으며 더 많은 학습 노동은 물론이고 불평등을 강화했다. 점차 스펙만이 아니라 학교생활의 모든 것을 입시 자료화하는 새로운 학교 시스템을 창출했다. 학교생활 전체가 입시 자료가 됨으로써 학교교육 전체가 왜곡되고 있다. 심지어 학생 사안마저 이제는 교육적 개입의 여지가 없어지고 소송전처럼 진행되고 있다. 학교생활의 입시 자료화는 교사 업무와 노동 강도 강화로도 연결된다. 입시와 관련 있는 프로그램이 되는 순간 교육 당국의 표준화 관리 대상이 되며, 학교마다 기록 산출을 위한 각종 행사와 프로그램이 확대되기 때문이다. 학교생활 전체의 입시 자료화는 학교교육 자체가 총체적인 입시몰입교육이 된 것을 의미한다. 그것은 필연적으로 학교교육 자체를 왜곡하고, 관계를 파괴하며, 교육 주체 모두에게 더 많은 에너지와 시간 투여를 요구한다. 핀란드의 경우에는 우리와는 정반대다. 학교교육의 왜곡을 방지하기 위해 일반적 학생 생활은 물론이고, 성적까지도 입시에 활용하는 것을 금한다.

> "핀란드에서 다양한 과정적 평가 요소를 반영하며, 절대평가로 성적을 산출하고, 교사별 평가가 가능한 것은 학생 평가의 목적이 학교 교육과정을 학생들이 충실하게 이수하도록 돕는 것으로 명확하게 규정되어 있고, 대입 자료로 사용되지 않기 때문이다."
> – 이현·김현수, 「핀란드 대입제도의 특징 분석」, 〈교육비평〉 47호, 2021

그런데 우리는 반대로 성적은 물론이고, 학교생활의 모든 것을 입시와 연계시키고 있다. 최근 고교학점제를 통한 선택 중심 교육과정 확대는 교육과정의 기본 성격마저 입시에 종속시키는 것으로 입시몰입교육체제의 완성을 의미한다.

입시교육의 극단적 심화라는 현재적 결과는 한국의 구성주의가 그동안 자신들의 주관적 관념들을 실현하기 위해 오히려 입시체제를 활용해 왔음을 보여 준다. '다양화', '개별화', '활동 중심' 등 자신들이 강조하는 사항들이 입시와 연계될 때 비로소 강력한 현실적 동인이 생겨나기 때문이다. 입시교육 심화는 본래의 구성주의 자체와도 맞지 않는다. 구성주의는 학습자 스스로의 관심과 흥미라는 내적 동인을 중시하기 때문이나. 입시교육은 가장 왜곡된 외적 강세를 강요한다. 그런 짐에서 우리 교육에서 구성주의의 입시체제 활용은 '구성주의의 일반적 본질'로부터도 이탈해 변질된 역할을 수행해 왔음을 보여 준다.

평가의 무기화

입시체제를 구성주의 교육관 관철의 도구로 활용해 온 것 자체가 평가를 무기화해 온 것이지만, 구성주의는 학교 및 교육과정 운영에서도 평가를 무기로 이용했다. 평가의 무기화는 중층적으로 진행되었는데, 수행평가의 강제를 통해 학생들의 '활동을 강제'하고, 지침과 학교평가를 통해 '교사와 학교를 강제'했다. 이 역시 '수행평가'라는 평가 방식의 취지와 맞지 않을 뿐 아니라, 구성주의 스스로의 관점에도 위배되었다. 수행평가는 입시나 서열에 활용되는 순간 본래의 의미를 상실한다. '수행평가' 혹은 '과정평가'는 발달 과정을 촉진하기 위한 것으로 기본적으로 학습자가 평가에 민감하지 않아야 한다. 그래야 자연스러운 발달 상황과 과정이 올바로 관찰, 측정될 수 있고 이후 발달을 도모하는 데 실질적 도움이 된다. 강제적인 수행평가는 그 취지를 전혀 살릴 수 없으며, 따라서 교육적 의미에서 객관식 지필 평가와 하등 차이가 없게 된다. 핀란드 같은 나라에서 수행평가, 과정평가가 의미 있게 진행될 수 있는 것은 바로 그 결과가 학생들을 분류, 서열화하거나 입시에 활용되지 않기 때문이다. 구성주의 관점에서 보더라도 '강제된 수행'을 '표준화된 기준'으로 평가하는 것은 전혀 타당하지 않다.

그럼에도 한국의 구성주의는 관료주의 및 입시체제와 결합하여 평가를 무기화하는 데 적극 나섰다. 그 결과는 교사와 학생들이 내내 평가에 매달리게 되도록 만든 것이다. 그로 인해 교사와 학생 모두 과중한 업무나 과제에 허덕이는 상황이 빚어지고 있다. '강제되고 표준화된 수행평가', '입시체제의 활용'을 통한 평가의 무기화는 한국 구성주의의 문제점을 여실히 보여 주는 지점이다. 그들은 외국의 구성주의자들이 제안하는 과제나 정책을 무비판적으로 수입하면서 우리 교육에 적용할 때 '한국적 특수성' 속에서 실제로 어떻게 작동할지 전혀 검토하지 않는 것처럼 보인다. 적어도 제대로 검토하지 않는 것만은 분명하다. '다양한 입시와 학종', '수행평가', '선택 중심 교육과정' 등이 모두 그러하다. 그리고 그 결과는 애초의 구성주의의 한계를 넘어 한국의 특수한 조건들–입시체제, 관료주의 등–과 결합하면서 새로운 문제들까지 양산하면서 교육문제를 더욱 악화시킨 것이다.

3. 구성주의의 호소력과 이념적 성격

명백한 한계와 실패에도 불구하고 여전히 구성주의는 한국 교육의 지배적 교육론으로 맹위를 떨치고 있다. 구성주의가 2010년대 이후 세계적 차원에서는 점차 약화된 모습과 달리 한국에서 유독 강한 것은 왜일까? 그 이유는 세 가지다.

첫째, 정서적 호소력이다. 구성주의는 한국에서 강한 정서적 호소력이 있다. 오랜 기간 지속되어 온 억압적 독재 교육에 대한 반발로 인해 개인, 자율성 등을 강조하는 구성주의에 대한 환호가 있는 것이다. 한국에서 구성주의는 시기적으로 독재 정부가 무너지고 신자유주의 지배체제가 구성된 이후 부상했다. 그 때문에 독재 교육에 맞서는 역사적 역할을 하지는 못했지만 아직 억압적 독재 교육에 대한 기억이 생생히 남아 있는 조건에서 여전히 호소력을 발휘하는 것으로 보인다. 중년 이후 세대는 한국의 학교를 여전히 〈말죽거리 잔혹사〉에서 묘사된 학교로 기억한다. 그렇지만 어느덧 시대 변화와 함께 학교도 변화했다. 체벌과 단체 기합, 촌지는 더 이상 현재 대다수 학교의 실제 표상이 아니다. 중등, 특히 고교는 여전히 '주입식 교육'으로 묘사될 수 있지만, 이는 '전통적인 억압적 교육'의 문제가 아니라 '입시교육'의 문제가 본질적이다. 그럼에도 구성주의는 이전 시대 '감옥 학교' 이미지를 활용하고 있으며, 여전히 효과적으로 작동하고 있다.

둘째, 구성주의의 강한 이념적 성격이다. 구성주의는 주로 교수-학습 방법의 문제를 다루지만 이념적 특성이 매우 강하다. 자신들과 다른 인식론을 '객관주의'로 규정하면서 강하게 비판한다. 이러한 대립 구도부터 비실제적이며 이념투쟁의 성격이 짙다. 구성주의가 자신의 대립항으로 두는 '객관주의' 교육 사조 및 철학은 사실상 존재하지 않는다. 대부분의 교육 사조와 철학은 구성주의가 규정하는 객관주의와 주관주의, 절대주의와 상대주의의 중간 어디쯤에 자리한다. 그런데 구성주의는 객관주의라는 용어를 통해 자신과 다른 모든 경향을 '실체와 지식을 절대적인 것으로 보면서 일방적 전수를 강조하는 관점'으로 규정하면서 싸잡아 비판한다. 오히려 구성주의야말로 자신의 '상대주의'를 절대화한다고 할 수 있다. 구성주의는 객관과 주관의 문제를 화해할 수 없는 적대적이고, 선택적인 것으로 강요한다. 대립 구도만이 아니라 동원되는 수사들도 매우 이념적인 형태이다. '전수'를 '주입'으로. '공동 혹은 집단'을 '획일'로 표현한다. 그와 같이 이미 부정적 가치가 개입된 수사로 표현되는 순간 토론의 여지는 없어진다. 사회적 '전수'는 주체적 '구성'과 '공동 혹은 집단'은 '개인, 개별'과 결합될 수 있는 개념이지만 '주입'과 '획일'은 당연히 부정되어야 할 것이 되고 만다. 그러한 이념적 논의 방식은 생산적 논의를 방해하며 자신들의 헤게모니를 유지하는 데 효과적으로 작동할 뿐이다. 지금도 교육 당국과 구성주의자들은 "산업화 시대의 획일적인 주입식, 암기식 교육을 타파해야 한다"면서 마치 자신들이 새로운 시대를 맞이하는 교육을 추구하는 듯 말한다. 그러나 이 구호야말로 신자유주의와 함께 등장한 정말 오래된 구시대적 구호이다. 그럼에도 이 구호를 통해 여전히 자신들이 개혁적이라는 착각과 사람들의 혼동을 불러일으키고 있다.

셋째, 교육현장으로부터의 괴리이다. 교육 담론을 주도하는 이들은 주로 교육 당국과 제도권 학자들이다. 구성주의의 실천적 실패는 이미 오래전부터 교육현장에서 확인되었다. 그럼에도 구성주의가 지배적 위치를 고수해 올 수 있었던 것은 교육 담론을 주도하는 이들이 교육현장으로부터 괴리되었기 때문이다. 그들은 실패의 원인을 구성주의의 한계와 문제점에서 찾지 않고, 교사의 인식과 역량, 열정의 부족으로 돌려 왔다. 그를 통해 실천적 실패 속에서도 지배적 담론으로서 구성주의의 위치를 위협받지 않을 수 있었다. 구성주의가 세계적 대세로 큰 영향을 발휘할 때조차 핀란드 등의 교육 선진국에서 그 편향이 거의 나타나지 않았던 것은 교육 담론 및 교육과정 논의에 현장 교사들의 실제 참여가 활발했기 때문이다.

4. 한국에서 구성주의 통합적 극복의 의의

극복의 의의

이제 한국 교육도 구성주의 편향을 극복할 때가 되었다. 구성주의 편향을 극복한 새로운 교육론의 부상과 통합적 관점의 제출은 한국적 상황에서 더욱 의미가 크다. 그동안 구성주의의 영향력이 지대했던 만큼 그리고 문제점과 부작용이 많았던 만큼 구성주의를 생산적으로 극복하는 것이 의미 있기 때문이다. 그만큼 더 많은 변화와 창조로 나아갈 수 있다. 또한 구성주의의 극복 과정은 내용적으로 우리 교육 담론의 수준을 한 차원 더 높이는 과정이 될 것이다.

그동안 많은 문제에도 불구하고 구성주의가 기여한 바도 있다. 교육과정과 교수-학습 문제를 중요한 실천적 의제로 만들었다는 점이다. 그것은 구성주의 자체가 이 문제를 주요 의제로 삼았을 뿐 아니라, 수준별, 선택형 교육과정 등에 대한 비판과 대응 속에서 교육 주체들의 새로운 관심을 불러일으켜 왔기 때문이다. 결과적으로 구성주의를 통해 교육과정 문제는 교육운동의 매우 중요한 의제 영역이 되었다.

구성주의는 또한 더욱 광범한 주체들이 교육과정을 논의할 수 있는 개념적 요소들도 제공했다. 구성주의의 확산 이전 '전수와 경험', '지식과 역량' 등 교육과정의 주요 개념들은 전문가와 일부 관심 있는 사람들에 국한된 것이었다. 그런데 구성주의의 확산 과정에서 그리고 그들에 의해 제기된 사안들에 대응하면서 더 많은 주체로 논의의 지평이 확대되었다. 이러한 점들은 앞으로 교육과정에 대한 교육 주체의 참여 확대 및 내용적 발전의 토대가 된다. 역설적으로 구성주의에 의해 형성된 토대를 기초로 구성주의가 극복될 수 있는 것이다.

구성주의의 극복 과정은 한국 교육의 발전에서 다음과 같은 의의를 지닌다. 첫째, 신자유주의 교육 패러다임에서 나타난 일련의 교육적 편향을 극복하는 과정이며 새로운 시대에 입각한 변혁적 교육 패러다임이 구축되는 과정이 될 수 있다. 둘째, 구성주의와 주로 연관된 교육과정 및 교수-학습론이 주요한 의제 영역이 됨으로써 더욱 풍부하고 구체적인 교육론을 구성하는 것으로 나아갈 수 있다. 셋째, 구성주의의 의미 있는 문제의식을 보존하는 한편 그 편향을 극복함으로써 한층 통합적이고 풍부한 교육과정 및 교수-학습론 구성으로 나아갈 수 있다. 이러한 이유로 구성주의의 극복 과정은 새로운 교육 패러다임이 좀 더 통합적이고 풍부한 내용을 구성하는 과정이 될 수 있다.

구성주의 극복의 방향

구성주의 극복 과정은 광범한 주체들이 논의에 참여하는 가운데 좀 더 통합적이고 발전적인 차원에서 전개되어야 한다. 다음의 관점과 방향이 필요하다.

첫째, 새로운 교육론에서 제기하고 있듯이 구성주의 전체를 폐기하는 것이 아니라 유의미한 문제의식과 요소들을 보존하면서 극복하는 통합적 관점이다. 구성주의의 가장 큰 문제는 '개인, 활동, 경험, 맥락, 역량' 등 무엇이 중요하다고 강조한 것이 아니라 함께 결합되어야 할 그 대립항들을 제거해야 할 것으로 본 배제주의적 관점에 있었다. 구성주의의 극복 과정은 유의미한 내용을 살리되 극단적 상대주의와 배제주의적 관점의 극복이 되어야 할 것이다. 마찬가지로 전통주의 속에서도 보존해야 할 의미 있는 요소가 있다. 위계적 관점, 자율성 결여 등은 버리되, '체계적 지식'의 중요성은 보존하면서 맥락적 활동과도 결합되어야 할 것이다. OECD가 주요 과제로 제기하는 것에서 보듯 체계적 지식 및 개념 학습과 적절한 활동을 결합하는 것이 말처럼 쉬운 과제는 결코 아니다. 하지만 그래서 교육 논의와 실천을 한 단계 발전시키는 과정이 될 수 있다.

둘째, 구조적 차원과 미시적 차원의 의제를 총체적으로 바라보는 관점이 필요하다. 구성주의의 가장 주요한 문제 중 하나는 구조적 관점의 결여로 교육과정 이외의 주요한 교육 의제들을 소홀히 한 것에 있다. 그 과정에서 한국 교육의 경우 대학서열-입시체제 해체라는 핵심적 개혁 과제가 구성주의의 논의에서는 실종되었었다. 구성주의의 극복 과정은 교육 전반에 대한 총체적, 구조적 시각의 복원이 되어야 한다.

셋째, 발달적 관점의 체계적 도입이다. 발달을 중심 원리로 하는 교육과정론의 정립이 필요하다. 전통주의와 구성주의의 긍정적 요소를 통합적으로 묶을 수 있는 것이 발달 원리이다. 발달 원리에 의할 때 대립적 요소들의 기계적 배치가 아닌 유기적 결합이 비로소 가능하다. 유네스코와 OECD는 새로운 교육론을 제출하면서 발달적 관점과 개념들을 도입하기 시작했다. 이전의 교육과정 논의에서 발달적 관점, 개념의 적용이 거의 없었다는 점에서 매우 큰 의미를 지닌다. 앞으로 발달적 관점의 도입과 적용을 발전시켜 향후 더욱 체계적이고 과학적인 교육과정론을 구성해 갈 수 있어야 한다.

넷째, 교사를 포함한 교육 주체의 실제적 참여가 실현되어야 한다. 광범한 교육 주체의 참여는 기존에도 교육 당국이 형식적으로는 인정하는 부분이다. 그러나 여전히 관료와 전문가 중심이다. 2022 개정 교육과정 진행에서 나타난 것처럼 여타 주체들은 기본 방향이 이미 정해진 것에 대한 반응과 작은 부분들에 대한 의견 개진에 불과하다. '교육 공동재' 개념이 의미하듯 교육은 공동에 의해 민주적으로 운영되어야 한다. 교육 주체들이 실질적인 의사결정 과정에 참여해야 한다. 특히 교육현장의 실천적 목소리를 담아내기 위해 교사의 참여 폭과 주도성을 근본적으로 제고해야 한다. 그래야 교육과정 논의가 실효성 있게 진행될 수 있다. 교사의 주도적 참여는 새로운 교육 패러다임에서 유네스코 2050과 OECD 2030이 공통적으로 강조하는 핵심적 사항이다.

OECD 2030의 교육과정 관련
주요 개념과 설계 원칙

교육과정 구성과 관련된 주요 개념들에 대해 OECD 2030은 입장문에서 교육과정의 재구성에서 견지해야 할 주요 방향과 원칙들을 제시했다. 또한 개념노트를 통해 더욱 체계적이고 상세한 논의를 제출했다. OECD 2030이 제출하는 교육과정론은 한국에서도 주요 현안이 되고 있는 교육과정 논의에 도움이 될 뿐 아니라, 교육목적과 방향에 대한 논의에서도 중요한 참고가 된다. 향후 교육과정 재구성 논의를 위해 중요한 논거들을 제공한다는 판단하에 교육과정과 관련된 OECD 2030의 핵심 개념들과 설계 원칙을 소개하고자 한다.

1. OECD 2030 개념노트의 주요 개념

OECD 2030은 입장문에서 '행위주체성', '변혁적 역량' '지식의 네 가지 형태' 등 핵심 개념들을 압축적으로 표현하고 있으며 이들 주요 개념들에 대해 별도로 '개념노트'에서 상세하게 설명하고 있다. 개념노트를 통해 별도로 설명하는 이유는 주요 개념들을 더욱 정확하고 풍부하게 이해하는 데 도움을 주기 위해서고 또한 오해와 잘못된 사용에 대한 우려 때문이기도 하다. 개념노트에서는 'OECD 교육 2030의 배경', '학습 나침반 2030', '학생 행위주체성', '2030의 핵심 기초', '변혁적 역량', '지식', '기능', '태도 및 가치', '예측-실천-반성 사이클'이라는 9개의 소주제를 다룬다. 이 중 주요 개념 설명에 해당하는 부분은 '학생 행위주체성', '변혁적 역량', '지식', '기능', '태도 및 가치'의 다섯 가지 주제가 해당된다. 여기서는 입장문과 개념노트의 내용에 기초해 OECD 2030의 핵심 개념들을 〈행위주체성〉, 〈지식, 기능, 태도 및 가치, 역량의 관계〉, 〈변혁적 역량〉의 세 가지 주제로 나누어 살펴보고자 한다. '지식', '기능', '태도 및 가치'는 연관성이 크기 때문에 하나의 주제로 묶으면서 역량 개념과의 관계를 함께 다루었다.

행위주체성

행위주체성은 OECD 2030에서 제출하는 가장 핵심적 방향이자 과제이다. OECD 2030이 입장문에서 교육목적을 개인과 공동체의 웰-빙으로 확대해야 한다고 강조한 다음 가장 먼저 제시하는 것이 '학생 행위주체성'이다. 행위주체성은 우리가 보통 말하는 '주체성'과 같은 의미로 볼 수 있으며, 그런 점에서 주체적 인간 형성을 교육의 기본 목표로 제시한 것이라 할 수 있다.

> "학습자의 행위주체성Agency: 복잡하고 불확실한 세계를 헤쳐 나가야 한다."
> — 입장문

'주체성' 형성이 중요하다는 것에 대해서는 아마도 거의 이견이 없을 것이다. 따라서 중요한 것은 그 내용과 형성 방법의 문제가 된다. OECD 2030은 '행위주체성'을 다음과 같이 규정한다.

> "행위주체성은 세계에 참여하고 참여를 통해 보다 나은 세계를 위해 사람들과 사건, 상황에 영향을 미치고 있다는 책임감을 스스로 의식하는 것."
>
> — OECD 2030 입장문

> "행위주체성은 목표를 설정하고 반성하고 변화를 가져오기 위해 책임감 있게 행동할 수 있는 역량으로 정의된다."
>
> — OECD 2030 개념노트 '행위주체성'

OECD 2030은 주체성의 핵심 요소로 '세계에의 참여'와 '책임감 있게 행동할 수 있는 역량'을 제시한다. 주체성에 대해 일부에서 오해하기 쉬운 '개인적 의지', '자기 마음대로'가 아님에 유의할 필요가 있다. 주체성은 사회적 실천의 형태로서 '책임 있는 참여'이고 그것을 가능하게 하는 '역량'이라는 것이다. 사실 주체성이라는 개념은 상당히 철학적인 주제이기도 하며, 문화에 따라 이해하는 방식이 다를 수 있는 개념이다. 그래서 OECD 2030은 세계적으로 합의된 개념은 아니라고 언급하면서도 자신들은 '사회에 참여할 때 형성되는 책임감'으로 규정하고자 한다고 밝힌다.

> "'학생 행위주체성'의 정의에 대한 전 세계적인 합의는 없다. OECD 학습 나침반의 2030의 맥락에서 본다면, 학생 행위주체성은 사람들과 사건들, 환경들을 더 나아지도록 하는 것을 목표로 학생들이 사회에 참여할 때 형성되는 책임감을 의미한다."
>
> — OECD 2030 개념노트 '행위주체성'

그러면서 행위주체성을 학생들이 '자기 뜻대로 하는 것'과 같이 잘못 사용하는 경우에 대한 사례를 들고 있다. 그와 같은 사례들을 드는 것은 실제로 잘못 사용하는 경우들이 적지 않기 때문이다. 한국적 상황이 특히 그러하다고 할 수 있다.

> "'학생 행위주체성'은 종종 '학생 자율성', '학생의 목소리', '학생 선택'의 동의어로 잘못 사용되고 있다. 행위주체성은 이러한 개념들보다 훨씬 더 많은 것을 의미한다. 자율적으로 행동한다는 것은 사회적으로 고립되어 기능하는 것을 의미하지 않으며, 오로지 이기적으로 행동하는 것을 의미하는 것도 아니다."　　　　　　　　 - OECD 2030 개념노트 '행위주체성'

행위주체성에 대해 잘못 사용하는 것을 경계하면서 '책임감 있는 참여적 실천'이며 그것을 가능하게 하는 '역량'으로 규정하는 것은 매우 중요한 의미를 지닌다. 교육을 통해 발달해야 할 주체성이 무엇이며, 어떻게 형성할 수 있는가에 대한 논의를 가능하게 하기 때문이다. 2030은 우선 학생 행위주체성은 개인적인 기질이 아니라, 영향을 받을 수 있고 배울 수 있는 것, 즉 교육을 통해 발달시킬 수 있는 역량임을 강조한다. 그래야 교육목표로 설정하는 것이 가능하다. 또한 행위주체성이 "자신과 사회의 역경을 극복하는 데 결정적으로 중요"하다면서 행위주체성 발달을 "학습의 목표이자 학습 과정"으로 보아야 한다고 강조한다.

> "학업을 진행하면서 학생들은 자신의 삶에서의 목적의식을 수립할 수 있어야 하고, 목표를 설정하고 목표를 달성하기 위해 실행함으로써 그 목적을 완수할 수 있다고 믿을 수 있어야 한다. 이 경우가 학습 목표로서의 학생 행위주체성에 해당한다."
> "과정으로서 학생들이 학습의 주체일 때, 즉 학습 내용과 방법을 결정

하는 데 능동적인 역할을 할 때 학습에 대한 동기를 더 크게 갖고 학습 목표를 더 잘 정의하는 경향이 있다. 행위주체성의 발달은 가족, 친구, 교사와의 오랜 시간에 걸친 상호작용을 통해 형성되는 관계적 과정이다."

- 이상 OECD 2030 개념노트 '행위주체성'

그리고 행위주체성을 형성할 수 있는 두 가지 요소로 '개인화된 학습 환경'과 '(광범위한 지식, 기능, 태도 및 가치의) 튼튼한 토대'를 제시한다.

"학습자들의 행위주체성을 특별히 촉진시키는 두 가지 요소가 있다. 첫 번째는 학생들로 하여금 열정을 갖게 하고, 다양한 학습 경험과 기회들을 연결하고, 다른 사람들과의 협력 속에서 자신의 학습 계획과 과정을 설계할 수 있도록, 지원하고 동기를 부여하는 개인화된 학습 환경이다. 두 번째는 튼튼한 토대를 세우는 것이다. 문해력과 수리력은 여전히 중요하다. 빅 데이터 도래와 함께하는 디지털 전환의 시대에, 디지털 리터러시와 데이터 리터러시는, 신체적 건강과 정신적 웰-빙만큼이나 점점 더 필수적인 것이 된다."

- OECD 2030 입장문

이와 관련해 '개인화된 학습 환경'의 의미를 정확히 이해하는 것이 필요하다. 여기서 '개인화된 학습 환경'이란 고립된 개인 중심 학습 환경이 아니라 타인과 함께하는 가운데 개개인의 발달 상황과 속도의 차이를 고려하는 학습 환경을 의미[63]한다. 즉, 사회적 참여와 연결되는 주체성 개념과 마찬가지로 공동의 집단 학습과 결합하는 교육을 의미한다.

---

63. 비고츠키는 사회적인 것의 내면화 과정을 개인화라 규정했다. 반면 구성주의는 개인화, 개별화를 공동체, 집단, 공동성과 구분되는 개인 자체에 초점을 두는 개념으로 쓰고 있다.

한국교육에서 현안이 되고 있는 교육과정 문제와 관련하여, '개인화된 학습 환경'의 강조가 쟁점이 되어 온 '선택 중심 교육과정'을 의미하는 것이 아님을 구체적으로 적시하는 부분은 상당히 인상적이다. 그러면서 선택의 대상으로 학습 과정에서의 주제, 프로젝트를 능동적으로 제안할 수 있어야 함을 언급한다.

> "학생 행위주체성은 학생들이 원하는 것은 무엇이든지 요구할 수 있다는 것을 의미하거나 자기들이 배우고 싶은 과목을 마음대로 선택할 수 있다는 것을 의미하는 것이 아니다." – OECD 2030 개념노트 '행위주체성'

> "학생들은 폭넓고 다양한 주제와 프로젝트 옵션을 제공받아야 한다. 학생들에게 충분한 정보가 제공되는 가운데, 그들 자신의 주제와 프로젝트를 제안할 수 있는 기회가 제공되어야 한다." – OECD 2030 입장문

개인화된 학습에서 중요한 것은 '개별화 학습'이 아니라 교사가 학습자의 발달 상황 및 학습자를 둘러싼 환경을 이해하는 것이라고 강조한다. 그럴 때 공동 학습 속에서 개별 교육의 결합이 이루어질 수 있기 때문이다.

> "행위주체성을 갖출 수 있도록 돕기 위해, 교육자는 학습자의 개성을 알아야 할 뿐 아니라, 학습에 영향을 미치는 교사, 동료, 가족과 지역사회를 포함하는 더 넓은 사회적 관계들을 인식해야 한다."
> – OECD 2030 개념노트 '행위주체성'

또한 행위주체성의 토대로서 광범한 지식/기능/태도 및 가치의 중요

성을 강조한다. 즉 주체성 형성은 보편교육 강화에 기초한다는 것이다.

> "학습자는 자신의 행위주체성을 훈련하고 그들의 잠재력을 이끌어 내기 위해 스스로 헤쳐 나가야 한다. 연구에 따르면 학생들은 이를 위한 핵심 토대가 필요하다. 이 핵심 토대가 전 교육과정에 걸쳐 추가 학습을 위한 전제 조건이 되는 기초 조건과 핵심 지식, 기술, 태도, 가치이다."
>
> – OECD 2030 개념노트 '핵심 토대'

> "학생들이 자신과 사회의 이익을 위해 행위주체성을 적용하기 위해서는 기초적인 인지적, 사회적, 정서적 기술이 필요하다."
>
> "학생 행위주체성은 정체성과 소속감의 발달과 관련이 있다. 학생들이 행위주체성을 키워 나갈 때, 웰-빙을 향한 동기부여와 희망, 자기효능감, 성장형 사고방식[64] 등이 중요한 역할을 한다. 이들을 통해 학생들은 목적의식을 갖고 행동할 수 있게 되고, 사회로 진출해서 번창하고 번영하게 된다."
>
> – 이상 OECD 2030 개념노트 '행위주체성'

OECD 2030은 주제성이 저절로 형성되는 것이 아니라 익히고 연습해야 하는 것으로서, 의도적으로 추구되어야 할 것으로 본다. 그런 관점에서 학생 주체성은 교육의 기본 목표와 과정으로서 교육 실천의 모든 맥락과 국면 속에서 고려되어야 한다는 것을 강조한다.

> "행위주체성은 도덕적, 사회적, 경제적, 창조적 등 거의 모든 맥락에서 훈련될 수 있다. 예를 들어, 학생들은 타인의 권리와 요구를 인정하는 결정을 내리도록 돕기 위해 도덕적 행위주체성을 사용해야 한다. 도덕적 행

---

64. 능력과 지성이 발달할 수 있다는 것을 이해하고 있는 것.

위주체성을 발휘하려면, 학생들이 비판적으로 생각할 수 있어야 하며, 다음과 같은 질문을 할 수 있어야 한다. '나는 무엇을 해야 하는가? 내가 그렇게 하는 것이 옳았는가?' 도덕적 행위주체성뿐 아니라, 학생들은 자신들이 속한 사회와 관련된 권리와 책임에 대한 이해를 포함하는 사회적 행위주체성을 발달시켜야 한다. … 이 외에도 학생들은 경제적 행위주체성을 행사하기 위해서, 지역과 국가, 세계 경제에 기여할 수 있는 기회를 발견하고 포착할 수 있어야 한다. 창조적 행위주체성은 학생들이 예술적, 실용적 또는 과학적 목적을 위해 상상력과 혁신 능력을 사용하여 세상에 새로운 가치를 만들어 내는 것이다. … 학생들이 학습하고, 피드백을 받고, 자신의 작업에 대해 성찰하는 과정을 통해 행위주체성이 발달하게 된다."
                                    – OECD 2030 개념노트 '행위주체성'

한편 학생들의 행위주체성 형성을 지향하는 교수-학습 과정을 구상할 때 그 방법이 모두에게 긍정적 발달을 기할 수 있는가를 고려하고 주의해야 함을 언급한다. 방법에 따라 혹은 같은 방법이라도 상황에 따라 불평등한 결과를 야기할 수 있음에 유념해야 한다는 것이다.

"학생들이 행위주체성을 훈련하고 자신들의 잠재력을 실현하기 위해 어른들의 도움이 필요하다. 예를 들어 OECD 국제 학생 평가 프로그램에서는, 교사가 수업에서 사용하는 특정 방법이 다른 학생보다 일부 학생에게만 효과적이라는 것을 발견했다. 수학 교사가 15세 학생들로 하여금 수업에서 문제를 해결하기 위해 자신의 절차를 결정하게 하거나 다른 맥락에서 문제를 제시했을 때, 사회경제적으로 부유한 학생들이 가난한 학생들보다 이러한 교수법으로부터 더 많은 이점을 가졌다. 이처럼 어떤 방식을 적용하느냐에 따라 사회적 약자에 속하는 학생들의 성과에 부정적인 영향을 미칠 수 있다. 그러므로 교사가 학생 주체성을 발달시키기 위해 특정한 학습 방법을 채택할 때 빈곤한 학생들이 충분한 지원을 받을 수 있도록 보장하는 것이 특히 중요하다."

- OECD 2030 개념노트 '행위주체성'

또한 2030은 행위주체성이 학생 차원이 아니라 교사, 동료, 학부모, 지역사회와의 협력적 관계 속에서 모든 주체의 능동적 참여를 통해 이루어지는 것이라고 말하면서 '협력적 행위주체성'을 제시한다.

"효과적인 학습 환경은 학생, 교사, 학부모, 지역사회가 함께하는 '협력적 행위주체성'에 기반해서 구축된다."

"학생 행위주체성을 촉진시키는 교육 시스템에서 학습은 교육과 평가일 뿐 아니라 함께 구성하는 것이기도 하다. 협력적 행위주체성은 교사와 학생이 가르치고 배우는 과정에서 공동 창작자가 되는 것이다."

- 이상 OECD 2030 개념노트 '행위주체성'

그리고 더 나아가 시대적 과제를 함께 해결해 나갈 수 있는 집단적 행위주체성을 강조한다.

"공동선을 위한 변화를 위해서는 '집단적 행위주체성Collective agency'이 필요하다. 집단적 행위주체성은 공동체, 사회 운동, 글로벌 사회를 위해 함께 행동하는 개인들의 행위주체성이라는 개념과 연관이 있다. 협력적 행위주체성과 달리 집단적 행위주체성은 더 큰 규모에서 실행되며, 공유된 책임, 소속감, 정체성, 목적과 성취를 포함한다. 정부에 대한 불신의 증가, 이민의 증가, 기후변화 등과 같은 많은 복잡한 문제들이 집단적 대응을 요청하고 있다. 사회 전체가 이러한 문제들을 해결해야 한다. 집단적 행위주체성은 개인이 서로의 차이와 긴장을 제쳐 두고 공동의 목표를 달성하기 위해 함께할 것을 요청한다. 집단적 행위주체성을 통해, 보다 견고하고 통합적인 사회 건설에 기여할 수 있다."

– OECD 2030 개념노트 '행위주체성'

OECD 2030에서 제출하는 '학생 행위주체성' 개념은 핵심적으로 두 가지 의미를 지닌다고 할 수 있다. 첫째, '주체성 형성'이라는 인간 본질, 교육 본질적 과제를 교육의 기본 목표로 명확히 하고 있다. 둘째, '행위주체성'이 고립적인 개인적 특성이 아니라 타인과 사회에 대한 '책임 있는 참여'라는 점을 분명히 함으로써 기존의 잘못된 이해를 극복할 수 있는 토대를 마련하고 있다는 점이다.

지식/기능/태도 및 가치의 결합 및 역량 개념

OECD 2030은 그동안 논란이 되어 왔던 지식의 교육적 의미, 기능과 태도 및 가치와의 관계, 그리고 이들 요소와 역량과의 관계 문제에 대해 '개념노트'를 통해 상당히 자세히 다루고 있다. OECD 2030은 입장문의 소제목으로 '광범위한 지식과 기능, 태도 및 가치가 필요하다'고 강조하고 있는데, 여기에는 교육과정과 관련해서 두 가지 의미가 있다. 첫째, 앞서 말했듯이 '보편교육의 내용적, 질적 강화'를 의미하는 것이다. 둘째, 한동안 그 의미가 경시되어 온 지식을 교육과정의 가장 기본적인 구성 요소로 복원시키고 있다는 점이다. 이 두 가지 사실을 전제할 때 이후 교육과정에 대한 OECD 2030의 전반적 내용을 일관되고 체계적으로 이해할 수 있다.

우선, '지식'을 어떻게 이해할 것인가의 문제이다. OECD 2030은 지식을 "세계의 특정 측면에 대해 확립된 사실, 개념, 아이디어 및 이론"과 "특정 작업을 수행한 경험을 바탕으로 한 실천적 이해"를 포함하는 것으로 보면서 교육과정의 핵심 구성 요소로 규정한다.

> "OECD 학습 나침반의 핵심 구성 요소인 지식은 세계의 특정 측면에 대해 확립된 사실, 개념, 아이디어 및 이론을 포함한다. 지식은 일반적으로 이론적 개념과 아이디어뿐 아니라 특정 작업을 수행한 경험을 바탕으로 한 실천적 이해를 포함한다." — OECD 2030 개념노트 '지식'

그리고 '학문적', '학제 간', '인식론적', '절차적'이라는 네 가지 유형으로 분류하면서 이 중 학문적 지식이 가장 기초가 된다고 규정한다. '학제 간', '인식론적', '절차적' 지식은 학문적 지식을 토대로 한다고 보는 것이다. 학문적 지식은 학교 교육과정에서는 '교과 지식'을 뜻하게 되는데, 이 같은 규정은 교과 교육의 교육적 의의를 재확립하는 것이라 할 수 있다.

> "학문적 지식은 이해의 기본 구성 요소이며, 다른 유형의 지식도 학습하고 발달시킬 수 있는 필수적 구조와 기본 개념을 제공한다."
> — OECD 2030 개념노트 '지식'

'기능'[65]에 대해서는 "지식을 책임 있는 방식으로 사용할 수 있는 능력과 힘"으로 규정한다. 즉 지식을 토대로 형성되는 것으로 본다.

---

65. skill의 번역. 기능(skill)은 기술로 번역되는 technology가 아니라 지식의 습득과 신체적 훈련으로 체화되는 인간의 정신적, 신체적 힘, 능력을 의미한다.

"기능은 프로세스를 수행하고 목표 달성을 위해 자신의 지식을 책임 있는 방식으로 사용할 수 있는 능력과 힘이다."

　　　　　　　　　　　　　　　　　　－ OECD 2030 개념노트 '기능'

그리고 기능을 '인지 및 메타인지 기능', '사회적·정서적 기능', '실행적·신체적 기능'의 세 가지 유형으로 구분한다.

"OECD Learning Compass 2030은 세 가지 유형의 기능을 구분한다. ▶ 비판적 사고, 창의적 사고, 학습하는 법을 학습하기 및 자기규제를 포함하는 인지 및 메타인지 기능, ▶ 공감, 자기효능감, 책임감 및 협력을 포함하는 사회적·정서적 기능, ▶ 새로운 정보 및 통신 기술 장치 사용을 포함하는 실행적 및 신체적 기능." – OECD 2030 개념노트 '기능'

한편 '태도 및 가치'에 대해서는 다음과 같이 정의한다.

"OECD 학습 나침반 2030은 태도와 가치를 개인적, 사회적, 환경적 웰-빙을 향한 경로에서 개인의 선택, 판단, 행동 및 행위에 영향을 미치는 원칙과 신념으로 정의한다." 　　－ OECD 2030 개념노트 '태도 및 가치'

지식, 기능, 태도 및 가치에 관한 OECD 2030의 논의에서 가장 중요한 지점은 이들 요소 간 상호의존성의 강조이다. 상호의존한다는 것은 어느 하나가 중요하다고 해서 그것만을 별도로 발달시키는 게 가능하지 않다는 것을 의미한다.

예컨대 '창의성'이 중요하다고 해서 창의성만을 따로 키우는 방법은 없으며, 광범한 지식의 토대가 필요하다는 것이다. 교육과정 논의에서 가장 크고 자주 벌어지는 오류가 바로 이 부분이다. 지식과 기초 기능의 토대 없이 성급하게 행하려는 온갖 '창의력 교육', '융합 교육' 등은 교육적 난센스이다. 각 요소 간의 상호의존성 개념은 매우 중요하기 때문에 OECD 2030은 개념노트의 '지식', '기능', '태도 및 가치', '변혁적 역량' 등 주요 주제마다 여러 번에 걸쳐 반복적으로 강조한다.

> "지식, 기능, 태도 및 가치는 상호의존적으로 발달한다."
> "실제 상황에서 지식과 기능을 분리하는 것은 어렵다. 그것은 함께 발달한다."　　　　　　　　　　　　　　　– 이상 OECD 2030 개념노트 '지식'

> "지식과 기능의 전이는 사회적 맥락 속에서 발생한다."
> "지식 습득에는 특정한 인지 기능이 필요하다. 이러한 기능과 관련된 내용적 지식은 서로 얽혀 있을 뿐만 아니라 서로를 강화한다."
> 　　　　　　　　　　　　　　　– 이상 OECD 2030 개념노트 '기능'

> "태도와 가치는 지식, 기능 및 주체성 발달에 필수적이다."
> "지식과 기능을 습득하고 사용할 동기를 부여하고, 주체성을 위한 인지적·정서적 엔진을 제공."
> "태도와 가치가 인지적 과정으로부터 분리될 수 없다고 가정하는, 역량에 대한 총체적인holistic 이해를 지지한다."
> 　　　　　　　　　　　　– 이상 OECD 2030 개념노트 '태도 및 가치'

　지식, 기능, 태도 및 가치의 상호의존성을 전제할 때, 역량의 개념이 올바로 이해될 수 있으며, 역량의 토대로서, 교육과정의 구성 요소로서 지식, 기능, 태도 및 가치가 제대로 위치할 수 있다고 보는 것이다.

이러한 지식, 기능, 태도 및 가치의 상호의존성을 전제로 역량 문제를 논의한다. OECD 2030은 '역량'을 "지식/기능/태도 및 가치를 포함하여 그것들을 동원하는 총체적 능력"으로 규정한다.

> "'역량'이라는 개념은 단순히 지식과 기술을 습득하는 것 이상을 의미한다. 역량에는 복잡한 요구들을 실현하기 위해 지식과 기능, 태도 및 가치를 종합적으로 활용하는 것이 포함된다." — OECD 2030 입장문

즉, 역량은 지식, 기능, 태도 및 가치라는 구성 요소와 분리되는 별개가 아니라 그것들을 포함하면서, 또한 단순한 합을 넘어 동원하는 능력까지 포함하는 총체적인 새로운 차원의 힘이라는 것이다. 이렇게 규정함으로써 지식, 기능, 태도 및 가치는 역량과 대립[66]하지 않고 이제 그 토대가 되는 구성 요소로 위치하게 된다.

> "모든 학습자는 자신의 행위주체성을 훈련하고 그들의 잠재력을 이끌어 내기 위해 스스로 헤쳐 나가야 한다. 연구에 따르면 학생들은 이를 위한 핵심 토대가 필요하다. 이 핵심 토대가 전 교육과정에 걸쳐 추가 학습을 위한 전제 조건이 되는 기초 조건과 핵심 지식, 기술, 태도, 가치이다."
> "이 핵심 토대를 바탕으로 역량을 구축할 수 있다. 역량은 지식, 기술, 태도, 가치를 포함하는 전체론적 개념이다."
> — 이상 OECD 2030 개념노트 '나침반'

---

66. '역량 중심 교육과정'에서는 역량과 지식을 대립시키는 경향이 있다. 그래서 데세코에서는 역량의 구성 요소로 지식을 설정하지 않고, 상위 역량을 하위 역량들로 구성하는 방식으로 역량 논의를 전개했다.

그동안 구성주의적 편향의 영향으로 지식과 역량을 대립시켜 온 경향이 있었다. 특히 한국에서의 '역량 중심 교육과정' 논의가 그러했다. 지식의 교육적 가치를 폄하하고, 교육과정 논의에서 '역량으로 역량을 구성'하는[67] 난감한 일들이 벌어졌다.

> "역량과 지식은 경쟁적이거나 상호 배타적인 개념이 아니다. 학생들은 이해를 위한 기본 구성 요소로서 핵심 지식을 배워야 한다. 또한 지식을 바탕으로 역량을 발휘할 수 있고, 지식을 업데이트 및 적용하고 이해를 심화시키기 위해 성장하고 있는 역량을 사용할 수 있다."
>
> – OECD 2030 개념노트 '나침반'

역량을 지식, 기능, 태도 및 가치를 구성 요소로 하면서 그것들을 동원하는 총체적 힘, 능력으로 볼 때, 교육과정의 구성 요소는 지식, 기능, 태도 및 가치가 된다. 그리고 역량은 그 자체로 구성 요소가 되는 것이 아니라 지식, 기능, 태도 및 가치를 배우는 과정에서 지향해야 할 방향, 과제, 목표의 의미를 갖게 된다. 예컨대 OECD 2030에서 제시하는 '변혁적 역량'은 중심 과제, 방향이 되며 변혁적 역량으로 규정되는 '새로운 가치 생성하기', '긴장과 딜레마 조정하기', '책임지기'는 주요 과제, 방향이 되는 것이다. 지식, 기능, 태도 및 가치 그리고 역량에 관한 체계적 논의를 통해 OECD 2030은 교육과정 논의와 관련된 기존의 혼란을 극복하고 더욱 실제적이고, 의미 있는 작업을 가능하게 하고 있다.

---

67. 상위 역량을 하위 역량들로 구성하려는 교육과정 논의가 전개되었다. 예컨대, '자율적으로 행동하기'라는 핵심역량을 '전체적 조망 속에서 행동하는 능력', '생애 계획을 수립하고 실천하는 능력' 등의 하위 역량으로 구성했는데, 이러한 방식으로는 구체적인 교수-학습 내용을 구성할 수 없었다.

변혁적 역량

OECD 2030은 교육의 중심 과제로 '변혁적 역량'을 제시한다. 역량을 총체적 힘, 지식, 기능, 태도 및 가치를 익히는 과정을 통해 형성해야 할 방향으로 이해할 때 '변혁적 역량'의 의미를 더욱 분명히 파악할 수 있다. OECD 2030은 '변혁적 역량'을 다음과 같이 규정하고 있다.

> "사회를 변혁하고 미래를 건설하기 위한 역량." – OECD 2030 입장문

> "OECD 학습 나침반 2030은 학생들이 더 나은 삶을 위해 사회를 변혁하고 미래를 형성하는 데 필요한 지식, 기능, 태도 및 가치의 유형으로 '변혁적 역량'을 정의한다. 이는 새로운 가치 창출하기, 긴장과 딜레마 조정하기, 책임지기로 규정되었다." – OECD 2030 개념노트 '변혁적 역량'

변혁적 역량을 "더 나은 삶을 위해 사회를 변혁하고 미래를 형성하는 필요한 역량"으로 명확하게 규정하고 있다. 그러면서 '새로운 가치 창출하기', '긴장과 딜레마 조정하기', '책임지기'의 세 가지를 제안하는 것으로 나아간다. 그런데 여기서 '변혁적 역량'이 '사회 변혁'을 위한 것임을, 그리고 사회 변혁은 OECD 2030에서 분명히 밝히고 있듯 '지속가능한 미래 건설을 위한 사회 시스템의 변혁'임을 분명히 하는 것이 중요하다. 만약 이 의미를 삭제해 버리면 '변혁적 역량'은 특별한 의미 없는 통상적인 수사가 되어 버리거나 '자기 변혁' 같은 전혀 다른 의미로 왜곡될 수 있다.

또한 변혁적 역량으로 규정되는 세 가지 역량도 2030이 제출하는 시대 인식의 맥락 속에서 의미가 파악되어야 그 의미가 정당하게 설정될 수 있다. 예컨대 OECD 2030은 '새로운 가치 창출하기'를 포용적 성장

과 지속가능한 발전의 핵심으로 규정하면서 '가치[68] 창출'이 경제적 차원에 머무는 것이 아니라 지속가능성과 탄력성에 대한 비전을 필요로 한다고 말한다. 즉, 경제적 가치로만 이해해서는 안 되며 기후위기와 불평등을 극복할 수 있는 사회문화적 차원의 의미를 지녀야 한다고 보는 것이다.

> "새로운 가치 창출하기: 혁신은 포용적 성장과 지속가능한 발전의 핵심이다."
> "창출된 새로운 가치는 경제적일 뿐만 아니라 사회적·문화적이기도 하므로, 사회와 경제 모두를 위한 지속가능성과 탄력성에 대한 비전을 필요로 한다."   – 이상 OECD 2030 개념노트 '변혁적 역량'

'긴장과 딜레마 조정하기', '책임지기'도 마찬가지다. 현대 사회의 시대적 과제와 구체적인 연결을 지닌다. '긴장과 딜레마 조정하기'에서는 '지구적 도전' 문제를 명시하고 있고, '책임지기'에서는 타인과의 협력을 강조한다. 책임지기는 행위주체성의 핵심 요소이기도 하며 책임 있는 사회적 참여를 의미한다.

> "긴장과 딜레마 조정하기: 상충되고, 모순적이거나 양립할 수 없는 요구의 균형 잡기."
> "상호의존적 세계에서 지구적 도전에 대한 해결책을 찾기 위해서는, 예컨대 평등과 자유, 자율과 연대, 효율성과 민주적 절차, 생태학과 단순

---

68. '가치'의 의미에 대해 OECD 2030은 기존의 경제적 차원의 의미로 이해되던 것을 사회문화적 차원의 의미로 확장하고 있다. 그런데 이에 대해 유네스코 2050은 '가치'라는 개념이 사용되어 온 역사적 맥락에서 여전히 경제 중심적 의미로 인식되기 쉬우므로 '의미 창조'로 바꾸어야 한다고 제안한다.

한 경제 모델, 다양성과 보편성, 그리고 혁신과 연속성 간의 긴장과 딜레마 및 타협을 처리할 수 있는 능력이 필요하다."

"책임지기: 행동의 윤리 고려하기."

"참신함, 변화, 다양성, 모호함 및 불확실성을 다루고 책임감 있게 과제에 대처한다는 것은 개인이 스스로 생각하고 다른 사람과 함께 일할 수 있다는 점을 가정한다. 책임감은 행동이 결과를 낳고 사람들이 다른 사람들에게 영향을 미칠 수 있는 힘이 있음을 이해하는 것을 의미하므로, 성숙한 행위주체성의 핵심이 된다."

– 이상 OECD 2030 개념노트 '변혁적 역량'

지금까지 교육과정 구성과 관련된, 나아가 교육 방향의 재정립과 직결되는 OECD 2030의 핵심 개념들을 살펴보았다. 이 개념들은 마냥 '추상적 개념' 자체에 머무는 것이 아니다. 기존의 오류와 혼란을 극복하는 이론적, 개념적 의의만이 아니라 시대 인식에 터한 분명하고 구체적인 의미를 지닌다.

2. OECD 2030의 교육과정 설계 원칙에 대하여

OECD 2030은 '교육과정론'의 성격을 지니는데, 여기에서 제출하는 교육과정 기본 원칙과 방향도 살펴보자. OECD 2030은 입장문에서 교육과정 설계 원칙을 다음과 같이 제시했다.

① 개념, 내용, 주제 설계
- 학생의 행위주체성Student Agency: 교육과정은 학생들에게 동기를

부여하고 그들의 선행 지식과 기술, 태도와 가치를 파악하는 등 학생을 중심으로 설계되어야 한다.

- 엄격함Rigor: 주제는 깊은 사고와 성찰을 필요로 하는 도전적인 것이어야 한다.
- 초점Focus: 학생들의 학습의 질과 깊이를 보장하기 위해 각 학년에 따라 상대적으로 적은 수의 주제들이 도입되어야 한다. 주제들은 핵심 개념을 강화할 수 있도록 겹쳐질 수도 있다.
- 일관성Coherence: 학생들이 단계별로, 나이별로 기초적인 개념에서부터 더 고급 개념으로 진전되는 심화학습을 할 수 있도록, 주제는 학문 분과의 논리에 따라 차례차례로 준비되어야 한다.
- 정합성Alignment: 교육과정은 가르치고 평가하는 방법들과 정합성이 있어야 한다. 아직 기대하는 결과물들을 평가할 수 있는 기술적인 방법들은 없다. 목적이 달라지면 평가 방법도 달라져야 한다. 측정될 수 없는 학생들의 결과물과 실천을 제대로 평가할 수 있는 새로운 평가 방법이 개발되어야 한다.
- 전이 가능성Transferability: 한 맥락에서 학습되면 다른 맥락에서도 쉽게 활용될 수 있는 지식, 기술, 태도와 가치에 우선권이 주어져야 한다.
- 선택Choice: 학생들은 폭넓고 다양한 주제와 프로젝트 중에서 선택할 수 있어야 한다. 그들 자신이 스스로 주제와 프로젝트를 제안할 수 있어야 한다. 선택 과정에서 학생들에게 충분한 정보가 제공되어야 한다.

② 과정 설계
- 교사의 행위주체성Teacher Agency: 교사들은 그들의 직업적인 지

식과 기술, 전문성을 교육과정을 효과적으로 전달하는 데 활용할 수 있도록 권한이 주어져야 한다.

- 실제성Authenticity: 학습자들은 학습 경험을 실제 세계와 연계할 수 있어야 하고 학습에 대한 목적의식을 가져야 한다. 교과 분야의 지식을 능숙하게 익히는 것과 동시에 학제 간의 협력적인 학습이 필요하다.

- 상호관련성Inter-relation: 학습자들에게 학습하고 있는 주제나 개념이 학문 분야 내에서, 학문 분야를 가로질러, 그리고 학교 밖의 실제 세계와 어떻게 관련되어 있는지 발견할 기회가 주어져야 한다.

- 유연성Flexibility: 교육과정이라는 개념은 "사전에 결정된 정적인"에서 "조정할 수 있고 동적인"으로 바뀌어야 한다. 학교와 교사들은 개인의 학습 요구와 사회적 요구가 진화함에 따라 교육과정을 개선하고 조절해야 한다.

- 참여Engagement: 교사, 학생, 다른 관련자들은 초기 단계부터 교육과정 개발에 참여해야 한다.

OECD 2030의 교육과정 설계 원칙은 입장문의 짧은 글에 워낙 압축적으로 서술되어 있어서 일부 사항은 개념노트 내용을 참고하면서 이해할 필요가 있다. 먼저 '① 개념, 내용, 주제 설계'에서 제시된 원칙들을 살펴본다면,

첫째, '일관성'의 경우 '단계별로 기초적인 개념에서부터 고급 개념으로 진전되는' 개념 학습을 '학문 분과의 논리에 따라 차례차례로 준비'되어야 한다는 점을 강조한 것은 '지식/기능/태도 및 가치/역량'의 상호의존성에 대한 논의를 참고할 때 좀 더 정확히 이해될 수 있다. 지식의 교육적 의미의 복원, 학문적 혹은 교과 지식이 가장 기초적 토대가

된다는 점을 분명히 하는 동시에 기능/태도 및 가치/역량을 경시하는 것이 아님에 유의해야 한다. OECD 2030의 학문적 지식 강조가 전통적 '학문 중심 교육과정론'으로의 회귀가 아님을 분명히 하면서 이해해야 한다.

둘째, '정합성'은 교육과정이 평가와 조응해야 한다고 언급하면서 '목적이 달라지면 평가 방법이 달라져야 한다'는 점을 강조하는 것에 유념할 필요가 있다. OECD 2030은 '개인과 공동의 웰-빙'으로의 교육목적 전환을 제기했으며, '지속가능한 미래 건설을 위한' 변혁적 역량 형성을 주요 과제로 제시했다. 따라서 '웰-빙', '지속가능한 미래 건설'을 방향으로 하는 세 가지 변혁적 역량(가치 창출, 갈등의 조정, 책임지기)은 주요한 평가 영역, 기준이 되어야 한다. 그런데 이런 역량은 매우 포괄적이기 때문에 측정되기 어려우며 "측정될 수 없는 학생들의 결과물과 실천을 제대로 평가할 수 있는 새로운 평가 방법이 개발되어야" 한다고 말한다. 한편 이 문제에 대해 유네스코 2050은 약간 다른 언급을 한다. 유네스코 2050은 '관찰' 가능하다고 말한다.

> "협력과 연대의 교육학에 비추어 고려할 때, 교육자는 측정할 수 있는 교육적 목표와 그렇지 않은 목표를 명확하게 구별해야 합니다. 많은 중요한 학습은 측정하거나 수치화할 수 없습니다. 그러나 무엇인가를 계량화할 수 없다고 해서 의미 있는 진전이 결코 관찰될 수 없다는 것은 아닙니다. 예를 들어, 협력의 목표는 어떤 학생 집단이 협상, 갈등 해결 및 실험의 과정을 탐색하고, 이 과정을 통해 다양한 관점을 경청하고 건설적인 비판을 주고받으며, 서로에게 기여할 충분한 기회를 제공하는 능력을 키우는 과정에서 경험적으로 관찰될 수 있습니다." - 유네스코 2050 3장

그러나 큰 차이는 아니다. 유네스코와 OECD 모두 '역량' 또는 '중요한 학습의 많은 부분'이 측정될 수 없다고 본다. 즉, 측정이 평가의 중심이 될 수 없다고 보는 것이다. 이에 대해 OECD는 측정이 어려운 역량 발달을 체계적으로 평가할 방법을 개발하자는 것에 방점을 두는 것이고, 유네스코는 우선 관찰의 방법을 활용할 수 있다는 점을 강조하는 것이다. 이와 관련하여 앞으로 '발달을 도모하는 관찰'을 평가의 주요 방식 중 하나로 설정하는 것을 고민할 필요가 있으며, 아마도 역량 발달을 평가하는 미래 평가의 주요 방식은 '체계적 관찰'의 형태가 될 수 있을 것이다.

셋째, '전이 가능성'에 우선권이 주어져야 한다고 말하는 것은 교육과정 과부하 속에서 효과적인 교육과정 구성을 위한 주요한 고려 사항을 제시한 것이다. OECD 2030은 원리, 포괄적 개념 등이 전이의 범위가 넓다고 말하고 있으며, 또한 학제 간 학습을 통해 훈련되어야 한다고 강조한다. 일반적으로 교육과정 영역 중 문해력과 수리력이 전이 가능성이 넓으며, 각 교과에서는 핵심 개념이 중요하다고 말할 수 있다.

넷째, '선택'에 대해서는 유념해서 이해할 필요가 있다. OECD 2030은 개념노트에서 학생 주체성이 '교과 선택'으로 오해되어서는 안 된다고 말한다. 여기서 강조되는 것은 교과가 아니라 '폭넓고 다양한 주제와 프로젝트 중에서 선택'할 수 있어야 한다는 것으로 이해하는 것이 타당하다. 프로젝트 학습은 같은 교과를 배우지만 다양한 주제와 소재들 속에서 선택하는 프로그램으로 진행할 수 있다. 본래 프로젝트 학습의 개념 자체가 소재와 계획에서부터 학생들이 협력 속에서 스스로 정하고 진행하는 것이기도 하다. 교육과정에 대한 OECD 2030의 관점을 이미 상당히 구현하고 있는 핀란드의 경우 '공통 교육과정' 중심으로 운영하면서 선택을 확대하는 방식을 취한다. 프로젝트 학습이 활성화되어 있는 것은 물론이고, 예컨대 예술, 체육, 기술 교과에서는 비교적 이른 시기부터 선택권이 주어진다. 하나의 악기가 아니라 다양한 악기 중에 선택하도록 하는 것이다. 고교의 경우도 필수 비중이 높지만 배우는 시기는 자신의 상황에 따라 선택할 수 있다. 예를 들어 역사나 심리학 등은 모두가 배워야 할 필수 교과이지만 배우는 시기는 저마다 다르다. 핀란드 고교에서 교육과정이 개별화되어 있다는 것은 한국의 고교학점제처럼 서로 다른 교과를 배우는 것이 아니라 같은 교과를 배우지만 저마다의 발달 상황과 속도에 따라 배우는 시기를 달리하면서 개인화된다는 것이다.

다음으로 '② 과정 설계'에서는 우선, '교사의 행위주체성'이 강조되고 있음에 주목해야 한다. 구체적인 교육과정을 주도하고 구성하는 것은 교사이다. 교사 주도성에 대한 강조는 국가 수준의 교육과정 개발에서 초기부터 교사들이 참여해야 함을 강조하는 것으로 연결된다. 그리고 교사들이 구체적인 교육과정 구성에서 주요하게 고려해야 할 사항으로 '실제성'과 '상호관련성'이 강조된다. 결국 이는 세계에 대한 실천적, 체계적 이해를 의미한다.

'유연성'은 빠르게 변화하는 사회, 교육적 과제에 교육과정이 역동적으로 대응할 수 있어야 함을 강조하는 것이다. 유연한 교육과정이 되기 위해서는 조건이 필요하다. 국가 수준 교육과정이 대강화되고 교사에게 권한이 부여되어야 한다는 점이다. 그래야 교사와 학교에서 구체적 교육과정을 새로운 변화와 요구에 조응하여 유연하게 구성해 나갈 수 있다. 교육과정의 유연성은 시스템 차원에서 구성되어야 한다. 학교와 교사는 학생과 학부모, 지역사회와 교육과정을 함께 논의할 수 있는 네트워크를 지녀야 하며, 교육과정 문제를 지속적으로 다룰 수 있는 교사 간 네트워크를 구성해야 한다. OECD 2030에서 교육과정이 '생태적 시스템'이 되어야 함을 강조하는 이유가 바로 여기에 있다.

'실제성', '상호관련성', '참여'는 입장문의 서술만으로도 그 취지가 분명히 드러난다.

3. 주요 개념들의 왜곡에 대해: 행위주체성, 선택, 개별화 등

현재 한국에서는 주로 교육 당국에 의해 교육과정과 관련된 OECD 2030과 유네스코 2050의 주요 개념이 축소, 왜곡되는 일들이 벌어지고 있다. 개념의 축소, 왜곡은 교육과정 관련 개념만이 아니라 '대전환', '미래' 등 시대 인식 등과 관련된 개념에서도 나타난다. 한국적 상황에서 왜곡된 내용으로 잘못 이해되거나 사용되고 있는 몇 가지 대표적인 개념을 살펴본다. 개념의 잘못된 사용에 대해서는 다른 곳에서도 관련 개념이 나올 때마다 언급했지만, 주요 개념을 모아서 살펴보는 것이 향후 담론의 왜곡을 방지하는 데 도움이 될 것이다.

대전환, 미래

'대전환 시대' 개념은 OECD 2030과 유네스코 2050의 새로운 교육론의 바탕이 되는 근본 토대이다. '대전환 시대'의 대전환은 "지속 불가능한 위기적 시대로부터 개인과 공동의 웰-빙을 지향하는 지속가능한 사회"로의 대전환을 의미한다. 그런데 교육 당국은 '대전환'이라는 말을 쓰지만 그 의미가 전혀 다르다. 다음은 교육부의 최근 문서에서 교육과정 개정의 근거로 제시하는 시대적 배경이다.

- 예측할 수 없는 변화에 대응할 수 있는 교육 혁신 필요
- 디지털 전환에 따른 산업 및 사회 변화와 감염병 확산, 기상 이변과 기후 환경 변화 등 다양한 위기 상황에 대응하고 극복하는 능력이 국가 경쟁력 좌우
- 변동성, 불확실성, 복잡성이 특징인 미래 사회에 대응할 수 있도록 기본 역량과 변화 대응력 등을 키워 주는 교육체제 구현 필요

– 〈2022 개정 교육과정 총론 주요사항(시안)〉, 2021. 11. 24.

교육부가 의미하는 대전환은 '디지털 전환'이 핵심이다. OECD 2030과 유네스코 2050의 총체적 인식이 부재함은 물론이고, '지속 불가능에서 지속가능으로의 전환'이라는 핵심 취지 자체가 전혀 없다. 대전환을 '디지털 전환'으로 이해해 버리면, 지난 시기의 신자유주의의 '정보화·세계화' 시대관과 하등 차이가 없으며, 대전환 시대 인식이 신자유주의의 경쟁, 개인주의를 비판하고 있다는 점에 비추어 볼 때 오히려 정반대의 취지라고 할 수 있다. 미래 개념도 마찬가지다. OECD 2030과 유네스코 2050에서 강조하는 '미래'는 우리가 사회 변혁을 통해 주체적으로 건설해야 할 미래다. 그런데 교육부가 의미하는 미래는 '변동성, 불확실성, 복잡성'이 특징인 미래로서 사람들이 생존을 위해 적응해야 할 미래다. 이 역시 신자유주의가 강조했던 '살아남기 위해 적응해야 할 무한경쟁 시대' 개념과 내용이 동일하다. 이처럼 '대전환', '미래'라는 같은 말을 쓰더라도 내포된 의미는 전혀 다르다. 신자유주의 이데올로기에 여전히 갇혀 있는 잘못된 개념부터 교정되어야 한다.

디지털 문해력

새로운 교육론에서 제기하는 디지털 문해력은 말 그대로의 '문해력'

이다. 즉, 인터넷, SNS, 유용한 소프트웨어 등 디지털을 활용할 줄 알고, 디지털을 통해 교류되는 정보와 내용을 이해, 판단할 줄 알아야 한다는 의미이다. 잘못된 정보를 거를 줄 아는 '비판적 디지털 문해력'이 함께 강조된다. 또 아래 인용문에서 볼 수 있듯 '기계 학습의 한계와 문제점'을 분명히 인식할 것과 '직접적 기술교육을 강요'하는 것으로 왜곡되어서는 안 된다는 점을 여러 번 특별히 강조한다. 그것은 디지털에 대한 강조가 자칫 비교육적 교수-학습 방법의 확산, 기업의 이해에 좌우되는 왜곡을 우려하기 때문이다.

> "내러티브가 없는 숫자, 문화적 포용성이 없는 연결, 힘을 주지 못하는 정보, 교육에서 명확한 목적 없는 디지털 기술은 인간 발달을 위한 바람직한 수단이나 도움이 될 수 없습니다."   – 유네스코 2050 2장

> "기계 학습 기술의 성장은 교육과정을 '데이터 세트'로 파편화하고, 교사에 대한 관리주의와 감시 그리고 비전문화 추세를 가속화할 위험이 있습니다."   – 유네스코 2050 5장

> "대부분의 기계 학습의 핵심 문제는, 과거를 보아야만 미래를 만들 수 있다는 것입니다. … 이것은 재창조, 자기 인식과 학교가 육성해야 할 가능성에 대한 인식의 여지를 거의 남기지 않습니다." – 유네스코 2050 6장

> "기술을 이해하고 잘 활용하는 데 필요한 기능과 비판적 시각은 새로운 기술 개발의 속도만큼 변화하면서 끊임없이 유동적일 것입니다. 그러나 이것이 최신 기술 발전을 수용하기 위한 왜곡된 교육의 일방통행을 의미해서는 안 될 것입니다."   – 유네스코 2050 4장

그런데 한국의 교육 당국은 디지털 문해력을 강조하면서 특별히 우려하는 문제를 그대로 드러낸다. 다음은 〈2022 개정 교육과정 총론 주요사항(시안)〉에서 제시하는 디지털 문해력 향상을 위한 방안이다. '비대면 원격교육 확대', 'AI 관련 교과 개설', '신기술 분야 과목 신설' 등 우려하는 것을 골라서 강조하고 있다. '디지털 문해력'이라는 같은 단어를 쓰더라도 강조점이 전혀 다른 것이다.

"비대면 원격교육의 확대와 디지털 시대의 교육 환경 변화에 부합하는 미래형 교수 학습 방법과 평가체제 구축－온 오프라인 학습, 에듀테크 활용 등 유연한 교육과정 운영을 통해 학습자 개별 맞춤형 지도 및 평가 강화." － 〈2022 개정 교육과정 총론 주요사항(시안)〉, 11쪽

디지털 기초 소양 및 컴퓨팅 사고력 함양을 위한 교육과정 구성 방안

디지털 리터러시 (Digital Literacy)	＋	컴퓨팅 사고력 (Computational Thinking)

모든 교과 교육	정보 교과 교육	디지털 심화 과정
• 디지털 활용 능력·감수성, 데이터 표현 디지털 기초 학습 및 디지털 융합 수업 • 수학 및 과학 등 교과 학습에서의 논리력 및 절차적 문제해결력 함양	• 기초 코딩 등 컴퓨팅 도구를 활용한 정보처리 수행 능력 함양 • AI·SW 및 정보화 디지털 영역의 컴퓨팅 기본 개념 및 원리 학습	• 고교학점제, 공동 교육과정 등을 통한 AI·SW 관련 선택형 심화과정 운영 • 일반적인 코딩 및 SW 개발 교육 등 다양한 분야의 전문 역량 함양 지원

－ 〈2022 개정 교육과정 총론 주요사항(시안)〉, 17쪽

행위주체성/선택/교과 선택에 대해

잘못 사용되고 있는 가장 대표적인 개념이 '행위주체성'이다. OECD 2030은 행위주체성을 앞서 살펴본 바와 같이 타인과 세계와 관계하는 '책임 있는 참여'로 규정하면서 잘못 이해하고 있는 구체적인 사례를 들었는데, 한국의 교육 당국이 여기에 직접적으로 해당한다.

> "학생 행위주체성은 학생의 자율성이나 학생의 선택권을 의미하지 않는다. 사회적 맥락 속에서 행위주체성을 배우고, 성장시키고, 훈련하게 된다. 따라서 시각적으로도 알 수 있듯이 학생들은 친구, 교사, 가족, 지역사회에 둘러싸여 있으며, 이들은 모두 학생과 상호작용하고 학생을 건강과 행복으로 안내한다. 이것이 협력적 행위주체성이다."
>
> – OECD 2030 개념노트 '나침반'

> "'학생 행위주체성'은 종종 '학생 자율성', '학생의 목소리', '학생 선택'의 동의어로 잘못 사용되고 있다. 행위주체성은 이러한 개념들보다 훨씬 더 많은 것을 의미한다. 자율적으로 행동한다는 것은 사회적으로 고립되어 기능하는 것을 의미하지 않으며, 오로지 이기적으로 행동하는 것을 의미하는 것도 아니다."   – OECD 2030 개념노트 '행위주체성'

2021년 1월에 발표된 교육 당국의 〈고교학점제 종합추진계획〉을 보면 student agency를 '학생 행위주체성'이 아니라 애써 '학생 주도성'이라는 다른 뉘앙스의 표현을 사용하고 있다. 그러면서 행위주체성과 변혁적 역량이 어떠한 의미를 지니는가에 대해서는 아무런 설명이 없다. 여기에는 표현을 비틀면서까지 고교학점제의 교과 선택의 근거로 활용하려는 의도가 다분히 개입되었다고 볼 수 있다.

• OECD 등 국제기구에서도 미래 사회 대응을 위해서는 삶에 대한 적극성과 주도성, 책임감을 지닌 인재 양성이 필요하다는 담론 확산

※ OECD Education 2030
학생 주도성student agency 및 변혁적 역량transformative competencies 강조
① 창의성, 문제해결력Creating new value(새로운 가치 창조)
② 협동, 공감, 갈등 관리Reconciling tensions and dilemmas(긴장과 딜레마 해소)
③ 책임감, 시민성Taking responsibility(책임감 가지기)

– 교육부, 〈고교학점제 종합추진계획〉, 2021. 1.

'변혁적 역량'에 대해서는 의미 자체를 왜곡한다. 교육 당국은 OECD 2030에 "사회를 변혁하고 미래를 만들어 갈 때 필요한 역량"이라고 명확히 나와 있음에도 그 의미를 삭제하고 "혁신적이고 책임감 있으며 의식적인 사람이 되는 데에 필요한 것"으로 서술하면서 '자기 변혁'의 의미로 축소, 변질시키고 있다.

"'변혁적 역량'은 학생들이 혁신적이고 책임감 있으며 의식적인 사람이 되는 데에 필요한 것으로, '새로운 가치 창출하기', '긴장과 딜레마 조정하기', '책임감 갖기' 등이 이에 해당함(OECD, 2018: 5)."

– 한국교육개발원 'KEDI BRIEF', 「〈OECD 교육 2030〉 프로젝트, 학교교육에서 역량교육의 의미와 방향을 다시 세우다」, 2019. 11.

최근에는 student agency를 '학생 행위주체성'으로 변경해 표현하기

시작[69]했지만, 여전히 아무런 설명이 없는 무의미 단어인 것은 마찬가지다. 개념 및 의미의 축소, 왜곡보다 더욱 심각한 것은 실제 정책의 문제이다. '학생 주도성', '학생 중심' 등 '학생 행위주체성'에 대해 좁게 이해하거나 잘못 이해할 수 있는 개념들을 사용하면서 고교학점제의 '선택 중심 교육과정'을 정당화하는 근거로 삼는 것이다. OECD 2030은 행위주체성이 "자기들이 배우고 싶은 과목을 마음대로 선택할 수 있다는 것을 의미하는 것이 아니다"라고 적시하고 있다. OECD 2030이 보기에 학생 행위주체성을 함양할 수 있는 과정은 교과 선택이 아니라 교수-학습 과정에서 주제와 프로젝트에 대한 선택을 포함하는 능동적이고 협력적인 학습 과정이다. 그런데 한국에서는 '학생 행위주체성'과 관련된 논의가 '교과 선택 확대'로 그 초점이 왜곡되어 전개되는 것이다. 그뿐만 아니라 선택 중심 교육과정은 보편교육 강화를 중심 방향을 제출하는 OECD 2030의 기본 취지와 정면으로 어긋나는 방향이다.

'학생 행위주체성'에 대한 교육 당국의 이런 은폐, 축소, 왜곡이 가능했던 것은 당국의 잘못된 의도가 직접적이지만, 올바른 '주체성' 개념이 정립되지 못한 교육 담론 지형의 전반적 상황에 기인하기도 한다. 오랫동안 신자유주의의 개인주의가 널리 퍼진 조건은 '행위주체성'을 관계적인 책임 있는 참여라는 의미가 아니라, 개인적인 선택권으로 잘못 이해할 수 있는 토양을 형성해 온 것으로 보인다. OECD 2030의 '학생 행위주체성'에 대한 강조와 개념 정립, 심도 깊은 논의는 이러한 상황을 극복할 수 있는 계기와 근거를 부여한다.

한편, '교과 선택' 문제도 어떻게 바라보는 것이 타당한지를 짚고 넘어갈 필요가 있다. 사실 학생 행위주체성이 교과 선택으로 잘못 이해되고,

---

69. 2021년 11월 발표된 〈2022 개정 교육과정 총론 주요사항(시안)〉에서는 '학생 주도성'이 아니라 '학생 행위주체성'으로 표현하고 있다.

왜곡된다 하더라도 '교과 선택' 그 자체가 비교육적이고 잘못된 것은 아니다. 교육 당국과 일부에서 보듯 필수는 악이고 선택이 선인 것도 아니지만, 반대로 선택이 악인 것도 아니다. 보편교육 실현, 강화를 방해하지 않는 적절한 비중과 방식이라면, 교과 선택은 개개인의 관심, 특기를 살리는 교육적 장치의 하나가 될 수 있다. 문제는 어느 시점에 어느 정도 선택을 결합하는 것이 교육적으로 타당한 것인가이다. 예컨대 보편교육 강화 및 구현을 고교 교육의 핵심 목표로 설정한 핀란드에서는 고교 교육과정의 1/3 정도가 선택이다. 그런데 필수 교과 중심이고 선택 비중이 우리보다 훨씬 적기도 하지만, 선택 방식도 전혀 다르다. 말 그대로 관심, 특기 영역을 더 심화하는 과목을 선택하는 것이다.

편제표를 보면 선택 교과명이 필수 교과명과 같다. 예를 들면 과학 영역에서 생물, 지리[70], 물리, 화학이 필수인데, 관심과 흥미를 갖고 더 배우고 싶은 경우 같은 교과의 심화된 내용을 선택해서 배우는 것이다.[71] 핀란드 고교에서 교과 선택이 학생 개개인의 관심, 특기를 기준으로 선택이 작동할 수 있는 이유는 필수든, 선택이든 고교에서 배운 교과 점수가 입시에 활용되지 않기 때문이다. 그런데 우리는 사정이 전혀 다르다. 개개인의 관심, 특기가 아니라 대부분 입시에 대한 유불리가 기준이 될 수밖에 없다. 보편교육을 훼손하는 수준의 과도한 선택 비중도 문제지만 선택의 의미도 전혀 다르다. 자신의 관심과 흥미에 의해 교과를 선택한다면 주체적 실천의 한 과정으로 볼 수 있지만, 입시 전형에 의해 규정되는 교과 선택은 결코 주체적인 실천이라고 볼 수 없다.

---

70. 지리는 사회과학과 자연과학 요소가 섞여 있는 과목이다. 그래서 나라에 따라 인문사회 영역으로 들어가기도 하고 자연과학으로 분류되기도 한다. 핀란드는 지리를 자연과학으로 분류하고 있다.

71. 심화선택이 아니라 한국의 고교학점제에서 주장하듯 필수 교과 이외의 다른 과목을 선택하는 비중은 사실상 매우 적다. 150단위 중 20단위가 필수교과 외 선택 비중인데, 여기에는 지역 교육청 지정, 학교 지정이 포함되기 때문이다.

교과군 및 교과		필수 교과 개설 과목(유닛)	선택 과목 개설 과목(유닛)
모국어와 문학, 외국어	모국어 및 문학	12	6
	A 언어(제2 모국어)	12	4
	B1 언어(제1 외국어)	10	4
	B2 및 B3 언어(제2, 3 외국어)		16+16
수학/과학	수학 공통	2	
	단기(기본 수학)	10	4
	장기(응용 수학)	18	6
	생물	4	6
	지리	2	6
	물리	2	12
	화학	2	8
인문/사회	철학	4	4
	심리학	2	8
	역사	6	6
	사회	6	2
	종교 또는 라이프	4	8
	보건	2	4
예체능	체육	4	6
	음악과 미술	6	
	음악	2-4	4
	미술	2-4	4
교육 및 진로 상담		4	
주제 연구			6
필수 과목(유닛) 최소 이수 과목(유닛) 수		94-102	
선택 과목(유닛) 최소 이수 과목(유닛) 수		20	
최소 총 이수 학점		150	

출처: 핀란드 국가교육위원회 '2019 고교 국가교육과정 총론'

개인화 또는 개별화 문제

또 하나의 중요한 오해, 왜곡은 '개인화' 혹은 '개별화'에 대한 것이다. 한국 상황에서는 '개인화된 학습 환경' 등 '개인화' 개념을 공통 교육과정, 집단 학습과 대립하는 것으로 이해하는 경우가 많다. 행위주체성에 대해서는 좁게 이해하는 것이 문제라면, '개인화'와 관련된 오해는 정반대로 이해하는 것이다. 그런 점에서 오해의 폭은 '개인화' 개념에 대한 것이 더 크다. OECD 2030과 유네스코 2050에서 강조하는 '개인화'란 공통 교육과정, 공동 학습 속에서 개개인의 발달 상황을 감안하는 개인화이다. 즉, 대립하는 것이 아니라 결합되는 의미를 지닌다. 유네스코 2050은 개인화의 의미를 다음과 같이 설명한다.

> "같은 책의 동일한 사본은 두 권이 있을 수 있지만, 읽는 데에는 두 가지 동일한 방식이 있을 수 없습니다. 두 개의 동일한 수업 계획 또는 교육과정 단위가 있을 수 있지만, 두 개의 똑같은 교수 방법은 없습니다."
>
> – 유네스코 2050 3장

> "특별한 도움이 필요한 학생을 포함하여 학생들을 적절하게 지원하고, 학습을 개인화하기 위한 지원이 필요합니다." – 유네스코 2050 5장

같은 수업을 받더라도 학생마다 차이가 있을 수밖에 없고, 따라서 개인의 발달 속도와 조건의 차이를 고려하여 교수-학습이 진행되어야 한다는 의미다. 따라서 이러한 의미의 개인화는 집단 학습과 결합된다. 개인화가 공동 혹은 공통 교육과정, 보편교육, 집단교육과 대립하는 것으로서 '개별화'를 의미한다면 그것은 보편교육을 강조하는 새로운 패러다임과 정면으로 충돌한다. 이 문제와 관련해 유네스코 2050에서는 고립

적인 개인 학습에 분명하게 반대 입장을 표명한다.

> "우리가 서로를 교육하는 것은 차이를 통해서이며, 우리가 배우는 내
> 용이 의미를 갖게 되는 것은 공유된 맥락을 통해서입니다. 공동의 공간에
> 서 차이에 주목하는 '교육적 차이 인정'과 AI에 의해 규정되는 '초-개인
> 화된 학습'을 구분하는 것이 중요합니다. 개인화된 학습은 학습자를 공공
> 및 집단적 공간, 관계로부터 탈맥락화하고 제거합니다."
>
> – 유네스코 2050 3장

OECD 2030도 학생 개개인의 발달 상황을 파악하는 것의 중요성을
강조한다. 그럴 때 개인화된 학습을 집단적 교수-학습 과정에서 결합할
수 있기 때문이다. 인용문에서 보듯 '학생 중심'이라는 의미도 학생들의
발달 상황에 맞는 교수-학습을 전개해야 한다는 의미이지 '학생들 원하
는 대로'가 아니다.

> "교육과정은 학생들에게 동기를 부여하고 그들의 선행 지식과 기능,
> 태도와 가치를 파악하는 등 학생을 중심으로 설계되어야 한다."
>
> – OECD 2030 입장문

공동 교육, 집단 학습 속에서 개인화 학습을 결합하려면 더 많은 시
간과 에너지가 필요하다. 이는 개개인에 대한 교육적 관찰과 상호작용
없이는 불가능하다. 따라서 교사가 감당할 수 있는 학생 수가 더 적어져
야 하며, 수업시수 및 노동 강도가 감소해야 하고, 교사 간의 협력이 필
요하다. 그래야 모든 학생의 효과적 발달을 추구할 수 있다.

부록

유네스코 교육의 미래 2050
(서론, 2장, 3장, 4장)

부록에서는 참고 자료로 유네스코 2050의 주요 장들을 수록하고자 합니다. 유네스코 2050은 서론과 9개 장의 본문 그리고 에필로그로 구성되어 있는데, 지면 관계상 전체 내용을 수록하지는 못하고 가장 중요하다고 생각되는 서론과 2장, 3장, 4장을 수록했습니다. 이 번역문은 진보교육연구소 이론분과에서 자체 번역한 것입니다. 유네스코의 공식 문서는 아니지만, '지식 공동재' 정신에 입각하여 유네스코에서 공개한 자료를 자유롭게 이용할 수 있도록 하는 Attribution-ShareAlike 3.0 IGO(CC-BY-SA 3.0 IGO) 조항에 따라 소개하고자 하는 주요 장들의 본문 전체 내용을 수록합니다. 〈OECD 교육 2030〉은 저작권상의 제약에 의해 직접 소개하지 못하는 점이 아쉽습니다. 앞으로 OECD도 지식 공동재 또는 지식 공유 개념을 수용해 귀중한 자료를 더욱 자유롭게 활용할 수 있도록 하면 좋겠습니다. 미처 소개하지 못하는 유네스코 2050의 나머지 장들과 OECD 2030 번역 내용은 진보교육연구소 자료실(http://jinboedu.jinbo.net/xe/index.php?mid=pds)에 탑재되어 있으니 참고하시기 바랍니다. - 진보교육연구소 교육과정연구모임

번역과 관련된 주요 사항은 다음과 같습니다.
-원문의 내용을 되도록 그대로 살리기 위해 직역 방식을 채택했습니다.
- 'transform'은 내용 취지에 맞게 대부분 '변혁'으로 번역했으며, 경우에 따라서는 맥락에 맞게 '전환', '변화', '이행' 등으로 표현하기도 했습니다.
- 'well-being'은 OECD 2030에서도 나타나듯 내용적 취지는 '잘 또는 훌륭하게 살아가는 것, 존재하는 것' 정도로 이해할 수 있으나 그 뉘앙스를 나타내기 쉽지 않아 그냥 한글로 '웰-빙'으로 표현했습니다.
- 주체적 행위능력을 의미하는 'agency'는 OECD 2030의 번역과 마찬가지로 '행위주체성'으로 번역했습니다.
- 혼동을 피하기 위해 발달적 개념으로 사용되는 'skill'은 '기능'으로, 'technology'는 '기술'로 표현했습니다.
- 본문에는 '지식 공유' 또는 '공유 지식'과 관련되어 'knowledge commons', 'common knowledge', 'shared knowledge' 등 여러 개념이 사용되고 있는데, 이 중 'knowledge commons'는 '지식 공동재'로, 'common knowledge'는 '공동 지식'으로, 'shared knowledge'는 '공유(된) 지식'으로 표현했습니다.
- 'unlearning'은 직접적으로는 '배우지 않기'라는 의미이지만 맥락에 따라 '극복하기', '버리기' 등으로도 표현했습니다.
- 일부 오역이나 다른 해석의 여지가 있을 수 있다고 생각되는 부분은 괄호로 영어 원 단어 혹은 원 문구를 달았습니다.
- 기타 참고가 필요한 경우 각주를 통해 참고 사항을 수록했습니다.

서론

우리는 실존적 선택에 직면해 있습니다. 지속할 수 없는 길을 계속 가거나, 아니면 경로를 근본적으로 바꾸는 것입니다. 현재의 길을 계속 간다는 것은 비양심적인 불평등과 착취, 다양한 형태의 폭력의 소용돌이, 사회적 결속 및 인간 자유의 침식, 지속적인 환경 파괴, 위험하고 아마도 재앙적일 생물다양성 손실을 수용하는 것입니다. 현재의 길을 계속 가는 것은 우리 사회의 기술 및 디지털 변화에 수반되는 위험을 예견, 해결하지 못하는 것입니다.

우리의 미래를 함께 상상하고, 그것을 실현하기 위한 행동이 시급합니다. 지식과 배움은 혁신과 변혁의 기초입니다. 그러나 전 세계적인 격차-그리고 우리가 왜, 어떻게, 무엇을, 어디서, 언제 배우는지를 재구상해야 할 절박한 필요성-는 교육이 우리가 평화롭고 정의롭고 지속가능한 미래를 형성하는 데 도움이 될 수 있는 일을 하지 않고 있다는 것을 의미합니다.

우리 모두는 현세대와 미래 세대에 대한 의무가 있습니다. 우리의 세상이 결핍이 아니라 풍요의 세상이 되고, 모든 사람이 인권을 최대한 누릴 수 있도록 해야 합니다. 긴급한 조치가 필요하고 불확실성이 큰 상황임에도 불구하고, 우리가 희망으로 가득 찬 이유가 있습니다. 하나의 종種으로서, 우리는 협력을 가능하게 하는 지식과 수단에 가장 많이 접근할 수 있는 집단적 역사의 한 지점에 있습니다. 인류가 함께 미래를 창조하는 데 참여할 수 있는 잠재력이 그 어느 때보다 커졌습니다.

교육-우리가 평생 동안 가르치고 배우는 것을 조직하는 방식-은 오랫동안 인간 사회의 변혁에서 기초적인 역할을 해 왔습니다. 교육은 지식의 전수 및 공동 창조의 세대 간 순환을 구성하는 방법입니다. 교육은 우리를 세상 및 타인들과 연결하고, 우리를 새로운 가능성으로 인도하며, 대화와 행동을 위한 우리의 능력을 강화합니다. 그러나 우리가 원하는 미래를 만들기 위해서는 교육 자체가 변혁되어야 합니다.

'국제미래교육위원회'의 이 글로벌 보고서는 우리가 2050년과 그 이후를 내다보면서, 공동의 세계와 공유된 미래를 형성하는 데 교육이 어떤 역할을 할 수 있는지 묻고 있습니다. 우리의 제안들은 우리가 이 공유된 행성에서 연결되어 있으며 우리가 함께 협력하는 것이 필수적이라는 것을 어린이, 청소년, 성인 등 수많은 사람이 예리하게 인식하고 있음을 보여 주는 2년간의 글로벌 참여 및 공동 작업 과정으로부터 나온 것입니다. 세상의 문제들이 우리 모두에게 영향을 미친다는 점에서, 우리는 서로 연결되어 있습니다. 아울러 전 세계의 많은 사람이 다양성과 차이를 인정하고, 우리가 함께 협력해야 한다는 점에 대한 분명한 인식이 있습니다.

우리는 인간으로서 항상 미래를 예측하고자 합니다. 미래에 대한 전망은 교육적 사고, 정책 및 실천에서 중요한 역할을 합니다. 그것은 학생과 가족의 일상적인 의사결정에서부터 교육부처에서 개발하는 교육 변화를 위한 원대한 계획에 이르기까지 모든 것에 영향을 미칩니다.

이 보고서는 교육과 관련하여, 급진적인 변혁에서부터 심각한 위기에 이르는 다양한 미래 시나리오가 있음을 인식하고 있습니다. 교육의 미래에 대해 생각하는 주요 목적은 현재를 다르게 규정하고, 우리 앞에 나타날 수 있는 흐름을 파악하고, 우리에게 열리거나 닫힐 수 있는 가능성에 주의를 기울이는 것입니다. 가능성 있는 대안적 미래에 대한 모든 탐구는 윤리, 형평성, 정의에 대한 심오한 질문을 제기합니다. 어떤 미래가 바람직한 것이며, 그 미래는 누구를 위한 것인가? 교육은 단지 외적 요인의 영향을 받는다는 것만이 아니라 세계 곳곳에서 잠재적인 미래를 여는 데 핵심적인 역할을 한다는 점에서, '우리의 미래를 함께 재구상하는 것'에 '교육을 위한 새로운 사회계약'을 포함하는 것은 비록 의무 사항은 아닐지라도 당연한 일입니다.

가능성 있는 대안적 미래에 대한 모든 탐구는 윤리, 형평성, 정의에
대한 심오한 질문을 제기합니다. 어떤 미래가 바람직한 것이며, 그 미래
는 누구를 위한 것인가?

인류의 생존과 인권, 그리고 살아 있는 행성이 위험에 처해 있습니다

한 사람 한 사람의 존엄이 소중하다는 바로 그 생각, 모든 사람이 기본
적 권리를 가진다는 약속, 우리의 유일한 고향인 지구의 건강이 모두 위험
에 처해 있습니다. 경로를 바꾸고 대안적인 미래를 상상하기 위해 인간 상
호 간의 관계, 살아 있는 행성과의 관계 그리고 기술과의 관계에서 시급히
균형을 잡아야 합니다. 우리는 '인간 이상의 세계'에서 '우리의 상호의존성'
과 '인간의 위치와 행위주체성'에 대해 다시 배워야 합니다.

우리는 중첩되는 여러 위기에 직면해 있습니다. 확대되는 사회경제적 불
평등, 기후변화, 생물다양성 손실, 지구의 한계를 초과하는 자원 사용, 민주
주의 후퇴, 파괴적인 기술 자동화 및 폭력은 현재 우리의 역사적 분기점의
특징입니다.

역설적인 발전 추세는 우리를 지속 불가능한 미래를 향한 길로 이끌고
있습니다. 세계의 빈곤 수준은 떨어졌지만 국가 간 불평등은 커졌습니다.
가장 높은 생활 수준과 역사상 가장 큰 불평등이 함께 존재합니다. 기후변
화와 환경 파괴는 지구상의 인류와 다른 종들의 생존을 위협합니다. 더 많
은 사람이 공공의 생활에 적극적으로 참여함에도, 시민사회와 민주주의
는 세계 곳곳에서 위협받고 있습니다. 기술은 우리를 그 어느 때보다도 밀
접하게 연결해 주지만, 동시에 사회적 분열과 긴장도 키우고 있습니다. 글로
벌 팬데믹은 우리의 많은 취약성을 더욱 부각시켰습니다. 이러한 위기와 도
전들은 개인 및 집단의 인권을 제약합니다. 그리고 그것은 대부분 인간 스

스로의 선택 및 행위의 결과입니다. 그것들은 우리가 만든 사회, 정치, 경제 시스템에서 생겨난 것이며, 이 시스템에서는 단기적인 것이 장기적인 것보다, 소수의 이익이 다수의 이익보다 우선시됩니다.

지속 불가능한 자원 사용 수준에 따른 경제 모델에 의해 기후 및 환경 재해가 가속화됩니다. 단기적 이익과 과도한 소비를 우선으로 하는 경제 모델은 전 세계적으로 수많은 사회를 특징짓는 탐욕적인 개인주의, 경쟁, 공감 결여와 밀접하게 연결되어 있습니다. 세계의 부는 극도로 집중되었고, 극심한 경제적 불평등은 우리 사회의 결속력을 약화시키고 있습니다.

권위주의, 배타적 포퓰리즘, 정치적 극단주의의 부상은 정치적 경계를 알지도 존중하지도 않는 공동의 우려를 해결하기 위해 협력과 연대를 강화해야 하는 바로 이 시기에, 민주적 거버넌스에 도전하고 있습니다. 평화적 방식으로 차이를 해결하려는 사회적 노력을 지원하기 위한 수십 년의 노력에도 불구하고, 오늘날 세계는 사회적, 정치적 양극화가 심화되고 있습니다. 혐오의 표현, 가짜 뉴스의 무책임한 유포, 종교적 근본주의, 배타적 민족주의-이 모두는 새로운 기술에 의해 확대됨-는 결국 편협한 이익을 위해 정략적으로 이용됩니다. 〈세계인권선언〉에 명시된 공통의 가치에 기반을 둔 세계질서가 약화되고 있습니다. 우리 세계는 부패, 냉담함, 편견과 편협함의 확대와 폭력의 일상화에서 드러나듯 '가치의 위기'에 직면해 있습니다.

가속화된 세계화와 인간 이동 증가는 강제 이주 및 실향과 함께 너무 자주 인종주의, 편견, 편협함, 차별이라는 비인간적 결과를 낳고 있습니다. 인간의 존엄성에 대한 이러한 형태의 폭력은 협력과 해방보다는 지배와 통제를 추구하는 권력 구조에서 비롯됩니다. 무력 충돌, 점령, 정치적 억압의 폭력은 인명을 파괴할 뿐만 아니라, 인간 존엄의 개념 자체를 훼손합니다. 헤게모니 체제의 특권과 혜택을 누리는 사람들은 흔히 성별, 인종, 민족, 언어, 종교 또는 섹슈얼리티를 이유로 차별을 하고, 원주민, 여성, 난민, 페미니스트, 인권 옹호자, 환경 운동가 또는 정치 반체제 인사, 이민자 등 그들이 위협으로 간주하는 집단을 억압합니다.

우리 사회의 디지털 혁신은 전례 없는 방식으로 우리의 삶에 영향을 미치고 있습니다. 컴퓨터는 지식이 생성, 접근, 배포, 검증 및 사용되는 방식을 빠르게 변화시키고 있습니다. 이 중 많은 부분은 정보 접근성을 높이는 한편, 교육을 위한 새롭고 유망한 길을 열어 주고 있습니다. 그러나 위험 또한 많습니다. 배움은 디지털 공간에서 좁아질 수도 있고 확장될 수도 있습니다. 기술은 해방과 동시에, 억압할 수 있는 권력과 통제의 새로운 지렛대를 제공합니다. 안면 인식과 AI를 통해 우리의 프라이버시에 대한 인권이 불과 10년 전만 해도 상상할 수 없었던 방식으로 축소될 수도 있습니다. 우리는 지속적인 기술혁신이 우리가 번영하는 데 도움이 되고, 다양한 앎의 방식이나 지적, 창조적 자유의 미래를 위협하지 않도록 경계해야 합니다.

우리의 생활 방식은 지구와의 균형에서 벗어나, 지구가 지탱하는 풍부한 생명 그리고 현재 및 미래의 웰-빙과 존재의 지속성을 위협하고 있습니다. 그 반대의 것을 획득할 가능성에도 불구하고, 우리의 무비판적인 기술 수용은 너무 자주 우리를 위험할 정도로 멀어지게 하고 대화를 중단시키며 상호 이해를 흐트러뜨립니다. 그리고 이러한 지구적 불균형, 기술적 불균형은 세 번째이자 똑같이 위험한 불균형에 영향을 미칩니다. 그것은 '팽창하는 불평등', '신뢰와 선의의 전복', '타자의 악마화' 그리고 '이러한 확대되는 일련의 글로벌 위기에 의미 있게 협력하고, 맞서는 것에 대한 주저함'의 형태로 나타나는 '상호 간의 불균형'입니다.

미래를 내다볼 때, 이보다 더 어두운 그림을 그리는 것은 너무도 쉽습니다. 인간이 거주할 수 있는 공간이 더 적어지고 고갈된 지구의 모습을 상상하는 것이 가능합니다. 극단적인 미래 시나리오 중에는 양질의 교육은 엘리트의 특권이 되어 버리고, 수많은 사람이 필수적 재화와 서비스에 접근할 수 없어 비참하게 살아야 하는 세상도 포함됩니다. 결국 앞으로 교육과정은 점점 더 무의미해지고 현재의 교육 불평등은 시간이 갈수록 더 악화되기만 할까요? 우리의 인간성은 더욱 잠식당하게 될까요?

오늘 우리가 함께하는 선택이 우리가 공유하는 미래를 결정할 것입니다. 우리가 생존할 것인지 멸망할 것인지, 평화롭게 살아갈지 아니면 폭력이 우리의 삶을 규정하도록 내버려 둘지, 지속가능한 방식으로 지구와 관계를 맺을 수 있는지의 여부는 오늘날 우리가 하는 선택과 공동 목표를 달성하기 위한 우리의 능력에 의해 영향받고 결정될 문제입니다. 함께하면, 우리는 경로를 바꿀 수 있습니다.

오늘 우리가 함께하는 선택이 우리가 공유하는 미래를 결정할 것입니다.

교육을 위한 새로운 사회계약의 필요성

교육은 우리 사회의 혁신과 변혁을 위한 기초입니다. 변화하고 있는 불확실한 세상을 헤쳐 나가는 데 도움이 되는 지식을 동원합니다. 교육의 힘은 우리를 세상 및 타인들과 연결하고, 우리가 이미 살고 있는 공간을 넘어 움직이게 하며, 우리를 새로운 가능성과 마주치게 하는 힘에 있습니다. 교육은 집단적 노력으로 우리를 하나로 묶는 데 도움을 줍니다. 교육은 우리가 공동의 과제를 해결하는 데 필요한 과학, 지식 및 혁신을 제공합니다. 교육은 우리의 미래가 더욱 사회적으로 포용적이고, 경제적으로 공정하며, 환경적으로 지속가능하도록 하는 데 도움이 되는 이해를 키우고 역량을 형성하도록 지원합니다.

전 세계의 가족, 지역사회 및 정부는 학교와 교육 시스템이 여러 단점에도 불구하고, 개인 및 집단의 발달을 위한 기회를 만들고 길을 제공할 수 있다는 것을 잘 알고 있습니다. 정부와 시민사회 단체는 교육이 유일한 요소는 아니지만, 바람직한 발달적 성취를 향한 진전을 이루고, 노동에 필요한 기능과 역량을 형성하고, 참여적이고 민주적인 시민의식을 지원하는 핵심 요소라는 사실을 널리 인식하고 있습니다. 교육은 당연히 '2030 지속가능발전목표'-인류가 환경과의 지속가능한 관계는 물론이고, 모두를 위한 웰-빙, 정의, 평화를 발전시키기 위한 포괄적인 비전-의 기둥입니다.

그러나 전 세계의 교육은 지속적으로 우리의 열망에 미치지 못하고 있습니다. 전 세계적으로 교육에 대한 접근성이 크게 확대되고 있음에도 불구하고, 여러 가지의 배제로 인해 수억 명의 어린이, 청소년 및 성인이 양질의 교육에 대한 기본적 권리를 계속 침해받고 있습니다. 차별은 성별, 민족, 언어, 문화, 인식 방식에 따라 종종 체계적으로 유지됩니다. 접근성의 부족은 관련성[72] 위기로 인해 더욱 악화됩니다. 너무 빈번하게 형식 교육이 어린이와 청소년, 지역사회의 필요와 열망을 충족시키지 못합니다. 열악한 교육은 창의성과 호기심을 억누릅니다. 모든 수준의 교육에서 나타나는 학생 이탈 및 중퇴/퇴학의 패턴은 현재 학교 모델이 어린이와 청소년에게 의미 있는 학습과 주체성 및 목적의식을 제공하는 데 부적절하다는 사실을 드러냅니다. 교육을 받게 되는 사람들이 점점 더 현재와 미래의 도전에 대비하지 못하고 있습니다.

더욱이 교육 시스템은 우리가 공유하는 미래를 위협하는 바로 그 조건들-차별과 배제 또는 지속 불가능한 생활 방식을 막론하고-을 재생산하고 영속화함으로써, 교육의 진정한 변혁적 가능성을 제한합니다. 이러한 집단적 실패는 교육에서 우리의 행동을 규정하고 안내할 수 있는 새로운 공유된 비전, 새로운 원칙 및 약속의 필요성을 뒷받침합니다.

교육을 위한 모든 사회계약의 출발점은 교육의 공적 목적에 대한 공유된 비전입니다. 교육을 위한 사회계약은 교육 시스템을 구성하는 기본적, 조직적 원칙과 이를 구축, 유지 및 개선하기 위해 수행되는 분화된 활동으로 구성됩니다.

20세기 동안, 공교육은 본질적으로 국가적 차원의 시민의식과 개발 노력을 지원하는 것을 목표로 해 왔습니다. 그것은 주로 어린이와 청소년을 위한 의무 교육의 형태를 취했습니다. 그러나 오늘날 우리가 직면한 심각한 위험을 감안할 때, 교육은 공동의 문제를 해결할 수 있도록 시급히 재창조되어야 합니다. '교육을 위한 새로운 사회계약'은 우리들이 집단적 노력을 중심으로 단결하는 데 도움이 되어야 합니다. 또한 사회, 경제 및 환경 정

---

72. 교육이 학습자의 실제 생활 및 삶과 연관성과 의미를 지니는 것.

의에 기반을 둔 모든 사람을 위한 지속가능하고 평화로운 미래를 형성하는 데 필요한 지식과 혁신을 제공하는 데 도움이 되어야 합니다.

새로운 사회계약을 맺는다는 것은 '교육, 지식, 학습에 대한 기존의 사고 방식이 우리가 새로운 길을 열고, 원하는 미래를 향해 나아가는 것을 방해하는 방식'을 살펴보는 것을 의미합니다. 현재의 교육 발전 모델을 단순히 확대하는 것은 진전을 위해 선택할 만한 길이 아닙니다. 우리의 어려움은 제한된 자원 및 수단 때문만은 아닙니다. 우리의 위기는 '우리가 교육하는 목적과 방법, 학습을 조직하는 방식'으로부터도 비롯됩니다.

교육의 목적을 다시 정의하다

교육 시스템은 '단기적 특권과 안락함이 장기적 지속가능성보다 더 중요하다'는 잘못된 믿음을 심어 왔습니다. 그것은 개인적 성공, 국가적 경쟁 및 경제 발전의 가치를 강조함으로써, 우리의 상호의존성을 이해하고, 서로와 지구를 돌보고, 연대하는 것을 훼손해 왔습니다.

교육은 집단적 노력을 중심으로 우리를 결속시키고, 사회, 경제 및 환경 정의에 기반을 둔 모두를 위한 지속가능한 미래를 만들어 나가는 데 필요한 지식, 과학 및 혁신을 제공하는 것을 목표로 해야 합니다. 환경적·기술적·사회적 변화에 대비하는 동시에, 과거의 불의를 바로잡아야 합니다.

교육을 위한 새로운 사회계약은 (1) 교육에 대한 권리와 (2) 공공의 사회적 노력 및 공동재a common good로서 교육에 대한 약속이라는 두 가지 기본 원칙에 기초해야 합니다.

평생 양질의 교육을 받을 권리 보장

교육을 위한 새로운 사회계약은 인권에 대한 약속에 확고하게 뿌리를 두고 있어야 합니다.

대전환 시대 변혁의 교육학

'교육을 위한 새로운 사회계약'을 구축하는 데 필요한 대화와 행동은 인권에 대한 약속에 확고하게 뿌리를 두고 있어야 합니다. 1948년에 작성된 〈세계인권선언〉은 인류라는 가족의 양도할 수 없는 권리를 명시하면서, 교육의 새로운 미래를 상상하기 위한 최상의 나침반을 제공합니다. 다른 모든 사회적·경제적·문화적 권리를 실현하는 데 필수적인 교육에 대한 권리는 계속해서 새로운 사회계약의 등대와 기초 역할을 해야 합니다. 인권이라는 측면에서 교육은 소득, 성별, 인종 또는 민족, 종교, 언어, 문화, 성, 정치적 성향, 장애 또는 차별 및 배제에 사용될 수 있는 기타 특성에 관계없이, 모두를 위한 것이어야 합니다.

교육권은 평생 양질의 교육을 받을 수 있는 권리로 확대되어야 합니다. 교육권은 오랫동안 어린이와 청소년을 위한 학교교육의 권리로 해석되어 왔지만, 앞으로 교육받을 권리는 모든 연령대와 삶의 모든 영역에서 교육을 보장하는 것이 되어야 합니다. 이렇게 확장된 관점에서 볼 때, 교육권은 정보, 문화, 과학에 대한 권리와 밀접하게 연결되어 있습니다. 그것은 인간의 역량을 형성하기 위한 깊은 책임의식을 필요로 합니다. 그것은 또한 인류가 공유하고, 확장해 온 정보, 지식, 지혜의 자원인 지식 공동재knowledge commons에 접근하고 이에 기여할 권리와 밀접하게 연결되어 있습니다.

경연, 대화와 토론을 통해 발생하는 지식 창조의 지속적인 순환은 행동을 조절하고, 과학적 진실을 생성하며, 혁신을 촉진하는 데 도움이 됩니다. 그것은 인류의 가장 가치 있고, 고갈되지 않는 자원 중 하나이며 교육의 핵심 측면입니다. 지식 공동재에 접근할 수 있는 사람들이 많을수록, 지식 공동재는 더욱 풍부해집니다. 언어, 수리력 및 쓰기 체계의 발달은 시간과 공간을 초월한 지식의 확산을 촉진했습니다. 그 결과 인간 사회는 높은 수준의 집단적 변영과 문명 건설을 이룩할 수 있었습니다. 지식 공동재의 가능성은 이론상으로 무한합니다. 지식 공동재가 촉발하는 다양성과 혁신은 오래된 것에 대한 재해석과 새로운 것으로부터 생겨나는 것은 물론이고, 빌려 오기와 빌려주기, 학문 분야의 경계를 넘나드는 실험으로부터도 비롯됩니다.

불행히도 지식 공동재에 접근하고 기여하는 데 형평성을 가로막는 장벽
들이 있습니다. 인류의 축적된 지식에는 상당한 격차와 왜곡이 있으며, 이
를 해소하고 수정해야 합니다. 원주민의 관점, 언어, 지식은 오랫동안 소외되
어 왔습니다. 여성과 소녀, 소수자 및 저소득 그룹도 심각하게 과소 대표됩
니다. 이러한 장벽은 상업화와 지나치게 제한적인 지적 재산권 법률에 기인
하며, 지식 공동재를 관리하는 커뮤니티와 시스템에 대한 적절한 규제와 지
원이 없기 때문에 발생합니다. 우리는 예술가, 작가, 과학자 및 발명가의 지
적, 예술적 자산에 대한 권리를 보호해야 합니다. 그리고 동시에 지식을 적
용하고, 창조할 수 있는 개방적이고 공평한 기회를 지원하는 데 노력해야
합니다. '집단적 지적 재산권'의 인정을 포함하는 '권리 기반 접근 방식'이
지식 공동재에 적용되어, 원주민과 기타 소외 집단의 지식이 불법적으로 또
는 동의 없이 전유되거나 사용되는 것을 막아야 합니다.

평생에 걸친 교육 받을 권리를 확대하려면, 장벽을 허물고 지식 공동재가
세상의 다양한 앎의 방식과 존재 방식을 반영하는 개방적이고 지속적인 자
원이 되도록 노력해야 합니다.

공공의 노력과 공동재common good로서의 교육 강화

공유된 사회적 노력으로서 교육은 공동의 목적을 세우고 개인과 지역사
회가 함께 번영할 수 있도록 합니다. '교육을 위한 새로운 사회계약'은 교육
을 위한 적절하고 지속적인 공공재정 지원을 보장할 뿐 아니라, 교육에 대
한 공적 토론에 모든 사람이 참여할 수 있도록 하는 사회적 약속을 포함해
야 합니다. 참여에 대한 이러한 강조는 함께 선택하고 성취하는 공유된 웰-
빙의 한 형태인 공동재로서 교육을 강화하는 것입니다.

두 가지 본질적인 특징은 교육을 공동재로 특징짓습니다. 첫째, 교육은
인간을 타인 및 세계와 접촉하게 하는 공동의 경험입니다. 교육 기관에서
교사, 교육자 및 학습자가 함께 나누는 공유된 활동은 개인적인 동시에 집
단적인 활동입니다. 교육을 통해 사람들은 인류의 지적 유산을 이용하고
새로운 것을 추가할 수 있습니다. 공동 창조의 집단적 행위인 교육은 개인

과 공동체의 존엄성과 능력을 확고히 해 주고, 공동의 목적을 수립하게 하며, 집단적 행동을 위한 역량을 발달시키고, 공동의 인간성을 향상시킵니다. 따라서 교육 기관은 최대한 다양한 학생들을 포용하여, 서로 다른 차이를 넘어 서로에게서 배울 수 있도록 할 필요가 있습니다.

둘째, 교육은 공동으로 관리됩니다. 사회적 프로젝트로서 교육에는 거버넌스 및 관리에 다양한 행위자들이 참여합니다. 다양한 목소리와 관점이 정책과 의사결정 과정에 통합되어야 합니다. 교육 정책, 제공 및 모니터링에 대한 비국가적 참여가 더욱 다양해지고 있는 현재적 추세는 교육을 공적인 일로 여기며 교육에 대한 주장, 투명성 및 책무성에 대한 요구가 확대되고 있음을 보여 줍니다. 교사, 청소년 운동, 지역사회 기반 그룹, 신탁 기관, 비정부 기구, 기업, 전문가 협회, 자선 단체, 종교 기관 및 사회 운동의 참여는 교육의 형평성과 질, 관련성을 향상시킬 수 있습니다. 비국가 행위자들은 차별 금지, 기회 평등, 사회 정의의 원칙을 수호할 때, 그리고 교육권을 보장하는 데 있어 중요한 역할을 합니다.

교육의 공적 성격은 공공 기관이 제공, 자금 조달 및 관리하는 차원을 훨씬 뛰어넘습니다. 공교육은 (1) 공공 공간에서 이루어지고, (2) 공익을 증진하며, (3) 모든 사람에게 책임을 지도록 하는 교육입니다. 누가 운영을 하든지 모든 학교는 인권을 증진하고, 다양성을 존중하며, 차별에 맞서도록 교육해야 합니다. '공교육은 사회 구성원들을 교육한다public education educates publics'는 사실을 잊어서는 안 됩니다. 공교육은 우리들의 차이와 다양성을 존중하면서 같은 인류, 같은 행성에 속하는 우리의 공동의 소속감을 강화합니다.

'공공의 사회적 노력과 공동재로서의 교육'에 대한 약속은 지역, 국가 및 글로벌 수준의 교육 거버넌스 방식이 포용적, 참여적이어야 함을 의미합니다. 정부는 교육이 상업화되지 않도록 규제와 보호regulation and protecting에 더욱 초점을 두어야 합니다. 시장market이 인권으로서의 교육적 성취를 더 이상 저해하도록 허용해서는 안 됩니다. 대신 교육은 모든 사람의 공공적 이익에 봉사해야 합니다.

새로운 사회계약이 우리가 사회적·경제적·환경적으로 정의롭고, 지속가능한 미래로 가는 길을 만드는 데 도움이 되려면 '평생 교육을 받을 권리'와 '공공재이자 공동재로서의 교육education as a public and a common good'에 대한 약속으로 구성되어야 합니다. 이러한 기본 원칙은 교육학 및 교육과정에서 연구 및 국제 협력에 이르기까지, 교육의 핵심적 차원을 혁신하기 위한 대화와 행동을 안내하는 데 도움이 될 것입니다.

보고서 구성

이 보고서는 3부로 구성되어 있으며, 각 부의 장들에서는 '교육을 위한 새로운 사회계약'을 구축하기 위한 제안들과 대화 및 행동을 위한 몇 가지 기본 원칙을 제시하고 있습니다. 보고서는 권고 사항들이 다양한 맥락에서 행동으로 옮겨질 수 있는 방법을 제안하는 에필로그로 끝맺습니다. 보고서는 적절한 곳에서 연구 증거들을 언급하고 있지만 본문에서 이를 직접 참조로 달지는 않았습니다. 이 계획의 일부로서 특별히 의뢰되었던 참고 문서들은 부록에 담았습니다.

보고서의 1부인 '과거의 약속과 불확실한 미래 사이'에서는 교육적 배제를 바로잡고, 지속가능한 미래를 보장하는 데 도움이 되고, 새로운 사회계약의 필요성을 뒷받침하는 것으로 교육의 형평성과 관련성에 대한 이중적인 글로벌 과제를 제시합니다. 1부는 두 개의 장으로 구성되어 있습니다.

1장은 〈세계인권선언〉 26조에 명시된 교육권의 드라마를 그 약속을 이행하고 미루는 과정으로 기록하고 있습니다. 2장에서는 환경 변화, 기술 가속화, 거버넌스 및 사회의 분열, 새로운 직업세계 등 광범위한 네 가지 중첩되는 변화 영역들을 검토하면서, 주요한 혼란들과 새로운 전환에 초점을 맞춥니다. 이 장에서는 2050년을 바라보면서, 이러한 혼란과 전환들이 교육에 어떤 영향을 미칠 것인지, 그리고 이를 더 잘 해결하기 위해 교육이 어떻게 변화할 수 있는지 묻고 있습니다.

보고서의 2부인 '교육을 다시 새롭게 하기'에서는 '교육(학)pedagogy', '교육과정', '교수敎授', '학교', '다양한 문화 및 사회적 공간에서 생활 전반에 걸친 광범위한 교육 기회'라는 다섯 가지 주요 영역에 따른 교육의 재개념화 및 갱신을 주장합니다. 이 다섯 가지 영역의 각각은 대화와 행동을 안내하는 원칙이 포함된 주제 장들에서 논의됩니다.

3장은 공감, 차이와 연민에 대한 존중을 육성하고, 자신과 세상을 변혁하기 위해 함께 일할 수 있는 개개인의 역량을 구축하는 '협력과 연대의 교육(학)'을 요청합니다. 4장은 학생들이 지식에 접근하고, 지식을 생산하는 동시에 비판, 적용할 수 있는 능력을 발달하도록 지원하는 '생태학적, 다문화적, 학제 간 교육과정'을 권고합니다. 5장에서는 교사의 변혁적 활동의 중요성을 강조하고, 가르침이 협력적 노력으로 더욱 전문화될 것을 권고합니다. 6장에서는 학교를 학습, 포용, 형평성, 개인 및 집단의 웰-빙을 지원하는 동시에, 정의롭고 공평한 미래를 더 잘 실현하도록 변화시키는 사회적 장소로 보호해야 할 필요성을 제시합니다. 7장에서는 교육이 공식 기관에서만 발생하는 것이 아니라, 다양한 사회적 공간과 삶을 통해 경험된다는 인식과 함께 다양한 시간과 공간에 걸친 교육의 중요성에 대해 논의합니다.

보고서의 3부 '교육을 위한 새로운 사회계약 촉진'에서는 연구와 글로벌 연대 및 국제 협력을 요청함으로써 '교육을 위한 새로운 사회계약' 구축을 시작하기 위한 아이디어를 제공합니다.

8장은 '교육을 위한 새로운 사회계약'을 구축하는 데 필요한 지식의 생성, 생산 및 협상에서 모든 사람이 역할을 수행해야 함을 제안하면서, 평생교육 권리에 대한 공유된 연구 의제를 요청합니다. 9장에서는 끈기, 대담함, 결속력, 그리고 2050년과 그 이후에 대한 비전을 가지고 글로벌 연대 및 국제 협력을 구축, 강화해야 할 새롭고 긴급한 필요성에 대해 논의합니다.

보고서는 본문에서 제출된 아이디어와 제안이 '다양한 환경에서, 다양한 방식으로 프로그램, 자원 및 활동으로 전환되어야 한다'고 강조하는 '에필로그와 계속'으로 끝맺습니다. 그러한 전환은 이 아이디어들을 계획 및 실행으로 전환하는 데 필수적인 다른 참가자들의 대화와 공동 건설 과정의 결과일 것입니다. '교육을 다시 새롭게 하기'를 정의하고 실행하는 것은 교사와 학생, 가족, 지역사회 및 시민사회 조직과 여러 수준의 정부 지도자, 교육 관리자에게 달려 있습니다.

우리 앞에 놓인 과제는 교육과 세계 전반에서 앞으로 '무엇을 하고, 무엇을 남기고, 무엇을 창조적으로 재구상해야 하는지'에 대한 공유되고 지속적인 전 세계적 대화를 강화하는 것입니다. 우리는 이것을 '다시 새롭게 하기'의 작업으로 간주합니다. 인간 이상의 세계에 사는 인간 거주자로서 우리가 집단적으로 직면한 문제의 심각성을 깨우치고, 단순한 반복에 저항하면서 앞으로의 길을 찾는 것입니다. 솔직히 말해, 우리는 '더 빠르고, 더 크고, 더 효율적인 것'이 우리를 절벽으로 몰아가고 있다는 것을 알고 있습니다. 기후 악화와 흔들리는 생태계는 아마도 가장 분명하고, 가장 중요한 경고 신호일 것입니다. '다시 새롭게 하기'는 우리 교육 시스템을 더 나은 것으로 변화시키기 위해, 힘들게 얻은 지식과 경험을 엄밀히 살피는 것sifting을 의미합니다. 그것은 새로운 것을 건설하고 보다 유망한 경로를 수립하기 위해 이미 알려진 것을 사용하고 선별하는 것을 포함합니다.

이 보고서는 그 목표를 달성하기 위한 대화 및 행동을 위한 초대이자 제안된 의제입니다.

'교육을 위한 새로운 사회계약'은 이미 상당한 기간에 걸쳐 만들어져 왔습니다. 지금 필요한 것은 이를 실현하기 위한 광범위하고, 포괄적이며, 민주적인 공적 대화와 참여입니다. 이 보고서는 그 목표를 달성하기 위한 대화 및 행동을 담은 제안서이자 초대장입니다.

2장
혼란과 새로운 전환

"여기서 저는 제 인생의 위대한 교훈 중 하나가 현재의 영속성, 생성의 지속성, 미래의 예측 가능성을 믿지 않는 것임을 강조하고 싶습니다. 예기치 못한 것의 짧고 갑작스러운 분출은 끊임없이 우리 개인의 삶, 시민으로서의 삶, 국가의 삶, 인류의 삶을 때로는 행복하게, 때로는 불행하게 뒤흔들거나 바꿔 놓습니다." – 에드가 모랭(Edgar Morin), 『100년 인생의 교훈』, 2021

2050년 중반의 이정표를 향해 나아가면서, 지금 우리에게 필요한 교육의 유형은 가족, 지역사회, 국가 및 세계 각지의 엄청난 변화 가능성을 고려하면서 세상이 어떤 모습일 것으로 기대하고 있는가에 따라 크게 달라집니다.

이 장에서는 '환경', '기술과 함께 살고 상호작용하는 방식', '거버넌스 시스템' 및 '직업세계'라는 종종 중첩되는 네 가지 영역에서, 심각한 영향을 미칠 것으로 예상되는 혼란에 초점을 맞춰 미래를 전망해 볼 것입니다.

예측 작업이라는 것의 불확실성에도 불구하고, 전환적 변화를 예상하는 것은 향후 수십 년 및 그 이후에 교육이 인류의 요청에 더 잘 대응하도록 하는 대안적 시나리오를 계획하고 구축하는 토대를 제공할 것입니다.

위험에 처한 지구

특히 2020년대에서 2050년으로 이어지는 수십 년이 인간과 지구상의 다른 모든 생명체의 미래에 결정적 역할을 할 것이라는 과학적 합의가 있었습니다. 탄소 배출량을 줄이기 위해 우리가 취하거나 취하지 않는 조치는 2030년대와 2040년대에 어떤 미래가 가능한지 그리고 수십만 심지어 수백만 년 동안 어떤 파급 효과를 미칠 것인지를 결정할 것입니다. 우리가 지구에 가하고 있는 변화의 규모와 속도는 역사적 전례가 없으며, 지질학적 전례도 거의 없습니다. 대기의 화학적 조성은 포유류의 전체 시대에 걸쳐 볼 수 있었던 가장 극단적인 변화보다도 10배나 빠르게 변화하는 것으로 추정됩니다. 지구는 이제 125,000년 전에 시작된 마지막 빙하기 이래 그 어느 때보다 뜨겁습니다. 그리고 이미 발생한 기후변화의 영향이 현재 생태계에 녹아 있기 때문에, 향후 30년 동안 지구 생명체에 영향을 미칠 것입니다. 우리는 기후변화에 적응하고, 완화하고, 되돌릴 필요가 있으며 기후변화에 대한, 그리고 기후변화를 위한 교육은 이 세 가지 목표에 부합해야 합니다.

2015년 파리기후변화협약 채택은 산업화 초기부터 계속 확대되고 있는 CO_2 및 메탄과 같은 온실가스의 전 세계 배출량을 안정화하고 줄이려는 노력에 대한 역사적이고 전 세계적인 약속을 표현했습니다. 세계 각국 정부는 지구가 산업화 이전 수준보다 2°C 이상(바람직하게는 1.5°C 이상) 상승하지 않도록 돕겠다고 약속했습니다. 그러나 화석연료 연소를 줄이겠다는 약속에도 불구하고, 배출량은 계속 증가하고 있습니다. '기후변화에 대한 정부 간 협의체Intergovernmental Panel for Climate Change'의 2021년 보고서는 지구 온난화 진행 속도가 몇 년 전에 예상했던 것보다 훨씬 더 빠르다는 것을 보여 줍니다. 전 지구적 수준에서, 우리가 온실가스 배출량을 극적으로 줄이는 것은 고사하고, 안정적으로 유지하는 것조차 할 수 없음을 보여 주었습니다. 이러한 행동 부재의 영향은 우리 주변 모두에 미치며, 이는 찌는 듯한 더위, 더 빈번하고 오래 지속되는 가뭄, 홍수, 화재 그리고 가속화되는 멸종의 일상화 등 대부분 파괴적인 것입니다. 끊임없는 경고에도 불구하고, 너무 많은 사람이 현대 사회에 동력을 공급하기 위한 채굴, 탄소 연소와 같은 인간 활동의 결과를 이해하지 못하고 있습니다. 인간 활동으로 인해 기후변화가 촉발되어 지구상 열대 산호초의 절반이 죽고, 10조 톤의 얼음이 녹아내렸으며, 바다가 경악할 수준으로 산성화되고 있습니다. 한때 기후변화 최악의 영향을 방지하기 위해 순 탄소 배출량 제로를 2050년까지 기다릴 수 있는 것처럼 보였던 적이 있었지만, 최근의 과학 연구는 데드라인이 훨씬 더 빨리 올 것으로 예측합니다. 광대한 지구의 역사에서 불과 나노 초에 불과한 향후 몇 년 동안 일어날 일들은 우리를 점점 더 변덕스럽고 위험해지는 기후 속에서 살아가는 악몽 같은 길로 안내할 수도 있고, 반대로 조금 덜 심각한 변화 속에서 상대적으로 인간에게 우호적인 세계에 남게 할 수도 있습니다.

상황의 긴박함은 전 세계의 가정, 사업장, 예배 장소 및 학교에서 점점 더 널리 인식되고 있습니다. 당연히 어린이와 청소년은 가장 강력한 행동을 촉구했고, 현재의 불안정성을 인정하고 의미 있는 시정 조치를 취하기를 거부하는 사람들을 가혹하게 질책하고 있습니다. 이 보고서에 정보를 제공한 전문가 협의체에서, 청소년과 함께 그리고 청소년들에 의해 포커스 그룹 전반에 걸쳐 꾸준히 실시된 청소년 설문조사에서 나타난 기후변화와 환경 파괴에 대한 높은 수준의 우려는 분명한 것이었습니다.

행성의 한계를 넘다

지구 대기 및 바다의 온난화는 지구를 벼랑 끝으로 몰아가는 자원 개발과 함께 진행됩니다. 출생률 증가와 수명의 급격한 연장으로, 세계 인구는 1950년에서 2020년 사이에 3배 증가하여 25억 명에서 거의 80억 명으로 증가했습니다. 2020년 지구에 사는 평균적 인간은 1920년보다 2배 더 오래 살고 있습니다. 이는 수많은 사회적, 과학적 성취를 반영하는 놀라운 성과입니다. 예상하는 대로, 이 인구 폭발은 동시에 자원에 대한 요구를 증대시켰습니다. 인구 증가는 최근 수 세기보다는 그 속도가 다소 완화되었지만 지속되고 있습니다. 현재의 예측에 따르면 세계 인구는 2050년에 97억 명에 도달한 다음 2100년에는 약 110억 명에서 정점에 이를 것으로 보입니다.

소비 및 산업 활동의 빠른 가속화와 함께, 이러한 성장은 자원에 대한 엄청난 수요를 낳고, 대부분 환경에 부담을 초래합니다. 1950년 이후 인간의 물 사용량은 2배, 식량 생산 및 소비량은 2.5배, 목재 소비량은 3배 증가했습니다. 2050년까지 식량 수요는 35%, 물 수요는 20~30%, 에너지 수요는 50% 증가할 것으로 예상됩니다.

오늘날 우리는 물질 생산, 소비 및 폐기물 측면에서, 지구의 한계를 훨씬 초과합니다. 일부 추정에 따르면, 현재 인간의 생태 발자국[73]은 우리를 지원하고 폐기물을 흡수하기 위해 1.6개의 지구를 필요로 합니다. 이것은 자원 사용의 지속적 증가로 인해, 이제 지구가 우리가 1년에 사용한 것을 재생하는 데 1년 8개월이 걸린다는 것을 의미합니다. 경로를 바꾸지 않는다면, 2050년에 우리는 그 자원을 보충하는 데 필요한 4배의 속도로 자원을 사용하면서, 미래 세대에게 심각하게 고갈된 행성을 넘겨주게 될 것입니다.

오늘날 우리는 물질 생산, 소비 및 폐기물 측면에서 행성의 한계를 훨씬 초과합니다.

우리의 소비와 자원 착취의 부산물인 오염은 빠르게 질병과 사망의 가장 큰 환경적 요인이 되었습니다. 이로 인해 매년 900만 명이 조기 사망하는 것으로 추산되며, 이는 AIDS, 말라리아, 결핵과 전쟁으로 인한 것을 합친 것보다 훨씬 많습니다. 환경오염은 지구상의 가장 큰 공중 보건 위기로 흔히 언급될 뿐만 아니라, 학습 곤란 및 장애와도 연결됩니다. 학교를 오가는 것만으로도 위험한 수준의 대기 오염으로 인해 여러 측면에서 건강에 위험할 수 있으며, 일단 대기오염이 발생할 경우 많은 교육 기관에는 공기청정기가 없으며, 적절한 하수 처리 및 깨끗한 물이 부족합니다. 어떤 교육 시설들은 위험한 수준의 화학 폐기물 및 기타 형태의 독성 오염물질이 있는 지

---

73. 인간의 일상 활동에 쓰이는 자원과 폐기물을 처리하는 데 필요한 토지 면적.

역에 있기도 합니다.

심지어 내일 당장 무공해를 달성하고 100% 청정에너지 시스템을 갖추더라도, 우리는 삼림 벌채, 어류 남획, 산업적 농업, 광업 및 폐기물과 같은 지속 불가능한 활동으로 인한 해로운 생태학적 결과에 직면하게 될 것입니다. 기후변화의 영향 위에 이미 모든 것이 우리 시스템 속에 구축되어 있습니다. 연쇄적 결과가 이제 보이기 시작하고 있습니다. 지구 생물권은 인간도 포함하면서 상당한 압력을 견딜 수 있는 통합적 시스템이지만, 우리가 의존하는 생태계에 부담을 줄수록, 돌이킬 수 없는 붕괴를 초래할 임계점tipping points에 가까워집니다.

인류는 여기에 책임이 있지만 모든 인간이 똑같지는 않습니다. 특권층과 지구상의 부유한 지역은 다른 사람들보다 훨씬 더 많은 자원을 사용하고 더 많은 탄소를 태웁니다. 우리가 방향을 바꾸기 위해 함께 일할 때, 사회 정의는 생태적 정의를 포함해야 하며, 역으로 생태 정의에도 사회 정의가 포함되어야 합니다. 우리는 지구에 이러한 해악을 초래한 것에 책임이 가장 작은 사람들이 계속해서 불균형적인 대가를 치르지 않도록 해야 합니다.

기후변화가 교육에 미치는 영향

현재 기후변화 및 생태계 불안정화는 교육에 직간접적인 영향을 미치고 있습니다. 극단적인 기상 현상 및 이와 관련된 자연 재해 심화는 교육을 방해하고 심지어 접근마저 거부할 수도 있습니다. 어린이, 청소년 및 성인 학습자는 적절한 교육 시설에서 먼 곳으로 이주해야 할 수도 있습니다. 학교 건물이 파괴되거나 피난처 또는 기타 서비스를 제공하기 위해 용도가 변경될 수도 있습니다. 학교와 대학 운영이 가능한 곳도 이주로 인한 교사 부족이 나타나며 이는 기후변화로 인한 자연재해의 일반적인 결과입니다.

기온 상승은 교육에 특별한 위험을 초래합니다. 많은 연구에 따르면, 더위는 학습과 인지에 부정적인 영향을 미치며, 세계 대부분의 학교와 가정에는 현재의 온도를 적절하게 낮추고 기온을 제어할 수 있는 적절한 재료, 건물, 기술이 갖추어져 있지 않습니다. 이는 극심한 더위를 겪는 나라들과 주기적으로 극단적 기온 급상승을 겪는 나라들(그들 중 다수는 부유한 나라)의 현실입니다. 최근 예측에 따르면 온실가스 배출의 극적인 변화가 없다면, 2070년에는 세계 인구의 3분의 1이 인간이 살기에는 너무 더운 지역에 살게 될 가능성이 있습니다. 이미 전 세계의 학생들은 위험한 수준의 더위와 규모, 정도, 빈도가 증가하는 다른 극단적 기상 현상으로 인해, 학교 출석 대신 집에 머물라는 지시를 빈번하게 받고 있습니다.

기후변화와 환경오염은 학생, 교사, 학교 공동체에 미치는 직접적인 영향 이상으로, 생계와 웰-빙에도 간접적인 영향을 미칩니다. 증가하는 식량 불안, 질병의 확산, 악화되는 경제적 불안정성은 모두 교육받을 권리를 보장하는 데 새로운 위기를 불러일으킵니다. 이런 상황들의 경우에서도, 그 영향은 공평하지 않다는 것을 우리는 알고 있습니다.

기후변화는 특히 가장 가난하고 소외된 사람들, 자급 농업에 의존하는 사람들 사이에서 성 불평등을 증가시킨다는 증거가 있습니다. 자원이 부족한 곳에서는, 불평등하게 분배되는 경향이 있습니다. 기후변화의 영향으로 거주지를 잃을 때, 여성과 소녀들이 빈곤의 덫에 빠질 가능성이 훨씬 더 높습니다. 삶으로의 복귀 및 회복 가능성이 교육을 통하는 것을 포함해 남성에 비해 낮습니다. 또한 기후변화는 또한 남성의 해외 이주를 증가시켜, 여성에게 가족 생계 부담을 증가시킬 수 있습니다. 어떤 상황에서는 소녀들의 조혼을 주선하는 것이 가족 부양을 위한 몇 안 되는 선택지 중 하나이기도 하며, 이는 소녀들의 교육 기회를 사라지게 합니다. 하지만 동시에 여성은 어머니, 교사, 노동자, 의사 결정자, 지역사회의 구성원 및 지도자로서 기후 정의를 위한 변화의 주체로 중요한 역할을 하며, 종종 기후변화에 대한 적응, 완화를 위한 실천의 최전선에 있습니다.

원주민 여성은 지속가능한 산림 관리, 작물 파종 및 수확, 생물다양성, 작물 저항성, 종자 보존 및 선정과 같은 기후변화에 대한 완화 및 적응에 기여하는 지식을 지니고 있지만, 그들의 기여는 자주 무시됩니다.

기후변화의 영향을 가장 많이 받는 사람들이 글로벌, 해당 국가, 지역 차원의 공개 토론에서 과소 대표되는 경우가 너무 많습니다. 이 외에도 학생,

교사, 가족을 포함하는 교육의 가장 큰 구성원들이 기후변화와 교육에 대한 그 영향과 관련된 논의에서 빠지는 경우가 두드러지게 많습니다. 교육이 어떻게 대응할지 결정하는 데 있어, 그들이 주도적인 역할을 하는 것이 중요합니다. 참여적 접근의 필요성은 교육 정책 및 계획 등을 넘어, 인간이 초래한 지구와 교육 변화에 대한 연구 및 지식 생산에도 적용됩니다.

현재의 교육적 성취와 이수는 지속 불가능한 관행과 연관되어 있습니다. 세계에서 가장 교육을 많이 받은 국가와 사람들이 기후변화를 가장 많이 가속화하고 있습니다. 우리는 교육이 평화, 정의, 인권에 이르는 길을 제공하고 있다고 생각해 왔지만, 실제로는 교육이 지속가능성을 위한 역량을 구축하면서 길을 열 것으로 기대하고 요구하는 것은 이제 막 시작되었을 뿐입니다. 이 작업을 강화해야 합니다. 만약 교육을 받는 것이 지속가능하지 않은 삶을 의미한다면, 교육이 무엇을 해야 하고, 교육을 받는다는 것이 무엇을 의미하는지에 대한 우리의 개념을 재정립해야 합니다.

희망의 이유

너무 오랫동안, 교육 자체가 경제성장 위주의 근대화 발전 패러다임에 기초해 왔습니다. 그러나 우리가 지구에서의 생활 방식을 재조정하고, 상호의존적인 시스템과 그 한계를 인식할 수 있는 이해에 기반을 둔, 새로운 생태-지향적 교육으로 나아가고 있다는 초기 징후들이 있습니다. 매년 4월 지구의 날을 기념하는 것은 인류 역사상 가장 큰 비종교적 행사 중 하나가 되었습니다. 기후 운동은 어린이들이 자신의 미래에 대한 비전을 들고, 구현할 수 있는 적극적인 참가자가 되도록 박차를 가했습니다. 그들의 행동은 다른 종류의 미래를 위한 리허설입니다. 이 외에도 '지속가능발전'은 교육의 지도적 목적이자, 교육과정의 구성 원칙으로 점점 더 그 위치가 높아져 가고 있습니다.

인간의 생태 의식, 살아 있는 지구와의 조화로운 생활 방식에서 이미 급격한 변화가 일어난 상황이 될 수도 있는 2050년의 미래 가능성을 과소평가할 수 없습니다.

환경 교육의 중요성은 수십 년 동안 인식되어 왔고 많은 정부 정책 선언에서 승인되었지만, 정책과 실행 사이에는 큰 괴리가 있으며, 결과와는 더욱 큰 괴리가 있습니다. 기후변화 교육 효과에 대한 연구에 따르면, 대부분의 교육이 학생들을 효과적인 행동에 참여시키는 데 필요한 전체적 역량을 배양하는 것이 아니라, 오직 과학적 교육에만 초점을 맞추고 있습니다. 우리는 학생들이 기후변화에 적응하고 이를 완화할 수 있는 능력을 발달시키도록 돕기 위한 새롭고 더 효과적인 접근 방식이 필요합니다. 우리의 전략은 심화 학습, 시민 역량 발달에 대한 기존 지식과 삶과 직업을 위한 기능 발달에 대한 최근 연구들을 활용하는 것이 되어야 합니다.

우리는 학생들이 기후변화에 적응하고 이를 완화할 수 있는 능력을 발달시키도록 돕기 위한 새롭고 더 효과적인 접근 방식이 필요합니다.

디지털, 연결과 격차

역사적으로 우리의 현재는 진행 중인 디지털 혁명, 생명공학 및 신경과학의 진전으로 특징지어지는 사회의 기술적 변화의 가속화로 특징지어집니다. 기술혁신은 우리가 살아가고 배우는 방식을 재편해 왔으며, 앞으로도 계속 그럴 것입니다.

디지털 기술, 도구 및 플랫폼은 인권을 지원하고, 인간의 능력을 강화하며, 평화, 정의 및 지속가능성을 향한 집단적 행동을 촉진하는 방향으로 선회할 수 있습니다. 분명히 말하자면, 디지털 리터러시와 접근성은 21세기의 기본적 권리입니다. 그것 없이는 시민으로서, 그리고 경제적으로 참여하는 것이 점점 더 어려워지고 있습니다. 세계적 팬데믹 속의 고통스러운 사실 중 하나는, 디지털 기술에 대한 연결성과 접근 권한이 있는 사람들은 학교가 문을 닫는 동안 원격으로 계속해서 학습할 수 있었던 반면(그리고 실시간으로 다른 중요한 정보들의 혜택도 얻을 수 있었으며), 그러한 접근성 및 기능이 없는 사람들은 학습 기회와 교육 기관들이 제공하는 혜택을 이용할 수 없었습니다. 이러한 디지털 격차로 인해, 교육 기회와 결과에서 국가 간, 국가 내 격차가 확대되었습니다. 우리가 가장 먼저 해야 할 일은 이러한 격차를 줄히고, 학생과 교사를 위한 디지털 문해력을 21세기의 필수 문해력의 하나로 간주하는 것입니다.

그러나 더 포용적이고 지속가능한 세상을 만들기 위한 인간의 능력을 향상시키기 위해, 기술을 사용하는 것은 의도를 가지고 장려될 필요가 있습니다. 기술은 우리의 권리를 파괴하고 능력을 제한하거나 심지어 위축시킨 오랜 역사를 가지고 있습니다. '마법의 총알' 해결책으로 새로운 개발을 성급하게 채택하는 것은 거의 성공하지 못했습니다. 보다 나은 결과를 낳은 것은 점진적인 개선을 추구하는 발전이었으며, 위험성을 인식하면서 단순하고 보편적인 해결책은 없다는 것에 대한 이해를 가지고서 기술적 실험들을 장려하는 문화였습니다.

디지털(컴퓨터로 전송, 저장 및 분석할 수 있게 수리적 시퀀스로 변환된 모든 것)은 인간 활동의 광대한 영역을 채우고 있습니다. 인프라(연결 요소)의 한 형태로서 디지털은 우리를 '연결'하는 데 많은 역할을 합니다. 그러나 '디지털 격차'는 '인터넷 접근성'과 '집단, 개인의 목적을 위해 기술을 활용하는 데 필요한 기능 및 역량'이라는 측면에서 지속됩니다.

디지털화와 디지털 기술에는 고유한 모순이 있습니다. 디지털 기술의 여러 작동 논리 중 일부는 해방적 잠재력이 크지만, 또 다른 일부는 커다란 충격과 위험성을 지닙니다. 이런 점에서 '디지털 혁명'은 농업, 산업 혁명과 같은 다른 위대한 기술적 변화의 계기와 다르지 않습니다. 주요한 집단적 이득이 우려할 만큼의 불평등과 배제의 증가와 함께 발생합니다. 문제는 인권과 평등한 기회를 보장하기 위해 기술 개발을 조정함으로써, 이러한 복합적 효과들 속에서 올바른 길을 찾아가는 것입니다.

기술은 중립적이지 않습니다. 기술은 인간의 인식과 행동은 물론이고, 세상을 나누고 재구성하는 방식을 통해 행위와 의사결정을 틀 지을 수 있습니다.

디지털 기술의 어떤 특성이 지식과 정보 공유를 촉진할 수 있는 것처럼, 또 어떤 특정한 성격은 지식 다양성, 문화적 포용성, 투명성 및 지적 자유에 중대한 위협이 될 수 있습니다. 현재의 알고리즘 경로, 플랫폼 제국주의, 디지털 인프라의 거버넌스 패턴은 교육을 공동재로 유지하는 데 심각한 문제를 제기합니다. 그것들이 제기하는 문제, 특히 교육의 디지털화와 새로운 하이브리드 또는 가상현실로만 구현되는 학교 모델의 출현 가능성 문제는 교육에 관한 현시대 토론에서 중심 의제가 되고 있습니다.

수십 년 동안 교육 세계는 디지털 기술과의 다양하고, 잠정적이며, 새로운 관계를 맺는 데 사로잡혀 있었습니다. 컴퓨터는 전 세계의 많은 교실과 가정에서 사용됩니다. 휴대전화는 다양한 교육 환경에서 점점 더 많이 사용되고 있으며, 특히 개인용 컴퓨터를 쉽게 구할 수 없는 사하라 이남 아프리카의 열악한 환경에서 특별히 중요한 역할을 합니다. 인터넷, 이메일, 모바일 데이터, 비디오 및 오디오 스트리밍 그리고 정교한 협업 및 학습 도구 호스트는 방대하고 흥미로운 교육 기회와 가능성을 창출했습니다.

이렇게 진행 중인 변화들은 언어, 유산, 열망과 관련된 문화적 권리뿐만 아니라 교육에 대한 권리에도 중대한 영향을 미칩니다. 정보, 데이터 및 지식에 대한 권리와 민주적 참여에 대한 권리도 큰 영향을 받습니다. 디지털화가 가져온 혼란스러운 변화들을 바라볼 때, 사생활에 대한 권리와 자신의 목적을 추구할 권리를 포함한 인간 존엄성의 핵심 원칙을 적용해야 합니다.

정보통신기술의 발전은 학습의 가치, 학습 방식 및 교육 시스템 구성 방식을 계속해서 변화시키고 있습니다. 디지털 기술은 정보 수집 및 이를 기반으로 행동하는 비용을 크게 줄였습니다. 또한 더 많은 사람이 이러한 프로세스에 더 쉽게 참여할 수 있도록 했습니다. 시민과학과 열린과학 프로젝트들은 디지털 기술이 수집, 분석된 정보의 양과 이 작업에 관련된 사람들의 수와 다양성을 확장하는 데 어떻게 도움이 될 수 있는지를 보여 주는 훌륭한 예입니다. 데이터의 생성, 순환, 사용과 데이터가 디지털 프로세스를 통해 나타나게 되는 지식은 과학 발전과 전문 지식 개발 방식을 변화시켰으며, 정보와 지식이 전 세계 대중에게 제공되거나 제공되지 않는 방식을 변화시켰습니다. 동시에, 컴퓨터를 이용한 데이터 수집 및 분석의 용이성은 추론 및 의미를 형성하는 다른 방식들을 빠르게 잠식하였고, 연관성은 존재하지만 수량화하기 어려운 개인적 경험 및 다른 유형의 데이터보다 수치 데이터 세트에 특권을 부여하는 것과 같은 결과를 가져왔습니다.

수천 년에 걸쳐 만들어진 가장 큰 물리적 도서관들을 합친 것보다 더 많은 문자 및 그래픽 정보를 주머니 크기의 휴대전화에서 즉시 사용할 수 있는 세상에 우리가 적응함에 따라, 교육은 단지 지식을 전파, 전달하는 것을 넘어, 지식이 학습자에게 힘을 부여하고 학습자가 해당 지식을 책임감 있게 사용할 수 있도록 할 필요성이 생겼습니다. 중요한 교육적 과제 중 하나는 단지 몇 번의 터치나 간단한 키 입력만으로도 정보의 바다를 이해할 수 있는 도구를 사람들에게 제공하는 것입니다.

디지털 지식과 그 배제

디지털 기술은 많은 토착 지식을 주변부로 밀어낸 르네상스 이후 서구 특유의 특정하고 지배적인 지식을 반영하게 되었습니다. 어부, 선원 및 모험가의 기후 및 항해 지식은 그것에서 파생된 기술과 데이터를 갖춘 천문학자, 기후학자 및 기상학자에 의해 주변화되었습니다. 마찬가지로, 농부, 수렵꾼, 채집가 및 목동의 지식은 종종 수 세기에 걸쳐 전해 내려오지만, 농업 경제학자, 임업 전문가, 전문 관리인, 제약 회사 및 영양학자가 사용하는 전문성과 기술로 인해 주변화되었습니다. 이러한 비기술적non-technology 지식들의 주변화는 인간 존재, 자연, 환경 및 우주론에 대한 방대한 지식 저장소를 인류에게서 박탈했습니다. 교육자들은 인류를 위한 문화적 다양성의 DNA를 구성하는 이러한 지식들을 인식하고, 되찾고, 복원하기 위해 많은 일을 할 수 있습니다. 결과적으로, 교육학 자체도 예전에는 비공식적이고, 토착적이며, 쉽게 접근할 수 없는 지식으로 종종 거부되거나 의심스럽게 취급받았지만 전문적 역량의 하나가 되었습니다.

디지털성digitality의 승리로 위협받는 가장 귀중한 형태의 지식 중 하나는 사회 자체the social itself의 지식입니다. 공유, 연결성 및 관계성에 대한 자랑에도 불구하고, 대부분 이윤-중심profit-driven인 디지털 지식은 개인(사용자, 구매자 또는 관찰자)의 고립에 의존하며, 외로움, 이기심 및 자아도취를 너무 쉽게 조장할 수 있습니다. 그리고 디지털 문해력과 장치, 플랫폼 및 고속데이터통신망이 국가 간, 국가 내에서 매우 불평등하게 분포되어 있기 때문에, 토착적이고 낮은 기술 수준의 임시적이고 비 상품적인 형태의 지식을 소중히 여기고 의존하는 사람들은 도외시됩니다.

부분적으로, '디지털 격차'가 존재하는 원인은 정해진 규정에 따라 영역 외부의 사람들과 측정, 저장, 분석 기법에서 벗어난 모든 것을 무시하기 때문입니다. 그런 점에서 '플랫폼 제국주의'라고 하는 것이 마땅할 것입니다. 해결책은 단순한 포용적 디지털화가 아닙니다. 그것은 공동선을 지원할 수 있도록 디지털이 올바로 위치할 수 있는 방법을 통해 더 복합적이고 대중적으로 참여하는 것이 되어야 하며, 또한 디지털 세상 밖에 남아 있는 것에 대한 새로운 이해와 결합되어야 합니다.

집단적으로 우리 모두는 디지털성의 부정적인 측면-특히 지식의 양적, 알고리즘적, '해결론적' 정의에 중점을 둠으로써 2050년까지 점점 더 널리 퍼질 수도 있는-에 저항할 수 있는 능력을 지원하고 육성해야 합니다. 그러나 이러한 경향에 저항하는 것이 디지털화 자체에 저항하는 것을 의미하지는 않습니다.

COVID-19 시대에, 우리는 디지털 기술이 공중 보건 및 공교육에 필수적이라는 것을 확인했습니다. 디지털 기술은 원격 교육, 접촉 및 백신 추적, 바이러스에 대한 신뢰할 수 있는 정보 획득 등을 위한 필수 도구입니다. 그럼에도 불구하고, 내러티브가 없는 숫자, 문화적 포용성이 없는 연결, 힘을 주지 못하는 정보, 교육에서 명확한 목적 없는 디지털 기술은 인간 발달을 위한 바람직한 수단이나 도움이 될 수 없습니다.

내러티브가 없는 숫자, 문화적 포용성이 없는 연결, 힘을 주지 못하는 정보, 교육에서 명확한 목적 없는 디지털 기술은 바람직하지 않습니다.

디지털 혁명에 대한 많은 논평에는 찬사의 어조들이 수반되고 있지만, 상황은 또한 그런 기술이 제공하는 근본적으로 변혁적인 기회를 활용하는 데 실패하고 있는 것으로 파악될 수도 있습니다. 현재 사용되는 디지털 플랫폼은 대부분 더 광범위한 비즈니스 목표를 달성하려는 목적을 따릅니다. 그들이 디자인한 세상은 또한 여성과 언어, 민족, 인종적 소수자, 장애인을 포함한 소외된 그룹을 일상적으로 배제하고, 전체 인류를 대표하지 못하는 편견과 오도된 정보들을 제공합니다. 그러나 이것이 현재 제멋대로 힘을 행사하는 강력한 디지털 기술의 운명이 되어서는 안 됩니다. 그것은 사람들의 역량을 강화하고 사람들을 연결하기 위해, 현재의 통상적인 상업적 모델보다 훨씬 더 많은 일을 할 수 있으며, 우리는 지금 그것을 기대하고 있습니다.

보다 유연한 디지털 환경을 만들려면, 긍정적 발전과 공동재로서의 잠재성 실현을 제한하고 있는 현재의 비즈니스 모델과 권위주의적인 규제 충동으로부터 기반 인프라를 분리해야 합니다.

인간 학습자 해킹

생명공학과 신경과학의 발전은 이전에는 상상할 수 없었던 방식으로 인간에 대한 공학을 가능하게 하는 잠재력을 가지고 있습니다. 인간의 유전적 구성과 신경화학계에 영향을 미치는 기술 발전이 지속가능하고, 정의롭고, 평화로운 미래를 지원하도록 하기 위해서는 공공 영역에서 적절한 윤리적 거버넌스와 숙고가 점점 더 시급해질 것입니다.

신경과학의 새로운 도구는 행동으로부터 뇌 기능을 추론하는 것과는 대조적으로, 이미 연구자들로 하여금 인간의 뇌가 어떻게 기능하는지 직접 조사할 수 있게 해 줍니다. 그러나 대부분의 현대 뇌 기록 방식은 실제의 교육적 맥락 및 상호작용과는 거리가 먼, 고도로 통제된 환경에 의존합니다. 오늘날 인기 있는 연구 활동 중 하나는 다양한 학습 활동(예: 언어 이해 또는 수학적 추론) 중에 선택적으로 활성화되는 뇌 영역을 판별하는 것입니다. 그러나 이러한 연구들이 지금까지 교수-학습을 어떻게 설계해야 하는가에 대해서는 거의 밝혀낸 바가 없으며, 추가적인 분석적 연구가 필요합니다.

그럼에도 불구하고, 뇌를 학습에 점점 더 최적화될 수 있는 생물학적 기관으로 간주하는 연구에서 귀중한 통찰력이 축적되고 있습니다. 신체적 건강의 구성 요소로서 뇌 건강의 중요성은 학습과 전반적 인간 복지와의 상호의존성을 강화하고, 교육권과 건강권 같은 기타 권리들 간의 연결을 더욱 구체화합니다.

인간 두뇌의 신경 가소성을 알려 주는 증거들이 늘어나고 있습니다. 다시 말해, 인간은 평생에 걸쳐 뇌가 물리적으로 변화한다는 의미입니다. 초기 몇 년이 결정적 형성기이긴 하지만, 우리는 이제 인간의 뇌가 모든 연령대에서 상당한 학습과 '재배선rewiring' 능력이 있음을, 예를 들어 환자들의 트라우마 극복에서 특정 화학물질이 인간 뇌의 재배선을 촉진하는 역할을 한다는 것을 알게 되었습니다. 이러한 통찰력은 성인교육과 학습에 잠재적인 영향을 미칩니다.

초기의 몇 년이 결정적 형성 기간으로 남아 있긴 하지만, 이제 우리는 뇌가 모든 연령대에서 상당한 학습과 '재배선'을 할 수 있다는 것을 알고 있습니다.

신경 가소성은 또한 환경 및 기술 변화에 대한 인간의 적응에 중요한 영향을 미칩니다. 이 보고서가 주장하는 바와 같이, 어린이뿐만 아니라 모든 연령대의 사람들이 점점 더 손상된 지구와 함께 사는 법을 배워야 합니다. 전 세계적으로 점점 더 많은 사람이 디지털 화면 기반 독서에 참여함에 따라, 신경 가소성이 중요해집니다. 쉽게 산만해지는 것, 장시간 주의집중의 어려움, 표 형태의 내용을 스쳐 지나가듯 읽는 방식에 대한 일련의 중요한 우려들이 생겨났습니다. 뇌가 주어진 과제를 수행하는 능력을 향상시키기 위해 스스로 다시 작업하는 방식에 대한 우리의 현재적 이해는, 인쇄물과 관련된 선형 읽기linear reading가 그 자체로 엄청나게 복잡한 신경학적 작업이라는 것을 상기시켜 주는 데 유용합니다. 인류에게 선형 읽기의 문화적, 생물학적 중요성은 구전에서 문자로의 다양한 인간 문화의 전환을 설명하는 많은 학자들에 의해 지적되어 왔습니다. 어떤 의미에서 우리 인간은 꽤 오랫동안 스스로를 '해킹'해 왔습니다. 많은 사람이 시간이 지나면, 우리가 지금 우리 앞에 있는 새로운 읽기 기술에 적응할 것이라고 타당하게 주장합니다. 교육의 미래를 위한 선택은 디지털 또는 인쇄본 읽기 중 하나로 제시되어서는 안 됩니다. 오히려 복합적 문해력을 형성하기 위해, 교사는 학생들이 선형 읽기와 표 읽기를 모두 접할 수 있도록 해야 합니다. 인쇄물과 디지털은 텍스트에 대한 보완 형식이자 둘 다 필수적인 것으로 간주되어야 합니다.

신경과학 및 생명공학의 이러한 새로운 발전을 적절하게 통제하는 것은 개방적 데이터, 개방적 과학 그리고 연결성, 데이터, 정보 및 사생활 보호에 관한 권리를 포함하는 교육적 권리에 대한 확장된 이해에 달려 있습니다.

민주주의의 후퇴와 양극화 심화

비판적 사고, 혁신, 그리고 개인적 또는 공유된 목적의 실현은 인권이 존중되는 참여 민주주의 환경에서 번창합니다. 그러나 지난 10년 동안 세계는 민주적 거버넌스가 크게 후퇴하고, 정체성 중심identity-driven의 배타적 포퓰리즘 정서가 부상하는 것을 목격했습니다. 그러한 정서는 글로벌화된 세계 질서에 의해 뒤편으로 남겨진 사람들의 불만에서 생겨납니다. 그 질서는 장벽이 무너지고, 국경이 사라지며, 현대 역사상 유례가 없는 방식으로 사람, 상품 및 아이디어의 이동이 확장되는 질서입니다. 그것은 분쟁, 경제적 어려움, 기후변화 압력으로 인한 인구 이동, 실향으로 인해 더욱 가속화되었습니다.

전 세계의 민주주의 상태를 조사하고 모니터링하는 기관들은 이러한 변화의 영향을 다양한 방식으로 설명했습니다. 시사 경제지 〈이코노미스트

Economist)는 '완전한 민주주의에서 결함 있는 민주주의로의 전환'을 언급합니다. 프리덤하우스Freedom House는 '자유에서 부분적으로 자유로운 정치 시스템으로의 움직임'으로 보고 있으며, 브이뎀V. Dem은 '선거 민주주의에서 선거 독재로의 전환'으로 묘사합니다. 명명법은 차치하더라도, 많은 사람에게 민주주의가 최근 과거보다 오늘날 더 취약해 보인다는 공통점이 있습니다.

관련된 요인은 포퓰리스트 지도자의 부상과 민족주의를 표방하는 네이티비즘nativism의 성장에서부터 의도적으로 사실을 오도하는 '가짜 뉴스'를 유포하는 실시간 능력을 갖춘 소셜 미디어의 힘과 데이터 조작 및 메시지의 미세 타기팅에 이르기까지 다양합니다. 엘리트들의 오만, 세상에서의 자신의 위치와 더욱 불확실해지는 미래에 대해 전반적으로 높아지는 불안도 영향을 미칩니다.

세계는 많은 민주적 기구들이 포위된 채, 점점 더 분열되고 양극화되는 것처럼 보입니다. 민주주의가 약속을 지키지 못했다고 생각하는 사람들과 민주주의가 너무 지나쳤다고 생각하는 사람들에 의해 도전을 받았습니다. 우월주의적 사고와 광신적 애국주의가 힘을 얻으면서, 다양한 정체성 사이의 대화와 이해를 해치고 있습니다. 공포, 편견, 차별을 동원하여 통치하는 권위주의 정부에 의해 시민적, 사회적, 인간적, 환경적 권리가 박탈되거나 축소되고 있습니다.

시민 담론의 붕괴와 증가하는 표현의 자유에 대한 침해는 모두 교육에 심각한 결과를 초래합니다.

시민 담론의 붕괴와 증가하는 표현의 자유에 대한 침해는 모두 지역, 국가 및 글로벌 수준에서 인권, 시민권 및 시민 참여에 기반을 둔 교육에 심각한 결과를 초래합니다.

그러나 동시에 많은 영역에서 시민 참여와 행동주의가 점점 더 활발해지고 있습니다. 이러한 정반대의 움직임은 참여 민주주의 정치의 회복력과 새로운 미래를 보여 줍니다. 그것은 종종 젊은이들이 주도하는 생태 운동에서부터 소수자의 기본 인권을 박탈하려는 정권에 반대하는 시민 투쟁에 이르기까지 다양합니다. 여기에는 민주적 권리를 회복하고 법치를 존중하라는 전 세계적인 요구들이 포함됩니다. 이 운동에는 Black Lives Matter와 같은 반인종주의 운동, 젠더 기반 괴롭힘과 폭력에 맞서는 '미투#metoo' 운동, 교육과정 및 교육 기관의 탈식민화를 촉구하는 목소리도 포함됩니다.

이러한 운동들에 대한 관심이 향후 교육과정에 반영되어야 합니다. 교육은 강력한 민주적 시민의식, 숙고의 공간, 참여 과정, 협력적 실천, 보살핌의 관계, 공유된 미래를 장려하고 보장하는 역할을 지니고 있습니다.

COVID-19 대유행으로 촉발된 세계 보건 위기는 이러한 시민 참여와 행동의 많은 부분에 추진력과 긴급성을 부여했습니다. 함께 모이는 수많은 공동체의 사례에서 연대의 각성을 볼 수 있었습니다. 많은 정부들이 공중 보건 및 기타 비상사태가 일어났을 때, 자기 책임과 상호 보살핌을 통한 사회 전반의 도움 없이는 대처할 수 없다는 것을 깨달았습니다. '사회social'가 재발견되었습니다.

동시에 전염병은 민주주의의 후퇴를 더 악화시켰습니다. 우리는 행정 권력의 확대, 감시 기술의 사용 증가, 공공 집회 및 이동의 자유에 대한 제한, 민간 지역에의 군대 배치, 선거 일정의 혼란 등을 목격했습니다. 공중 보건을 보장한다는 근거가 무엇이든, 공적 비상 상황에서 일어나는 일은 거버넌스를 규정하는 현상이라는 점을 상기할 가치가 있습니다.

이처럼 앞을 내다보기 어려운 정치적 변화의 흐름을 적어도 수십 년 동안 겪게 될 것이며, 그것은 교육에 많은 영향을 미치게 될 것입니다. 그것은 우선 그 혼란들이 교육적 의제들을 형성할 것이기 때문이며, 그다음에는 역으로 교육 접근성, 교육과정 및 교육학과 관련하여 발생하는 일들이 전 세계적인 정치적 변화를 야기하기 때문입니다.

세계는 사람들의 인내심이 부족해지는, 부분적으로는 소셜 미디어의 리듬에 의해 인내심이 약화되는 상황 속에서 정치적 대중이 형성되는 방식의 전환점에 서 있습니다. 우리가 서로의 말을 경청하지 못할 때, 공적 생활은 심각하게 위축됩니다. 타인에 대한 배려와 존중은 적극적인 시민의식과 민주적 참여를 위한 학생들의 능력을 키우는 과정에서 실천과 강화-교육이 잘 뒷받침할 수 있는 것-를 필요로 합니다.

불확실한 직업의 미래

앞으로 교육은 의미 있는 직업과 경제적 웰-빙을 위해 개인, 지역사회 및 전체 사회를 어떻게 가장 잘 지원할 수 있을까요?

인간 중심의 직업의 미래를 보장하기 위한 ILO의 '직업의 미래 위원회 Global Commission on the Future of Work'의 2019년 권장 사항은 귀중한 출발점입니다. 이 의제는 사람과 그들이 하는 노동을 경제 및 사회 정책과 비즈니스 관행의 중심에 두도록 합니다.

오늘날 실업률은 받아들이기 힘들 정도로 높습니다. 수십억 명의 사람들이 불안정한 비공식 고용 상태에서 일합니다. 3억 명 이상의 유급 고용 노동자가 여전히 극심한 빈곤 속에 살고 있습니다. 수백만 명의 남성, 여성, 어린이들이 현대판 노예 상태에 갇혀 있습니다. 작업장 안전과 직장 괴롭힘 문제에 대한 개선이 여전히 필요합니다. 세계 대부분의 지역에는 노동 참여와 보상 측면에서, 여전히 남성, 여성의 큰 성별 격차가 있습니다.

노동 참여율은 1990년 이후 세계 거의 모든 지역과 소득 계층에서 완만하게 감소하고 있습니다. 특히 청년 참여율(15~24세)은 1990년 50%에서 오늘날은 33% 미만으로 줄어들었습니다. 이는 부분적으로 지난 30년 동안의 중등 및 고등교육 개선에 기인하는 것일 수도 있지만, 오늘날 청년 5명 중 1명은 고용도, 교육이나 훈련도 받지 못하는 상황에 놓여 있습니다. 그리고 청년 4명 중 1명은 불완전 고용 상태입니다.

노동 시장 참여와 기회의 상당한 성별 격차는 여전히 지속됩니다. 지난 수십 년 동안 여성의 노동 시장 참여는 지속적으로 증가하여 시간이 지나면서 성별 격차를 좁혔지만, 너무 낮은 수준에서 출발했기 때문에 격차는 여전히 심각한 수준으로 크게 남아 있습니다. 2019년 노동 참여율은 여성의 경우 50% 미만인 반면, 남성의 경우 75%에 가깝습니다. 여성의 참여율은 교육 기관 등록률에도 영향을 받습니다. 생활 수준 개선은 여성들로 하여금 자발적으로 고용 시장을 떠나게 만들 수도 있습니다. 그러나 여성이 이용할 수 있는 직업의 질이 낮다는 상당한 증거가 있습니다. 무급 및 가족 노동은 유급 노동 시장에서 여성의 참여율을 높이는 데 지속적인 장애물입니다.

여전히 존재하는 광범한 성 격차 지표 중 하나는 남성과 여성 간의 직업 분리가 지속된다는 것입니다. 전반적으로 공식적인 '직업'으로 간주되는 것과 '생산성'으로 측정되는 것에서 상당 부분의 필수 노동이 배제됩니다. 여기에는 사회에는 필수적이지만, 종종 여성화되고 일반적으로 가정에서 이루어지는 일들이 포함됩니다. 예를 들면 돌봄, 자녀 양육, 병자 간병, 청소, 요리 그리고 다른 사람에게 제공하는 신체적, 정서적 지원이 포함됩니다. 공식화되더라도 이러한 일들의 직업은 대부분 급여 및 지위가 낮습니다.

노동의 질을 개선하고, 사람들이 자신을 위해 원하는 방식으로 경제적 안정을 추구할 수 있도록 선택과 자유를 확대하는 것은 특히 단기적으로는 COVID-19 대유행으로 인한 혼란과 차질로 인해 당분간 글로벌 과제로 남을 가능성이 높습니다. 이 글로벌 위기는 여전히 초점이 되고 있으며, 많은 사람이 이 위기가 장기적으로 부정적인 결과를 초래할 것으로 예상함으로써 직업세계를 혼란에 빠뜨렸습니다. 직장 폐쇄와 노동 시간 손실은 전 세계적으로 수백만 명의 사람들에게 영향을 미쳤습니다. 현재 ILO는 1억 5천만 개의 일자리가 사라질 것으로 추정하고 있습니다.

COVID-19는 성별 격차를 좁히고 글로벌 불평등으로 인한 피해를 되돌리는 데 큰 걸림돌이 되었습니다.

COVID-19는 성별 격차를 좁히고 글로벌 불평등으로 인한 피해를 되돌리는 데 큰 걸림돌이 되었습니다. 재택근무로의 전환이 여성 전문직 종사자에게 유리할 수 있다는 초기 낙관론에도 불구하고, 정반대의 상황이 발생했습니다. 소득 수준에 관계없이 모든 지역과 대부분의 국가에서, 여성은 남성보다 훨씬 더 많은 고용 손실의 영향을 받았습니다.

직업의 미래를 바라보는 위기적인 그림이 드러납니다. AI, 자동화 및 로봇 공학과 같은 기술 발전은 새로운 일자리를 창출하지만, 많은 일자리를 대체할 것이며, 이 과정에서 일자리를 잃은 사람들은 새로운 기회를 잡을 준비가 가장 부족한 사람들일 것입니다.

우리 경제의 녹색화는 지속가능한 실천과 청정 기술을 채택함에 따라 수백만 개의 일자리를 창출할 것이지만, 국가가 탄소 및 자원 집약적 산업을 축소함에 따라 다른 일자리들은 사라질 것입니다. 플랫폼 경제는 19세기 노동 관행을 다시 생겨나게 하고, 미래 세대는 '디지털 일용 노동자'가 될 수도 있습니다. 오늘날 개발된 기술은 미래의 직업에서 요구하는 기술과 일치하지 않을 것이며, 많은 기술이 쓸모없게 될 것입니다. 이러한 변화는 노동 시장 전환을 직접 겪는 사람들이 이용할 수 있는 지원을 늘려야 한다는 교육 및 훈련 시스템에 대한 추가적 요구들을 낳을 것입니다.

교육, 기술 개발 및 학교에서 직장으로의 이행

이처럼 반복되는 위기와 최근의 좌절은 모두 교육 및 훈련 세계에 영향을 미칩니다. 학교 및 기타 교육 기관은 사람들이 자유와 존엄성의 조건하에서, 경제적 웰-빙을 추구할 수 있도록 준비하고 지원하는 데 중요한 역할을 합니다. 이것이 공식 경제, 비공식 경제 또는 예를 들어 가사노동, 돌봄 노동 및 다른 형태의 노동에서 성공과 성취로 이어질지의 여부에 대해, 우리는 교육이 평등한 경제적 기회를 가능하게 하고, 사람들이 의미 있는 직업과 일을 추구할 수 있도록 하는 역할을 할 것으로 기대합니다.

동시에 교육은, 일자리의 질 저하와 광범위한 실업을 초래했고 계속해서 야기되고 있는 다른 정책 분야의 부적절함까지 보충할 수는 없습니다. 교육도 전체 정책의 일부이기는 하지만, 일반적으로 특히, 단기적으로 양질의 일자리를 창출하는 데는 거시경제, 산업 및 고용 정책이 더 효과적인 수단

대전환 시대 변혁의 교육학

입니다. 학력과 청년실업은 때로는 같이 상승합니다. 자신의 열망, 기술 및 능력에 맞는 일자리를 찾을 수 없는 상태의 불완전 고용은 세계에서 가장 부유한 여러 국가들의 대학 졸업생들 사이에서도 지속적이며 또한 증가하는 글로벌 문제입니다. 이 불일치는 휘발성이 큽니다. 사회 과학자들은 고학력 인구가 자신의 기술과 역량을 적절한 직업을 구하기 어려운 경우, 불만과 동요를 일으키며 때로는 정치적, 시민적 투쟁을 촉발한다는 사실을 보여준 바 있습니다.

학교에서 직업으로 이행하는 데 있어, 기술 불일치는 가벼운 문제가 아닙니다. 학습은 직업세계와 관련성이 있어야 합니다. 젊은이들이 노동 시장에 통합되고 그들의 잠재력에 따라 지역사회와 사회에 공헌하려면, 교육적 완성을 위한 강력한 지원이 필요합니다. 산업계 및 지역사회 지도자들은 학생들이 다양한 직업과 노동 세계에 노출될 수 있도록, 중등 및 고등교육에 더 잘 적용해야 합니다. 교육 기관은 진로 상담을 제공할 뿐만 아니라, 평생학습 기회를 통해 교육자를 지원하여 직업 및 노동 세계 변화에 발맞출 수 있도록 해야 합니다. 중등교육 또는 고등교육을 통한 TVET(직업기술교육훈련) 제공에는 업무에 기반한 학습 기회가 포함되어야 합니다. 이는 학습자에게 실제 경험을 제공할 뿐만 아니라, 교육 및 훈련의 질과 관련성을 향상할 수 있습니다. 또한 미래의 학습 기회를 차단하지 않으면서도, 직업 과목 선택에 접근할 수 있는 학습 경로를 제공하는 것이 중요합니다.

교육 자체는 노동 수요를 생산하지 않습니다. 구조적 실업 문제도 해결할 수 없습니다. 최근 몇 년 동안 직업기술교육훈련TVET과 기술 개발에 영향을 미친 '공급 측면' 개혁의 과잉은 그 자체로는 일자리나 고용 확대를 창출하지 못할 것입니다.

그러나 교육은 혁신하고, 지식을 적용하고, 문제를 해결하고, 복잡한 작업을 수행할 수 있도록 사람들을 형성해 나갈 수 있습니다. 특히 더 높은 수준에서의 학교교육은 사람들로 하여금 그들의 지식과 기술을 사용할 기회를 갖게 되리라는 기대를 갖도록 할 뿐 아니라, 정교한 지식 및 인지적 기능을 갖춘 사람들을 창출합니다. 취업을 위한 교육이나 기업적 기술을 개발하기 위한 교육에만 집중하는 것은 잘못된 것입니다. 교육은 사람들이 자신과 가족, 지역사회를 위해 장기적으로 사회적, 경제적 웰-빙을 창조할 수 있도록 맞춰져야 합니다.

> *교육은 사람들이 자신과 가족, 지역사회를 위해 장기적으로 사회적, 경제적 웰-빙을 창조할 수 있도록 맞춰져야 합니다.*

기술과 함께 잘 사는 법을 배우는 것은 직업의 미래에 매우 중요합니다. 녹색 경제와 탄소 중립적인 미래를 준비하는 가장 좋은 전략 중 하나는 자격, 프로그램 및 교육과정이 '녹색 기술'을 제공하도록 하는 것입니다. 이는 새로 부각되는 직업, 분야 또는 저탄소 경제를 위한 전환을 겪고 있는 산업 부문을 위한 것입니다. 또 다른 중요한 진전은 학습 환경을 완전히 녹색화하는 것입니다. 탄소중립 교육 시스템을 만드는 데 앞장서도록 학생들의 역량을 높이는 것은 학생들이 녹색 경제에서 의미 있는 일을 할 수 있도록 준비시키는 바람직한 전략 중 하나입니다.

변화하는 자격증의 미래

교육과 노동 시장의 교차점에 자격증이 있습니다. 학교, 대학 및 TVET 프로그램의 핵심 역할은 기능, 역량, 지식의 숙달을 인증하는 것입니다. 개인에게는 자신의 학습을 인정, 검증받을 기본 권리가 있으며, 이는 비형식 및 무형식 교육 환경에서의 학습에도 해당한다는 인식이 증가하고 있습니다.

자격 자체에만 초점을 맞추는 것은 충분하지 않습니다. 결과에 대해 생각하는 것도 중요하지만, 교육의 핵심에 있는 사회적 과정과 상호작용을 간과해서는 안 됩니다. 자격증은 교육목적 및 활동에 대한 신뢰 가치의 증거로서, 언제나 그 사람이 무엇을 할 수 있고 주로 하는지를 사회적 신뢰에 의해 나타내는 '대용물'일 뿐입니다.

직업 및 고용 변화가 더욱 일상화되고 유동적이 됨에 따라, 사람들이 연관된 직업 간에 더 잘 이동할 수 있도록 하는 방안에 대한 더 많은 연구가 필요해졌습니다. 정부, 교육자, 고용주 및 일반 대중은 사회가 육성하고 개발할 직업과 일의 종류를 파악하기 위해 더욱 협력해야 합니다. 노동 시장의 변화와 직업 및 일에서 변화하는 기술적 요구 사항을 모니터링, 분석하는 시스템은 더욱 정교해지고 있으며, 교육훈련 시스템은 이 정보를 활용하여 프로그램을 조정하고 직업세계와 관련성 있는 학습 방안을 제공해야 합니다. 교육 기관은 자격, 교육과정 및 프로그램에 대한 접근 방식에서 보다 외향적이고 진취적이어야 합니다.

노동시장의 구조적 변화

기술 및 환경 변화와 함께 다양한 일련의 구조적 경제 요인들이 노동 시장을 재편하고 있습니다. 우리는 '긱gig', 프리랜서, 외주 경제contractor economies의 부상과 전 세계 수십억 명을 위한 비공식 경제의 중요성이 강화될 미래를 보고 있습니다. 이러한 새로운 고용 모델은 기존 노동자의 재숙련 및 숙련도 향상에 대한 수요 증가에 압력을 가할 것입니다. 교육훈련 시스템은 더욱 유연한 학습 방안을 계속 제공해야 하며, 더 많은 학습자 집단이 교육 기관과 프로그램에 접근하여 필요한 내용을 언제, 어디서든 학습할 수 있도록 해야 합니다.

인구구조 변화는 또한 직업의 미래와 관련된 핵심 요소이며, 2050년까지 상당한 영향을 미칠 것입니다. 일부 지역에서는 청년 인구가 빠르게 증가하여 청년실업과 이주 압력이 심화될 것입니다. 다른 지역은 인구 고령화와 사회 보장 및 기타 의료 시스템에 대한 추가 부담에 직면할 것입니다.

현재 국제 사회는 총인구를 경제적 생산력이 있어 유소년과 고령자를 부양할 수 있는 수단을 제공한다고 가정되는 15~64세의 인구와 비교하여 계산하는 '부양비' 산출법을 사용하고 있습니다. 2050년까지 부양 비율은 유럽, 북미에서 급격히 증가할 것으로 예상되며, 아시아, 라틴아메리카 및 카리브해에서는 완만하게 증가할 것으로 예상됩니다. 이는 더 작은 집단의 노동 인구가 더 많은 비노동 집단(주로 퇴직자)을 부양해야 함을 의미합니다. 한편, 아프리카는 지역 인구의 절반이 25세 미만이 되면서 총 부양비가 감소할 것으로 예상됩니다.

어떤 곳은 젊은 사람들의 비율이 증가하고, 어떤 곳은 노인 비율이 증가하는 이러한 인구구조 변화는 직업세계와 교육 및 훈련 시스템에 주목할 만한 의미를 갖습니다. 이와 관련하여 직업기술교육훈련과 성인교육 기회를 확대하고, 평생학습을 활성화하려는 경향이 있습니다. 인간의 수명 역시 증가하고 있으며, 아마도 그에 따라 적어도 일부 사람들은 노동 기간이 연장될 수 있습니다. 고령자들이 계속 활동하고 참여할 수 있다면, 기술과 경험을 통해 사회와 경제를 풍요롭게 할 것입니다. 젊은이들이 잠재력을 최대한 발휘하고 새로운 기회에 접근할 수 있도록 역량을 강화하면, 미래의 변화 주체가 될 것입니다. 이는 사람들의 능력에 투자하는 것이 기술 획득, 재기술화 및 기술 향상을 가능하게 하고, 인생 과정에서 직면하게 될 다양한 전환을 통해 사람들을 지원하는 것임을 의미합니다.

이러한 변화가 전개됨에 따라 교육에 대한 요구도 변화할 것입니다. 일부는 모델링할 수도 있지만(예: 일부 지역에서는 초등학교 교실을 확장하고 더 많은 교사를 고용해야 함), 상호 연결된 요인의 복잡성과 변화 가능성의 예측하기 어려운 흐름을 고려할 때, 모델링할 수 없는 것도 있습니다. 이 때문에 교육훈련기관은 지역사회와의 연계를 강화하고, 거점 기관으로 자리매김할 필요가 있습니다. 지역의 다른 기관과 긴밀히 협력하면, 학교와 기관이 지역사회의 학습 요구 사항을 더 잘 이해하고 제공할 수 있습니다.

미래에는 어떤 일이 가치 있게 평가될까요?

우리가 2050년을 향해 나아가는 데 있어, 인류 역사와의 전례 없는 단절을 의미하는 가능성 있는 시나리오가 부상하고 있습니다. 세계는 노동자가 지닌 기술의 깊이와 상관없이, 획기적인 기술 발전으로 인해 공식 경제에서 일자리가 쉽게 고갈될 수 있습니다. 소수의 사람만을 정식 고용을 하게 되는 사회에서, 교육은 어떻게 기능하게 될까요? 사람들이 공식적 직업 없이 살아가기 위해서는, 어떤 새로운 교육이 필요할까요?

사람들이 공식적 직업 없이 살아가기 위해서는 어떤 새로운 교육이 필요할까요?

인간 사회는 그동안 개인의 노동을 소중히 여기도록 진화했습니다. 고된 노동으로부터 자유로운 황금시대에 대한 꿈은 수천 년 전으로 거슬러 올라갑니다. 그러나 오늘날의 문제는 전례 없는 여가를 관리하는 것이 아닌 듯 보입니다. 대량 실업의 망령은 수십 년 동안 가난한 나라에서 그랬던 것처럼, 이젠 부유한 나라에서도 광범위하게 나타납니다. 많은 것을 다시 생각해야 합니다. 인간의 생산적이고 창조적인 에너지가 사회적으로나 개인적으로 바람직한 다른 방향으로 어떻게 하면 가장 잘 전승될 수 있을까요?

다행스럽게, 그러한 비상사태에 대한 최상의 제안 중 일부는 양질의 일자리를 창출하기 위한 기존의 교육적 노력에도 기여하고 있습니다. 직업의 미래와 지구에 대한 중층적 불확실성은 의미를 창조create meaning하는 학습자의 능력을 우선시해야 함을 시사합니다.

사실, 가치를 창출produce value한다는 것이 무엇을 의미하는지 처음부터 깊이 다시 생각해 볼 필요가 있을지도 모릅니다. 직업과 교육의 미래에 대해 생각할 때, 우리는 선택에 직면합니다. '교육에 너무 많은 것과 너무 적은 것을 기대하는 광범한 모순적 사고 습관'을 유지하거나, 그렇지 않다면 '교육이 잘할 수 있는 것'에 집중하는 것입니다.

미래에는, 우리가 가치를 두는 방식과 대상이 그동안 인류가 생존과 농업, 산업 그리고 후기산업 경제에서 알아 왔던 것과는 매우 다른 방식으로 변화될 수 있습니다.

경제적 안정은 공식 경제에만 관심을 두는 데서 오는 것이 아닙니다. 우리는 또한 가정 내에서 수행되는 돌봄 노동, 공동재common good resources의 제공, 정부가 제공하는 기반 시설(물질 및 규정 모두)을 고려해야 합니다. 전통적으로 구획화된 접근 방식과 이미 자리 잡은 이해관계들이 여기에 제동을 걸겠지만, 2050년에는 무엇이 경제적 안정을 촉진하는 것인지 이해하는 더 폭넓은 접근 방식이 일반화될 수 있을 것입니다.

교육은 공식적인 유급의 노동 세계를 바라보면서도 또한 그 이상을 훨씬 뛰어넘는 폭넓은 관점을 취할 때, 개인, 가족 및 지역사회를 위한 장기적인 경제적 웰-빙의 창출을 지원하게 됩니다. 불확실한 고용의 미래에 대한 유연성은 교육의 '미래를 위한 새로운 사회계약'에 포함되어야 합니다.

3장
협력과 연대의 교육학

"진정한 교육은 교육받는 사람들의 목적의식과 에너지를 끌어들여야 합니다. 이러한 참여를 확보하기 위해 교사는 보살핌과 신뢰의 관계를 구축해야 하며, 이러한 관계 속에서 학생과 교사는 협력적으로 교육목표를 만들어 갑니다."
— 넬 나딩스(Nel Noddings), 『교육 철학』

'교육을 위한 새로운 사회계약'에서 교육학은 협력과 연대에 뿌리를 두어야 하며, 세상을 변혁하기 위해 신뢰 속에서 함께 일할 수 있는 학생과 교사의 능력을 구축해야 합니다.

미래를 함께 다시 상상하려면, 협력과 연대를 촉진하는 교육이 필요합니다. 우리가 배우는 방법은 우리가 배우는 이유와 내용에 의해 결정되어야 합니다. 인권을 가르치고 발전시키는 것에 대한 기본적인 약속은 학습자의 권리를 존중해야 함을 의미합니다. 우리는 사람들이 성별, 종교, 인종, 성적 정체성, 사회 계급, 장애, 국적 등 모든 차이를 초월하여, 서로에게서 배우고 서로를 존중할 수 있는 기회를 만들어야 합니다. 인간의 존엄성을 존중한다는 것은 무엇을 또는 어떻게 생각해야 하는가가 아니라, 스스로 생각하도록 가르치는 것을 의미합니다. 이것은 학생들이 자신의 목적의식을 발견하고, 스스로를 위해 번영하는 삶이 무엇인지 결정할 수 있는 기회를 만드는 것을 의미합니다. 동시에 우리는 그러한 삶이 실현될 수 있는 세상을 공동으로 건설해야 하며, 이는 세상을 개선하기 위한 역량을 만들기 위해 협력하는 것을 의미합니다.

협력과 연대의 교육학은 차별금지, 다양성 존중, 회복적 정의라는 공유된 원칙에 기초해야 하며, 배려와 호혜의 윤리에 의해 틀 잡아야 합니다. 필연적으로, 그것은 참여, 협력, 문제 제기식, 학제 간, 세대 간, 문화 간 학습을 필요로 합니다. 그러한 교육은 지식 공동재knowledge commons[74]에 의해 길러지고, 그에 기여하며, 각 연령과 교육 수준의 고유한 기회를 인식하면서 평생 지속됩니다.

능동적 학습은 개념적 지식과 절차적 지식을 발달시키는 것의 중요성을 인식합니다. 그것은 지식을 함양하기 위해 인지적, 정서적으로 참여해야 할 필요성, 지식을 행동으로 옮기는 능력, 행동하고자 하는 성향을 인정합니다. 교육적 실천은 현재와 미래의 긴급성에 비추어, 지속적으로 재구성해야 하는 경험, 성찰 및 연구의 생성을 기반으로 합니다. 학습의 강력한 동기는 실제성authenticity(배운 것과 우리가 살고 있는 세계와의 관계 이해)과 관련성 relevancy(배운 것과 가치의 관계 이해)입니다. 프로젝트 및 문제 기반 학습은 실제성과 관련성 있는 학습을 위한 많은 기회를 제공하고, 지식과 이해에 대한 우리의 본질적인 관심을 활용합니다.

이 장의 전반부는 협력적, 학제 간, 문제 제기식 교육을 포함하여, 협력과 연대에 기반한 교육학에 대한 가능한 접근 방식을 강조합니다. 그것은 다양성을 소중히 여기고 유지합니다. 편견과 분열을 배우지 않도록 학생들을 인도합니다. 그것은 불의의 상처를 치유합니다. 그리고 교육적 이점을 제공하고 의미 있는 평가를 사용합니다. 이러한 접근 방식은 박물관, 도서관, 여름 캠프 및 커뮤니티 센터와 같은 비형식, 무형식 환경을 포함한 모든 환경에서의 교육과 관련이 있습니다. 그런 다음 이 장에서는 삶의 각 단계에서 형식 교육의 고유한 필요와 기회에 대한 교육적 우선과제를 적용하는 방법을

---

74. 'shared knowledge'는 공유된 지식 또는 공유 지식으로, 'knowledge commons' 는 '지식 공동재'로 구분하여 번역했다. 또한 "많은 세대에 걸쳐 축적되고 지속적으로 변화하는 인류의 집단적 지식 자원"으로 규정되는 'knowledge commons'의 자원, 자산으로서의 성격을 분명히 하는 것이 필요하다고 보았다.

검토합니다. 즉, 유아기 기초 및 아동기 전반에 걸친 협력의 지원, 청소년 및 청년의 고유한 능력의 발휘, 고등교육의 사명 재정립이 그것입니다. 이 장은 특히 교육자와 교육 시스템 관리자, 계획자를 위한 대화 및 행동에 대한 2050 기본 원칙으로 끝을 맺습니다. 여기에는 더 넓은 세상과의 더 깊은 관계 형성, 협력의 촉진, 윤리적 기반 구축, 공감 발달, 학습 지원을 위한 평가 활용이 포함됩니다.

교육학적 접근 방식의 재구상

교육은 관계적입니다. 교사와 학습자 모두 서로에게 배우면서, 교육학적 만남을 통해 변화됩니다. 동시에 일어나는 개인 및 집단적 변화 사이의 생산적 긴장은 교육적 만남을 정의합니다. 우리 내면의 삶은 우리의 환경에 영향을 미치는 동시에 환경에 깊은 영향을 받습니다.

학생, 교사, 지식은 고전적인 교육 삼각형을 형성합니다. 가르침과 배움은 모두 지식 공동재에 의해 길러지고 또한 그에 기여합니다. 교육적 만남을 통해, 교육은 축적된 지식이라는 인류의 공동 유산에 우리를 연결하고, 그리고 그것을 풍요롭게 할 기회를 제공합니다.

오늘날 이 삼각형은 더 넓은 세계 속에서 구상되어야 합니다. 우리는 세상과 함께 배우고, 세상을 개선하는 데 도움이 되는 교육이 필요합니다. 그러한 교육은 우리가 모든 사람의 존엄성, 양심의 권리와 사상의 자유가 나타내는 위대한 성취에 대해 계속 배울 것을 요청합니다. 그러나 '인간 예외주의'와 '소유적 개인주의'는 버려야 한다고 말합니다. 상호주의와 보살핌의 윤리에 기초해야 하며, 개인들과 집단들 그리고 생물학적 종 간의 상호의존성을 인식해야 합니다. 우리가 공유하는 것의 중요성과 우리를 서로와 지구에 묶는 체계적인 상호의존성을 이해하도록 격려해야 합니다.

교사와 학생은 함께 지식을 추구하고 세우는 이들의 공동체를 형성

해야 합니다.

교사와 학생은 함께 인류의 지식 공동재에 의해 길러지고, 기여하는 지식 추구자와 생산자의 공동체를 형성해야 합니다. 이는 존재하는 것과 창조할 수 있는 것에 대해 생각하는 것, 그리고 교사와 학생을 포함한 모든 사람이 스스로를 다른 이들과 함께 지식을 생성할 수 있다고 볼 권리가 있음을 인정하는 것을 수반합니다.

모든 교육적 의도 뒤에는, 의미와 목적에 대한 질문이 놓여 있습니다. 교사가 학생에게 행동과 상호작용으로 제안하는 것은 무엇이며, 어떤 목적을 위한 것인가? 학생들은 자신들의 배움의 노력에 어떤 의미를 부여하는가?

변혁적인 교육적 만남은 급우와, 또래와, 지역사회 구성원과의 대화를 가능하게 합니다. 교사는 예술이자 과학이며 기술인 교수활동을 효과적으로 활용하여, 호기심과 관심을 키우면서 학생들에게 알려진 것과 알려지지 않은 것을 탐구, 창조하고 상호작용할 수 있는 기회를 제공합니다. 다음 섹션에서는, '교육을 위한 새로운 사회계약'을 교육적 만남으로 전환하기 위한 바람직한 전략을 제시합니다.

학제 간 문제 기반 협력학습

미래는 학생들에게 새로운 문제와 기회를 줄 것입니다. 세계가 계속해서 변화할 것이라는 인식이 문제 인식 및 문제 해결을 위한 학습자의 능력을 의도적으로 배양하는 것에 의해 교육과정과 교육학에 구현될 수 있습니다. 문제 제기 교육은 발견과 협력이 필요한 프로젝트, 방안 및 활동에 학생들을 참여시킵니다. 명확한 목표와 목적을 대하면서, 학생들은 실행 가능하고 풍부한 상상력의 해결책을 찾기 위해 학문적 경계를 초월해야 합니다. 학습에서 문제와 프로젝트에 초점을 맞추면, 학생들로 하여금 개인적인 경험을 할 수 있도록 하고, 세상을 고정된 것이 아니라 변할 수 있는 것으로 보고, 지식과 분별력을 키우고, 문해력과 의미 있는 표현력을 발달시키도록 할 수 있습니다.

2030 지속가능발전 의제는 학생들이 직면하는 문제에 대한 광범위한 수렴적 접근 방식을 고려할 필요가 있음을 인식합니다. 특히 지속가능발전목표SDGs의 목표 4.7은 학생들을 점점 더 상호의존적인 세상에서 지속가능한 미래를 구축하기 위한 지식과 역량을 필요로 하는 세계시민으로 규정합니다. 2050년을 바라보며 이러한 역량을 키우는 것이 더욱 중요해집니다. 지속가능발전목표 자체가 문제 및 프로젝트 기반 학제 간 학습을 구조화하기 위한 프레임워크를 제공함으로써, 학생들이 목표의 전체 범위를 진척시킬 수 있는 능력을 발전시키도록 도와줍니다.

공유된 문제와 프로젝트에 초점을 맞춘다는 것은 학습과 질문 그리고 공동 작업에 우선순위가 부여된다는 것을 의미합니다. 개인의 지식과 능력은 지식 자체의 다양성과 네트워크화된 차원만이 아니라, 행위주체성이 공유되는 방식을 강조함으로써 타인들과 연결되면서 확장됩니다. 프로젝트 및 문제 기반 접근 방식은 지식의 필요성을 줄이는 것이 아니라, 지식을 살아 있는 역동성과 응용 프로그램 속에 배치하는 것입니다.

가장 보람 있는 교육 형태의 대부분은 일반적인 교과목 경계를 넘어, 아이디어가 끊임없이 흘러나오는 환경에서 이루어집니다. 어려운 퍼즐과 같은 지구의 문제가 학문적 경계의 한계에 국한되지 않는 것처럼, 교육학은 '학제 간'을 반영해야 합니다. 주어진 문제에 대해 가능한 해결책이 많이 있지만, 교육학적 접근 방식은 또한 상호의존과 연대의 가치와 원칙을 함양하는 것으로 선택해야 합니다. 서비스 학습[75]과 지역사회 참여는 교실과 지역사회 사이의 거리를 좁히고, 학생들이 세운 가설에 도전하고, 자신들의 경험을 넘어 더 광범위한 시스템, 프로세스 및 경험에 학생들을 연결합니다. 학생들은 특히 다른 물질적 어려움에 직면할 수도 있는 사람들과 관련하여, 온정주의가 아닌 겸손한 마음으로 봉사에 접근하는 것이 중요합니다. 서비스 학습은 특권적인 사람들에 국한되어 추구되는 것이 되어서는 안 됩니다.

---

75. 지역사회의 서비스를 공교육과 통합한 학습 전략. 전공 및 교양 교과목에 지역사회 봉사활동을 통합시킨 교육 방법, 유네스코한국위원회 번역문 역자 주 참고.

모든 학습자는 자신이 속한 지역사회의 웰-빙을 증진하는 대화 과정에 기여할 수 있습니다. 서비스 학습은 단순히 가장 편리하다거나 사적 이익을 도모하는 해결책을 추구하는 것이 아니라, 문제 해결 교육학의 중심 원칙으로서 연대를 자리하게 할 가능성을 지닙니다.

다양성과 다원주의를 소중히 여기고 유지하기

미래를 함께 상상한다는 것은 다양성과 다원주의가 강화되고, 공동의 인류를 풍요롭게 하는 사회를 상상하는 것입니다. 우리는 우리가 이미 살고 있는 공간을 넘어, 미지의 세계로 동행하는 교육이 필요합니다.

연대의 교육은 포용적이고 상호 문화적인 교육에 기반을 두어야 합니다. 특별한 교육이 필요한 어린이와 청소년 그리고 인종, 성 정체성, 계급, 장애, 종교 또는 국적에 대한 편협함에 직면한 사람들을 포함하여, 모든 형태의 차별과 분리를 극복해야 합니다. 각 개인의 다양한 현실에 기반한 포용에 대한 권리는 모든 인권 중 가장 중요합니다. 교육학은 학생들을 교육 공동체로 환영하고, 다른 모든 사람들의 존엄성을 인정하고 포용하는 기능을 발달시키도록 도와야 합니다. 포용성이 없는 교육학은 공동재로서의 교육을 약화시키고, 모든 사람의 존엄성과 인권이 수호되는 세상을 만들어 나갈 가능성을 약화시킵니다.

또한 학습 그 자체가 다양성, 차이, 다원주의를 출발점으로 삼고, 학생들이 편견과 차별에 직접 맞서게끔 해야 합니다. 어떤 하나의 단일한 집단이나 관점이 지구가 직면한 복잡하고 다면적인 도전에 대한 모든 해결책을 소유할 수는 없습니다. 연대의 교육은 또한 전 세계의 인종차별, 성차별, 식민주의, 권위주의 정권에 의해 가해지는 체계적인 배제, 축출을 인식하고 시정해야 합니다. 서로 다른 문화와 인식체계, 서로 다른 생활 방식과 세계관에 대해 가치를 부여하지 않고서는, 연대의 교육학을 구축할 수 없습니다. 연대의 교육학은 이러한 차이들을 실시간으로 모아 내는 것입니다.

연대의 교육은 또한 전 세계의 인종차별, 성차별, 식민주의, 권위주

의 정권에 의해 가해지는 체계적인 배제, 축출을 인식하고 시정해야 합니다.

자발적 또는 강제 이주를 통해 전 세계적으로 증가하는 인간 이동은 세계의 문화적, 인종적 다양성을 교실과 교육 환경에 직접 들여오는 새로운 교육적 현실을 만들었습니다. 교사들은 다양한 교육 이력, 언어 및 문화를 가진 학생들과 함께 새로운 환경에서 일하고 있습니다. 존중, 포용, 소속감, 평화 구축 및 갈등 전환의 교육학은 단순히 차이를 인정하거나 용인하는 것 이상입니다. 학생들이 나란히 앉아서 함께 활동할 수 있도록 지원해야 합니다. 젊은 세대가 자신의 과거, 현재, 미래를 이해하고 연결하며, 그들의 경험을 형성하는 불평등을 분석하고, 배제와 소외에 맞서게 하는 교육은 미지의 미래를 위한 최고의 준비 중 하나입니다.

세계는 다문화, 다민족 사회 속에서 풍부해집니다. 교육은 상호 문화적인 시민의식을 증진해야 합니다. 교육은 다양성의 가치에 대한 학습을 넘어, 다양한 그룹, 지식 체계 및 관습과의 수평적이고 민주적인 대화에 필요한 기능, 가치 및 조건을 증진해야 합니다. 상호 문화적 시민의식의 기초는 자신의 문화적 정체성을 확인하는 것입니다. 자신이 누구인지 아는 것이 다른 사람을 존중하는 출발점입니다. 상호 문화적 교육은 문화적 소수자, 토착민 또는 기타 소외된 그룹을 지배 사회에 동화시키는 도구로 사용되어서는 안 되며, 오히려 우리 사회 내에서 좀 더 균형 있고 민주적인 권력관계를 촉진하는 데 사용되어야 합니다. 우리는 상호보완성, 호혜성, 존중을 바탕으로 지식과 관습 그리고 해결책의 상호 풍요로운 교환을 창출하는 교육학이 필요합니다.

우리가 서로를 교육하는 것은 차이를 통해서이며, 우리가 배우는 내용이 의미를 갖게 되는 것은 공유된 맥락을 통해서입니다. 공동의 공간에서 차이에 주목하는 '교육적 차이 인정'과 AI에 의해 규정되는 '초-개인화된 학습'을 구분하는 것이 중요합니다. 개인화된 학습은 학습자를 공공 및 집단적 공간, 관계로부터 탈맥락화하고 제거합니다. 우리의 차이들은 더 큰 상호 이해로 종합되어야 합니다.

교육은 새롭고, 본질적으로 이질적이며, 항상 형성 중인 시공간에서 늘 상 발생합니다. 같은 책의 동일한 사본은 두 권이 있을 수 있지만, 읽는 데 에는 두 가지 동일한 방식이 있을 수 없습니다. 두 개의 동일한 수업 계획 또는 교육과정 단위가 있을 수 있지만, 두 개의 똑같은 교수 방법은 없습니다. 이 아이디어는 '글로벌 교육산업'에서 부각되고 있는 일부 에듀테크업계 의 경향과 관련하여 주의를 촉구합니다. AI를 사용하고 교수, 학습 또는 평 가를 위해 준비된 경로를 제공할 것을 약속하는 자동화 시스템에 대해서는 인간적인 보완과 균형이 필요합니다. 그러한 시스템이 활용되는 경우에는 기술의 한계를 분명히 보아야 합니다. 그것은 기존 권력 구조를 강화할 위 험은 물론이고, 다른 이들과 다르게 학습을 '수행'하는 이들을 주변화하는 경향이 있다는 문제가 있습니다. 우리의 에너지는 공감, 윤리, 연대, 공동 건 설 및 정의와 같은 위험을 감수하는 실천에 초점을 맞출 필요가 있습니다. 이러한 실천은 참을성 있게 가르치고 배워야 하며, 기술을 이용한 지름길은 없습니다. 이것은 오직 인간에 의해 가장 잘 촉진될 수 있는 심오한 인간적 행위입니다.

분열을 배우지 않는 법 배우기 Learning to unlearn divisiveness

협력과 연대의 교육학은 다양성을 수용하고 지속하기 위해 노력하는 것 이상의 것을 요구합니다. 편향성, 편견, 분열을 '배우지 않는 것unlearning'이 필요합니다. 사실 지식은 전달을 위해 포장된 '완제품'이 아닙니다. 교육학은 지식 전달을 촉진하기보다는, 지식이 역사적으로 어떻게 구성되고 대화적 으로 형성되어 왔는지를 조망할 수 있습니다.

문화 자원은 지식과의 관계에서 핵심적인 부분입니다. 교육정책은 점점 더 성별, 인종, 민족, 종교, 거주지, 국적, 문서상의 지위, 장애, 성적 정체성 또는 출신 사회 계급의 불평등을 해결하는 것을 목표로 하고 있습니다. 그 러나 교육과 지식 공유에서 집단적 기억, 열망, 문화적 전통, 토착 지식의 침 묵과 배제에 대해서는 주의를 덜 기울이고 있습니다. 확립된 지배적 지식을 비판적으로 검토하는 것을 배우는 것은 연대 교육의 핵심입니다. 우리는 배우지 않는 법을 배워야 합니다.

문화 자원은 지식과의 관계에서 핵심적인 부분입니다.

함께 모여, 서로가 미처 몰랐던 현실을 탐구하고, 확립된 지식에 비판적으로 참여하는 것은 어렵고 심지어 위험할 수도 있습니다. 모든 교육 환경은 학습자가 실험하고, 도전하고, 실패하고, 창조할 수 있는 안전한 장소, 심지어 피난처여야 합니다. 교육학은 상상력과 창조적 사고를 자극하고, 실수를 하고 실수로부터 배울 수 있는 권리를 포함하는 지적 자유를 증진해야 합니다. 때때로 혼잡한 이러한 학습 활동을 허용하고 가능하게 하는 환경은 진정한 이해, 공감, 윤리적 틀을 발달시키고, 이해와 관점의 차이를 인식하는 데 중요합니다. 교육자는 학생들이 새로운 아이디어 및 어려운 지식과 씨름할 때, 자신의 취약함이 드러나고 판단당할 두려움에서 자유로울 수 있는 환경을 조성하기 위해 노력해야 합니다.

불의의 상처 치유하는 법 배우기

안다는 것은 느낌과 밀접한 관련이 있습니다. 인간의 지성은 의식과 감정에 직접적으로 연결되어 있습니다. 이러한 상호 연결을 인식함으로써, 교육적 가능성의 광대한 장이 열립니다. 우리는 하나의 단일한 문화적 비전에 대항할 수 있고, 일련의 다른 알고 느끼는 방식, 다른 생활 방식, 다른 인식체계에 가치를 부여할 수 있습니다. 교육학의 탈식민화는 서로 다른 인식론적 가정, 관점들 간의 건설적이고 수평적인 관계를 통해 달성될 수 있습니다.

우리는 또한 회복적 정의와 연대를 위한 교육의 중요성을 예견합니다. 연대는 응집력 있는 사회 건설에 항상 중요했으며, 최근에는 형식, 비형식 교육 모두에서 중요한 교육목표가 되었습니다. 연대의 교육은 집단적 인식과 행동의 필요성을 의식하게 함으로써, 억압적인 정권을 극복하는 데 도움이 되었습니다. 교육 활동은 치유의 가능성을 만들기 위해 연민, 공감 및 동정

심을 통한 광범위한 연대에 초점을 맞출 수 있습니다. 공감은 윤리와 함께 다른 사람에게 관심을 갖고 함께 느낄 수 있는 능력으로서, 정의의 필수 요소입니다. 과거의 불의를 치유하는 법을 배우는 것은 협력과 연대의 교육학에서 중요한 구성 요소가 되어야 합니다.

의미 있는 평가 강화

가장 근본적인 수준에서, 평가는 학생들이 학습 과정에서 직면하는 진행 상황과 과제에 대해 체계적, 경험적으로 관찰하는 자연스러운 과정입니다. 평가를 프로그램화, 표준화하여 학생 분류 및 서열화에 이용하는 것은 신중해야 합니다. 모든 평가 결정은 일련의 가정들을 기반으로 하며, 이러한 평가의 가정들은 선행하는 교육과정 및 교육학의 가정과 조화를 이루어야 합니다.

협력과 연대의 교육학에 비추어 고려할 때, 교육자는 측정할 수 있는 교육적 목표와 그렇지 않은 목표를 명확하게 구별해야 합니다. 많은 중요한 학습은 측정하거나 수치화할 수 없습니다. 그러나 무엇인가를 계량화할 수 없다고 해서 의미 있는 진전이 결코 관찰될 수 없다는 것은 아닙니다. 예를 들어, 협력의 목표는 어떤 학생 집단이 협상, 갈등 해결 및 실험의 과정을 탐색하고, 이 과정을 통해 다양한 관점을 경청하고 건설적인 비판을 주고받으며, 서로에게 기여할 충분한 기회를 제공하는 능력을 키우는 과정에서 경험적으로 관찰될 수 있습니다.

평가 이론들은 이미 많이 있으며, 앞으로도 수십 년 동안 계속해서 논의될 것입니다. 교육자와 정책 입안자는 모든 테스트, 평가 및 척도가 교육적 흔적을 남긴다는 점을 명심해야 합니다. 어린 학생들에게 큰 부담이 되는 시험 체제를 강요하려는 압력에 저항해야 합니다. 그것은 학교와 교사의 교육적 선택을 제한하고, 경쟁을 조장하며, 협력 및 공동 활동의 기회를 위축시키기 때문입니다. 경연의 일부 요소가 학생들이 개인적·집단적으로 더 높은 수준에 도달하도록 격려할 수 있는 것은 사실입니다. 그러나 교사는 대체로 교육적 목표와 멀고 잘 알려지지 않은 어떤 지표와 관련된 외적 압력에 반응해야 하는 대신, 특정한 교육목표를 달성하는 데 도움이 되는 경쟁적 활동을 언제 도입할 것인지를 결정할 수 있는 재량권을 가져야 합니다.

측정과 평가는 교육의 효과를 이해하는 데 중요하지만, 그 지표들은 적절하고, 의미 있게, 그리고 신중하게 고려되어야 합니다. 흔히 '그림자 교육 shadow education'이라고 하는 사교육의 세계적 확장은 제한된 교육 성취도(종종 단기 회상 및 낮은 수준의 인지 능력 강조)에 대해 편협하게 초점을 맞추는 것이 개인적·사회적으로 더 풍부한 목적을 달성하기 위해 학생들을 준비시키는 데 필요한 교육과정을 위축시키는 경우의 대표적인 예입니다. 미래를 내다보면, 교육 경쟁 심화의 부정적인 영향과 고부담 시험이 초래한 교육에 대한 편협한 초점을 되돌릴 필요가 있음이 분명합니다.

모든 연령과 단계에서의 교육 여정

참여와 협력의 교육학은 형식, 비형식의 모든 교육 환경은 물론 모든 수준의 교육과 관련이 있습니다. 이러한 교육학은 삶의 모든 단계에서 이루어질 수 있지만, 협력과 교육적 공동 작업의 기회는 인간 성장 및 발달의 여러 단계에 따라 다양합니다. 세계적으로 교육 수준은 흔히 유아, 초등, 중등 및 고등교육으로 분류됩니다. 인간의 지성은 다양하고 인간의 관심과 학습 방식 또한 매우 다양하며 또한 인간은 선형적으로 발달하지 않지만, 발달 단계에 따라 학습을 지원할 수 있는 적절한 방법과 학습자 간의 차이를 존중하고 학습을 개인화하는 바람직한 방법이 있습니다. 교육이 여러 단계를 거쳐 진행된다는 일반적인 인식은 교육이 모든 사람이 이용할 수 있는 것이어야 하며, 목적으로 충만한 여정임을 의미합니다. 이 장의 나머지 부분에서는 참여와 협력 교육을 어떻게 적용할 수 있는지에 초점을 두면서, 각 수준과 생애주기 단계에서 나타나는 교육학적 딜레마와 가능성을 상세하게 살펴봅니다.

유아기의 기초 지원

어린아이들은 세상을 새로운 방식으로 바라보는 능력을 소유할 수 있습니다. 아이들처럼 사물을 새롭게 볼 수 있는 사람은 거의 없습니다. 다른 사람의 경험에 대한 아이들의 관심과 미지의 그리고 가능성으로 충만한 세계에 대한 호기심은 모든 연령대의 사람들에게 모범이 됩니다. 이러한 새로움의 출현기가 지니고 있는 잠재력에 대한 헌신이 유아교육의 특징이 되어야 하며, 사실은 모든 교육 환경에서 그래야 합니다.

양질의 유아교육이 모든 사회에서 우선시되어야 합니다. 인간의 삶의 초기 몇 년은 필수적인 신체적·인지적·사회적·정서적 성장이 엄청난 정도로 일어나는 상당한 두뇌 가소성과 발달의 시기입니다. 많은 교육 연구는 모든 미래 학습과 번영의 핵심 기반으로서 유아교육의 중요성을 지적합니다.

협력과 상호의존에 대한 교육학적 방향이 많은 유아교육에 내포되어 있습니다. 이 단계에서는 친밀한 인간관계, 탐색과 놀이가 강조되어야 합니다. 먼저 발달하는 부분이 나중에 발달되는 능력 및 성향과 반드시 동일하지는 않다는 것을 기억하는 것이 중요합니다. 최고의 과학적 탐구 중 일부는, 예를 들어 곤충에 대한 단순한 관심에서 비롯될 수 있습니다. 상상력이 풍부한 역할극은 정교한 문해력을 위한 강력한 기반이 될 수 있습니다. 유아교육자들이 우리에게 말하듯이, 하찮은 게임처럼 보이는 것이 종종 자신과 세상을 이해하는 매우 진지한 작업입니다.

현재 지구가 직면한 환경 및 기후변화 문제는 유아교육에 중요한 영향을 미칩니다. 개별 아동 중심의 교육이 많은 환경에서 우세하지만, 이러한 접근 방식은 모든 인간과 마찬가지로 아동도 '인간 이상 세계'의 일부라는 점을 반영하는 수정이 필요합니다. 유아교육은 아이들이 장소와 다른 생명체와 맺는 관계를 발달시키는 데 중요한 역할을 합니다. 아이들이 미래 세계에서 잘 살 수 있도록 가장 잘 지원하려면, 비판, 도전 및 새로운 가능성의 창조를 지향하는 유아기 교육학을 지원해야 합니다.

집과 학교 사이의 연결은 대체로 유아교육 수준에서 가장 강력합니다. 가족은 중요한 역할을 하며, 아이들이 성장하고 신체적·사회적·정서적·인

대전환 시대 변혁의 교육학

지적 발달을 향상시킬 수 있도록 지원해야 합니다. 우리는 인간의 학습이 환경과의 지속적인 상호작용에서 발생한다는 것을 알고 있습니다. 최적의 학습 환경은 영유아에게 모국어(들)에 대한 충분한 자극을 제공합니다. 책을 함께 읽고 일상적인 상호작용에서 풍부한 어휘를 사용하는 것은 교육의 기본 구성 요소인 문해력을 개발하는 데 도움이 됩니다. 텔레비전, 태블릿 또는 기타 전자 기기에 어린이를 놓아두는 것은 어린이에게 필요한 양질의 상호적인 사회적 경험을 대체하기에는 부적합합니다. 정부와 기업은 육아휴직 정책을 강화해야 합니다. 탁아소, 도서관, 박물관, 지역 복지센터, 공원에 충분한 자금이 지원되고 필수 공공 서비스로 취급될 때, 부모와 가족을 위한 지원 및 유아교육이 상당히 발전되었습니다. '한 아이를 키우는 데 온 마을이 필요하다'는 속담은 너무 많이 써서 진부한 것이 되었지만, 이는 부분적으로 이 속담의 핵심 아이디어가 너무도 많은 공감을 얻고 있기 때문이기도 합니다. 유아교육은 우리가 함께 성취하는 것입니다.

불행히도 많은 사회에서 유아교육은 초등교육과 같은 공적 책임으로 인식되지 않고 있습니다. 영유아 센터가 충분하지 않거나 적절하지 않습니다. 이 단계의 교육자들은 마치 유일하게 중요한 일이 신체적 보살핌을 제공하는 것으로 인식되어, 제대로 보상받지 못하는 경우가 많습니다. 그 결과, 가장 심각한 불평등 중 일부는 유아기에 발생합니다. 교육 수준이 더 높고 자원이 더 많은 가족이 자녀에게 수준 높은 교육 경험을 제공하는 반면, 자금이 부족하고 저임금에 자격이 미비한 교육자들을 보유한 낮은 수준의 공공 센터에 의존하는 사람들은 그런 유형의 유아교육을 이용할 수 없기 때문입니다. 정부는 태어날 때부터 모든 아동의 학습, 성장 및 발달을 보장하기 위해 양질의 유아교육을 위한 적절하고 지속적인 재정 지원을 보장해야 합니다.

우리 사회를 분열시키는 뿌리 깊은 불평등과 편견은 어린 시절에 대체로 직접적인 표현보다는 관찰을 통해 배웁니다. 예를 들어 남성이 계속해서 평균적으로 유아교육자의 2% 미만에 머문다면, 소년들은 어리고 취약한 사람들을 돌볼 필요가 없다는 것을 암묵적으로 배우게 됩니다. 모국어와 조상의 언어에 대해 초기 연령기에 몰입할 수 없는 경우, 아이들은 가족 구성원과의 소중한 연결, 그리고 공간과 시간을 초월하여 그들의 유산과 연결하는 문화적 방식을 알고 의사소통하는 방법을 잃어버릴 위험이 있습니다. 학교가 동화와 억압의 도구로 사용되어 온 많은 사회에서, 억압적인 제도를 바로잡고 폐지하는 데 매우 많은 판단이 필요했습니다. 미래의 유아교육 방안에서는 문화적 소외와 편견을 영속화하는 것을 방지하기 위한 조치를 취해야 합니다. 유아교육은 개인적, 집단적 문화적 정체성을 확인하고 강화해야 하며, 다양성에 대한 인식을 바탕으로 한 상호 문화적 대화를 촉진해야 합니다.

모든 어린이를 위한 협력 교육

1990년에서 2020년 사이에 전 세계적으로 초등교육에 대한 접근이 대대적으로 확대되었음에도 불구하고, 참여 및 협력 교육을 최대한 활용하여 모든 학습 영역에서 질을 강화하기 위해 해야 할 일이 많이 남아 있습니다.

불행히도 너무 많은 학교와 사회에서, 유아기의 자연스러운 호기심과 탐구적인 경향은 아이들이 더 높은 학년으로 진급하면서 놀고, 탐색하고, 협력하고, 연결할 기회와 함께 줄어들고 점점 덜 장려됩니다. 예술과 과학 전반에 걸쳐, 새로 습득한 이해와 기능을 개별적으로 연습하는 것의 가치는 부정할 수 없습니다. 그러나 틀림없이, 초등학교 수준에서 고립적인 개별 작업에 너무 많은 시간을 할애하게 되면 공동 창조, 협력, 문제 해결을 위한 중요한 기회들이 제한됩니다.

그럼에도 불구하고, 학교와 공식 교육 기관 안팎에서 협동적이고 협력적인 교육 방안의 사례가 증가하고 있습니다. 일부 지역에서의 지역 학교 community schools는 풍부한 문화 저수지를 활용하면서, 새로운 교육 가능성을 구상하고 지역 긴급 상황에 대응하기 위한 지역사회의 창조적인 대응을 보여 줍니다. 다른 맥락에서, 때때로 '비형식'적인 것으로 인식되는 교육 프로그램들이 학교와 파트너 관계를 맺고 지역 장로, 지역사회 지도자 및 지식 보유자와 연결됨으로써, 협력 교육 및 문화적 이해를 위한 기회를 강화합니다.

청소년과 청년의 잠재력 촉진

오늘날 청소년들은 전 세계적으로 다양한 현실에 직면해 있습니다. 여기에는 교육을 받을 권리, 폭력, 여성 할례, 조혼으로부터의 보호와 관련된 다양한 위험, 가족 생계에 기여해야 하는 부담 증가 등이 포함됩니다. 다른 이들은 증가하는 사회적 고립, 정신 건강 문제, 정체성과 목적의 위기에 직면해 있습니다. 지난 수십 년 동안의 교육은 건강한 사회적 상호작용, 동료 관계, 현재와 미래의 노력에 대한 목적의식을 다양하게 함양함으로써, 이 단계에서 삶의 어려움을 완화하는 데 도움이 되었습니다. 그러나 다른 경우에는 교육이 학업 부담과 사회적 소외를 증가시켜 문제를 악화시켰습니다.

젊음의 기간은 몇 년 또는 몇 개월이라는 짧은 기간 동안 상당한 신경학적·신체적 변화를 경험한다는 점에서, 유아기에 비견될 수 있습니다. 젊은 사람들은 지적 능력에서 상당한 비약을 겪지만, 그들이 성인으로서의 완전한 책임을 맡을 준비가 되었는지, 또는 미래를 준비하는 데 집중할 준비가 되었는지 여부와 시기에 대해서는 문화적 기대와 철학마다 다를 수 있습니다. 교육은 의미 있는 방식으로 세상과 소통할 수 있는 충분한 기회들을 제공하면서 그러한 과제들에 도전하도록 하는, 두 가지 모두를 동시에 수행할 수 있는 기회를 제공할 수 있습니다.

젊은이들이 자신의 관심사를 다듬고, 재능을 추구하며, 자신의 소명을 가장 잘 찾을 수 있는 직업을 찾아 나가게 되는 것은 이 단계일 때가 많습니다. 이론과 실천, 끝이 없어 보이는 준비와 의미 있는 경험 사이의 간극을 메우고 강한 목적의식을 심어 주는 것은 이 단계에서의 중요한 교육목표입니다. 종종 강한 정의감이 특징인 젊은이들은 어른들의 위선을 예리하게 인식하게 됩니다. 이러한 관점에서 볼 때, 청소년을 본질적으로 골칫거리, 반항적이거나 사회적 이익에 위험한 것으로 분류하는 결핍 내러티브deficit narratives는 특히 해로우며, 이는 중요하지만 때로는 까다로운 전환기를 위한 세대 간 협력과 지원 기회를 제한합니다. 가능성의 관점에서 볼 때, 귀중한 소수의 중등교육 모델에서만 젊은이들의 놀라운 잠재력이 충분히 발휘되고 있음이 분명합니다.

그러나 이미 진행 중인 미래에 대한 바람직한 재구상이 있습니다. 점점더 청년들이 주도하는 운동과 단체들은 다른 방식으로 문제에 접근하고 있습니다. '미래를 위한 금요일Fridays For the Future', '선라이즈 운동Sunrise Movement' 및 전 세계적으로 이와 유사한 수천 개의 노력은 다른 종류의 미래를 위한 리허설입니다. 라틴 아메리카와 남아시아의 여러 국가에서는, 소외된 농촌 청소년을 출발점으로 삼는 교육 시스템과 교육이 도시 중심적 모델을 확장하기보다, 청소년과 청소년의 토착 및 조상들의 관습에 대한 자부심을 회복시키고 있습니다. 이것들과 다른 많은 사례들은 훨씬 더 광범하고 풍요롭고 공평한 미래를 창조할 수 있도록, 청소년을 지원하는 교육의 힘을 실천적으로 표현하는 것입니다.

점점 더 청년들이 주도하는 운동과 단체들은 다른 방식으로 문제에 접근하고 있습니다.

고등교육의 사명을 새롭게 하기

교육은 지식 생산 및 지역사회에 대한 봉사와 함께 대학의 핵심적 사명의 일부이지만, 고등교육이 조직되고, 인가되고, 자금이 조달되는 방식의 결과로 인해, 최근 수십 년 동안 많은 곳에서 무시되었습니다. 일부 환경에서는 교수들이 그들 개인의 성과들로만 고립적으로 평가되는데, 이는 교육, 멘토링, 역량 구축 및 호의를 위한 지역사회와의 협력적 관계 촉진에 기여하는 질, 관련성, 가치보다 생산성을 더 중요하게 여기는 경향으로 인한 것입니다.

교육학은 많은 대학에서 뒷전으로 물러났습니다. 미래의 대학도 다른 기관이나 정교한 AI 주입 기술을 갖춘 특수 센터에 교수 업무를 위임하면서 이 경로를 따를 가능성이 있습니다. 한편으로는, 세대 간 교육적 사명이 중심에 있으면서 이것이 지식과 연구와 관련하여 항상 제기되는 대학 혁신의 미래를 상상할 수도 있습니다. 기술 및 직업교육 기관은 때때로 이 추의 반대편에 직면합니다. 교육이 흔히 훈련과 기술로 제한되며, 더 깊은 사회적·윤리적·개념적 질문은 그들의 범위를 벗어납니다. 그러나 개인 및 집단의 미래에 매우 중요한 생산 능력의 발달 및 적용은 심오한 이해, 능숙한 기능 및 성찰적 태도 발달을 위한 풍부한 교육적 분야로 간주되어야 합니다.

고등교육의 교육적 사명을 새롭게 하기 위해서는, 초·중등교육과의 강력한 연계 그리고 전통적인 강의와 그것이 함축하는 전수 모델을 넘어서는 교육적 전략에 참여하는 것이 필요합니다. 학생들 간의 협력 활동, 연구 프로젝트 개발, 문제 해결, 개별 연구, 세미나 대화, 현장 연구, 작문, 행동 연구, 지역사회 프로젝트–이들 및 다른 많은 교육적 방식들을 고등교육에 불어넣는 것이 필요합니다. 교육학을 다시 전면으로 옮기려면, 교수의 교육 업무에 더 큰 가치를 부여하고 교육학에 대한 학습과 성장을 지원해야 합니다.

존중, 공감, 평등, 연대와 같은 가치는 미래의 대학, 전문대학 및 기술 교육기관들의 핵심적 사명이 되어야 합니다. 고등교육은 윤리를 촉진하고, 학생들이 시민 및 환경적 책임에 대해 더 잘 인식하여 더 우수하고 유능한 시민이 되도록 지원해야 합니다. 고등교육은 또한 사회 문화적으로 관련성이 있어야 합니다. 문화적 다양성에 대한 인식, 인권 수호에 대한 약속, 인종차별, 성차별주의, 계급주의, 자민족 중심주의 및 모든 형태의 차별에 대한 불관용이 핵심적인 교육목표여야 합니다. 이러한 가치와 원칙을 발전시키는 고등교육은 강의실과 가상공간의 한계를 넘어섭니다. 사람들이 더 나은 버전의 자신이 되고, 강력한 가치 시스템을 발달시키며, 환경을 변화시킬 수 있도록 역량을 강화함에 따라 내용은 계속 진화합니다.

대화와 행동의 원칙

이 장에서는 교육을 위한 새로운 사회계약에서 교육학이 협력과 연대의 원칙을 중심으로 조직되어야 하며, 학생들이 세상을 변혁하기 위해 함께 일할 수 있는 능력을 구축해야 한다고 제안했습니다. 2050년을 바라보면서 이 권고를 진전시키는 데 필요한 대화와 행동을 안내하는 네 가지 원칙이 있습니다.

- 상호 연결성과 상호의존성이 교육학의 틀을 규정해야 합니다. 교사, 학생, 지식 사이에 존재하는 관계는 더 넓은 세계에 위치합니다. 모든 학습자는 세상과 연결되어 있으며, 모든 학습은 세상 안에서 그리고 세상과 함께 이루어집니다. 학생들은 다른 사람들의 행동이 그들에게 어떤 영향을 미치고, 그들의 행동이 다른 사람들에게 어떤 영향을 미치는지 배워야 하며, 이러한 이유로 교실과 학교는 학생들이 다른 사람들과 접촉하도록 해야 합니다.
- 협력과 협동을 다양한 수준과 연령에서 적절한 방식으로 배우고 실천해야 합니다. 협력과 협동이 학습 공동체의 성격으로 정의될 때, 교육은 스스로와 세상을 변화시키기 위해 함께 일하는 개인들의 역량을 구축합니다. 이것은 유아교육과 마찬가지로 성인교육과 학습에 대해서도 적용됩니다.
- 연대, 연민, 윤리, 공감은 우리가 학습하는 방식에 뿌리를 내려야 합니다. 우리는 인류 문화 자원의 완전한 다양성을 교육에 수용하고, 다양성과 다원주의의 가치를 인정하는 것에서 나아가 그것을 지원하고 유지하는 것으로 확장해야 합니다. 가르침은 편향성, 편견 및 분열을 극복하는 데 초점을 두어야 합니다. 다른 사람들에게 관심을 갖고 그들과 함께 느끼는 능력인 공감은 연대 교육을 구축하는 데 필수적입니다.
- 평가는 이러한 목표들에 부합해야 하며 학생의 성장과 학습에 의미가 있어야 합니다. 시험, 검사 및 기타 평가 도구들은 교육목적 및 의도와 조화를 이루어야 합니다. 많은 중요한 학습은 쉽게 측정하거나 계량화할 수 없습니다. 학생 학습을 촉진하는 교사 주도의 형성 평가가 우선되어야 합니다. 우리는 경쟁적인, 고부담의 표준화된 평가의 중요성을

감소시켜야 합니다.

지방, 국가, 지역 및 글로벌 수준에서, 우리 모두는 2050년에 모든 사람이 이용할 수 있는 협력과 연대의 교육을 공동의 것으로 만들기 위해 함께 노력해야 합니다.

4장
교육과정과
진화하는 지식 공동재

"진정한 어려움은 사람들이 교육의 진정한 의미를 모른다는 것입니다. 우리는 증권 거래소에서 토지나 주식의 가치를 평가하는 것과 같은 방식으로 교육의 가치를 평가합니다. 우리는 학생이 더 많이 벌 수 있는 교육만 제공하고자 합니다. 우리는 교육받은 자의 성품 함양에 대해 거의 생각하지 않습니다. 우리는 소녀들이 돈을 벌 필요가 없다고 말합니다. 그렇다면 그들은 왜 교육을 받아야 합니까? 그러한 생각이 지속되는 한 교육의 진정한 가치를 알 수 있는 희망은 없습니다." – 마하트마 간디, 『진정한 국가 교육』, 1907

'교육을 위한 새로운 사회계약'에서, 교육과정은 풍부한 '공동 지식 common knowledge'[76]에서 성장해야 하며, 학생들이 지식에 접근하고 지식을 생산하는 동시에 비판하고 적용할 수 있는 능력을 키우는 데 도움이 되는 생태적, 다문화적, 학제 간 학습을 수용해야 합니다.

교육과 교육이 배양하는 지식, 능력 및 가치 사이에 새로운 관계가 수립되어야 합니다. 이것은 학생들이 평화롭고 공정하며 지속가능한 세상을 건설할 수 있도록 하는 능력과 지식에 대한 검토로 시작하여, 이러한 능력을 개발하는 데 도움이 되는 교육과정 경로를 따라 역으로 그려집니다. '교육

---

76. 유네스코 2050에는 'knowledge commons', 'common knowledge', 'shared knowledge' 등 지식의 공유를 의미하는 여러 개념이 사용되고 있다. 이 중 'knowledge commons'는 '지식 공동재'로, 'common knowledge'는 '공동 지식'으로, 'shared knowledge'는 '공유(된) 지식'으로 나타냈다.

대전환 시대 변혁의 교육학

을 위한 새로운 사회계약'을 함께 만들기 위해, 우리는 교과목의 틀 이상으로 교육과정을 생각할 필요가 있습니다. 교육과정에 대한 질문은 역량 구축과 교육에 항상 존재하는 두 가지 중요한 과정, 즉 '인류 공동 유산의 일부로서 지식 습득'과 '새로운 지식 및 세계의 집단적 창조'와 관련하여 구성되어야 합니다.

무엇을 배워야 하고, 무엇을 버려야 하는가?

무엇을, 어떻게 가르치고 배울 것인가에 대한 경향과 이론은 많이 있습니다. 학습 설계는 '아동 중심' 또는 '과목 중심', '학습자 중심' 또는 '교사 중심'으로 구성될 수 있습니다. 지식은 '학문적' 또는 '실용적', '과학적' 또는 '인본주의적', '일반적' 또는 '전문적'인 것으로 분류될 수 있습니다. 각 접근 방식마다 기여할 수 있는 부분들이 있지만, 지식과 세계의 상호작용이 더욱 복잡해지는 것을 반영하려면 새로운 패러다임과 관점이 필요합니다. 교육자는 지식 습득에 있어 다음의 질문을 동시에 던지면서 접근해야 합니다. 무엇을 배워야 하고, 무엇을 버려야 합니까? 이것은 생태 위기에 비추어, 주류적 위치에 있어 왔던 개발과 경제성장 패러다임을 재고해야 하는 중요한 시점에서 특히 중요한 질문입니다.

이 장에서는 지식 공동재knowledge commons가 모든 인류의 유산으로 재개념화되어야 하고, 지식과 이해의 다양한 방식을 포함하도록 확장되어야 한다는 주장에 대한 간략한 논의를 시작하면서 이 질문을 검토합니다. 여기서 지식에 대한 강조는 '콘텐츠'가 지배적인 것이 되어야 함을 의미하지 않습니다. 지식은 생성과 적용 그리고 재검토되는 방식에서 항상 진화하고 있습니다. 이 장은 인류가 직면한 복잡한 질문과 도전에 대해 더 진전된 지식 생성 및 적용을 위해 광범위한 역량을 구축하는 공동 노력을 강화하자는 공개적 요청을 제기합니다.

교육은 '어떤 것을 아는 것'과 '방법을 아는 것', 둘 모두를 유연하게 수용할 수 있습니다. '내용 숙달'은 '응용 프로그램, 기능 또는 능력 개발'과 경쟁할 필요가 없습니다. 그 대신, 기본 지식과 기능은 서로 얽혀 있고 보완할 수 있습니다. 지난 수십 년 동안 교육과정에 대한 토론은 '내용적 지식'과 '역량' 사이에서 좌우되었습니다. 예를 들어 현대 문제들에 대한 긴밀한 대화와 학생들과 관련성 있게 학습 커리큘럼을 만드는 프로젝트 기반 및 문제 기반 접근 방식으로 얻은 것을 포기하지 않으면서도, 이제 강력한 지식 접근 방식을 지원하는 일련의 새로운 역동적 조합을 구성할 때가 되었습니다.

이 장에서는 '문해력', '수리력', '과학적 탐구', '예술' 및 '시민의식'과 같은 능력들을 둘러싼 지식의 고유한 상호 연결성을 이해하는 것이 필요하다고 주장하면서, 지식 공동재와 교육과정 간의 상호작용을 살펴봅니다. 이 장은 지식 공동재에 대한 접근을 강화하고, 기후변화 교육, 과학적 탐구 및 인권을 우선시하는 내용을 포함하고자 하는 교육과정 개발자와 마찬가지로 교사와 교육자에게도 동등한 관심을 기울이는 '대화와 행동을 위한 2050 기본 원칙'으로 끝을 맺습니다.

지식 공동재 참여

교육과정은 지식을 '모든 사람에게 속한 위대한 인간 성취'로 접근해야 합니다. 동시에, 교육과정은 지식 공동재가 정의justice에 비추어 수정을 요구하는, 상당한 배제와 전유appropriations를 내포한다는 사실을 밝혀야 합니다. 지식은 결코 완전하지 않으며, 교육자는 학생들을 초대하여 더 나은 공동 창조에 참여할 수 있도록 해야 합니다. 너무 많은 형태의 교육에서, 지식 전수는 모든 인류와 공동의 행복을 풍요롭게 하는 것보다 장벽을 세우고 불평등을 재생산하는 것에 더 관련이 있습니다. 지식에 대한 신중하고 사려 깊은 참여를 우선시하는 교육은 인식론적, 인지적, 회복적 정의를 구현하는 데 도움이 됩니다.

우리는 지식 헤게모니에 저항하고, 인류의 다양한 인식론적 관점을 완전히 포함해야만 얻을 수 있는 창의성, 경계를 넘어 실험할 수 있는 가능성을 키워야 합니다. 대를 이어 온 편견, 자의적 위계질서, 착취적 개념은 거부되어야 합니다. 교육은 각 세대가 자신들의 세계를 재창조하는 데 기여하는 지식 공동재를 기반으로, 사람들의 능력을 향상시킬 수 있습니다. 교육과정은 지식과 상호작용하고 지식에 참여할 수 있는 능력을 발달시키고 개선해야 합니다. 예를 들어 문해력, 수리력, 과학적 탐구는 사람들이 자신들의 세계를 이해하고 공헌할 수 있도록 하는 데 중요하며, 모든 곳에서 확장되고 심화되어야 합니다.

개방적이고 공통적인open and common 교육과정을 설계하는 부분 중의 하나는 학문과 과목의 경계를 고정된 또는 본질적인 한계로 구성하려는 압력에 저항하는 것입니다. 그 대신, 세계의 복잡성과 지식 시스템의 역사적 성격에 대해 생각하는 데 에너지를 쓰는 것이 타당합니다. 다중성과 횡단성에 대한 이러한 관점을 교육과정에 도입하면, 새롭고 생산적인 방향으로 견고한 지식 기반을 구축하는 데 도움이 됩니다.

이 모든 필수적 활동 영역에서, 교육과정은 '완성된 지식'이 아니라 오히려 서로 다른 세대를 연결하고, 문화유산을 전달하며, 검증과 업데이트의 여지를 만드는 지식으로 구성된다는 점을 기억해야 합니다. 이러한 인식은 우리가 모든 주제를 역사적 틀 안에서 그리고 세대 간 대화의 일부로서 가르치도록 이끌어야 합니다. 이 대화는 학생들이 학습을 통해 맥락을 파악하고, 새로운 의미를 부여하도록 할 것입니다.

교육의 미래를 위한 교육과정 우선 과제
우리는 교육에 대한 편협한 관점에서 더 큰 목적을 위한 진지한 참여로 이동해야 합니다. 교육과정 접근 방식은 인지 영역을 문제해결 기능, 혁신 및 창조성과 연결해야 하며, 또한 사회정서학습과 스스로에 대한 학습 발달을 통합해야 합니다. 여기에 제시된 교육과정 참여 형태는 통합과 해방unite and liberate을 목표로 합니다. 아래의 교육과정 우선 과제는 포용, 성평등, 불의의 해체, 그리고 우리의 미래를 함께 재구상하는 데 필요한 '불평등에 대한 광범위한 투쟁'을 지원하기 위한 것입니다.

손상된 지구를 위한 교육과정

점점 더 스트레스를 받고 있는 지구에서 우리는 어떻게 함께 잘 살 수 있을까요? 교육은 학생들이 기후변화에 대한 적응, 완화 그리고 그것을 되돌릴 수 있도록 준비시킴으로써, 기후변화와 환경 파괴에 대응해야 합니다. 우리는 인간의 위치를 지구의 일부로 보는 근본적으로 새로운 방식을 도입하기 위해, 교육과정을 재고하고 재구상해야 합니다. 모든 영역에서 학생들은 환경적 지속가능성의 시급성을 대면해야 합니다. 즉, 지구의 한계 안에서 생활하고, 미래 세대와 우리 모두가 속한 자연 생태계를 손상시키지 않아야 합니다. 인간의 활동으로 피해를 입은 행성에서 존중하고, 책임감 있게 살아가는 기술art은 모든 주제 영역에 스며들 수 있습니다. 우리는 더 이상 인간 예외주의를 확산하거나, 세계를 학습해야 할 외부 대상으로 보는 '저 바깥'에 위치시킬 수 없습니다. 대신, 우리는 관계와 집단 차원에서 분산되어 있는 행위주체성과 행동에 동기를 부여해야 합니다. 이것은 우리가 자연 세계와 함께 살고 배운다는 것을 인식하는 것을 의미합니다.

교육과정에서 살아 있는 세계에 대한 논의 방식을 바꾸는 것은 우리와의 관계를 재구성하기 위한 중요한 전략 중 하나입니다. 그러나 학생들에게 '자연의 수호자'만을 가르치는 교육과정으로는 충분하지 않습니다. 이러한 접근 방식은 여전히 인간과 환경 사이의 분리를 전제로 합니다.

특히 기후변화 교육에 중점을 두어야 합니다. 효과적이고 적절한 기후변화 교육은 젠더 대응적gender responsive이고, 시공간을 가로지르는 사회적, 경제적 요인들을 교차 연결하는 접근 방식을 취하며, 비판적 사고와 적극적인 시민 참여를 촉진합니다. 현재 글로벌 수준의 생산 및 소비가 지속가능하지 않다는 것을 인정하고, 부유한 국가가 기후변화에 기여하는 데 불균형한 역할을 하고 있으며 그 영향을 가장 많이 받는 국가는 대부분 빈곤한 국가임을 인식해야 합니다. 또한 수많은 토착 공동체에서 인간과 '인간 이상의 세계' 사이의 조화로운 관계를 붕괴시킨 식민지 및 산업적 유산을 인정해야 합니다. 기후변화 교육은 학생들이 정당하고 지속가능한 대안을 고려하고, 지역사회와 연대하여 행동을 취하도록 역량을 강화해야 합니다.

교육과정은 살아 있고 손상된 행성과 우리가 어떻게 상호 연결되어 있는지 다시 배울 수 있도록 해야 합니다.

교육과정은 살아 있고 손상된 행성과 우리가 어떻게 연결되어 있는지 다시 배우고, 엄청난 생물다양성 손실, 전체 생태계 파괴 및 돌이킬 수 없는 기후변화를 초래한 인간의 오만함을 제거unlearning[77]할 수 있도록 해야 합니다. 우리는 자연 세계와의 깊은 연결성을 발전시키고, 생물권을 교육 공간으로 수용함으로써, '생태복원rewilding' 교육과정을 추구할 수 있습니다. 우리는 수많은 청소년, 커뮤니티 주도의 운동에서 일어나는 것과 같이, 지구와 함께 살아가는 것과 관련된 지식의 실천에 대한 세대 간 대화를 포함하도록 교육과정을 재구성할 수 있습니다.

조화롭게 사는 능력-상호 존재와 웰-빙에 필요한 것 이상도 이하도 취하지 않음-은 교육을 통해 배울 수 있습니다.

페미니스트의 관점과 토착민의 목소리는 이 중요한 순간을 헤쳐 나가는 데 많은 기여를 합니다. 토착적 지식 체계는 학생들이 자연 공동체의 일부라는 의식을 높일 수 있습니다. 인류가 수천 년 동안 지구와 조화롭게 살 수 있도록 해 준 가치, 실천, 영적 의식으로부터 이끌어 낼 수 있습니다. 모든 생명체는 지속가능한 생태계에서 역할을 하며, 조화롭게 살아가는 능력-상호 존재와 웰-빙에 필요한 것 이상도 이하도 취하지 않음-을 교육을 통해 배울 수 있습니다. 페미니스트 관점은 인간의 학대와 자연에 대한 착취 관계의 대부분을 이루는 적대적 전제들에 반대합니다. 계속 확대되는 소비와 지구에 대한 지배를 전제로 하는 경제 모델은 무모한 허구를 지속시킵니다. 사회적 웰-빙과 생태적 지속가능성 사이의 바람직한 균형을 이루면서, 그 안에서 살아가기 위해서는 우리가 배워야 할 경제적 행위의 임계값

---

77. 'unlearning'은 맥락에 따라 '배우지 않기', '극복하기', '버리기' 등으로 번역했다.

이 있습니다.

사회 정의는 생태적 정의와 분리될 수 없습니다. 우리는 서로를 돌보는 법을 배우지 않고서, 살아 있는 행성을 돌보는 법을 배울 수 없습니다. 보살핌은 애정이나 태도와 관련이 있을 뿐만 아니라, 중요한 인지적 구성 요소를 가지고 있습니다. 교육과정에는 행성에 대한 과학적, 기술적 접근이 어떻게 만들어지고, 지구와 우주가 어떻게 문서화·시각화되고 이해되는지, 그리고 '지식의 실행이 이 손상된 행성에서, 생활 관행에 어떻게 얽혀 있는지'에 대한 깊이 있는 지식이 포함되어야 합니다. 정보화 도구와 개인적·집단적 프로젝트의 강점과 한계에 대한 논의는 지구상의 복잡한 생명체의 가능성을 보호하기 위해 집단적 인식과 참여적 행동을 높이는 관련 커리큘럼을 증진하는 데 중요합니다.

보살핌의 윤리는 우리 자신들을 능력 있는 동시에 취약하고 상호 연결된 인간으로 이해할 수 있게 해 줍니다. 그것은 우리가 다른 사람들과 세상에 영향을 미치고, 영향을 받는 방식에 대해 숙고하도록 강제합니다. 가정 및 공적 생활에서 전통적인 성별에 따른 돌봄의 불균형을 해결하기 위해서는, 교육과정이 성별 표현에 관계없이 모든 사람을 보살피는 윤리를 육성하는 것이 중요합니다. 자녀 양육, 병자와 노인 돌보기, 가정의 유지 및 사회에 매우 중요한 가족의 신체적·심리적 필요에 대응하는 재생산 지식도 인류의 지식 공동재에 속하며, 자연스럽게 우리가 손상되고 취약해진 지구를 치료하고 돌보는 방식으로 확장됩니다. 마음을 쓰는 것caring-about, 소중히 여기는 것caring-for, 돌보는 것, 돌봄을 받는 것이 우리가 상호의존적인 미래를 함께 상상할 수 있도록 하는 교육과정에 포함되어야 합니다.

앎과 정서의 통합

교육과정은 학생들을 연령과 상관없이, 학습에 대한 호기심과 갈증을 교육 환경 속으로 가져오는 완전한 인간 존재complete human beings로 대해야 합니다. 그들은 또한 감정, 두려움, 불안, 자신감, 열정을 가져옵니다. 전인적 인간whole human beings으로서 사람들을 가르치는 교육과정은 세상과의 사회적·정서적 상호작용을 지원하고, 다른 사람들과 협력해 세상을 개선할 수 있도록 합니다.

신경과학은 앎과 느낌이 개별적인 고립이 아니라, 타인과의 직접적이고 확장된 관계 속에서 수행되는 동일한 인지 과정의 일부임을 보여 줍니다. 특히 지난 10년 동안, 세계의 일부 지역에서 사회정서학습social and emotional learning을 교육 실천의 주된 흐름으로 가져오기 위한 엄청난 교육 연구가 이루어졌습니다. 사회정서학습에 대한 최상의 접근 방식은 교육과정에서 학생 정체성의 사회적·정서적·인지적·윤리적 영역을 포괄하는 것입니다. 그것은 개인의 발달 과정을 더 넓은 사회적 결속력에 대한 의미와 연결합니다. 공감하는 법, 협력하는 법, 편향과 편견에 대처하는 법, 갈등을 헤쳐 나가는 법을 배우는 것은 모든 사회, 특히 오랜 분열과 씨름하는 사회에서 가치가 있습니다.

> *공감하는 법, 협력하는 법, 편견과 편견에 대처하는 법, 갈등을 헤쳐 나가는 법을 배우는 것은 모든 사회에서 가치가 있습니다.*

사회정서학습의 실천은 외생적heterogenous인 것이기 때문에 적절한 맥락화가 필요합니다. 여기에는 의식적으로 설계된 학습 경험, 교사와의 유대감, 긍정적인 또래 경험, 세대 간 이해 및 지역사회 참여가 필요합니다. 자기성찰mindfulness, 연민, 비판적 탐구는 모두 강력한 사회정서학습을 지원합니다. 그러나 그러한 학습들은 교사들에게 추가적인 요구를 부가하며, 교사가 이 작업을 완수하도록 지원받아야 한다는 점을 인식해야 합니다. 2050년을 바라보면서, 우리는 사회정서학습에 단기적으로 투자해서는 안 됩니다. 그것은 미래의 도전을 해결하기 위한 인간의 창조성, 도덕성, 판단력, 행동의 토대입니다.

학습자를 완전한 인간 존재로 간주한다는 것은 삶의 모든 단계에서 신체적 요구와 능력을 인식한다는 것입니다. 건강한 미래를 위해서는, 모든 능력 유형, 성별 및 배경을 포함하는 기본적인 운동 기능을 촉진하는 양질의 체육 교육이 필요합니다. 양질의 체육 교육은 확신과 자신감, 조정과 통제력, 팀워크, 물리적 환경의 요구에 대한 반응성, 언어 및 비언어적 의사소통을 향상시킬 수 있습니다. 체육을 신체적으로 가장 유능한 사람들의 배타적인 추구로 보아서는 안 되며, 또한 경쟁과 비교에 지나치게 의존하는 것은 폭 넓은 참여를 배제할 수 있습니다. 모든 학습자가 건강하고 활동적인 생활 방식을 누릴 수 있고 공유되는 활동을 통해 공감하고 존중하는 관계를 발 전시키면, 평생 함께 상호작용하는 학습에 기여할 수 있다는 가치를 전제 로 해야 합니다.

마찬가지로, 연령에 적합하고, 문화적으로 조화로운 인간의 성에 대한 전 체론적holistic인 교육적 접근을 취하는 것은 사회적, 정서적 문해력의 중 요성을 인식하고, 존중과 동의에 대한 토론을 촉진하며, 신체적 성숙기 동 안의 신체적·정서적 과정에 대한 이해를 형성하고, 관계에 대한 존중과 평 등을 함양합니다. 세계 여러 지역의 소녀들이 신체적 또는 성적 피해-특 히 청소년기 소녀들이 중등교육을 계속 받지 못하는 많은 상황에서 직면 하는 현실-를 입을 가능성이 있는 조건 속에서, 계속 소외감을 느끼는 미 래를 용인할 수는 없습니다. 모자 건강, 사망률, 웰-빙 역시 '포괄적 성교육 comprehensive sexuality education'과 밀접한 관련이 있습니다. 더욱 광범위한 형태의 건강 및 웰-빙과 함께 평등, 존중, 자신감의 가치에 기반을 둔 교육 은 모든 사회 전반에 걸쳐 공정하고 평등한 인간관계를 위한 역량 강화로 이어집니다.

광범한 문해력 및 복수언어적plurilingual 미래 창출

언어에 대한 우리의 능력과 언어와의 관계는 인간의 정체성, 지식, 세계에 서의 존재에서 중심 요소가 되어 왔으며, 우리로 하여금 새로운 차원의 이 해에 도달할 수 있게끔 다른 사람들이 배운 것을 기반으로 의사소통하고 그 위에 건설할 수 있도록 해 줍니다. 언어는 지식 공동재 그 자체의 존재적 토대입니다. 지난 수십 년 동안 교육 덕택에 각 세대는 이전 세대보다 읽고 쓰는 능력이 향상되었습니다. 그러나 참여와 포용을 확대하기 위해서는, 문해의 미래가 읽기와 쓰기를 넘어 모든 형태의 이해와 표현 능력을 강화하는 것이 되어야 합니다.

글과 말만이 인간이 자신의 경험을 기록하고 후세에 전수하는 유일한 방법은 분명히 아니며, 이미지와 신체적 지식도 훨씬 더 중요한 방식으로 교육과정에 들어가야 합니다. 그러나 말과 글로 된 지식은 인류 역사에서 부인할 수 없는 역할을 했습니다. 특히 인간 지식의 기술로서 글쓰기는 삶이 순환하고 여행하는 것을 가능하게 하여, 축적 가능성을 확장하고 서로 다른 많은 문화에서의 인간 경험을 활자화했습니다. 미래 세대를 위해 이 지식은 잃어버려서는 안 됩니다.

문해력은 미래 학습 및 사회 참여 가능성과 직접적으로 연결됩니다. 그러나 이것은 '켜기/끄기' 스위치가 아니며, 언어를 통해 의사소통하고 이해하는 우리의 능력은 평생 동안 지속적으로 강화될 수 있습니다. 문해 교육의 미래는 깊이 있고 광범위하며 비판적으로 읽는 능력, 말하고 쓰는 데 있어 명확하고 효과적으로 의사소통하는 능력, 그리고 주의 깊고 공감하며 분별력 있게 경청하는 능력을 발달시킬 수 있습니다. 예를 들어, 독자적으로 읽고 모든 분야에서 복잡한 텍스트를 찾는 학생의 능력과 성향을 키우는 것은 지식 공동재와 보다 평등한 상호작용을 하게끔 함으로써 훨씬 더 넓은 가능성을 지닌 미래를 향한 문을 엽니다. 문해 교육은 교실과 학교를 넘어 사회 전반의 책임이 될 수 있습니다. 예를 들어, 인도의 일부 미디어 네트워크에서 이루어진 동일 언어 자막을 표준 관행으로 만들려는 최근의 노력은 읽기 능력을 더욱 광범위하게 강화하는 것으로 나타났습니다. 특히 학교에서 기본적인 읽기 및 쓰기 기능을 배웠지만, 추가적 연습과 자신감이 필요한 사람들 사이에서 그러했습니다.

교육과정에서 외국어, 토착 언어, 수화 교육을 통해 국가 단일 언어 사용에서 다중 언어 사용으로 전환하고 있음이 나타나고 있습니다. 이것은 지속되고 확장되어야 하는 변화입니다. 또한 어린이, 청소년 및 성인 학습자가 모국어와 조상 언어로 된 최고 수준의 교육 옵션에 접근할 수 있는 것이 중요합니다. 이는 교수 및 학습의 효율성에서도 즉각적인 것이지만, 다양성을 존중하고 유지하는 방향으로 전 세계의 교육 시스템을 지향하고, 기본적인 존중 차원에서도 중요합니다. 많은 상황에서, 이중 언어 및 복수 언어 교육 정책은 학습자의 문화적 정체성을 지원하고, 사회에 완전한 참여를 수용하는 데 필요합니다. 이것은 소수 토착 언어에 대한 지원을 수반할 뿐만 아니라, 학생들이 지배적이거나 다수가 사용하는 언어 능력을 습득할 수 있는 기반을 마련합니다.

언어적 다양성은 인류가 공유하는 지식 공동재의 핵심적 특징입니다.

복수언어 교육은 글로벌 대화, 작업 및 문화에 참여할 수 있는 더 많은 기회를 창출합니다. 점점 더 상호의존적이 되어 가는 세계에서 다른 언어를 배우는 것은 분명한 가치가 있으며, 개인 및 집단의 이점은 의사소통에 국한되지 않습니다. 복수언어 사용은 우리 모두가 서로 다른 의미 체계 사이에서 능동적인 번역자가 되도록 하고, 정해진 의미 패턴에 대해 더 많은 자율성과 비판성을 발달시킵니다. 언어는 의사소통 수단 이상입니다. 언어는 세계에 대한 관점과 독특한 이해 방식을 전달합니다. 언어적 다양성은 인류가 공유하는 지식 공동재의 핵심적 특징입니다. 교육은 그것을 지키는 데 핵심적 역할을 합니다.

수리력 강화

사람들이 자신의 수학적 지식과 기술을 다양한 상황에 적용해야 하는 경우가 점점 더 많아짐에 따라, 수리 능력은 교육의 미래에 매우 중요합니다. 수리력은 패턴을 관찰하고, 집합을 분류·구성하고, 세고 측정하고, 양을 비교하고, 이들 간의 관계를 규명하는 인간 능력의 결실입니다. 십진법 및 이진법과 같은 수 체계는 현대의 통신, 거래, 컴퓨팅 및 계산의 기초입니다. 수리는 덧셈, 뺄셈, 곱셈, 나눗셈의 기본 연산을 숙달하는 것 외에도, 다양한 맥락과 문제에 적용해야 합니다. 재정 건전성 확보 및 계획, 건강 위험 및 질병 발병률, 농업 수확량 및 투입량, 오염 및 환경 상태에 대한 임계값,

지역 기업 및 커뮤니티 뱅킹 등을 포함하여 그 예는 무궁무진합니다. 실제의 맥락 속에서 이해할 때 수리는 시간 경과에 따른 변화를 이해하고, 미래에 대한 예측과 계획을 세우고, 관계를 이해하고, 의미 있는 관점에서 추세를 파악하는 인간의 능력을 강력하게 열어 줍니다.

수리력은 모든 사람에게 속하는 것이며, 문화에 잘 맞는 수리 교육과정은 공식 교육에 의미 있는 사회정서적 연결고리를 만들 수 있습니다. 예를 들어, 북극권 노르웨이 원주민의 전통적인 땋기 절차braiding procedure는 학생들과 함께 이산 정수 패턴 이해에서 곱셈 및 대수 변수와 같은 보다 복잡한 연산으로 나아갈 때 활용되었습니다. 유사하게, 캐나다의 교육청은 대수, 비례 및 공간 추론을 포함한 수학적 개념을 구슬 장식, 바구니 만들기, 모카신 만들기와 같은 예술 형태와 연계해 가르치기 위해 원주민 예술가와 교육자들을 끌어들였습니다. 수학적 지식을 학생들의 문화적 지식과 연결하는 것은 가정환경과 학교 환경 간의 단절을 극복하기 위해 필요한 사회-정서적 차원에 참여시키는 데 도움이 됩니다. 또한 수학이 '서구의 것'이라는 잘못된 관념에 도전하고, 우리에게 이누이트 수학, 마오리 수학 등과 같은 민속수학 체계의 광범위하고 오랜 존재를 상기시킵니다.

인문학 그리기

인간 사회와 문화에 대한 지식과 학습은 학생들이 직면한 문제에 대한 광범위한 접근 방식을 배우도록 돕는 데 필수적입니다. 다양한 형태의 인문주의적 전통은 우리의 집단적 세계 구축에서 중요한 역할을 한 세계의 집단적인 지식 공동재에 대해 많은 가치 있는 기여를 해 왔습니다. 동시에 우리는 우리가 알고 있는 것이 부분적이고 편향되어 있음을 인식해야 합니다. 인간의 의미를 재구성하면서 서로 간의 그리고 살아 있는 지구 및 기술과의 관계에서 균형을 맞추어야 합니다. 인문학은 균형 있게 조정되어야 하고, 그 다음에 체계적인 학문으로서 우리 또한 균형을 맞출 수 있도록 도울 수 있습니다.

예를 들어 역사는 효과적으로 가르칠 때 차별과 특권 문제를 포함해서,

사회 변화와 사회 시스템에 대한 귀중한 관점을 발전시킬 수 있습니다. 상황이 실제와 다를 수 있다는 역사적 우발성historical contingency을 이해하는 것은 미래의 가능성을 예측하는 데 가치가 있습니다. 그러나 이러한 잠재력을 발휘하려면 역사가 연대기에 대한 천착을 훨씬 넘어서서, 무엇이 증거를 구성하고 우리가 인간적, 비인간적 경험을 어떻게 이해해야 하는지에 대한 논의로 먼저 나아가야 합니다.

교육을 인문학과 연결하고, 재연결하는 새로운 방법을 찾는 것 또한 민주주의의 미래를 위해 매우 중요합니다. 철학, 역사, 문학과 예술은 우리를 목적의식, 비판적 탐구, 공감, 윤리, 상상력과 연결할 수 있습니다. 이러한 모든 인문주의적 접근 방식은 또한 학생들의 '미래 문해력'을 강화하는 데도 중요합니다. 그것은 학생들이 보고 행하는 것 속에서 미래의 역할을 이해하는 능력입니다. '미래를 이해하는 사람'이 되는 것은 미래를 더욱 효과적, 효율적으로 이용하고, 변화가 발생할 때 더 잘 준비하고, 복구하고, 발명할 수 있는 역량을 갖추는 것입니다. 이것은 또한 공교육 안팎 모든 공적 공간에서 인문학을 강화함으로써 지원될 수 있습니다. 공동의 인류, 공유된 지구, 정의를 향한 집단적 열망의 관점에서 교육을 인문학과 집단적으로 재연결하는 것은 중요한 과제입니다.

과학적 탐구와 이해

물리적 우주를 이해하려는 열망은 탐구하고 배우는 인간의 능력을 반영합니다. 관찰하고, 질문하고, 예측하고, 실험하고, 이론화하고, 이해를 개선하고, 도전하고, 정제하는 과학적 탐구의 본질은 인간 정신의 발현입니다. 현대 과학의 뿌리는 모든 문화와 사회에서 기록된 역사의 초기 단계로 거슬러 올라갑니다. 그 열매는 의학에서 기술에 이르기까지 우리의 육체적, 물질적 삶의 모든 부분에서 향유되고 있습니다. 강력한 인본주의적 가치를 갖고, 모든 사람을 포용하는 폭넓은 교육과정 내에서 과학적 소양과 탐구에 특별한 강조가 두어져야 합니다.

인류 역사에서 과학은 근본적 이로움을 의미하는 중요한 지식 실천이었습니다. '사실truth'은 '집단적 노력을 통해 산출된 절차와 합의의 결과'라는 개념입니다. 그러나 그것은 때때로, 예를 들어 과학적 발견이나 실험의 효과에 대한 윤리적 문제보다 상위에 위치하는 것으로 보이는 전문 분야로 성장했습니다. 이것은 과학이 몇 세기 동안 누렸던 신뢰를 갉아먹는 논쟁과 질문을 낳았습니다. 교육과정은 과학의 방법, 발견과 윤리를 상호 연결된 것으로 간주해야 합니다.

극단적 상대주의의 확산과 다양한 매체 속에서의 잘못된 사실들의 광범한 확산은 강력하고도 고도로 성찰적인 과학적 소양을 요구합니다. 과학적 소양의 중요성은 코로나바이러스 전염병과 지구 온난화와 같은 중요한 위기적 시기에, 잘못된 정보와 가짜 뉴스의 확산으로 급격하게 부각되었습니다. 과학적 지식의 부정과 '팩트'의 와전은 실제 세계에서 의심, 불신, 두려움 및 증오를 불러일으키는 결과를 초래했습니다. 교육과정은 과학적 사실 scientific truth을 옹호하고, 분별력과 복잡하고 미묘한 차이가 있는 사실truth에 대한 진지한 탐구 능력을 키우는 데 전념해야 합니다.

교육과정은 분별력과 복잡하고 미묘한 사실에 대한 진지한 탐구 능력을 배양해야 합니다.

글로벌 지식 공동재는 모든 사람이 인간의 웰-빙에 기여하는 정확한 지식에 대한 권리를 가질 것을 요구합니다. 이 원칙은 메시지와 개념들이 사고력 발달에 큰 영향을 미치는 교육과정에서 특히 중요합니다. 예를 들어, 대규모 광업 및 석유 산업이 있는 일부 지역이나 국가에서는 정부가 공식적인 과학 교육과정에서 자원 추출의 환경적 영향을 가볍게 다루라는 상당한 압력을 받고 있습니다. 가능한 모든 교육 수단을 통해 그러한 허위 정보와 싸우는 것이 중요합니다. 특히 권리를 박탈당하고 소외된 사람들에게는 전 세계적으로 과학적 소양을 증진하기 위한 새로운 노력이 필요합니다. 오늘날의 세계에는 전례 없는 양의 정보가 유통되고 있습니다. 과학적 소양, 방법, 엄격함, 경험주의 및 윤리는 모두 시급한 중요한 교과과정 문제입니다.

디지털 세상을 위한 기능Skills

연결하는 기술들connected technologies은 끊임없이 확장되는 삶과 학습 및 노동 영역으로의 참여를 뒷받침합니다. 기술에 대한 보편적인 접근을 지원하는 것 외에도, 교육 시스템은 학습자가 기술을 의미 있게 사용하는 데 필요한 디지털 기능과 역량 발달을 위해 상당히 노력하고 있습니다. 이러한 능력에는 '타고'나거나 '저절로 되는' 것은 없습니다. 그것은 다양한 형태의 비형식 및 자기 주도 학습과 함께 의도적인 교육적 개입을 통해 시간을 들여 구성되고 다듬어집니다.

디지털 교육은 일반적으로 기능적 기술functional skills 및 기술적 노하우 technical know-how에 관심을 기울이지만, 디지털 사회, 디지털 경제의 정치에 대한 일련의 이해와 태도인 '비판적 디지털 문해력'도 포함해야 합니다. 디지털 교육은 학생들이 디지털 기술의 정치적 특징을 분석하고 특정 결과를 산출하기 위해 조작하는 능력을 강조합니다. 학습자는 디지털 공간에서 행위자의 동기를 인식하고, 그들이 개인 그리고 그룹의 구성원으로서 더 큰 디지털 생태계의 일부가 되는 방식을 이해할 필요가 있습니다. 오늘날 연결된 기술은 이를 사용하거나 본 적이 없는 사람들에게도 지대한 영향을 미칠 수 있습니다.

교육과정은 교사와 학생이 기술에 대해 함께 행동하고 기술이 사용되는 방법과 목적을 결정하는 데 도움이 되도록 지원해야 합니다.

기술에 대한 교육은 또한 필연적으로 기술 자체에 달려 있습니다. 기술을 이해하고 잘 활용하는 데 필요한 기능과 비판적 시각은 새로운 기술 개발의 속도만큼 변화하면서 끊임없이 유동적일 것입니다. 그러나 이것이 최신 기술 발전을 수용하기 위한 왜곡된 교육의 일방통행을 의미해서는 안 될 것입니다. 교육은 또한 기술혁신과 사회의 디지털 전환을 주도하는 역할을 해야 합니다. 교육과정은 교사와 학생이 기술에 대해 함께 행동하고, 기술이 사용되는 방법과 목적을 결정하는 데 도움이 되도록 지원해야 합니다.

예술교육을 통한 상상력, 판단력, 가능성 함양

음악, 드라마, 무용, 디자인, 시각 예술, 문학, 시 등의 예술 교육은 학생들의 능력을 크게 확장하여 복잡한 기능을 습득하게 하고, 교육과정 전반에 걸쳐 사회정서학습을 지원할 수 있습니다. 공감이나 비언어적 단서 읽기를 통해 다른 사람의 경험에 접근하는 인간의 능력을 향상시킬 수 있습니다.

예술은 또한 때때로 모호한 특정 진실을 드러내고, 세계에 대한 다양한 관점과 해석을 고양하는 구체적인 방법을 제공합니다. 많은 형태의 예술적 표현이 미묘한 것을 담아내려 하고 삶의 모호함과 씨름합니다. 학생들은 작은 차이가 큰 영향을 미칠 수 있다는 것을 배울 수 있습니다. 예술적 경험은 종종 미지의 것을 기꺼이 찾아가려는 의지를 요구합니다. 학생들은 모든 것이 상황과 기회에 따라 변한다는 것을 배울 수 있습니다. 예술은 또한 말해지고, 보여지고, 느껴져야 할 것들을 우리가 말하고, 보여 주고, 느끼는 법을 배우는 데 도움이 되며, 예술 안팎에서 알고, 존재하고, 소통하는 지평을 발전시키는 데 도움이 됩니다.

예술을 통해 창조적 표현을 이끌어 내는 교육과정은 미래를 만들어 갈 엄청난 잠재력을 지니고 있습니다. 예술적 창작artmaking은 세계를 이해하고, 문화 비평에 참여하고, 정치적 행동을 취할 수 있는 새로운 언어와 수단을 제공합니다. 교육과정은 또한 문화유산과 강력한 상징, 레퍼토리 그리고 우리의 집단적 정체성과 관련된 자료들에 대한 비판적 감상과 참여 능력을 배양할 수 있습니다.

인권, 능동적 시민의식, 민주적 참여를 위한 교육

인권교육은 잠재력을 최대한 발휘할 때 모든 사람의 인정과 번영을 약속하는 도덕적 세계로의 진입점과 공유된 언어를 제공함으로써 변혁적일 수 있습니다. 인권교육은 학습자의 행위주체성을 지원할 수 있습니다. 불평등을 분석하고 비판적 의식을 키우는 기능을 발달시키는 것은 참여적 개입을 지원하는 방법이며, 이러한 측면에서 인권교육은 시민교육을 강력하게 지원합니다.

인권교육은 또한 국가 교육 시스템의 전반적인 효과를 향상시키고, 지속 가능하고 공정한 경제, 사회, 정치 발전을 지원할 수 있습니다. 기본권과 모든 사람의 존엄과 자유를 교육함으로써 교육 자체가 평등의 약속이 실현되는 장소가 되어야 합니다. 인권과 시민교육은 평화교육과 깊은 관련이 있습니다. 많은 상황에서 폭력이 사람들이 서로 관계를 맺는 주요한 방식이 되기도 합니다. 여성과 아동을 포함한 모든 인구 집단이 차별과 언어적·신체적 학대를 당하고 있으며, 그들의 삶과 번영의 가능성이 심각하게 제약당하고 있음을 봅니다. 인권교육은 인권 보호를 위한 법률 및 복지기관과 함께 협상과 외교를 통해 갈등을 해결할 수 있는 평화로운 사회를 만드는 데 도움이 될 수 있습니다.

교육은 사람들이 공동의 틀 안에서 서로 함께 자신의 활동을 성찰하고 분석하도록 가르침으로써, 지속적인 시민적, 사회적, 정치적 행동을 위한 역량을 형성합니다. 관계적·집단적 행위주체성은 교육과정이 행동주의와 연대의 더 큰 역사 및 흐름을 연결하는 데 중점을 둘 때 강력하게 지원됩니다. 교육은 공적 공간에서 발생하는 장기적 사고와 대화 및 숙고를 지향할 때, 전략적이고 변혁적인 행동을 지원합니다. 인권교육은 또한 '인간이 된다 to be human'는 것이 무엇을 의미하는지에 대한 논쟁과 딜레마를 촉진해야 하며, 지구상의 다양한 형태의 생명체 보존에 대한 윤리적 문제를 탐구해야 합니다.

또한 교육은 비판적이고 창조적인 정치적 사고와 옹호에 필요한 기능과 능력을 제공하고, 불의와 인권침해를 감시하며, 성별, 인종, 원주민의 정체성, 언어, 종교, 나이, 장애, 성적 취향 또는 시민권 지위 등으로 인해 집단을 차별하는 권력 구조와 관계에 의문을 제기하고, 폭로하고, 맞서는 것을 목표로 해야 합니다. 따라서 교육 시스템과 사회 운동 간의 대화는 기본적인 것입니다.

교육과정은 또한 성 불평등을 해결하는 데 중요한 역할을 합니다. 가부장제(남자에게 사회적 권리와 권력의 대부분을 부여하는 이데올로기 시스템)의 만연한 영향은 사회와 학교에서 어린이와 청소년에게 전달되는 메시지와 사고방식으로 지속적으로 나타납니다. 억압적인 성역할과 성차별은 사회의 모든 사람에게 해롭습니다. 평등의 기본 원칙은 어린 시절부터 배워야 합니다. 소년들은 가능한 한 빨리 성평등을 지지하는 법을 배워야 하며, 자매나 여성 동료보다 미묘한 이점을 줄 수 있는 불평등한 가정 또는 사회 시스템을 영속화해서는 안 됩니다. 딸과 자매가 집안일과 허드렛일을 더 많이 수행한다는 기대는 여자아이들의 학교 참여에 부정적인 영향을 미칠 뿐만 아니라, 타인에게 복종하는 자신들의 가치와 값어치에 대한 암묵적인 메시지를 전달합니다. 성평등의 원칙은 가정, 교실, 학교 운동장 및 지역사회에서 아이들이 교류하고 배우는 환경 전반에 걸쳐 일관되어야 합니다. 평등의 증진은 모든 사람의 지원이 필요한 집단적 노력입니다.

같은 맥락에서 교육과정은 인종차별을 다루어야 하며, 원주민, 아프리카계 후손 커뮤니티 및 소수 민족과 같이 우리 사회에 공존하는 다양한 문화적·언어적 배경을 가진 집단에 대한 고정관념적인 차별적 표현과 내러티브에 도전하는 것을 목표로 해야 합니다.

고등교육의 활성화 역할

'교육을 위한 새로운 사회계약'은 지식 공동재에서 교육을 이끌어 낼 뿐만 아니라, 지식 공동재의 더 나은 발전과 더 큰 포용성을 지원하는 방식에 대한 재구상을 요청할 것입니다. 지식 공동재를 강화하는 핵심적인 역할에서, 고등교육보다 더 분명한 곳은 없습니다. 고등교육은 현재 오랜 역사에서 가장 불확실한 시기 중 하나를 경험하고 있습니다. 대학은 지식과 연구 생산을 위한 전 세계 잠재력의 많은 부분을 담고 있습니다. 오픈 사이언스 open science와 오픈 액세스open access는 미래 세대의 연구자 및 전문가 교육과 함께 연구, 혁신 및 탐구의 발전에 전념하는 고등교육 기관 속에서 준비된 협력 주체를 찾고 있습니다.

개방적 지식 공동재를 위한 대학 연구

지식'들'은 모두가 공유하는 웰-빙을 위해 발전되고, 이용되어야 하는 자산으로 인식되어야 합니다. 현재의 획일성과 지역 간의 불평등한 지식 분배에 도전해야 합니다. 현재의 경제적·정치적·사회적 규범에 갇힌 지식을 창출하기보다 대학 연구는 새로운 가능성을 우선시해야 합니다. 이는 다양한 형태의 지식이 있다는 인식과 다양한 언어의 사용으로 시작됩니다. 이러한 방식으로 대학은 지식 공동재를 확장하고, 그 포괄성과 다양성을 보장하는 데 상당한 기여를 할 수 있습니다.

대학 간 협력 및 국제화 노력은 우리가 공유하는 글로벌 웰-빙을 증진한다는 큰 약속을 담은 개방성의 예입니다. 모든 예측은 향후 수십 년 동안 고등교육 등록자가 지속적으로 확대될 것임을 가리킵니다. 많은 대학은 학습을 위한 공적 공간을 만들고, 책임감과 공신력 있는 거버넌스를 발휘하며, 공공의 이익을 증진하는 방식으로 교육의 공공성을 지원하는 고귀한 전통을 가지고 있습니다. 그러나 대학은 특히 최근 수십 년 동안 비용 장벽과 지적 재산권 주장을 통해 많은 배제가 생산되어 온 곳이기도 합니다. 그와 상반되는 많은 노력에도 불구하고, 고등교육 시스템은 여전히 배제하고 주변화하는 장소로 남아 있습니다. 이것은 시급히 해결되어야 합니다.

고등교육은 지식과 과학에 대한 무료free의 개방된 접근을 강력하게 옹호해야 합니다.

고등교육 기관은 학업 장학금, 학습 자료, 소프트웨어 및 디지털 연결성과 관련하여, 지식과 과학에 대한 무료의 개방된 접근을 강력하게 옹호해야 합니다. 중요한 것은 '개방적open'이라는 용어가 가용성과 접근 용이성을 의미할 뿐만 아니라, 사람들이 정보와 지식을 수정하고 다룰 수 있음을 의미한다는 것입니다.

고등 직업기술교육과 지식 공동재

지역사회 칼리지와 폴리테크닉을 포함한 고등 직업기술교육 기관은 훈련 기관일 뿐만 아니라 응용 연구의 장으로 간주되어야 합니다. 그들은 개인적·집단적 삶에서 생산적 능력의 중요성, 학습 사회의 효과적인 기능, 의미 있는 직업을 위한 수많은 경로, 다양한 부문과 지역사회와의 통합, 파트너십 및 협력의 잠재력을 강조해야 합니다. 지역사회와 밀접하게 연결된 많은 직업교육 기관의 지역적 특성은 번성하는 지역 학습 문화를 육성할 수 있는 기회를 제공합니다. 지역사회는 지식 공동재와 독특한 연결고리를 가지고 있으며, 직업기술교육 기관은 독특하고 맥락에 맞는 방식으로 그 적용에 대한 통찰력을 발달시키는 데 기여할 수 있습니다.

다양한 지식 접근을 지원하는 고등교육

고등교육과 상호 문화적, 인식론적 다양성 사이의 관계는 종종 모호했습니다. 한편으로 고등교육은 학생들에게 새로운 세계관과 아이디어를 소개하는 데 자부심을 지니고 있습니다. 그러나 동시에 고등교육은 특정 형태의 지식 생산을 조직하고, 검증하고, 정당화하는 독자적 방식들을 개발했습니다.

'엄격성', '신뢰도', '타당도'와 같은 자연과학 및 사회 연구 개념의 방법들은 문화적으로 중립적이지 않습니다. 학술 출판의 사회적 과정, 수준 보증 및 경제성은 일반적으로 문화적, 인식론적 다양성을 보상해 주지 않습니다. 토착적 지식과 지식 생산 및 공유 방식은 일반적으로 연구의 형태라기보다는 대상으로 간주되어 왔습니다.

앎과 행동의 방식이 다양해지는 만큼, 풍부한 문화와 경험을 바탕으로 하는 지식 생태계의 가치가 더욱 높아져야 합니다. 세계 모든 곳에서 고등교육 기관과 지역사회의 파트너십은 진정으로 상호적이어야 합니다. 강점과 지속가능성의 원천으로서 앎과 행동의 다양한 방식을 인식하는 것은 고등교육 부문 자체 내에서 불균형의 일부를 줄이는 데 도움이 될 것입니다.

다양성은 고등교육 환경 안에 있는 기관들의 제도적 다양성에 적절한 가치를 부여함으로써 뒷받침될 수도 있습니다. 고등교육에 대한 접근이 계속해서 확대된다면, 당연히 그렇게 되어야 하지만, 우리는 다양한 기관이 필요하게 될 것입니다. 또한 지식 공동재의 개방성은 가능한 많은 사람들이 접근할 수 있는 유연한 고등교육 구조를 필요로 합니다.

대화와 행동의 원칙

이 장에서는 '교육을 위한 새로운 사회계약'에서 교육과정이 학생들이 지식에 접근하고, 지식을 생산하는 동시에 비판하고 적용할 수 있는 능력을 발달시키도록 지원하는 생태학적, 다문화적, 학제 간 학습을 강조해야 한다고 제안했습니다. 2050년을 바라보면서, 이 권고의 진전에 필요한 대화와 행동을 안내하는 데 도움이 될 수 있는 네 가지 원칙이 있습니다.

- 교육과정은 지식 공동재에 접근하고 이에 기여할 수 있는 학습자의 능력을 향상시켜야 합니다. 세대를 거쳐 축적된 인류의 집단적 지식 자원이 교육과정의 근간이 되어야 합니다. 지식 공동재로부터 이끌어 내고 또한 그에 더할 수 있도록, 지식 공동재에 널리 접근할 수 있어야 합니다. 우리는 (모든 연령대의) 학생들이 지식의 가정과 관심사에 의문을 제기하면서, 창조적이고 비판적으로 지식에 참여하도록 가르쳐야 합니다. 교육은 지식 공동재로부터의 제외와 배제를 바로잡을 수 있도록 사람들의 역량을 강화해야 하며, 지식 공동재가 세상에서 알고 존재하는 방식의 다양성을 반영하는 지속적이고 개방적인 자원이 될 수 있도록 보장해야 합니다.
- 생태 위기는 세계 속에서 인간의 위치를 근본적으로 재정립하는 교육과정을 필요로 합니다. 효과적이고 관련성 있는 기후변화 교육이 우선되어야 합니다. 교육과정 전반에 걸쳐 우리는 인간 활동으로 피해를 입은 행성에서 존중하고, 책임감 있게 살아가는 기술art of living을 가르

처야 합니다.

- 잘못된 정보의 확산은 과학, 디지털 및 인문학적 소양을 통해 대응해야 합니다. 교육과정은 과학적 탐구, 엄격한 연구와 거짓을 구별할 수 있는 능력을 강조해야 합니다. 학습자가 기술technology을 의미 있게 사용할 수 있도록 디지털 기능skills을 발달시켜야 합니다. 교육과정은 학생들이 과학 및 기술을 사용하는 방법과 목적을 결정하는 역할을 하도록 함으로써 과학 및 기술에 '영향을 미치는act on' 능력도 얻을 수 있도록 해야 합니다.
- 인권과 민주적 참여는 사람들과 세상을 변혁하는 학습을 위한 핵심적 기초여야 합니다. 우리는 학습자의 행위주체성을 지원하고, 모든 사람의 인정과 번영을 약속하는 도덕적 세계로의 진입점을 제공하는 인권교육을 우선시해야 합니다. 성평등은 모든 교육과정에서 다루어져야 하고, 억압적인 성 고정관념이 제거되어야 합니다. 학생들은 또한 모든 형태의 인종주의와 차별에 직접 맞서는 방법을 배워야 합니다.

이 네 가지 기본 원칙은 '교육을 위한 새로운 사회계약'을 교육적 실천으로 전환하는 데 통찰력을 줄 수 있습니다.

삶의 행복을 꿈꾸는 교육은 어디에서 오는가?

● **교육혁명을 앞당기는 배움책 이야기** 혁신교육의 철학과 잉걸진 미래를 만나다!

● **비고츠키 선집** 발달과 협력의 교육학 어떻게 읽을 것인가?

 생각과 말
레프 세묘노비치 비고츠키 지음
배희철·김용호·D. 켈로그 옮김 | 690쪽 | 값 33,000원

 성장과 분화
L.S. 비고츠키 지음 | 비고츠키 연구회 옮김
308쪽 | 값 15,000원

 도구와 기호
비고츠키·루리야 지음 | 비고츠키 연구회 옮김
336쪽 | 값 16,000원

 연령과 위기
L.S. 비고츠키 지음 | 비고츠키 연구회 옮김
336쪽 | 값 17,000원

 어린이 자기행동숙달의 역사와 발달 I
L.S. 비고츠키 지음 | 비고츠키 연구회 옮김
564쪽 | 값 28,000원

 의식과 숙달
L.S. 비고츠키 | 비고츠키 연구회 옮김
348쪽 | 값 17,000원

 어린이 자기행동숙달의 역사와 발달 II
L.S. 비고츠키 지음 | 비고츠키 연구회 옮김
552쪽 | 값 28,000원

 분열과 사랑
L.S. 비고츠키 지음 | 비고츠키 연구회 옮김
260쪽 | 값 16,000원

 어린이의 상상과 창조
L.S. 비고츠키 지음 | 비고츠키 연구회 옮김
280쪽 | 값 15,000원

 성애와 갈등
L.S. 비고츠키 지음 | 비고츠키 연구회 옮김
268쪽 | 값 17,000원

 비고츠키와 인지 발달의 비밀
A.R. 루리야 지음 | 배희철 옮김 | 280쪽 | 값 15,000원

 흥미와 개념
L.S. 비고츠키 지음 | 비고츠키 연구회 옮김
408쪽 | 값 21,000원

 정서학설 I
L.S. 비고츠키 지음 | 비고츠키 연구회 옮김
584쪽 | 값 35,000원

 정서학설 II
L.S. 비고츠키 지음 | 비고츠키 연구회 옮김
480쪽 | 값 35,000원

 수업과 수업 사이
비고츠키 연구회 지음 | 196쪽 | 값 12,000원

 관계의 교육학, 비고츠키
진보교육연구소 비고츠키교육학실천연구모임 지음
300쪽 | 값 15,000원

 비고츠키의 발달교육이란 무엇인가?
비고츠키교육학실천연구모임 지음 | 412쪽 | 값 21,000원

 비고츠키 생각과 말 쉽게 읽기
진보교육연구소 비고츠키교육학실천연구모임 지음
316쪽 | 값 15,000원

 비고츠키 철학으로 본 핀란드 교육과정
배희철 지음 | 456쪽 | 값 23,000원

 교사와 부모를 위한 비고츠키 교육학
카르포프 지음 | 실천교사번역팀 옮김
308쪽 | 값 15,000원

 비고츠키와 마르크스
앤디 블런던 외 지음 | 이성우 옮김 | 388쪽 | 값 19,000원

 혁신학교
성열관·이순철 지음 | 224쪽 | 값 12,000원

 대한민국 교사, 어떻게 가르칠 것인가?
윤성관 지음 | 320쪽 | 값 15,000원

 행복한 혁신학교 만들기
초등교육과정연구모임 지음 | 264쪽 | 값 13,000원

 아이들을 어떻게 가르칠 것인가
사토 마나부 지음 | 박찬영 옮김 | 232쪽 | 값 13,000원

 서울형 혁신학교 이야기
이부영 지음 | 320쪽 | 값 15,000원

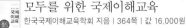 **모두를 위한 국제이해교육**
한국국제이해교육학회 지음 | 364쪽 | 값 16,000원

혁신교육, 철학을 만나다
브렌트 데이비스·데니스 수마라 지음
현인철·서용선 옮김 | 304쪽 | 값 15,000원

 혁신교육 존 듀이에게 묻다
서용선 지음 | 292쪽 | 값 16,000원

 다시 읽는 조선 교육사
이만규 지음 | 750쪽 | 값 33,000원

 대한민국 교육혁명
교육혁명공동행동 연구위원회 지음
224쪽 | 값 12,000원

 경쟁을 넘어 발달 교육으로
현광일 지음 | 288쪽 | 값 14,000원

 핀란드 교육의 기적
한넬레 니에미 외 엮음 | 장수명 외 옮김
456쪽 | 값 23,000원

 한국 교육의 현실과 전망
심성보 지음 | 724쪽 | 값 35,000원

 독일의 학교교육
정기섭 지음 | 536쪽 | 값 29,000원

● **경쟁과 차별을 넘어 평등과 협력으로 미래를 열어가는 교육 대전환!** 혁신교육 현장 필독서

 교실 속으로 간 이해중심 교육과정
온정덕 외 지음 | 224쪽 | 값 13,000원

 포스트 코로나 시대의 교육
성열관 외 지음 | 224쪽 | 값 15,000원

 내일 수업 어떻게 하지?
아이함께 지음 | 300쪽 | 값 15,000원

 **학교의 미래,
전문적 학습공동체로 열다**
새로운학교네트워크·오윤주 외 지음 | 276쪽 | 값 16,000원

 **마을교육공동체
생태적 의미와 실천**
김용련 지음 | 256쪽 | 값 15,000원

 학교폭력, 멈춰!
문재현 외 지음 | 348쪽 | 값 15,000원

 학교를 살리는 회복적 생활교육
김민자·이순영·정선영 지음 | 256쪽 | 값 15,000원

 삶의 시간을 잇는 문화예술교육
고영직 지음 | 292쪽 | 값 16,000원

 **미래교육을 디자인하는
학교교육과정**
박승열 외 지음 | 348쪽 | 값 18,000원

 아이들을 어떻게 가르칠 것인가
사토 마나부 지음 | 박찬영 옮김 | 232쪽 | 값 13,000원

 교실 속으로 간 이해중심 통합교육과정
온정덕 외 지음 | 224쪽 | 값 15,000원

 **초등 백워드 교육과정
설계와 실천 이야기**
김병일 외 지음 | 352쪽 | 값 19,000원

 **학습격차 해소를 위한 새로운 도전
보편적 학습설계 수업**
조윤정 외 지음 | 240쪽 | 값 15,000원

 마을교육공동체란 무엇인가?
서용선 외 지음 | 360쪽 | 값 17,000원

 강화도의 기억을 걷다
최보길 지음 | 276쪽 | 값 14,000원

 체육 교사, 수업을 말하다
전용진 지음 | 304쪽 | 값 15,000원

 평화의 교육과정 섬김의 리더십
이준원·이형빈 지음 | 292쪽 | 값 16,000원

 마을교육과정을 그리다
백윤애 외 지음 | 336쪽 | 값 16,000원

 **혁신교육지구와 마을교육공동체는
어떻게 만들어지는가?**
김태정 지음 | 376쪽 | 값 18,000원

서울대 10개 만들기
김종영 지음 | 348쪽 | 값 18,000원

코로나 시대, 마을교육공동체운동과 생태적 교육학
심성보 지음 | 280쪽 | 값 17,000원

혐오, 교실에 들어오다
이혜정 외 지음 | 232쪽 | 값 15,000원

수업, 슬로리딩과 함께
박경숙 외 지음 | 268쪽 | 값 15,000원

물질과의 새로운 만남
베로니카 파치니-케처바우 외 지음 | 240쪽 | 값 15,000원

그림책으로 만나는 인권교육
강진미 외 지음 | 272쪽 | 값 18,000원

수업 고수들
수업·교육과정·평가를 말하다
박현숙 외 지음 | 368쪽 | 값 17,000원

아이들의 배움은 어떻게 깊어지는가
이시이 준지 지음 | 방지현·이창희 옮김
200쪽 | 값 11,000원

미래, 공생교육
김환희 지음 | 244쪽 | 값 15,000원

들뢰즈와 가타리를 통해 유아교육 읽기
리세롯 마리엣 올슨 지음 | 이연선 외 옮김
328쪽 | 값 17,000원

혁신고등학교, 무엇이 다른가?
김현자 외 지음 | 344쪽 | 값 18,000원

시민이 만드는 교육 대전환
심성보·김태정 지음 | 248쪽 | 값 15,000원

평화교육
과거, 현재 그리고 미래를 그리다
모니샤 바자즈 외 지음 | 권순정 외 옮김
268쪽 | 값 18,000원

대전환 시대 **변혁의 교육학**
진보교육연구소 교육과정연구모임 지음
400쪽 | 값 23,000원

교육의 미래와 학교혁신
마크 터커 지음 | 전국교원양성대학교 총장협의회 옮김
332쪽 | 값 19,000원

남도 임진의병의 기억을 걷다
김남철 지음 | 288쪽 | 값 18,000원

프레이리에게 변혁의 길을 묻다
심성보 지음 | 672쪽 | 값 33,000원

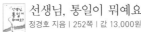
선생님, 통일이 뭐예요?
정경호 지음 | 252쪽 | 값 13,000원

함께 배움
학생 주도 배움 중심 수업 이렇게 한다
니시카와 준 지음 | 백경석 옮김 | 280쪽 | 값 15,000원

다정한 교실에서 20,000시간
강정희 지음 | 296쪽 | 값 16,000원

즐거운 세계사 수업
김은석 지음 | 328쪽 | 값 13,000원

밥상혁명
강양구·강이현 지음 | 298쪽 | 값 13,800원

학교를 개선하는 교장
지속가능한 학교 혁신을 위한 실천 전략
마이클 폴란 지음 | 서동연·정효준 옮김 | 216쪽 | 값 13,000원

선생님, 민주시민교육이 뭐예요?
염경미 지음 | 244쪽 | 값 15,000원

교육혁신의 시대
배움의 공간을 상상하다
함영기 외 지음 | 264쪽 | 값 17,000원

도덕 수업, 책으로 묻고 윤리로 답하다
울산도덕교사모임 지음 | 320쪽 | 값 15,000원

교육과 민주주의
필라르 오카디즈 외 지음 | 유성상 옮김
420쪽 | 값 25,000원

교육회복과 적극적 시민교육
강순원 지음 | 228쪽 | 값 15,000원

비판적 미디어 리터러시 가이드
더글러스 켈너·제프 셰어 지음 | 여은호·원숙경 옮김
252쪽 | 값 18,000원

지속가능한 마을, 교육, 공동체를 위하여
강영택 지음 | 328쪽 | 값 18,000원

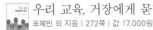
백워드로 설계하고 피드백으로 완성하는
성장중심평가
이형빈·김성수 지음 | 356쪽 | 값 19,000원

우리 교육, 거장에게 묻다
표혜빈 외 지음 | 272쪽 | 값 17,000원

교사에게 강요된 침묵
설진성 지음 | 296쪽 | 값 18,000원

참된 삶과 교육에 관한
생각 줍기